THE CELTIC GOSPELS

cete omnes gentes babtizan
tes eos innomine patris et fili
et spu sci docentes eos obser
uare omnia quae cum que
mandaui uobis et ecce ego uo
bis cum sum omnibus dieb:
usque adconsummationem
saeculi finit rihic

CODEX LICHFELDENSIS OLIM LANDAVENSIS
f. 71ʳ (Mt. xxviii. 19–20)

THE CELTIC GOSPELS
THEIR STORY AND THEIR TEXT

By

LEMUEL J. HOPKIN-JAMES
M.A., LL.D., F.S.A.

OXFORD
AT THE CLARENDON PRESS

OXFORD
UNIVERSITY PRESS

Great Clarendon Street, Oxford OX2 6DP

Oxford University Press is a department of the University of Oxford.
It furthers the University's objective of excellence in research, scholarship,
and education by publishing worldwide in

Oxford New York

Athens Auckland Bangkok Bogotá Buenos Aires Calcutta
Cape Town Chennai Dar es Salaam Delhi Florence Hong Kong Istanbul
Karachi Kuala Lumpur Madrid Melbourne Mexico City Mumbai
Nairobi Paris São Paulo Shanghai Singapore Taipei Tokyo Toronto Warsaw
with associated companies in Berlin Ibadan

Oxford is a registered trade mark of Oxford University Press
in the UK and in certain other countries

Published in the United States
by Oxford University Press Inc., New York

British Library Cataloguing in Publication Data
Data available

Library of Congress Cataloging in Publication Data
Data available

ISBN 0-19-924494-4

1 3 5 7 9 10 8 6 4 2

Printed in Great Britain
on acid-free paper by
Biddles Ltd.,
Guildford and King's Lynn

PREFACE

A PREFACE has come to mean one of two things, but sometimes a combination of both: first the giving of a reason for the production of the book, and next, the author's expression of thanks to those who have helped him in his work. Nothing need be said of the former because it is already set forth in the Introduction.

I can say of the photostat facsimile of the *Book of St. Chad*, which is known to my friends as 'Teilo', what Bianchini said of *Codex Veronensis* after he had that manuscript at his own house as his constant companion: 'semper domi socium et tamquam contubernalem habui' (*O. L. B. T.* No. vi, p. vii). For this privilege I have to thank my colleagues the Dean and Chapter of Llandaff, not forgetting the Very Rev. Garfield Williams, Dean of Manchester, but at the inception of this work my Dean and friend at Llandaff.

The appreciation of so great a scholar as Dr. Savage, Dean of Lichfield, has been such an inspiration in this *periculosa praesumptio* as to make me persevere in a task which a textual critic has described as being so irksome that it is generally shirked (Hoskier: *Concerning the Genesis of the Versions*, vol. 1, pp. x, xi). However, it has been to me a *pius labor*. The Dean, who, with the modesty of the erudite, has described himself as 'a disciple of accuracy', said in his 'Story of St. Chad's Gospels' (*Birmingham Archaeological Society's Transactions*, vol. xli, pp. 5–21): 'For the main purpose of this paper is to trace the life-story of this manuscript rather than its textual peculiarities. A critical study of the text would involve a long and detailed examination.' It is the result of this 'long and detailed examination' extending over three years, which I venture to set forth with the feeling that I have the critical eyes of Masters of the Schools, like Dr. Savage, upon the work, and in the hope that they will not be severe when they consider the conditions under which it had to be done.

A vicar of a parish of 20,000 people cannot afford much time for work in public libraries: what literary work he can do should be done at home where he is always 'at call' for his parochial duties.

Nevertheless I have to thank the authorities of the British Museum, the Bodleian, Lambeth Palace, Christchurch, Canterbury, and Boulogne-sur-Mer for the privilege of working in their respective libraries during my summer holidays.

To my colleagues on the Libraries Committee of the City of Cardiff, to Mr. Farr, the Librarian, and his assistant Mr. Morgan, my thanks are due for the loan of some rare works which I was unable to purchase.

The Dean and Chapter of Hereford very kindly provided me with a photostat copy of St. Luke of the Hereford Gospels, and allowed me to collate St. Matthew and St. Mark from their treasure in the chained library. For this I am greatly indebted to Chancellor Lilley.

To Mr. Jenkin James, Secretary to the Press Board and to the Council of the University of Wales, I owe the favour of putting me in touch with the Printer to the University of Oxford.

It would not be courteous to praise the work of the Printer and his staff of academic readers and correctors, but I should like to say that the passage of my book through the press has been very pleasant and agreeable, with the advantage of the Printer's knowledge, experience, and advice.

Professor Gruffydd, the Cardiff representative of the Press Board of the University of Wales, has saved me from some errors in the translation of Old Welsh records.

The Dean of Lichfield and my friend the Rev. David Mathew, Litt.D., have also revised some of the proof-sheets.

I am glad on grounds of sentiment and respect that my work is associated in some measure with the University of Wales in addition to being produced by the Oxford University Press.

The Index is the work of my friend Miss Amy G. Foster, B.A., to whom Llandaff is indebted for the Calendar of its muniments.

Last of all, I am in duty bound to take this opportunity of assuring his Grace, the Lord Archbishop of Wales, that his encouragement has been a source of comfort and strength in the furtherance of a task which has been to me a labour of great love.

St. Martin's Vicarage   L. J. H.-J.
        Cardiff.
8th December, 1933.

CONTENTS

ILLUSTRATIONS

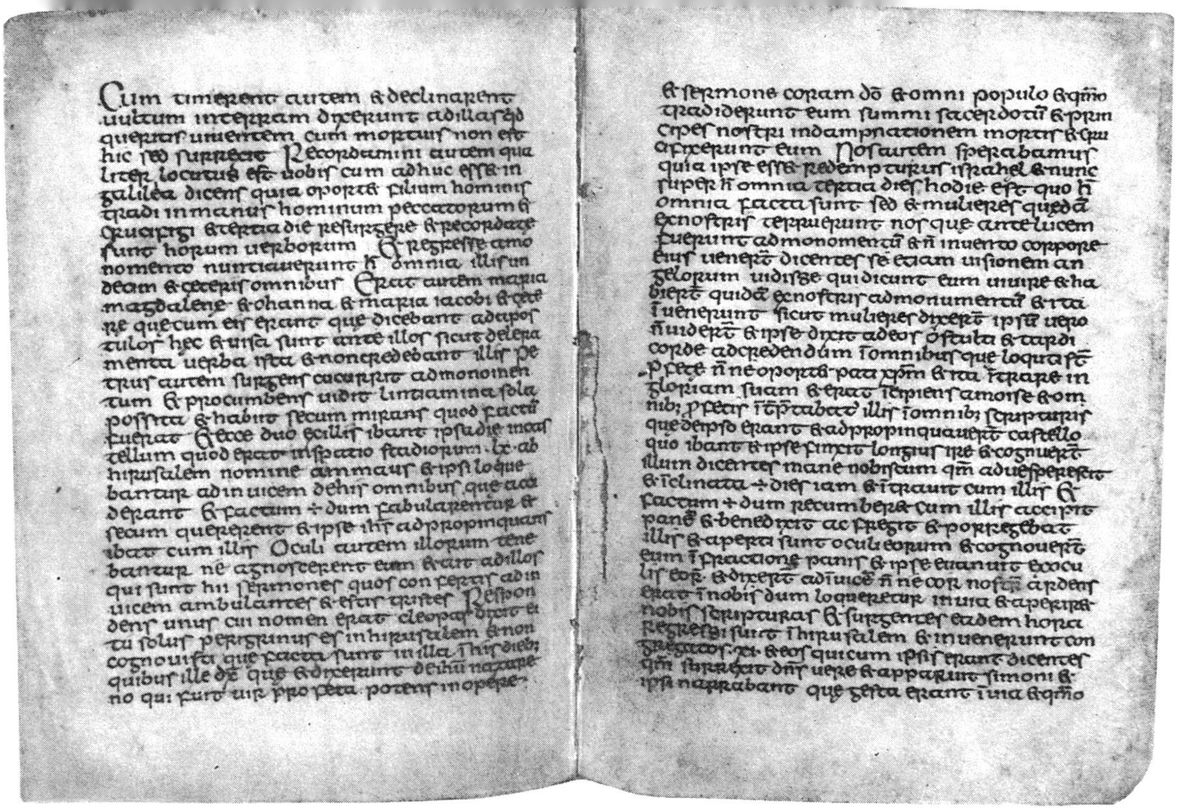

THE HEREFORD GOSPELS. ff. 100v, 101r (Lc. xxiv. 5–35)

INTRODUCTION

SOME years ago the Dean and Chapter of Lichfield allowed Sir John Ballinger, then Librarian of the National Library of Wales, to have photostat copies made of the Book of St. Chad, which has been in their possession for nearly a thousand years. The Council of the National Library of Wales presented one copy to Lichfield Cathedral, which possesses the original, one to Llandaff, the original home of the MS., and retained the third for themselves. A chancellor of a cathedral is generally *ex-officio* librarian, so the handsome facsimile passed to my care and keeping.

It seemed to me deplorable that this old Celtic text of the Latin Gospels had never been transcribed, though it had been in existence for twelve hundred years or so. Our MS. is known as an example of the literature of the pre-Norman Church in Wales, and is supposed to contain an independent recension of Holy Scripture which obtained in the early British Church. By students of Welsh history it is looked upon as an interesting MS. which contains the earliest piece of continuous Welsh prose that has come down to us, as well as the earliest records of primitive British social customs. If we leave Ireland out of the question for the moment, this is the earliest extant Latin text of the Gospels used in our country. It ends, however, with St. Luke iii. 8, as the second volume of the Book of St. Chad was lost somewhere between 1345 and the Commonwealth, for in 1345 the sacrist of Lichfield recorded that the book consisting of two volumes was then in his custody:

'Item duo libri vetustissimi qui dicuntur libri beati Cedde.'

Fortunately, however, there exists another MS. of the British type of text, so that we are able to complete the British text of the Gospels from the MS. at Hereford Cathedral. If any one should question the use of the term British rather than Anglo-Saxon here, I would ask him to distinguish between the writing of the Gospels themselves and the undoubtedly Anglo-Saxon script at the end of the Gospels which has nothing to do with the sacred text.

The writing of the Hereford Gospels is very like that of the

MS. known as Codex Usserianus I, or r_1, at Trinity College, Dublin. The text of the Hereford Gospels belongs to the Celtic recension or family, and is far removed from that of the Anglo-Roman Church as represented by the Book of Lindisfarne.

But we must return to the Llandaff=Lichfield Gospels. This MS. is most commonly known as 'The Book of St. Chad' because it has been the property of the great Mercian cathedral, whose patron saint is Chad, from the time of Wynsige, Bishop of Lichfield, who signed his name 'Wynsige presul' on the first extant page of the MS. But, as it belonged to Llandaff Cathedral for a long time before that, and bears upon it the record that it was given to God and St. Teilo, patron-saint of Llandaff, and contains within it many records of persons connected with Llandaff Cathedral, it may also be called St. Teilo's Gospels.[1] Moreover, it is actually called 'Teilo's Gospel (Book) in the attestations:

'De clericis vero Nobis episcopus teiliav saturnguid sacerdos teiliav' and of others to the record (in the margin where St. Luke's portrait appears) by Sulgen the scholasticus. The transaction referred to is that of a manumission of slaves by some members of Sulgen's family, and in the usual anathema is the reminder that the deed is faithfully recorded in Teilo's Gospel:

'sit maledictus adō et a teiliav in cō aeuangelio scrip ÷'

'May he be cursed of God and of Teilo in whose Gospel (Book) it is written.'
This was the ancient form of effecting that solemnity which the law still requires for certain transactions. The date of the deed is before 840, for Bishop Nobis is said to have been translated to St. Davids at or about that time.

It cannot be termed *The Book of St. Teilo*, as that description has all along belonged to the twelfth-century Liber Landavensis, which is called in Welsh *Llyfr Teilo* or 'Teilo's Book'. Professor Lindsay is of opinion that the Book of St. Chad should be called the St. Teilo's Gospels.[2]

[1] It has been described by Wordsworth and White in their *Nouum Testamentum Latine* as 'Lichfeldensis, olim Landavensis (L) ... et forsan in Cambria scriptus est', followed by their reference, 'Vide H. Bradshaw, *Collected Papers*, pp. 458–61 (Cantabr. 1899), qui hunc librum "Euangelia S. Teliau" (Landavensis) potius quam "Euangelia S. Ceaddae" (Lichfeldensis) nuncupat, p. 707.'

[2] 'But there are many Welsh entries, as well as Latin entries containing Welsh

EVANGELIA S. TELIAV

f. 109v

On a fly-leaf of our MS. before the text of the Gospels are the words:

'Hic Liber Evangeliorum MS. antiquissimus, . . . hodie vulgo dictus Codex Sti Ceaddae, sed olim Landavii in Wallia Cambrorum Australium, in altari, ad Jusjuranda et donationes confirmandas adhibitus id quod ex marginibus liquet. A Sto Gilda +conscriptus ante A.D. 720 . . .

+vid. Usheri Primordia

——Britann:——'

The reference which Smallbroke gives for the statement that the MS. was written by St. Gildas before A.D. 720 is to Primate Ussher's *De Britannicarum Ecclesiarum Primordiis* (published in 1633), pp. 468–9:

'Caradoc. Lancarvan. vit. Gild. cap. 14.

'Res a Gilda Albanio in Britanniâ, Arthuro regnante, gestas in ejus vitâ Caradocus sic enarrat. Cadocus Abbas Nancarbanensis ecclesiae rogavit Gildam Doctorem ut regeret studium scholarium per anni spatium : et rogatus rexit utillimum nulla mercede accepta a scholaribus, praeter orationes cleri et scholarium.

Ubi ipsemet scripsit opus quatuor Evangelistarum : quod adhuc remanet in ecclesia Sancti Cadoci, auro et argento undique coopertum, ad honorem Dei et Scriptoris Sanctissimi et Evangeliorum.

Tenent Walenses indigenae illud volumen pretiosissimum in conjurationibus suis, nec audent aperire ad videndum : nec confirmant pacem et amicitiam inter inimicos, nisi illud affuerit imprimis appositum. Finito anni spatio, et scholaribus recedentibus a studio : sanctus Abbas Cadocus et Gildas Doctor optimus communi consilio adierunt duas insulas, scilicet Ronech et Echni.'

names, in blank spaces throughout the volume, which show us that it formerly belonged to some Welsh monastic library. And one of these is nothing less than a deed of gift, recording the presentation of the MS. to the monastery of Llandaff and its patron-saint, St. Teilo, who is said to have lived in the sixth century:

"Ostenditur hic quod emit Gelhi filius Arihtuid euangelium de Cingal, et dedit illi pro illo equm [*sic*] optimum, et dedit pro anima sua istum [*sic*] euangelium Deo et Sancto Teliaui super altare. Gelhi filius Arihtuid et Cincenn filius Gripuid."

Here is shown that "G., son of A., bought this Evangel from C. and gave him for it his best horse (or a valuable horse) and gave for his soul's sake this Evangel to God and St. Teilo upon the altar. Witnessed by G., son of A., and C., son of Griffith."' From this Professor Lindsay concludes : 'So that the truer name for the MS. would be "the Book of St. Teilo", or "the St. Teilo Gospels".' *Early Welsh Script*, pp. 1, 2.

As the tale is told, it was at Echni, or Flatholme, that Gildas copied the four Gospels, for the 'Life' proceeds to state:

> 'When blessed Gildas lived in the isle of Echni, and performed the ministerial duties, he wrote a missal book (missalem librum scripsit) and offered it to St. Cadoc when he became his confessor : therefore that book was called the Gospel of Gildas (ideoque codex ille evangelium Gildae vocatur).'[1]

The traditions of Ireland, Wales, and Brittany connect Gildas with the writing of such MSS. as ours.

The Irish saint Brendan is said to have visited Gildas at Ruys in Brittany and to have found there a 'missal' used by Gildas himself and written in Greek characters :

> ' Et habebat S. Gylldas missalem librum scriptum Graecis litteris, et positus est ille liber super altare.'

Irish scholars have shown how 'book' and 'missal' were interchangeable terms at that period.[2] The Llandaff Gospels answer the description in all respects but one. Caradoc says it was at Llancarfan in his time, which was after the Llandaff book had reached its new home at Lichfield, but I know of no reason why it should not have been another copy of the Gospels written by St. Gildas himself.

We have already seen on page xi the 'Ostenditur' entry, and must now consider what is known as the 'Surexit' entry, which contains the oldest piece of continuous Welsh prose in the world. There has been some difference of opinion amongst experts as to which was entered first on the last page of St. Matthew's Gospel. Sir John Morris Jones, Professor Lindsay, and the Dean of Lichfield (Dr. Savage) maintain that 'Surexit' was entered where it now is before the 'Ostenditur' entry was made at the top of the page.[3] The style of the lettering certainly seems to be older than that of 'Ostenditur'; moreover the attestations to the 'Ostenditur' are decidedly scanty—just two of them—and incomplete, as the dots in the gaps seem to show. The 'Ostenditur' appears to bear the marks of having been copied from another

---

[1] Rees, *Cambro-British Saints*, pp. 66, 360.

[2] 'The volume known as "The Gospel of St. Martin of Tours" is called in the story of its invention by St. Columba, a "liber missalis" (Reeves, p. 325). A book written by St. Gildas is called both "missalis liber" and "euangelium Gildae" in the same sentence of the Life of St. Cadoc (Rees, *Lives of Cambro-British Saints*, p. 66)' (Dr. Lawlor in *R.I.A.A.* xxxiii. C, p. 327).

[3] See *Taliesin* in the *Cymmrodor*, vol. xxviii (1918), pp. 268–79.

writing which the scribe failed to decipher completely when he came to the attestations.

The ' Surexit ' entry is as follows :

' Surexit tutbulc fili(us) liuit hagener tutri dierchim tir telih haioid ilau elcu fili(us) gelhig haluidt iuguret amgucant pel amtanndi ho diued diprotant gener tutri o guir imguodant ir degion guragun tagc rodesit elcu guetig eq(us) tres uache tres uache nouidligi na ir ni be câs igridu dimedichat guetig hit did braut grefiat guetig nis minn tutbulc hai cenetl ī ois oisou d̄.[1] '

This entry may be translated :

' Tutvulch the son of Llywyd and son-in-law of Tudri arose to claim the land of Telych which was in the hand of Elcu the son of Gelhig and the tribe of Iudguoret. They contend long about it. At last they dispossess the son-in-law of Tudri of (his) right. The good-men beseech one another (saying) " Let us make peace." Elcu afterwards gave a horse, three cows, three newly-calved cows only that there be no hatred between them from his possession afterwards till the day of doom. Tutvulch and his kinsfolk will not hereafter claim any title for ever and ever.' [2]

Sir John Morris Jones was of opinion that this is a copy of a document of Teilo's time and written in Welsh because the parties to the agreement probably would not have understood Latin (*op. cit.*, p. 279). Professor Lindsay does not exclude the possibility of the MS. itself being referred to Teilo's time.

The attestations to the document are :

' + Teliau T(estis) Gurgint T(estis) Cinhilinn T(estis) Sp's T(estis) Tota familia Teliaui, De Laicis Numin M(ap) Aidan T(estis) Signou M(ap) Iacou T(estis) Berthutis T(estis) Cinda T(estis) q(ui)c(um)q(ue) custodierit benedict(us) er(it). Q(ui)c(un)q(ue) frangerit maledict(us) er(it) . . .'

The reference to Teilo's date (he died *c.* 580, according to Baring-Gould and Fisher in their *Lives of the British Saints*, p. 227, or in 604, according to Ussher) brings us to the question as to the priority of the Llandaff Gospels as compared with those of Lindis-farne, and also to the comparison of their texts.

---

[1] ' This deest, " something is lacking ", " continued below", is answered by the obelus-mark before teliau.' Professor Lindsay, *Early Welsh Script*, p. 46.

[2] Further records in the book, concerning manumissions of serfs, officers of the cathedral, food-rents, and boundaries of lands given to the church of Llandaff and other matters will be found in Rhys and Evans's *Book of Llan Dâv*, pp. xliii–xlviii ; Seebohm's *Tribal System in Wales*, pp. 178–86 ; Bradshaw's *Collected Papers*, pp. 281–5, 452–88.

We must be careful to distinguish between similarity in illumination and illustration on the one hand and the character of the Latin text of the Gospels on the other. The handwriting, it is true, is very much alike, but no one has suggested that the Lindisfarne Gospels were written in Ireland. The style of semiuncial script was in being for several centuries, and the North-British codex was written *c.* 700. Some time before, in 667, the Irish monks retired to Iona owing to their refusal to adopt the Roman customs and accept the Roman discipline. Lindisfarne then became Italo-Saxon, though the Irish school of writing and illumination still continued, but the texts which they copied were not the same. Dom Chapman tells us that the text of the Lindisfarne Gospels is substantially the same as that of the Codex Amiatinus, which is the farthest removed from that of the Celtic texts.[1] The Lindisfarne Gospels contain a Vulgate text of the very first rank. With only 62 of Teilo = Chad's 1,920 variations from the Vulgate text, of St. Matthew alone, in Wordsworth's edition, is the Lindisfarne text found to agree. The Llandaff and Lichfield Gospels belong to the Celtic Church; Lindisfarne, on the other hand, to a famous mission which had lately been Celtic but at the time the great codex was produced had passed to the Roman discipline, and in company with the neighbouring abbeys of Wearmouth and Jarrow produced the Italian and best type of the Vulgate text.

Very few of the early British MSS. have survived that process which began with the persecutions of the third century, when, according to Gildas, piles of MSS. of the scriptures were burned. There are several references in Welsh literature down to the time of Queen Elizabeth to one Scolan who burned the books of Wales.[2] How comes it that so many Irish MSS. of the Gospels have survived while most of the British have perished? The truth is that the Irish missionaries were found all over the continent of Europe where they left remains of their

[1] 'We are therefore not surprised to find that the splendid round hand of Lindisfarne has preserved for us substantially the same text of the Gospels that the not less beautiful Italian hand of Jarrow set down in A' (*Early History of the Vulgate Gospels*, p. 9).

[2] A danfon Scolan, gythraul gau,

I losgi llyfrau'r Cymro.
(*Hen Gwndidau*, p. 188.)
Llyfrau Cymry a'u llofrudd
I'r Tŵr gwyn aethant ar gudd
Ysgeler oedd Ysgolan
Fwrw'r twr llyfrau i'r tân.
—Guto'r Glyn.
See also Myrddin Wyllt's verses on Yscolan in the *Myf. Arch.*, p. 104.

work, whereas the Welsh were driven into a corner and most of their works destroyed.

Between Wales and Ireland there was constant intercourse, as Miss Cecile O'Rahilly has shown in her *Ireland and Wales, their Historical and Literary Relations*. Wales probably gave Patrick to Ireland from some place near the Severn Sea, and the Irish saints flocked into Wales ' to learn the way of God more perfectly '. ' A Davide episcopo et Gilla et a Doco Britonibus missam acceperunt ', says the catalogue of the Irish saints in reference to the second order (544–98) receiving a new liturgy of the Mass from these British saints.

It is said that St. Davids was placed where it is owing to its proximity to Ireland. In their journeys to Gaul there are references to the Irish saints and scholars crossing ' the two seas ', and this alternative route to the Continent was *via* St. David's. If in later times all flocked to Ireland, including ecclesiastics from St. Davids, to the famous school of St. Finnian at Clonard, it must be remembered that St. Finnian himself had been trained under St. David and other Welsh saints in Wales, and whatever was said about the glories of Clonard in the Irish MSS. was also said of Llantwit Major in the Welsh MSS.

There are numerous records of the intercourse between Llancarfan and Ireland, where the Welsh monastery had daughter foundations. There are also references to the exchange of MSS. between the religious houses of Wales and Ireland. Our knowledge is not sufficient to tell whether Ireland got its Celtic text and its beautiful Insular script from Wales, or whether Wales received it, as it is set down in the Llandaff=Lichfield and the Hereford Gospels, from Ireland.

The fact that these British MSS. bear the characteristics of Irish penmanship and illumination, together with the Celtic text, only proves that these characteristics were the common property of Britain and Ireland alike, because the culture of the two countries at that time was practically the same; for the shores of the Irish Sea formed a ' culture pool ', as Dr. Fox of the National Museum of Wales has shown in his *Personality of Britain*. The script of Teilo=Chad and Hereford is no more Irish than Welsh, as can be seen by comparing the letters with those of the Gurmarc stone at St. Davids, the Enniaun cross at Margam, the pillar of Samson at Llantwit Major, together with other inscriptions both there and at Merthyr Mawr, and no one has said that these were 'written in Ireland'. What is true of the script is also true of the Celtic interlaced work both of the MSS. and the monuments.

The Gospels at Llandaff.

The Dean of Lichfield has shown more fully than can be attempted here how this Gospel-book stood in relation to the altar in the Celtic Church as did the testimony in relation to the ark amongst the Jews.

'And thou shalt put into the ark the testimony which I shall give thee.'[1]

So the new testimony, that of the Gospels of the New Testament, became the accessory of the altar, regarded as the mercyseat in the Celtic Church.

The Book of Life.

Here and there throughout the MS. are names by themselves with nothing but a cross before them. The twelfth-century Book of Llandaff, containing copies of documents of previous ages, shows us how this feature arose. It was because this Gospel-book was regarded as a *Book of Life*, a figure so to speak of the ' Book of Life' mentioned in Rev. iii. 5, xiii. 8, xx. 12, 15, xxi. 27, with special reference to those ' whose names are in the book of life ' (Phil. iv. 3). For a consideration, persons' names were written in the Llandaff *liber vitae*, that is in the Gospels which adorned the altar.

'Ilias, for his soul, and the inscription of his name in the Book of Life, gave a mansion in the middle of Abergavenny and four modii of land with it.'[2]

'Erbig son of Elffin, for inscribing his name in the Book of Life, granted in alms to St. Dubricius, St. Teilo . . .'[3]

The book was also kept as the most precious relic which the church possessed.[4] It is doubtful whether it was ever meant

[1] Ex. xxv. 16.
[2] Rees, *L.L.*, p. 436.
[3] *Ibid.*, p. 450.
[4] ' During the reign of Meurig, son of Ithael, King of Glewyssig, Ili, son of Cynflws, and Camawg met together at the monastery of Llandaff, and in the presence of Bishop Cerenhir, and his clergy, confirmed their peace, both swearing upon the altar of Peter the Apostle, and of St. Dubricius, St. Teilo, and St. Oudoceus, the holy Gospels and the relics of the saints being placed before them, that their ancient enmity was done away and forgotten.' (*Ibid.*, p. 469.)

to be read in the service of the church, as it contains no Euse-
bian canons, Ammonian sections, or titles, and there are, of course,
no chapters or verses, nor were the folios numbered. In a vague
way some capitals and stops make some sort of division here and
there, but the MS. has no devices to facilitate oral reading. It
was meant to be used, and was used, as a most sacred object of
veneration, which, in a barbarous age, wild men, like the king
who threw stones at the door of the Cathedral, could take their
oaths upon, as it contained the holy law of the unseen God whom
they invoked to witness their most solemn acts.

Cristes boc.

The Hereford Gospels were also used for recording solemn
acts and deeds, and, as lawyers know, such deeds are recorded in
the past tense, the act or deed being made otherwise than on
paper, and recorded as evidence that it had been made.

In these Gospels, at the end, in an Anglo-Saxon hand quite
unlike the British hand of the Gospels, is a record concerning the
right to certain land, which concludes with the words:

'and thurcill rad tha to sancte aethelberhtes mynstre be ealles thaes
folces leafe and gewitnesse and let settan on ane Cristes boc',

which Professor Lindsay gives in modern English as 'and
Thurcill rode then to St. Ethelbert's Minster with all the folk's
leave and witness and had (let) it entered (set) on a Christ's
book.'[1] This record belongs to the episcopate of Athelstan at
Hereford (1017–56) and the reign of Cnut (1017–35). There are
also Lichfield records in the Llandaff = Lichfield Codex made
after it had reached what was to be its Mercian home for
a thousand years.

From Llandaff to Lichfield.

Glamorgan was continually exposed to raids from northern
neighbours on the one side and the English on the other. The
Vita Sancti Iltuti gives an account of a raid on Llantwit Major
by King Eadgar, but it was not the only instance of an Anglo-
Saxon attack on South Wales. It is probable that the Llandaff
Codex was carried away during one of these raids, which need
not of necessity have been on the Cathedral itself.

[1] *Early Welsh Script*, p. 41.

It was the custom to beat the bounds of territory devoted to the Cathedral with great solemnity. The petty kings carried the Book of the Gospels on their backs in the procession. Such lands were far from Llandaff sometimes, as was Llanarth in Monmouthshire near the English border.

> ' King Iddon, son of Ynyr Gwent, for the exchange of an eternal country sacrificed one of his mansions, viz. Lan Garth,[1] and all its territory . . . and the king going round the whole territory and carrying the Gospel on his back . . . perambulated the whole. . . .'[2]

It might well have been on some such occasion that the Mercians made a raid and carried off the Gospels with the rest of the plunder.

The British Museum MS. 36279 contains papers forwarded to the revisers of the Bible of 1881, and amongst them, at f. 119, is a printed paper, by Bishop Abraham, which contains nothing fresh, but its closing words are of interest. He writes of the second Lord's Prayer, at the end of St. Mark in the Lichfield Codex :

> ' and it ends with a device that seems to stand both for 'a malo' and for cmxl, the year when probably it came into the hands of Bishop Kinsy, i.e. A.D. 940.'[3]

[1] i.e. Llanarth.

[2] L.L., p. 358.

[3] The a of the Insular script looks like an o with a c joined on to it. Now in this 'a malo', which is written as one word 'amalo', the o part of the a is elongated at the side to three-fifths of an inch, while the c part of the Celtic a is perfect. This letter then looks more like a c than an a. The m that follows is normal. The appearance of the second a in 'amalo' is that of a perfect x, for the o part of the a has had the middle of the side following the m erased. The l is normal. So far, this gives the appearance of cmxl. Of what was supposed to be the concluding o of 'amalo', we have an elongation to correspond with that of the o part of the a on the other side, but only the top and the side next to the l now remain, the elongation not being joined, and the bottom of the elongated o erased. The letter in its erased form would have no signification, so what was amalo now reads cmxl or 940.

PART I

CHAPTER I

THE VALUE OF THE LATIN VERSION

THE Latin Version is still the official Bible of half the Christian world. For a thousand years, as far as the West was concerned, it was the only Bible in ordinary use. The language of Wycliffe's Bible, though it was translated into English from the Vulgate direct, does not seem very strange to the reader of the English Bible of to-day, and he who essays to translate from the Vulgate now will find it difficult to depart far from the language of the English Bible. Wycliffe's Version was well known to our translators, and the Vulgate itself was the Bible on which they had all been brought up and which the clergy of the Reformation period were expected to read.

Archbishop Cranmer published Injunctions to the diocese of Hereford during the vacancy in the see in 1538, requiring each clerk to provide himself with 'a whole Bible in Latin and English, or at least a New Testament of both these same languages' and to 'study every day one chapter of the said Bible or New Testament, conferring the Latin and English together'. These Injunctions were enforced in other places as well. Tyndale's Bible was influenced by the Vulgate itself, by the German translation from the Latin, and by Wycliffe's phrases, which had passed into the common tongue, such as 'strait gate', 'narrow way', 'beam and mote', and many others. Let any one read Bishop Latimer's sermons and he will see how large a part the Vulgate played in the texts of scripture to which he refers. The same is true of the sermons of Andrewes and Laud.

Apart from the traditional forms of expression drawn from the Vulgate at the back of the minds of our translators when they set to work on the revision of 1611, based upon earlier revisions which had their roots in the Latin text, there were other reasons why the knowledge of the Latin text had a great influence upon the English translators from the Received Greek text. After all, the oldest Latin texts are translations of the oldest Greek texts, so that both Greek and Latin give the same ideas, which had to be expressed in English by minds as conversant with the Latin text as ours are with the A.V. of 1611. The Bible is virtually the same in all tongues. The revisers of 1881 say in their Preface that the text of the A.V. 'shows evident traces of the influence of a Version not specified in the rules, the Rhemish, made from the Latin Vulgate, but by scholars conversant with the Greek original'. Dr. Carleton in his work *The Part of Rheims in the making of the English Bible* has shown that the English Bible has taken some 2,803 readings, besides 140 marginal readings—nearly 3,000 in all—from the Roman Catholic (Reims) translation of 1582.

The scholars who produced the Roman Catholic translation identify their Latin text with that in existence long before the days of St. Jerome who produced the Vulgate Gospels in A.D. 383, for they say :

'We translate tho old Vulgar Latin text, not the common Greek text, for these causes :—

1. It is so ancient that it was used in the Church of God above 1,300 years ago, as appeareth by the Fathers of those times.

2. It is that (by the common received opinion and by all probability) which S. Jerome afterwards corrected according to the Greek, by the appointment of Damasus the Pope. . . . '

If we add the 351 years that have elapsed since the Reims translation appeared it takes us back 1651 years to A.D. 282, whereas the earliest complete MSS. of the Gospels in Greek are not earlier than the fourth century. Thus the Latin Version represents Greek texts of even greater antiquity than those of our oldest extant MSS., and both Old Latin and Old Syriac often combine in their common testimony in favour of readings which are sometimes absent from or contrary to those of our oldest extant Greek texts. St. Jerome used better and older Greek MSS. wherewith to correct the Old Latin Version he had before him than any of those which were known in the sixteenth century, and his revised version of 383 might well represent the original Greek text better than any MS. used by Erasmus. The difficulty is to get back, through the best of the 8,000 MSS. which contain the Latin Gospels, whether of the mixed or pure Vulgate form, to the Latin text as St. Jerome left it.

The question of the Old Latin text as it existed before St. Jerome revised it is a far easier matter, as it is to be found in less than thirty MSS. of the Gospels, and not in all of these in a complete form.

I shall endeavour to show how large a proportion of this Old Latin text, the 'Old Vulgate' as Cardinal Wiseman called it, or the 'old Vulgar Latin' as it is termed by the Reims translators, lies at the base not only of St. Jerome's revision but of our British texts of Llandaff=Lichfield and Hereford.

These ancient British texts contain Old Latin readings from MSS. which have perished and which in their turn most probably represent readings in Greek MSS. of which no trace can to-day be found. The tongue in which they were written is none the worse for being that of Imperial Rome, which had become the *sermo vulgaris* of the Britons, at a period when this country had been subject to a Roman occupation of three centuries and a half.

CHAPTER II

THE OLD LATIN VERSIONS

IT is to Rome we should naturally look for the earliest Latin version of the Greek Gospels. Such a version would be forthcoming in response to a need that had to be met, but apparently that need was not felt so much at Rome as elsewhere.

Educated Romans were a bilingual people. St. Paul wrote his Epistle to the Romans in Greek, and St. Clement of Rome wrote to the Corinthians in the same tongue. Irenaeus in Gaul wrote chiefly in Greek, and Marcus Aurelius sets forth his meditations likewise in Greek. With rare exceptions the early Popes in Rome all bear Greek names and wrote in Greek. Moreover, even to-day we find more Greek than is generally supposed in the Roman liturgy, especially in the services for Holy Week. For evidence of the earliest attempts to render the Greek Gospels in the Latin tongue we must look to another part of the Empire.

The African Version.

At the close of the second and the beginning of the third century we find a strong Church life in North Africa, and apparently the need of a Latin version was felt there more than at the heart of the Empire. We cannot say with certainty when individual attempts at translating the Gospels first began. According to St. Augustine it was a common practice in the first ages of the faith for those who possessed the Greek text to try their hands at rendering it into Latin:

'Ut enim cuiuis primis fidei temporibus in manus uenit Codex Graecus, et aliquantulum facultatis sibi utriusque linguae habere uidebatur, ausus est interpretari.'

What became of such attempts we do not know, except that some one or other of them must have come to the front before Tertullian's time (c. A.D. 200).

Before the third century closes there is much more to be learnt, for there has come down to us the Bobbio MS. called *k*, which contains a text with which quotations from the Gospels as used by St. Cyprian largely agree. This MS. can well be classed among the 'codices Afros' of which St. Augustine speaks. It was probably written in Africa in the fourth century, and found its way to the Celtic monastery of Bobbio in north Italy, perhaps through Spain. Unfortunately it contains only Mc. viii. 8—xvi. 8 and Mt. i. 1—xv. 36, while much, even of these portions, is missing. This most ancient and interesting MS. has been published by the Oxford University Press under the editorship of distinguished scholars.

e.

Fortunately, however, we possess another ' African ', or rather modified African, codex known as the Codex Palatinus or *e*. This again is not complete, as it lacks a considerable proportion of the text. The Africanisms, as they are called, or vulgar and rustic Latin, have been considerably modified in this MS. through contact with the European Latin. It is quite possible that the text of this MS. is an ancestor to the text of Teilo = Chad, because they both have exactly the same reading in Mt. xxii. 25:

' erant autem autem apud nos septem fratres '.

Of course the duplication of autem may be a mere coincidence.

Cardinal Wiseman was of opinion that there existed but one version of the Old Latin Gospels, and that was the African Version. According to his view this proceeded northwards to Italy and was the parent of the European Versions, which he maintained were but revised and refined African. But the European text seems to be so different from the African that it is very difficult to believe it is its child, though it is quite possible that in the course of ages the African text was considerably Europeanized, as we know was the case with the Codex Palatinus.

The European Text.

It is impossible to say when the European text arose, as there seems to be no evidence before the appearance of the *Gospels of Vercelli* (known as *a*), said to have been written by Eusebius, bishop of that see, who died in A.D. 371. As the MS. has the letter *a* assigned to it, perhaps it may be well to state that the Old Latin texts are known by the small letters of the alphabet, and, generally speaking, the Vulgate and mixed texts by capitals. *Codex Vercellensis* has been much worn by the kisses of pilgrims, and was written before St. Jerome's Vulgate appeared. Its text is printed in vol. xii of Migne's *Patrologia (Latina)*.

Closely related to this text is the *Codex Veronensis*, or *b*, a text to which the general run of European texts is nearer related than to any other. The MS. has been assigned by its editor, Mr. Buchanan, to the fifth century.

The Gallican Text.

In the *Codex Corbeiensis* (*ff* or *ff₂*, a MS. which Mr. Buchanan dates from the fourth century) we have a Gallican type of text of great antiquity.

Unfortunately the *Codex Claromontanus* (*h* of the Gospels—not to be confused with *h* of the Epistles, which is the palimpsest of Fleury), now at the Vatican, and the *Codex Sangermanensis* (g_1) exist in their Old Latin form in St. Matthew only, the rest being mixed or Vulgate.

As the British Isles probably received their Christianity from Gaul, it is but natural that we should find the Old Latin readings in the Celtic Gospels so largely derived from *ff, h, and g_1*. St. Matthew, more than the other Gospels, retained much of the Old Latin form of text, and yet, where the Old Latin readings are most prevalent, there, if we relied on the citations of Wordsworth and White, we should come to the conclusion that they were most rare. When, however, the Oxford editors reached St. Luke they wrote: 'Lectiones etiam ex interpretationibus ueteribus saepius quam antea citauimus'.[1]

In the Old Latin text of the Celtic recension (represented by r_1, or Primate Ussher's MS. at Trinity College, Dublin) there appears to be close affinity with the Old Latin texts of Gaul.

The Bilingual MSS.

The Latin side of the bilingual *Codex Bezae*, the fifth- or sixth-century MS. presented by Theodore Beza to Cambridge University in 1581, is represented by the symbol *d* to distinguish it from D, of the Greek side, or of the MS. as a whole. Dr. Rendel Harris and Von Soden consider the influence of the Latin Version on the Greek to be characteristic of the text. One feels when reading it that it belongs neither to the African nor to the European family. Kenyon describes it as 'a Latinising descendant of a Graecising ancestor'.[2]

Codex Sangallensis is a bilingual MS. of the Celtic foundation

[1] *N.T.I.*, p. 307. [2] *T.C.N.T.*, p. 96.

of St. Gall. Its Greek side is known as Δ and its Latin counter-
part as δ. Its chief interest lies in the fact that the scribe has
given some 200 alternatives or double readings in the Latin
translation of the Greek in St. Matthew alone. This feature of
the Latin is also to be found in the St. Gatian MS. of Tours.
I have not been able to secure the text of Codex Sangallensis,
but have used the vocabularies supplied by Dr. Harris in his
study of the text. He is of opinion that the Latin side, both
here and in Codex Bezae, is not an accommodation to its conju-
gate Greek, but that the Greek is accommodated to the Latin in
many places. Where the Latin differs from the best Old Latin
texts it often contains a reading which exceeds them all in
antiquity. His theory that these readings represent a lost version
of greater antiquity than our present texts is attractive, and
would cover many of the peculiar readings of the Celtic texts
which cannot be traced to any extant Old Latin MS.

An Independent Text.

In collating St. Mark of Teilo = Chad and St. Luke of the
Hereford Gospels with the Munich Gospels (*Codex Monacensis* or
q) the number of supports from *q* is striking. This text is claimed
as Italian with Codex Brixianus by Dr. Hort, but Professor
Souter's conclusion that it presupposes a different Greek text
from that which underlies the other Old Latin MSS., whether
African or European, is more convincing.

Some Rare Texts.

Before we proceed to consider the Italian text, or the Vulgate
text of St. Jerome's correction, something must be said of some
other Old Latin MSS. whose texts I have not been able to obtain
or to examine at first hand, and have had to rely on reports from
Wordsworth and White, Hoskier, Bianchini, and other writers.

First, there are the readings supplied by Bianchini in his *Evan-
geliarium Quadruplex* in Migne's *Patrologia* (*Latina*), vol. xii.

Codex Corbeiensis I (*ff₁*) was taken from France to St. Peters-
burg. It contains St. Matthew only. I have made use of its
readings in those places where *ff₂* is deficient.

Codex Vindobonensis (*i*) is at Vienna. My citations from it
are taken from Bianchini's reports.

Codex Rehdigeranus (*l*) is at Breslau.

Codex Colbertinus (*c*) is at Paris, but was written in Languedoc, where the use of this very late copy of the Old Latin text lingered on till the twelfth century when the MS. was written. Professor Burkitt quotes a specimen of the orthography from Mc. xii. 32 :

Un' ÷ d͞s & n̄ ē ali' p̄t eū.

This stands for 'Unus est Deus et non est alius praeter eum'. There is much the same orthography in the twelfth-century St. Matthew attached to the Book of Llandaff.

Codex Colbertinus is supposed to contain a large element of 'African' readings. The MS. is an illustration of the fact that age of MS. and age of text are two different things. I have tried to obtain or to see the text but have failed. My very meagre reports from this MS. are from several works where some of its readings are quoted.

The Italian Text.

The Codex Brixianus (*f*) stands in a peculiar position of a MS. of the Italian type of text which is the European type purified and refined and made more cultured. The question is whether this 'Itala' is not St. Jerome's Vulgate itself, as was believed by Bentley and is maintained by Professor Burkitt in *The Old Latin and the Itala* (*Texts and Studies*, vol. iv, No. 3) and supported by Professor Souter.[1] Wordsworth and White, on the other hand, regard it as an Old Latin text which St. Jerome took as his base for his Vulgate. Since 90 per cent. of it is Vulgate the question is how to account for the remaining 10 per cent. of the text.

St. Augustine mentions the 'Itala' as the best translation. It is called by him *Itala interpretatio*, and is preferred to the others because it not only sticks more closely to the words ('verborum tenacior') but also shows greater insight into their meaning. Burkitt maintains that the Vulgate was Italian to St. Augustine, who was living in Africa. Souter says *f* was written in the sixth century and represents the Latin side of a bilingual MS. which had Gothic on the other, that it was made from an Old Latin

---

[1] '*f* (saec. vi) (mutilus) (Brescia). Is codex non ueteris Latinae uersionis, sed pars Latina codicis Gothico-Latini, et potius inter codices Vulgatae Latinae adnumerandus esse uidetur' (*Nouum Testamentum Graece*, Souter).

MS. partly corrected to the Vulgate and then altered to suit the readings and renderings of the Gothic.

We shall have to return again to the Codex Brixianus.

The Derivation of the Celtic Text.

In the Celtic Gospels, as we shall see, we find traces of all these types, and of others unknown to us. The fact that the Celtic type includes a large number of ' African ' readings points to the fact that such readings represent in the Insular Gospels an earlier stage of the European texts than those of *b* and others.

We know of nothing which would lead us to suppose that St. Augustine's reference to the endless variety of translators (' latinorum interpretum infinita varietas ') refers to Africa alone. It is possible that the Gospels were translated at several places in the West at about the same time, and that the resemblance between most of the texts may be due to the recensions of later times. Both Professor Turner and Canon Streeter doubt the exclusively African origin of the ' African ' texts.[1]

[1] ' I cannot believe that there was no version at least of the Gospels, extant in Rome for the use of the Latin-speaking Christian population. . . . And the Gospel must have spread through central and perhaps through northern Italy from Rome as the source and in Latin as its medium ' (*The Vulgate Gospels*, p. xii).

' Tertullian, the predecessor of Cyprian at Carthage, speaks of the Apostolic sees, with special reference to Rome, as the " wombs of the Catholic Church ". From this and from the general probabilities of the case we may tentatively infer that African Christianity came from Rome, and that the African Latin was ultimately derived from an earlier form of the Roman text ' (*The Four Gospels*, Streeter, p. 66).

CHAPTER III

ST. JEROME AND HIS VULGATE

THE reader will probably have formed the opinion already that
there existed a great variety of Latin texts with regional differ-
ences sufficient to enable them to be classed according to their
provenance. But variety in readings and renderings did not end
there. No two MSS. even of the same provenance agreed abso-
lutely, so that Jerome's words ' tot sunt exemplaria pene quot
codices ', ' there are almost as many forms of text as copies ',
or ' every MS. gives a new type of text ', appears to be not far
from the truth.

The sacred text had suffered much corruption, and it seemed
to Damasus the Pope that the time had come to revise it ; moreover, he had at hand a scholar well qualified for the task. The
Pope chose his secretary Eusebius Sofronius Hieronymus, who
had been one of the most able pupils of the grammarian Donatus,
and was, as Professor Turner puts it, beyond most other men
' utriusque linguae peritus'. He reproached himself for being
more of a Ciceronian than a Christian, and relates that when he
was ill with a fever he dreamt that he was judged by Christ, who
replied to his plea that he was a Christian ' Mentiris, Ciceronianus
es, non Christianus: ubi enim thesaurus tuus, ibi et cor tuum.'
We know how St. Jerome conceived of his task from his open
letter to Pope Damasus when he sent him the first-fruits of his
work in A.D. 383 :

> ' Thou compellest me to make a new work of an old : after so many
> copies of the scriptures have been dispersed throughout the world, I
> am now to occupy the seat of the arbiter, as it were, and seeing they
> disagree, to decide which of them accords with the truth of the
> Greek: a pious task, truly, yet a perilous presumption, to pass judge-
> ment on others, and oneself to be judged by all.

St. Jerome complained that the texts had been badly rendered
by incompetent translators (' a vitiosis interpretibus male edita '),
made worse instead of better by the presumption of unskilful
correctors, and added to or altered by sleepy scribes. We do not
know what Greek MSS. he used other than that they were old,
as he tells us. Where the Latin texts were at variance he chose

the oldest and best Greek readings and amended the current renderings nearest to them in such a way as to bring them closer to the best Greek texts. He checked glosses and interpolations, and kept as near to the orthography of the Greek, in words derived from Greek, as the Latin language would allow. When St. Augustine wrote to congratulate him as a translator he disclaimed the term and substituted the word corrector ' si me, ut dicis, in N.T. emendatione suscipis '. He used an Old Latin text that had probably had previous revision. Souter is of opinion that it was such a MS. as *b*, but in St. Luke a text almost identical with *a*.

The Reception of the Vulgate.

We know that somewhere between 394 and 400, to quote Professor Burkitt's words, ' something happened at Hippo ' in the matter of the text which St. Augustine used. In short quotations from memory he quotes from the Old Latin, but for longer and continuous passages he goes to St. Jerome's revised version. No doubt the larger and more important churches also used St. Jerome's version, though not to the total exclusion of the Old Latin texts, which continued to be copied in many places. Though St. Jerome's work was undertaken at the request of the Pope it had to win its way by its own merits, and was not received with universal approbation. New copies would be made for some large churches, and from smaller churches copies of the Old Latin text would be brought in to be corrected. Skins were expensive, and it was more convenient in every way to bring the present copy of the Gospels possessed by a church up to date by correcting it with the new version than to have a new copy made.

A church would not be compelled to use the new Vulgate ; in fact at Rome itself, according to Gregory the Great, St. Jerome's Version was used side by side with the Old Latin, while the quotations in St. Gregory's homilies are from a mixed type of text. A scribe would therefore feel that he was not bound to incorporate into his text every correction that St. Jerome had made. For instance, when he came to the petition for our daily bread in the Paternoster he may not have liked the new rendering ' supersubstantialem ' and would still keep to his old ' cotidianum '. Or again he might have found Jerome's new orthography in the words derived from Greek, with his *y* for *i* and *ph* for *f*, very confusing, to say nothing of the spelling of words derived from the Hebrew, but on the other hand perhaps he would be glad to incorporate the new readings while retaining the old spelling. Thus we find that Σ, the oldest MS. of the Vulgate, retained much of the old orthography.

It is almost impossible to find a Vulgate MS. without some traces of Old Latin readings and orthography. It must be remembered that the base of every Vulgate MS. is an Old Latin base simply because St. Jerome's own base was such. This must be tested and understood, as it does not appear to be obvious, before we proceed to consider the mixed text of the Celtic MSS.

CHAPTER IV

THE OLD LATIN BASE OF THE VULGATE

THE term 'Vulgate' was taken over from the Greek for the LXX, called the Vulgate of the Old Testament, and its transference to the current Latin was easy and natural. The Old Latin itself was called the Vulgate before St. Jerome's correction displaced it. Cardinal Wiseman called it Old Vulgate to distinguish it from St. Jerome's new Vulgate. St. Jerome used the term to indicate the most prevalent forms of text in use in his time. Roger Bacon in the thirteenth century seems the first to have applied it to St. Jerome's revision.

Before we venture on our quest for the origins of the Celtic, British = Irish, or Insular (British Isles) text we must be sure what we mean by an Old Latin reading, as we shall meet the term frequently. A pure Old Latin text would be one that had never been revised by St. Jerome. If it be a text bearing all the marks of his correction it is a pure Vulgate, though its base is Old Latin. If, however, those corrections were only partially adopted the result would be a mixed text. Let us take one or two verses to illustrate the different types of the Latin texts.

OLD LATIN

African (k).

' sic luceat lumen uestrum coram hominibus ut uideant bona opera uestra et clarificent patrem uestrem [1] uestrum qui in caelis est.'

European (a and b).

' sic luceat lux uestra coram hominibus ut uideant opera uestra bona, et magnificent patrem uestrum qui est in caelis.'

Italian (f).

' sic luceat lux uestra coram hominibus ut uideant opera uestra bona et glorificent patrem uestrum qui in caelis est.'

VULGATE

Clementine.

' sic luceat lux vestra coram hominibus ut videant opera vestra bona et glorificent patrem vestrum qui in caelis est.'

---

[1] A scribe's error.

Wordsworth and White.

'sic luceat lux uestra coram hominibus ut uideant uestra bona opera et glorificent patrem uestrum qui in caelis est.'

First it will be noticed that the European and Italian read 'lux uestra' for the African 'lumen uestrum'. Then the European reads 'magnificent' for the African 'clarificent', but the Italian is satisfied with neither and substitutes 'glorificent'. Finally, the European reads 'qui est in caelis' for the African 'qui in caelis est' and the Italian agrees with the African against the European.

What then did St. Jerome correct? It all depends upon what type he took for his base. Taking *f* as his base (if *f* is not the Vulgate itself but an Old Latin MS.) he altered nothing according to the Clementine text. If he took *b* as his base he would also have altered nothing, except that he would have substituted 'glorificent' for 'magnificent'. The truth is, as Kenyon has said, 'Jerome's revision of the N.T. was very partial and the basis of his text remains Old Latin.'[1]

Let us take another example. Mt. vii. 12:

European (a and b).

'Omnia ergo quaecumque uultis ut faciant uobis homines bona ita et uos facite illis.'

Vulgate.

'Omnia ergo quaecumque uultis ut faciant uobis homines et uos facite eis.'

Here every word of the Vulgate is taken from the Old Latin except that 'eis' was substituted for 'illis' and 'bona ita' was omitted. Where St. Jerome made no alteration in the Old Latin base, that base is not described as an Old Latin reading although it really is so; but where he corrected the reading, that correction we call a Vulgate reading, and the reading displaced by him we call an Old Latin reading, thus 'bona ita' and 'illis' are Old Latin readings here.

[1] *T.C.N.T.*, p. 239.

PART II

CHAPTER V

THE CHARACTERISTICS OF THE CELTIC GOSPELS

(i) *The Old Latin Element.*

DR. GWYN in his edition of the Book of Armagh describes the Celtic text as endlessly varying as we turn from copy to copy, yet distinguished by one well-marked and conspicuous character, the predominance in it of Old Latin readings (cxli).

In collating St. Matthew of Teilo = Chad with the Vulgate of Wordsworth and White I have noted 1,920 variations from the text there set forth and have traced 734 or 38 per cent. of them to Old Latin MSS.[1] Of these the proportion of agreement with the most important Old Latin MSS. is: a 38 per cent.; b 45 per cent.; d 21 per cent.; e 30 per cent.; f 25 per cent.; ff 45 per cent.; g_1 39 per cent.; h 38 per cent., and k 19 per cent.

In St. Mark, Teilo = Chad varies from the Clementine Vulgate in 1,354 places, of which 578, or 42 per cent. of the variations, can be traced to Old Latin MSS. Even this large proportion is understated, because I have been unable to examine the texts of c and l, and r is missing in so many places.

In St. Luke, where the text from iii. 9 to the end of the Gospel is from the Hereford MS., I have chosen two short sections on

[1] St. Matthew i. 1 to xi. 16 has been taken as the first section because ff, otherwise ff_2, is wanting till xi. 16 is reached. Here there are 261 Old Latin readings distributed as follows: a 118 or 45 per cent., b 122 or 46 per cent., d 39 or 14 per cent., f 70 or 26 per cent., g_1 118 or 45 per cent., h 84 or 32 per cent., r 59 or 22 per cent.

From xi. 16, where ff begins, to xiv. 8, where k ends (with the exception of xv. 20 to 36): a 25 or 28 per cent. of the 88 Old Latin readings, b 31 or 35 per cent., d 19 or 21 per cent., f 14 or 15 per cent., ff 31 or 35 per cent., g_1 35 or 39 per cent., h 32 or 36 per cent., k 17 or 19 per cent.

From xiv. 8 to xviii. 12 (h is missing,

xiv. 23—xviii. 12) with 90 Old Latin readings: a 41 or 45 per cent., b 50 or 55 per cent., d 34 or 37 per cent., e 24 or 26 per cent., f 27 or 30 per cent., g_1 46 or 51 per cent.

From xviii. 12 to xxiv. 49 (all e is missing from xxiv. 49 to xxviii. 2), where there are 122 Old Latin readings: a 46 or 37 per cent.; b 51 or 41 per cent., d 20 or 16 per cent., e 42 or 34 per cent., f 37 or 30 per cent., ff 60 or 49 per cent., g_1 43 or 35 per cent., h 51 or 41 per cent.

From xxiv. 46 to the end of the Gospel there are 173 Old Latin readings with a 69 or 39 per cent., b 86 or 49 per cent., d 38 or 22 per cent., f 50 or 28 per cent., ff 75 or 43 per cent., g_1 48 or 27 per cent., and h 75 or 43 per cent.

c

the ground that the St. Gatian text and that of the Garland of Howth are together.

The first is St. Luke xv. 25 to xvi. 15, which has 40 variants from the Clementine, of which 20 (or 50 per cent.) are traced to Old Latin sources in the proportions of a 10 ; b 9 ; d 8 ; e 5 ; f 8 ; $f\!f$ 11 ; m 1 ; q 6 ; r 4, and others.

The next section where r_2 is extant is xvii. 7 to xix. 11. Here Hereford has 143 variants, of which 59 (or 41 per cent.) are Old Latin, comprising b with 29 ; q and r 28 ; $f\!f$ and e 19 ; a and f 16, and d 11.

Throughout the whole of our text whether collated with the Clementine or with the Wordsworthian Vulgate the proportion of Old Latin readings among the variations is about 40 per cent. We can from these facts appreciate Dr. Gwyn's remark that the memories of the Celtic scribes were saturated with the familiar Old Latin text and their religious life bound up with it.

(ii) *The ' Vulgate base' Theory as applied to the Celtic Texts other than that of the Book of Durrow.*

Just as a number of scholars have assumed that the date of a MS. where it is not known is of the eighth century, on the principle ' Omne ignotum pro—saeculo octavo ', to quote the phrase of the Dean of Lichfield, so it has been too often repeated that the Celtic MSS. have a Vulgate base. My own view is entirely in support of the position of Mr. Hoskier and Dom Chapman :

> ' The point to be emphasised is that the Irish text as a whole, irrespective of date, is an Old Latin text revised to the Vulgate, and quite unlike Amiatinus, which would seem always to have been a Vulgate.' [1]

Dom Chapman describes it [2] as a ' European ' text, corrected considerably by the revision of St. Jerome, and all existing MSS. of it have been still further revised, some more, some less. The Celtic text is an Old Latin text corrected to the Vulgate, not a Vulgate text corrupted by the Old Latin. [3] The Irish Gospel text is fundamentally an Old Latin text vulgatized. [4]

---

[1] Hoskier, *Concerning the Genesis of the Versions of the New Testament*, ii. 280.

[2] *The Early History of the Vulgate Gospels*, p. 172.

[3] Ibid., p. 178.   [4] Ibid., p. 179.

The fallacy of the 'Vulgate base' theory can be tested in a few well-known places.

In the Lord's Prayer (Mt. vi. 9–13) the text of Teilo=Chad reads:

PATER NOSTER QUIES INCAELIS

SANCTIFICETUR NOMEN TUUM

ET UENIET REGNUM TUUM

FIAT UOLUNTAS TUA

SICUT IN CAELO ET IN TERRA

PANEM NOSTRUM COTIDIANUM

DANOBIS ODIE

ET DIMITTE NOBIS DEBITA NOSTRA

SICUT ET NOS DEMITTIMUS DEBITORIBUS NOSTRIS

ET NE NOS INDUCAS INTEMPTATIONEM

SED LIBERA NOS AMALO.

Now all this is Old Latin down to 'sicut', which is Vulgate—the only Vulgate word in the Prayer—or one word in fifty. Would we say that this text had a Vulgate base?

Take again the first of the 'Comfortable Words' (Mt. xi. 28). Teilo=Chad reads: 'Venite ad me omnes qui laboratis et honorati estis et ego reficiam uos.' With the exception of the aspirate, the reading of the Old Latin *b* is exactly the same.

The 'Vulgate base' is generally found on examination to be none other than the base of the Vulgate.

(iii) *The Nature of a Mixed Text.*

A modern example of a 'mixed' text. Many would be surprised to know that the Church of England has a text of Holy Scripture which is neither that of the A.V. of 1611 nor of the R.V. of 1881, but a mixture of both with other elements brought in. It will help us to understand the Celtic position if we think of the A.V. in terms of the Old Latin, the R.V. in terms of the Vulgate, and the text of the Revised Prayer Book of 1928 (as given in the Epistles and Gospels of the Christian Year) in terms of the mixed text of the Celtic Church which was neither pure Old Latin nor pure Vulgate.

Twenty-third Sunday after Trinity. The Epistle. Phil. iii. 20.

'For our citizenship is in heaven: from whence also we look for the Saviour, the Lord Jesus Christ: who shall change the body of our low estate that it may be like unto his glorious body.'

Here the text is neither A.V. nor R.V., but very mixed. 'Citizenship' is R.V. for the A.V. 'conversation'. The R.V. 'we wait for a Saviour' is not adopted, neither is 'fashion anew'. The A.V. 'our vile body' is discarded, but the R.V. 'the body of our humiliation' is not the rendering that is put in its place. The bishops and scholars who revised the text in 1928 did what the editors of the Celtic texts sometimes did (for examples see Teilo=Chad in Mc. vi. 40, xiv. 44, and xv. 12): went to the original Greek, translated afresh, and gave 'the body of our low estate', which is neither A.V. nor R.V., just as the Llandaff = Lichfield Gospels gave 'persingulas arias', 'ducite cum monitione', and 'regi illi quem dicitis', which are neither Old Latin nor Vulgate. They gave up the A.V. 'that it may be fashioned like unto' and did not adopt the R.V. 'that it may be conformed to' but rendered 'that it may be like unto'.

In the Gospel for the second Sunday after Easter, the A.V. base is taken in St. John x. 16, 'and there shall be one fold and one shepherd', but 'flock' is substituted for 'fold' from the R.V., though '*they shall become* one flock' is not incorporated. Here we have a mixture of three texts in one verse: the A.V., R.V., and R.V. margin.

For the Sunday next before Advent we have for St. John vi. 14 'when they had seen the sign that Jesus did'. The text is A.V. with the R.V. 'sign' substituted for the A.V. 'miracle', but the R.V. context 'When therefore the people saw the sign which he did' is not used.

So did the revisers of the Celtic Church. They simply took from the Vulgate what suited their purpose. Sometimes they adopted Jerome's orthography and forgot it in the next line. Sometimes they clung to an archaic form, just as 'music' is spelt with a 'k' in the Revised Prayer Book text of 1928, 'he heard musick and dancing'. (The alternative Gospel for the ninth Sunday after Trinity—St. Luke xv. 25.)

CHAPTER VI

THE SOURCES OF THE CELTIC TEXT

IT would be natural to suppose that the Churches of Britain and Ireland received their text of scripture from the same place whence came their faith and order. Our insular traditions derive our Christianity from Gaul, at least the strength and support of it, if not its origin. The earliest records of the diocese of Llandaff connect it with the missions of St. Germanus of Auxerre and St. Lupus of Troyes, and we were always taught to look to the Christian schools of St. Martin of Tours for the model of our great religious foundations of Llantwit Major, Llancarfan, and Llandough, which maintained much intercourse with the Irish monasteries.

St. Patrick is said to have taken MSS. of the Scriptures to Ireland from Lérins which formed the foundation of the old Irish texts soon to be so mingled with the text of Britain as to make it scarce possible to distinguish between them.

The Insular text has to be considered from two points of view:

i. The European Old Latin text of the Celtic recension of the British Isles, as evidenced by Archbishop Ussher's codex known as r, and

ii. The mixed text, having an Old Latin base but corrected time and again to bring it into greater conformity with the Vulgate.

The work of Dom Chapman in his *Early History of the Vulgate Gospels,* of Mr. Haddan in *Councils and Ecclesiastical Documents* (vol. i), and of M. Bonnassieux in his *Les Évangiles synoptiques de Saint Hilaire de Poitiers* has enabled us to trace many of its readings to the schools of Lérins and of Gaul, as well as to the writings of Gildas in Britain. Gaul remained for a long time faithful to the Old Latin texts.

There is a danger of laying undue stress on M. Berger's argument that the progress of the Vulgate in the British Isles was commensurate with the advance of the Roman Church, for we must bear in mind that even in Rome the ancient version continued to be used late in the fifth century, and in the sixth Pope

Gregory's statement that the Roman Church accepted both the Old Latin and the Vulgate is borne out by his own practice in mingling the two elements. There can, however, be no doubt that the influence and penetration of the Vulgate was greater in the Italo-Saxon missions of the north of England than in the Churches of Wales and Ireland, where the older texts had a firmer footing, and where we cannot help believing they had texts of an Old Latin character in addition to the type that has survived in the mutilated pages of Primate Ussher's Codex *r*. They adopted the readings of the Vulgate more freely than its spellings, so that they became common in an Old Latin garb. This is especially so with regard to the oldest MS. of the Vulgate now known as Σ, so ably edited by Professor Turner, from the Irish foundation of St. Gall.

According to M. Berger, the historian of the Vulgate, there appear to have been certain periods when there was, so to speak, a fresh Vulgate ' drive ', just as there was a period when it was practically excluded. The commencement of the fifth century was such a period, when Britain was in active relation with the south of Europe. But fifty years later, when the invasions of the Saxons and others had closed the way to literary intercourse with the countries of the south, a period of restraint set in, in which the Insular churches developed their independent literary culture. The British Isles, like Spain at a later period, remained closed countries to the outer world for a long time and developed Biblical texts of their own, cut off as they were from Latin influence, Britain by her pagan invaders and Spain by the Arab domination ; and the old traditions of religious independence became accentuated by the invasions of her enemies. Thus Spain and Britain developed types of text which had much in common, as they had, so Bishop Frere informs me, in liturgy as well.

Before the year 547 the Vulgate had penetrated deeply into Britain, as we can gather from the Biblical texts used by Gildas except in certain books of the Old Testament. Many of the Vulgate corrections were incorporated into the Celtic MSS., but the precise amount of correction needed to turn a Celtic mixed text into a Vulgate I have never been able to ascertain.

CHAPTER VII

THE RELATIONSHIP OF THE TEXT OF TEILO = CHAD TO THAT OF OTHER GOSPEL MSS.

I HAVE examined and noted all the collations of Wordsworth's MSS. in their relation to our text, in addition to those of my own research amongst other MSS. The text of the Hereford Gospels, in that it agrees in 774 places out of the 1,920 places in which Teilo = Chad varies from the text of Wordsworth and White, comes nearer than any other to our text. The Irish Codex r_2 comes next, but so much of it is missing that we can only tell the proportion by comparing the extant portions. R follows with 657 places of agreement with the variations, gat (not noted by Wordsworth) with 618, D with 593, 𝔓 with 375, Q with 370, and E with 363.

As soon as we depart from this Celtic group the MSS. tail off in the number of places of agreement with Teilo = Chad's variations from the Vulgate, in the following order: W 199, C 178, T 158, B 133, J 129, M̈ 129, O 127, 𝕃 116, K 112, Θ 111, H 97, V 91, F 75, Y 62, Z 52, M 50, X 47, and A 46. The figures, for which I am alone responsible, prove the conclusions of all scholars as to the Celtic group or family in general and the accuracy of Dom Chapman's classification in particular.

After the Celtic group comes W, the medieval type of Vulgate text, so like that of the twelfth-century St. Matthew at the beginning of the Book of Llandaff, with 199. Then come the Spanish MSS., C with 178 and T with 158, followed by the Gallican B with 133, the North Italian J and M̈ with 129 each, the Canterbury O with 127, the twelfth-century Llandaff with 116, K of the Alcuinian recension with 112, the Theodulfian with 1Ì1, H with 97, and V of the Alcuinian recension with 91.

There remain the Vulgate MSS. of the first class, F of south Italy with 75, Y of Northumbria with 62, Z with 52, M of north Italy with 50, X of Canterbury with 47, and A of Northumbria with 46.

Some Symbols: Vg, VO, and codd. A word of explanation.

vg is the symbol for the Clementine Vulgate, and VO for the

Vulgate of Wordsworth and White. In collating the text of
Teilo = Chad with VO in St. Matthew, where it differs from VO
and agrees with the Clementine Vulgate the symbol vg notes the
fact. In St. Mark and St. Luke, which are collated with the vg,
the symbol VO indicates that the variant agrees with the Oxford
text as against the Clementine. In cases where I considered the
testimony too full to quote at length I have used the symbol
codd. to signify that the reading is supported by a number of
codices. The constant repetition of DELQR with 𝔓 and 𝔓 mg,
or parts of the series, becomes wearisome to the editor and must
be more so to the reader.

Room has to be found for the Old Latin testimony in as full a
manner as is possible to secure and note it, as well as for several
important MSS. of the mixed and Vulgate texts whose readings
are not reported in the Oxford Vulgate.

PART III

CHAPTER VIII

SOME CELTIC CODICES

The Domnach Airgid.

THIS Irish MS. takes its name from the silver reliquary 'the silver church' in which it was enshrined. It appears that it was not there originally, for the Domnach was said to contain a lock of the Virgin Mary's hair and other relics, so there would have been no room for it. All that is known is that it was found there. Its story has been told by Dr. Bernard in the *Transactions of the Royal Irish Academy*, vol. xxx, parts vii and viii (1893).

The leaves of the MS. are fastened together by damp, and Dr. Graves described it in 1861 as 'a solid mass of wrinkled folios agglutinated together', but skilled workmen at the British Museum have since been able to open out 39 of the 150 wrinkled folios so that they can be read. These leaves contain certain portions of Mt. i. 1—v. 25, Mc. i—iv. 12, Lc. i. 6—ii. 25, and Jo. i. 1—iv. 14. The vellum is thick and the leaves are ruled with 21 lines to a page as compared with 20 for Teilo = Chad, to which it is remarkably alike both in script, spelling, and the general format of the page. In some places the scribe appears to have left out whole lines (cf. Mt. i. 15 ; Mc. ii. 2 ; iii. 31 ; Jo. i. 50). There are occasional capitals at the beginning of important sections, and the writing is continuous and uniform.

The following specimens of orthography are given :

inlussus : babtizo : rapbi : opbrobrium : profeta : farissei : diabulus : scisura : horeum.

The text is 'mixed', and among the variants are :

Mt. iii. 5 *om.* et omnis Iudaea.
Mc. i. 1 est for eius.
Mc. iii. 15 *add.* ut circum(euntes predica)ren(t euang)elium.
Mc. iii. 27 quoniam belzebud habet et quia in principe est demoniorum (in fur)orem.
Mc. iii. 31, 32 *om.* miserunt . . . quaerunt te.
Mc. iv. 11 nosse for scire.

Lc. i. 13 pariat for pariet; 19 Gabrihel angelus ; 32 dominus deus ; 65 uulgebantur ; 80 desertis.

Lc. ii. 25 erat se(meon); 31 pre(parasti).

The Book of Armagh (Liber Armachanus).

This MS. is otherwise known as Codex Dublinensis, or D, from the fact that it is at Trinity College, Dublin. Its scribe was Ferdomnach 'Heir of Patrick', a title which belonged to the Abbots and Archbishops of Armagh alone. He held the see 812–13, and the MS. must have been copied, according to M. Berger, in 812. Its text bears a strong relationship to that of the Spanish MSS. and has a large number of conflate readings or doublets.

'The Book of Armagh', says Dr. John Gwyn, who has given us a magnificent edition of it, 'stands forth to the student of Biblical literature without a rival in the whole rank of Irish antiquity, as the only entire New Testament as read in the early Irish Church, and copied by Irish scribes, that is now extant.'

Its text is missing from xiv. 1 to xix in St. Matthew.

The Book of Durrow.

This has two points of interest in connexion with our study, its colophon and its text. The colophon now follows the last words ' sequere me ' of the ' Capitula in Euangelium secundum Iohannem ' :

ROGO BEATITUDINEM
TUAM SC̄E PRAESBITER
PATRICI UT QUICUMQUE
HUNC LIBELLUM MANU TE
NUERIT MEMINERIT COLUM
BAE SCRIPTORIS. QUI HOC SCRIPSI
HIMET EUANGELIUM. PER XII
DIERUM SPATIUM. GTIA DN̄I NR̄I S.S.

Then, *after an interval of seven lines*, by the same hand :

ORA PRO ME FRA
TER MI DN̄S TECUM
SIT.

' himet ' is a mistake for ' mihimet ', ' gtia ' with an *a* above the *g* is for ' gratia ', and ' s.s.' an early symbol of ' subscripsi '.

The extant Book of Durrow is a copy of an earlier codex in

which the colophon was written, and from which it was copied into the new book, but no satisfactory answer has been given to the statement that it was written in twelve days, although Dr. Lawlor says : ' I have satisfied myself by actual trial that the text of the Gospels could be copied in a modern hand, with sufficient care to ensure that every letter could be easily read by a person unacquainted with the Latin language, in 112 hours, that is, in twelve days of rather more than nine hours.' I wonder whether this experiment was made with a strange MS. and a strange text, with no standardized orthography, with such materials as St. Columba would have used, and under such conditions as he would have worked ?

I have myself transcribed the Latin text of St. Matthew from Teilo = Chad five times, St. Mark four times, St. Luke from the Hereford Gospels, and again St. Matthew from the twelfth-century text of the Book of Llandaff, and I cannot believe that St. Columba could have copied the four Gospels in twelve days. Moreover, what he transcribed is described in the singular and by a diminutive, an euangelium and a libellus.

The familiar Celtic portraits of the evangelists, each of them holding a book, show that the Gospels were regarded as four books, each of which was an ' euangelium '. St. Patrick is represented as giving ' libri aeuangelii ', while both he and St. Bride are spoken of as ' sowing the four books of the Gospel '. Even as late as the twelfth century, the Book of Llandaff, known to the Chapter as ' Textus ' in later times, contains St. Matthew alone. There was a time in Ireland when each of the Gospels was provided with a separate shrine or cumdach, and it must be remembered that the ancient Irish did not practise the art of bookbinding. Several examples are known of single Gospels copied apart, and this was especially so with the Gospel of St. John. Moreover, the word used in the colophon is ' libellus ', a diminutive, which in the Colmar MS. (Stadtbibl. 38) is used for a single Gospel, though it forms part of a volume containing all four.

If my theory be correct that the transcription said to have been executed in twelve days refers to a particular book of the Gospels and not to the four, the colophon attached to the capitula of St. John gave the name of Columba to the whole. The same thing happened in the case of the Book of Mulling. The fourth Gospel of the Book of Mulling was actually written by that saint himself according to Dr. Lawlor,[1] though the colophon has been read as covering the whole, 'Nomen autem scriptoris mulling dicitur'. Much the same thing I believe to have happened in the case of the one Gospel transcribed in twelve days (a reasonable time) by St. Columba.

The story as to the ownership of a copy made from another book, and the decision based upon the principle 'To every cow her calf' is well known to most of us. Dr. Lawlor has shown that in the second Life of Finnian of Maghbile it is said that amongst the gifts presented to him at Rome by Pope Pelagius were 'Euangelia quoque quae terra illa nondum plene susceperat'. The Irish had, of course, fully received the Old Latin text of the Gospels long before this, so it seems reasonable to conclude that what he brought from Rome was a copy of the Vulgate Gospels. Columba, who had the reputation of being an industrious scribe, was so fascinated with it that he secretly made a copy for his own use ('scripsi mihimet') in a hurry (in twelve days). This incident justifies Dr. Lawlor's conclusion:

> 'The new translation was welcomed, no doubt, by scholars, but it is unlikely that it was used for the purpose of edification by preachers, or in the ordinary services of the church.'[2]

Durrow was the saint's chief foundation in Ireland. Further, the cumdach or satchel for the MS. was made by Flann, King of Ireland (*ob.* 916), with an inscription addressed to *Columb Chille*.

The text of the Book of Durrow is a Vulgate copied from the text which Columba made for himself, into which, either then or later, Old Latin and Irish readings found their way. It was practically a new text for Ireland.

Professor Lindsay's statement that the second entry is an invocation of this 'Columba scriptor' is open to question, as 'DN̄S TECUM SIT' is hardly what would have been said to a departed saint but quite appropriate to the reader of this scribe's work.

Hoskier's observations on the nature of Dr. Abbott's collations are given under the brief description of r_2 below. He also speaks of his skeleton collation of the Book of Durrow. I had come to the same conclusion before reading any of Hoskier's works.

Unfortunately I know of no continuous portion of the text of

---

[1] *The Cathach of St. Columba*, p. 399. Proc. R.I.A. C xxxiii (pp. 241–443).

[2] *The Biblical Text in Tindal's Vision*. Proc. xxxvi C (351–375).

the Book of Durrow apart from a few verses, wherewith to test this matter. In the publication *The National MSS. of Ireland* St. Luke i. 1–5 is given in full, and here Dr. Abbott has omitted 'adsaecuto' for 'adsecuto', 'omnibus' for 'omnia', 'Theofile' for 'Theophile', 'Iudae' for 'Iudaeae'. Westwood gives the first page of St. Mark down to 'camelli' (v. 6). In these few verses Dr. Abbott omits 'est' after 'scriptum', 'profeta' for 'propheta', 'Iohannis' for 'Iohannes', 'babtizans' for baptizans, 'babtismum' for 'baptismum', 'remisionem' for 'remissionem', 'omnes' for 'omnis', 'Iudeae' for 'Iudaeae', 'hyerusolomitae' for 'Hierosolymitae', 'Iohannis' for 'Iohannes', 'pylis' for 'pilis', and 'camelli' for 'cameli'. In fact he gives no report for the first seven verses of St. Mark.

Durrow, which has the Vulgate apparatus, with a Vulgate text, has also a fair sprinkling of Old Latin and Insular readings and orthography, more in number than Dr. Abbott's attenuated collation would lead us to expect. It reads like a MS. which was a Vulgate from the beginning, like Codex Amiatinus, and therefore it stands apart from the rest in the argument as to the origin and character of the Insular text.

The Book of Kells.

This MS. has been called the most beautiful book in the world, but here we are only concerned with its text. It is of a later date than Teilo = Chad, and the peculiarity about its text is that it is full of doublets, sometimes saying the same thing in a different way.

The scribe must have taken his text from more than one MS., and shows his method of working in chapter xxiii of St. Luke, where in verse 15 he writes : 'In alio sic remisi eum ad uos nam remisi uos ad illum'. Here the gloss has been placed before the text. In Mt. vi. 16, the Vulgate reads : 'exterminant enim facies suas', but most of the Insular MSS. give 'demoliuntur'. Here, however, Kells joins them and reads 'demuliuntur exterminant'. In the puzzling passage of the Latin texts about the two sons who were asked to do the father's will, Kells joins the two readings 'primus' and 'nouissimus'—'dicunt primus et nouissimus'.

The National MSS. of Ireland gives an illustration of the text of Mt. xxvii. 33–7 in the Book of Kells. On comparing it with Dr. Abbott's collation we find he does not say that 'autem' is omitted after 'postquam'. He omits 'misserunt' for 'miserunt', 'inpossuerunt' for 'inposuerunt', and 'iudeorum' for 'Iudaeorum'. The same work contains also an illustration of Mt. xxvii. 38–43. Here again we find that he omits 'discende' for 'descende', and 'discendat' for 'descendat'.

The little book called *Examples of Celtic Ornaments from the Books of Kells and Durrow* has a reproduction of the Kells MS. with the text of Mc. xv. 26–31. Here Dr. Abbot omits 'iudeorum' for 'Iudaeorum', 'duos' for 'duo', 'senistris' for 'sinistris', 'ad inpleta' for 'adimpleta', 'discendens' for 'descendens'.

The Book of Mulling.

This is also preserved at Trinity College, Dublin, and is more recent than we should suppose from its colophon. Its script resembles that of the Book of Armagh, and its text is very like that of r_2, Teilo = Chad, and Hereford. M. Berger quotes from it some interesting readings as far as Latin MSS. are concerned, such as the words of Jesus to Martha in Lc. x. 42 : 'Paucis vero opus est vel etiam uno'. Dr. Lawlor's work on this MS. is of great use as showing how much of the Old Latin text was corrected to accord with the Vulgate, and how it was done. Besides the Old Latin chapters which he has given us, we have also Mr. Hoskier's collation of those parts of St. Luke where the text is not given by Dr. Lawlor. Its symbol is μ or mull.

The Book of Dimma.

This is also at Trinity College, Dublin, and the name of Dimma is said to have been substituted for that of the real scribe of these Gospels much later, in order to pass the MS. off as the very Gospel-book which was supposed to have been written miraculously in forty days by one Dimma, as recorded in the Life of St. Cronan. All that I know of the text is from Hoskier's collation of it in St. Matthew.

The script of Armagh, Mulling, and Dimma is not the fine semi-uncial of Teilo = Chad but of a cursive character abounding in contractions.

The Garland of Howth.

This, to give the MS. its homely name, or *Usserianus II*, represented by the symbol r_2, with the exception of the Hereford Gospels, has a text more like that of Teilo = Chad than any other that has survived, as it contains a large Old Latin element and a great number of purely Insular readings.   M. Berger says with much truth: ' This MS. is not the first, and it will not be the last Irish MS. which will cause us to turn our eyes towards Spain.' Its unique importance has been shown by Mr. Hoskier in his book *Concerning the Genesis of the Versions* (Quaritch, 1910), and the same scholar has since published the whole text (1919). This MS. is another treasure of Trinity College, Dublin.

Some scholars have been particularly unfortunate in their treatment of this MS. Dr. Scrivener in his introduction to *Codex S. Ceaddae* (p. xiv), while complaining of the carelessness of the scribe, has assigned the well-known colophon of the Book of Durrow to this MS.   He says:

> 'The other document, now first collated by Dr. Abbott (above, p. vi, note 1) and by him named *Usserianus alter*, also a semi-uncial, is among Primate Ussher's books, apparently unclassed.   It is later than its fellow, perhaps written in the ninth century.   A subscription declares that it was the work of *Columbae scriptoris* (certainly not the great saint, who died A.D. 597) and that he wrote it *per xii dierum spatium*, which is possible enough since it is full of errors of all kinds.'

Before I had ever heard of Mr. Hoskier and his work I had formed an opinion of the inadequate character of Dr. Abbott's collations as recorded in his *Evangeliorum Versio Antehieronymiana,* and was confirmed in this opinion on reading the portions of texts supplied by Dr. Lawlor in his *Book of Mulling.*

Now that Mr. Hoskier has given us a full transcript of the text of r_2, we are in a position to test the truth of his indictment:

> ' My estimate of Dr. Abbott's work (in his appendix to Codex r) erred on the side of leniency, for it will be found that he is guilty of the neglect of *seven hundred* readings, and misprints about three hundred more, making together *one thousand* errors of omission and commission. . . . Over two thousand varieties of spelling in the MS. do not find a place in his collation.'

Mr. Hoskier gives his evidence in full detail and has also remarked on Wordsworth's sparing use of r_2, which obscures rather than helps the position, for Wordsworth quotes R for an otherwise unique reading which is supported by r_2 alone. He does the same for D, Q, L, E.

The lacunae of r_2 are many, but I find that where it is extant it agrees with the variations of Teilo = Chad to the extent of 41 per cent. in St. Matthew, where in corresponding sections, out of 832 of Teilo = Chad's variations from the text of Wordsworth and White, r_2 supports the Llandaff-Lichfield text in 347 places.

The Rushworth or Mac Regol Gospels.

This MS. is to be seen in one of the first cases that meets the eye of the visitor as he enters the Bodleian at Oxford. It is so called because it once belonged to Rushworth, deputy-clerk in the Long Parliament, who gave it to the Bodleian. It was written by one MacRegol, as its colophon testifies :

> MACREGOL DIPIN
>
> CXIT HOC EUANGE
>
> LIUM QUICUM
>
> QUE LEGERIT
>
> ET INTELLEGERIT
>
> ISTAM NARRATIO
>
> NEM ORAT PRO
>
> MACREGUIL SCRIPTO
>
> RI

This scribe is said to have been a Bishop of Birr who died in A.D. 800. I am inclined to be sceptical of the identification of Celtic persons because of the Welsh custom of the grandchild taking the grandfather's name.

Bentley declared this MS. to be so like the Book of St. Chad that it might be the work of the same scribe. Whether written in Ireland or not, it must have been in this country fairly early because of the Anglo-Saxon gloss between the lines of the Latin text of the Gospels. This gloss is said to have been of the tenth century and was the work of two scribes, Farman and Owun, whose names are given at the end of St. John's Gospel. Farman is described as priest of Harewood. Skeat is very wide of the mark when he says ' The Latin text of the Rushworth MS.

differs but slightly from that of the Lindisfarne MS.', as his own collation of St. Mark shows some thousand variations between them in this Gospel alone. In fact Rushworth has a typical Celtic text as opposed to the Italian or Cassiodorian text of Y so ably described by Dom Chapman in his *Early History of the Vulgate Gospels.*

The Mac Durnan Gospels.

This MS. is at Lambeth Palace Library, and its original description is found on the fly-leaf in the quaint words:

> + MAEIELBRIDVS . MAC
> DVRNANI . IST$\bar{\text{V}}$. TEXT$\bar{\text{V}}$.
> PER . TRIQVADR$\bar{\text{V}}$. $\overline{\text{DO}}$.
> DIGNE . DOGMATIZAT
> + AST . AETHELSTANVS .
> ANGLOSAEXANA . REX . ET .
> RECTOR . DORVVERNENSI .
> METROPOLI . DAT . PERAE$\overline{\text{VV}}$.·.

Thus it is said to have been written for, or in the possession of, Maelbrigid Mac Durnan, reputed to be Abbot of Derry and Bishop of Armagh (ob. 927). Further, the record shows that this book was a present from King Athelstan to the city of Canterbury.

The text is very difficult to read, the letters of this cursive hand being so small, while it abounds in contractions. I visited the Library and was able to collate the text as far as the end of the seventh chapter of St. Matthew, and found that it agreed with Teilo = Chad's variations in 136 out of 390 places, or to the extent of 35 per cent.

The Harleian MS. 1802.

This MS. at the British Museum was also written by a ' Maelbrigte ', a generic name meaning the tonsured servant of Bridget, mael (in Welsh = Maglos) being the equivalent of the Latin ' calvus '. This devotee of Bridget is said to have been at Armagh in 1138. In addition to the devotion to Bridget in Ireland, her cultus was common also in Wales, where down to Tudor times she was invoked with Mary.

This MS. is also a pocket edition of the Gospels.

d

The Cotton MS. Otho c v.

Described as a Saxon MS. of the eighth century, this codex has been almost destroyed by burning, but the recovery and mounting of the fragment has been very well done.

The Bodmin Gospels.

I expected to find a Celtic text in the Cornish MS. commonly called *the Bodmin Gospels*, otherwise *the Gospels of St. Petroc* (Additional 9381). Like Teilo = Chad it contains records of the manumissions of serfs and other matters. But its text is much later and is more of the Vulgate type. Its script seems to have but few features of the Celtic school, though M. Berger says that its *g*'s and *r*'s are of the Irish family; but on the other hand Bradshaw describes it as 'a purely French MS. as far as the text is concerned'. Berger dates it as of the tenth century. It is very easy to read, and I found that in Mt. viii and ix it agrees with the variations of Teilo = Chad to the extent of 20 per cent.

Cotton MS. Tiberius A. II.

This MS., otherwise A. 2. d (see *Cat. Anc. MSS. Lat.*, pp. 35–7), is another of King Athelstan's gifts, and is still more vulgatized than the Cornish Gospels, as we should expect, for while the Cornish MS. conforms more closely to the Vulgate spelling than the MSS. of the British = Irish group in general, many of its readings belong to that group. Its position is the reverse to that of the Echternach MS., for its marginal readings and corrections conform more closely to the Vulgate, while its orthography is that of the Celtic school.

Additional MS. 6408 (f. 69).

This contains 'specimina evangelistarii pervetusti in bibl. eccles. Cathed. de Lichfield', and gives a partial collation of the text of Teilo = Chad made in the early years of the nineteenth century by one of the Canons, with some description of the MS. I have also a reference to Add. MS. 6211 but have lost the connexion. Reference to Add. MS. 36279 has been given above on p. xviii.

CHAPTER IX

SOME CONTINENTAL MSS. OF THE CELTIC FAMILY

TEXTS of the British = Irish recension found a home in many places of the Continent of Europe, such as Echternach, Landavennoe in Brittany, Tours, St. Gall, Würzburg, Bobbio, and Berne. They were either taken from the British Isles by foreigners who came hither for study, or by Celtic wanderers who left their land for new homes abroad, or copied from Celtic texts in the new settlements.

It is not unknown for Celts to be more patriotic abroad than at home, and the tendency of harking back to Old Latin or mixed British-Irish readings in the margins or between the lines of the Gospels is very plain in the Gospels of St. Gatian and Echternach especially, much more so than with those written on British or Irish soil.

There are three MSS. in particular which must be mentioned, those known by the symbols of E or *mm*, Ƥ or ept, and gat.

The Egerton Gospels, now in the British Museum, are perhaps better known on the Continent by the symbol *mm*, which stands for *maius monasterium* near Tours, than by Wordsworth's symbol, which is E. Dr. White says it is written in an Irish hand and presents an Irish type of text, but it is much mutilated, especially in St. Mark.

The Echternach Gospels are so called because the Codex was formerly at Echternach in Luxemburg, but it is now at Paris. M. Berger classes it with the Irish family, but its text is peculiar and complicated. The MS. either belonged to St. Willibrord or was copied from a MS. brought by him from England. From a note therein it appears that the parent text was corrected in A.D. 558 by a Codex which came from the Library of Eugipius and was reputed to have belonged to St. Jerome. Dom Chapman, who has devoted pains to this MS., places its text of the first hand in brackets with A and Y in the Northumbrian family. It is placed by him—again in brackets (this time with an asterisk outside the bracket)—amongst the Irish family DELQR, in which also he places the marginal readings of the MS. The distinctions between the first hand of the MS., its corrections and marginal readings, are too complicated to be set forth here. The symbol of the MS. is ℙ, but it is more commonly known on the Continent by ept. It is generally in agreement with E, and comes high on my list in support of the variant readings of Teilo = Chad and Hereford.

St. Gatian of Tours, commonly known as gat, was in the Ashburnham Library and is now at Paris.[1] Unlike the Insular MSS., gat, which also belongs to the Celtic family, does hark back to Old Latin and Insular readings from a text which is already 'mixed'. The scribe is fond of introducing them, with others from the Vulgate as well, under the covering word 'uell' between the lines and above the word or words for which these marginalia are alternatives, just as was done in the bilingual MS. at St. Gall (δ). St. Gatian supports the variations of Teilo = Chad to the extent of 32 per cent. in St. Matthew. In St. Mark, out of the 1,354 variations from the Clementine Vulgate, gat supports 498 or 36 per cent. In two sections of St. Luke i. 1 to iii. 9, we have the full text of Teilo = Chad, her, r_2, and gat together, viz. i. 17–80 and ii. 1–15. Here our variations are supported to the extent of 44 per cent. by Hereford, 41 per cent. by gat, and 35 per cent. by r_2. From Luke iii. 9 to the end of that Gospel the Hereford text varies from that of the Clementine Vulgate in 1,978 places and is supported in 704 of them by gat or to the extent of 35 per cent.

[1] *Euangelium Gatianum.* Joseph Michael Heer. Friburgi Brisgoviae. Sumptibus Herder, MCMX.

CHAPTER X

ORTHOGRAPHICAL PECULIARITIES

As it has been my endeavour to note the peculiarities in the orthography as I followed the text no list need be given here. Our British texts differ very little from those of Ireland in this respect. The Irish dotted *y* only occurs in four or five different words in Teilo = Chad. I have never seen the Hereford ' Philatus' for ' Pilatus' in any other MS. Scrivener gives a short list of the peculiarities of Teilo = Chad; so does Professor Lindsay in his *Early Welsh Script*, both for the Llandaff and the Hereford Gospels. The spelling is much the same in both, and differs very little in all the MSS. of the British = Irish school. Not all the variations in spelling are peculiar to this school, for many of them occur in the Old Latin Gospels. MS. *k* has always *f* for *ph*, with no exceptions: it has also *a* for *e*, *a* for *o*, *ae* for *e*, *b* for *p*, *b* for *u*, *e* for *ae*, *e* for *i*, *i* for *e*, *i* inserted, *n* for *m*, *o* for *a*, *q* for *c*, *s* for *t*, *t* for *d*, *u* for *b*, *u* for *o*, *y* for *i*. In *b* again there is constant interchange of *b* and *p*, such as ' puplicanus'; *b* for *u*, ' obes'; *c* and *ch*, ' racha '; *e* and *a*, ' talantum '; *e* and *ae*, ' graegis '; *i* and *ii*, ' hii ' ; *l* and *ll*, ' sallietur ' ; *l* and *r*, ' fructibus ' ; *o* and *u*, ' diabulus '. Indeed, any one acquainted with the variations of the Old Latin MSS. will not be surprised at anything he finds in the Insular texts.

The indiscriminate use of *b* and *v* (*u*) is very frequent in the Old Latin MSS. The Hereford St. Luke gives ' Elizafeth ' in one line and ' Elizabeth ' in the next. ' Philatus ' and ' Pilatus ' are almost together.

The diphthong *æ* in the form of an *e* with a loop below to the left is frequent.

In both our MSS., as in the Spanish texts of C and T,[1] aspirates are used where they are not wanted, and omitted where we should expect to find them. Words are strung together, such as ' Amendicouobis ' or separated like ' super sub stantialem '.

---

[1] 'The Welsh ', says Sir John Rhys, in his *Lectures on Welsh Philology* (p. 199), ' seem to have only imitated the Romans, who, as early as the time of Augustus, sometimes pronounced the aspirate and sometimes not.'

liv INTRODUCTION

Dotted capitals are very frequent. The reader has to be warned that the signs of punctuation do not mean the same as they do in modern English.

If Scrivener had any first-hand acquaintance with the Celtic MSS. he would not have written:

'A fashion of which we remember no like instance elsewhere, is to begin a new section or paragraph with a new line, and then, to save the uniform appearance of the page, to fill up the vacant portion of the preceding line by continuing into it a few words of the new section, dividing them off by lines above it.'[1]

Indeed, the practice is fairly common, for it is found in the Books of Kells, Dimma, Mulling, and Mac Durnan. The break between the paragraphs is marked by a symbol in the Book of Kells which the Irish scribes called 'head under the wing', or 'turn under the path'.

The very common feature of *ch* for *h* in the Llandaff = Lichfield text is what first directed my attention to the Hereford Gospels when I saw in Bishop Westcott's article on the Vulgate in Smith's *Dictionary of the Bible* the illustration with the words ' et lux in tenebris lucet et tenebrae eam non conpraechenderunt'. The *ch* here showed me that L and Hereford belonged to the same family. I have myself heard a West Wales clergyman say 'χoly Spirit'. The *ch* or χ in these cases is not pronounced as the guttural in the Welsh ' chwi', nor as *ch* in ' chain', ' church', or ' cherry', but more like *ch* in ' Reichstag' or in Welsh 'gwich' for ' squeak'.[2]

The very common feature of *c* for *qu*, and *qu* for *c*, is found hundreds of years before in the Latin of Italy and Africa. Cardinal Wiseman[3] gives instances from Arnobius, Plautus, Terence, and Tertullian.

We should understand the scribe's work better if we knew more of the spoken Latin of the time and how it was pronounced. Many of the orthographical features are not mistakes on the part of the scribe but the usage of the times, as can be seen from the Glamorgan monuments of the period. On the Margam cross we

---

[1] Op. cit., p. vii.

[2] The Rev. J. S. McArthur, B.D., tells me he has heard some West Wales students at St. Michael's College, Llandaff, say, in the Anglican prayer for the Royal Family: 'Endue them with thy χoly Spirit: enrich them with thy χeavenly grace: prosper them with all χappiness.'

[3] *Essays*, p. 292.

have INOMINE for 'in nomine' and ANMA for 'anima'. On Howel's cross at Llantwit Major there is ANC for 'hanc', PATRES for 'patris', and SPERETUS for 'Spiritus', while at Merthyr Mawr there is 'usq' for 'usque'. In his comment on the Ebissar cross at Coychurch, Sir John Rhys writes: 'So *b* was retained to express the two sounds of *b* and *v*, as it had done in the Latin from which the alphabet had been borrowed.'[1]

As compared with the Hereford Gospels the contractions of Teilo = Chad are few. A fairly full list of both will be found in Professor Lindsay's *Early Welsh Script*, and numerous references to them are contained in the notes.

Dr. Scrivener is severe with our scribe for his twenty-six homoeoteleuta, but whether the scribe was responsible for them is another matter. The omissions in Mt. vi. 26 and vii. 17 are shared with D. We cannot judge of the omissions in xvii. 11 and 12 because the text of D is missing here. The homoeoteleuta of Mc. x. 4, 23, 24, and xi. 26 are common with r_2, and xi. 26 with *k* and *l* as well. Nor can we judge the negligence of our scribe in Mt. viii. 27 (33), xix. 13, because the text of r_2 is missing in all these places. The omission in iv. 31 is common with gat, and Mc. xv. 14 with the uncorrected G. In Mt. vi. 4 the omission of 'et pater tuus qui vidit in absconso' was perhaps intentional, as the same words are omitted again in verse 18. Here again the text of r_2 is missing. We are now left with the homoeoteleuta of Mt. xxvi. 37, 38, xxvii. 5–6, Mc. x. 32, 38, xii. 4, 5, xiv. 55, 56, and it is quite possible that some of these are due to the scribe's exemplar and not to his carelessness in transcribing.

The *nomina sacra* are contracted not from motives of economy of space but, as amongst the Jews, from motives of reverence.[2] 'Spiritus' and 'dominus' are, however, sometimes contracted even when they are not *nomina sacra*.

Sometimes a letter or a syllable is dropped, but not always through the carelessness of the scribe.

Something must be said about contraction by suspension which here and there meets us in our text. This is one of the earliest forms of contraction, where the scribe holds his pen and leaves the final letters to be supplied. It points to the great antiquity of the MS., greater than is generally supposed, for it is

---

[1] *Arch. Camb.* xvi. 165.
[2] See Turner, *The Vulgate Gospels* (pp. xxvi, xxvii).

now more fashionable than true to ascribe the unknown to the eighth century, as the Dean of Lichfield has pointed out.[1]

In my opinion, we must await the conclusions of the philologists, on the grounds set forth by Dr. White,[2] before the question of the provenance of the MS. can be determined. Meanwhile Dr. Seebohm in his *Tribal System in Wales*, pp. 181–4, seems to have proved that it came to Llandaff from the monastery of St. Cingual (Rhosilly) in Gower, for the following reasons.

The 'Surexit' entry (pp. xii, xiii above) connects the family of Elcu son of Gelhi with the family of Tutbulc son of Liuit in the dispute relating to the land of Telih.

In the Book of Llan Dâv (p. 144) there is a record confirming the ownership by Llandaff of Cella Cyngualan in Gower:— 'agrum idest podum Cyngualan'. On p. 239 there is a reference to the violation of tho refugo 'inmonasterio sancti cinguali'. In the boundaries mentioned here there is the description 'ad agrum cinguali' and 'iuxta telich' (p. 240). In the next grant (pp. 240–2) there is Lann Liuit and the words 'filius tutbulch', and in our MS. Tutbulc is said to be the son of Liuit.

Professor Gruffydd tells me that the difference in spelling, 'cingal' of the 'Surexit' entry and 'Cyngual' or 'Cingual' of the Book of Llan Dâv, is no indication of different persons, and that there is nothing in Old Welsh against both the forms being used for the same name.

I do not think Dr. Scrivener is correct when he writes[3] 'The scribe seems unchanged throughout, only on p. 132, l. 2, six words are by another hand, as if to test its competency.' The reference he gives is to the line *illi pilatus non audis quanta aduer* (Mt. xxvii. 13). I can see nothing whatever to indicate a difference in the hand here. But there appears to be a difference on p. 138, l. 2 with seven words: *autem die quae est post*

---

[1] 'Look down any list of Latin MSS. of the New Testament and notice the wearisome iteration of "saec. viii", attached to these Gospels. The standard maxim appears to be "Omne ignotum pro—saeculo octavo". But this does not help. It might be a not unprofitable task for some competent critic carefully to test these monotonous dates' (*The Story of St. Chad's Gospels*, p. 19).

[2] 'A fuller comparative examination of early Latin MSS. may strengthen the supposition that apparently careless spelling may be really due not to accident but to different modes of pronunciation current in the regions to which the MS. or its ancestors belonged: and thus the orthography of a MS. may throw great light on the origin of the text which it presents' (*O. L. B. T.* No. iii, p. xv).

[3] *Codex S. Ceaddae Latinus*, vii.

parasceuen conuene (Mt. xxvii. 62). This line is fuller in letters than the average in St. Matthew. The letters are of necessity not quite as round ; a feature which can be seen in St. Mark, and St. Luke, where the printed text shows there are more letters to the lines. It seems to me that as the scribe was within a folio or so of finishing St. Matthew, another scribe who was to follow with St. Mark and St. Luke tried his pen, so as to maintain continuity of script, for the task of taking over the work of the first scribe.

In Mc. i. 1–Lc. iii. 9 the script seems to be lighter, the letters not so round or large, and the general effect more refined.

On the other hand it is possible that the style of the scribe was changed just as his text was changed (p. 23, l. 18, cf. p. 217, l. 9). On the whole I am under the impression that there were two hands engaged on the work, one for St. Matthew and the other for St. Mark and St. Luke. Dean Savage also appears to be of the opinion that there are traces of two hands :

' At the end of St. Mark's Gospel, where a large part of the page was left blank, the Lord's Prayer has been subsequently written in a different but very similar handwriting, and therefore presumably not by the original copyist.' [1]

However, the handwriting of the sacred text is so similar throughout the MS. that, apart from expert opinion of palaeographers, which apparently has not been given yet, we are left with impressions rather than certainties.

[1] *The Story of St. Chad's Gospels*, p. 9.

PART IV

CHAPTER XI

FROM THE BRITISH TO THE CATHOLIC TEXT

St. Matthew of the Book of Llandaff.

OUR study would not be complete without some reference to the story of the Latin text in general during the four centuries or so that elapsed between the production of the Gospels of St. Teilo and the Vulgate text of St. Matthew at the beginning of the *Liber Landavensis.*

To assign this later text to any definite date is beyond my power, remembering that date of script and date of text do not always mean the same thing. All that I can do is to give the opinion of Haddan, and quote Dr. Gwenogvryn Evans's conclusion on palaeographic grounds. Haddan writes:

> 'A Latin version of St. Matthew's Gospel is prefixed to the original MS. of the *Liber Landavensis* (at Owston, co. York) which is almost wholly *Vulgate*, but retains a few faint traces of the *Old Latin*: e.g. in iii. 7 (*futura* interlined), v. 15 (sup*ra*), vii. 23 (*omnes* interlined), vii. 27 (*ejus*), xxiv. 20 (om. *in*). It is of A.D. 1100 or thereabouts.'[1]

Elsewhere Haddan wrote:—

> 'It begins with the Gospel of St. Matthew, in Latin, 47 pp. (the 48th is blank); Vulgate text, but with a trace here and there that the transcriber was familiar with the Old Latin (e.g. the words *ventura* and *omnes* are interlined respectively at c. iii. v. 7, and c. vii. v. 23).'[2]

These statements require some qualification, for Dr. Evans in his Introduction to the *Book of Llan Dâv* (xviii) writes:—

> 'This copy of the Gospel was written earlier than any part of the Book of Llan Dâv, but the earlier chapters, being either lost or injured, have been replaced in a hand of about 1400.'

I copied in purple ink the whole of St. Matthew from the photostat facsimile of the *Book of Llandaff* into a book, between the lines of my transcript of Teilo = Chad, in black ink, so that the two texts could be read line for line. This book is in the

---

[1] *Councils and Eccl. Documents*, vol. i, p. 624.

[2] Forbes, *Remains of the late A. W. Haddan*, p. 243.

Museum, in charge of the Keeper, the Rev. E. W. Williamson, F.S.A., Canon of Llandaff and Warden of St. Michael's College.

Down to xii. 23 the text of IL is written in a much later hand than that of the rest of the Gospel, and ends with ' dice ' at xii. 23, while the earlier hand begins with ' bant'. Moreover i. 1 to xii. 23 is corrected by a later scribe by way of interlinear readings which cease when the earlier hand is reached, and which seem to indicate that they were made before the sheets were inserted in the MS.

The text on the whole is very similar to that of W or the Codex Willelmi de Hales, which was formerly at Salisbury but is now in the British Museum. It was written in 1254 from an earlier Salisbury Bible, and IL is like it in being closely related to the early printed Vulgates of the sixteenth century.

The variants of the Gospel text of IL, in so far as they support the variants of L, appear in my critical apparatus under the symbol IL which represents the *Book of Llandaff* in particular, because L can be read for Lichfield (Codex Lichfeldensis), or Llandaff (Codex Landavensis), or, as Wordsworth and White call it ' Codex *Lichfeldensis* olim *Landavensis* ' (xii). IL differs from VO in some 525 places, though in 180 of these it agrees with the Clementine Vulgate as against VO. Thus it has 345 variants which belong neither to the Clementine nor to the Oxford Vulgate, and these are all we can consider in the collation given in Appendix A below.

As I believe Haddan's words about there being traces here and there of the scribe being acquainted with the Old Latin convey a wrong impression, something must be said concerning the history of the text which IL represents.

With the exception of this Chapter, my work was in type before Dr. Glunz's *History of the Vulgate in England from Alcuin to Roger Bacon*[1] appeared. His book is a library in itself, as he draws upon at least 128 MSS. to illustrate his theme, but the *Book of Llandaff* is not among them.

This erudite study has helped me to trace the course of events which led to so much of the Celtic text being merged in that of the Catholic Church ; to place the results of the collation of IL, made some years before, in their proper setting; and to deduce what is implied by the variants. If Dr. Glunz had read

---

[1] Cambridge University Press, 1933, and referred to here as *V.E.*

IL it would have strengthened the already powerful argument of his thesis, but not even the name of Llandaff appears in his book. This, however, cannot be said of his earlier study *Britannien und Bibeltext* (referred to here as *B. B.*), published in Germany (Leipzig, 1930), which did not reach me till this work was in type with the exception of this added chapter.

The Alcuinian Recension.

In A.D. 813, 822, and 829 the Frankish Episcopate resolved that

> 'the bishops shall institute schools, in which shall be learned the literary disciplines and the documents of Holy Scriptures.'[1]

That there was an Episcopal or Capitular school at Llandaff at the time when the Llandaff = Lichfield Gospels were there is plain from the references to Sulgen, who is termed the *Scholasticus* in the St. Teilo's Gospels.[2] The wording of the demands of the Frankish bishops, compared with those of Bishops Bledri and Joseph at Llandaff, is so much alike as to indicate a general movement for the study of Holy Scripture, common not only to the Franks but also to the Welsh, though later in time, and would show that the isolation of the Church in Wales, even before the Norman Conquest, was not as great as it is generally supposed to have been, for already some of the bishops of Llandaff had been consecrated by the Archbishop of Canterbury, including Bledri and Joseph, and it is from the records concerning these two bishops that we hear of the progress of this movement in the Diocese of Llandaff.

It is recorded in the Gwentian *Brut* that in A.D. 1023 Bledri Bishop of Teilo (Llandaff) died; that he was the best scholar in the land of Wales and on that account he was called Bledri the Wise, for he loved knowledge so much that he obliged every priest to uphold instruction from literary works in his church, that every one might know his duty to God and men.[3]

The same *Brut* under A.D. 1030 states that in that year Joseph, Teilo's Bishop, ordered that no work or occupation should take place on Sundays and holy-days, and obliged the

[1] *V.E.* 72.
[2] See p. xii.
[3] 'Oed Crist 1023, bu farw. . . . Bledri Escob Teilaw ysgolhaig pennaf gwlad Gymru, achaws hynny y gelwid ef Bledri Ddoeth, a chystal y carai wybodau fal y dodes ar yr offeiriaid gynnal addysg llyfrau llên bob un yn ei eglwys, mal y gwypai bawb a ddylynt parth Duw a dynion.' *C.E.D.*, i. 128.

priests to learn (or to teach) to read the Holy Scriptures without payment or gift and avoid controversies.[1]

The demand for the study of Holy Scripture in the Episcopal Schools would necessitate greater uniformity in the text. This was clearly seen by Charlemagne, who invited the Anglo-Saxon scholar Alcuin to his realm for the purpose of undertaking the task. Alcuin, when he was educated in the school of York, had been nurtured in the traditions of the Venerable Bede, the foremost scholar of his race. As ' Minister of Education ', with the object of producing one text for the whole realm, he invited Anglo-Saxon and Celtic scholars to his schools, and secured texts current in his native Northumbria, consisting chiefly of the A–Y and the X–O types. The *Codex Amiatinus* or A, as it is called, has been described by Mr. Plater and Dr. White[2] as ' the monarch among Latin MSS., whose history reads like a romance'. It contains a text which is nearer to St. Jerome's revision of the Old Latin than any other, and was written either at Wearmouth or at Jarrow by order of Ceolfrid (St. Bede's abbot) and sent as a gift to the Pope at Rome in A.D. 715. It takes its name from the fact that it was afterwards placed in the Library of Monte Amiata. Something has been said already[3] about its text brought from Italy by the Anglo-Saxon scholars of Northumbria who were striving to bring to their people the culture of the Holy Roman Church.

The Book of Lindisfarne, or Y,[4] also presents the best type of St. Jerome's Vulgate, of which A is the pre-eminent example, But while the hand of A is Italian, that of Y is Celtic. Its text, however, is from Naples, copied, as Professor Turner thought from the Durham Gospels, of which a fragment remains in a beautiful Roman hand, which he has edited in his *Vulgate Gospels* with an excellent facsimile. In some strange readings of Teilo = Chad there is support from Y, probably on account of its having been produced in a scriptorium which had a Celtic foundation.

These two great MSS. of the Northumbrian school represent one type of the best text of the Church of the English, now young in the faith, but there was another type which came with

---

[1] 'Oed Crist 1030 . . . y flwyddyn honno y peris Ioseb Escob Teilaw na wnelid na gwaith na gorchwyl ar y Suliau a'r gwyliau, ag a wnaeth i'r offeiriaid ddysgu dar- llain yr Ysgrythyr lan heb dal heb ged, ac na wnelynt ac ymrysonau.' *C.E.D.*, i. 291.

[2] *Grammar of the Vulgate*, p. 136.
[3] p. xiv.   [4] p. xiii.

the MSS. brought from Rome to Canterbury by St. Augustine and his followers. This X–O type was the kind of text from which St. Bede made his quotations. It represents the text used by St. Gregory the Great at Rome—not wholly Vulgate but ' mixed', on his own showing.

> 'I shall expound the new translation ; but whenever it is necessary for the justification of my exposition, I shall adopt the old translation in between the new one as testimony ; for the Apostolic See, which I, by the will of God, am holding, has both translations, and so shall also the work of my study be supported by both.'[1]

Though St. Gregory wrote these words in connexion with his *Moralia*, or Exposition of the Book of Job, there can be no doubt that they represent his practice in some of his other works. Dom Chapman has shown this very clearly in the lists of Old Latin variants which he extracted from St. Gregory's forty homilies, prefixed to the Gospels on which he comments.[2] Dr. Glunz is of the opinion that variants in the Irish text had come to Ireland from the non-Hieronymic ingredients in the Italian mixed text of the Vulgate.[3] But he uses ' Irish' as a generic term to include Scottish and Welsh, where I should use Celtic; and on the other hand he uses ' Britain' to include Ireland ; for, though he places L and Q under *Der irische Typus*, he agrees with Wordsworth-White (p. 706) in assigning Q to Scotland, ' L aus Wales', and E to the Continent.[4] His contention that the Irish MSS. diverge at a disputed point, so that one part represents the Hieronymic and the other the non-Hieronymic, will be conceded by those who have studied the text.[5]

The Theodulphian Recension.

But Alcuin's recension was not all, for Theodulph, Bishop of Orleans, did the same with the Spanish MSS., which contain a text near akin to the Celtic text, as is shown by the frequent recurrence of the symbols C T in the critical apparatus of my work. This recension was almost contemporaneous with the work of Alcuin, and is chiefly represented by the MS. known as Θ.

[1] *V.E.*, p. 7 ; Migne, lxxv. 516.

[2] *Early History of the Vulgate Gospels*, pp. 203–8.

[3] ' Andere nichthieronymianische Bestandteile waren schon in dem italienischen Vulgatamischtext enthalten, der nach Irland kam und dort überhaupt erst die Vulgata einführte ' (*B. B.*, p. 83).

[4] *B. B.*, pp. 14, 82.

[5] ' Sehr oft gehen die irischen Hss. an einer strittigen Stelle auseinander, so daß ein Teil die hieronymianische, der andere die nichthieronymianische Variante vertritt ' (*B. B.*, p. 82).

I have accounted for the similarity of the Celtic and Spanish texts, following Dom Chapman and others, on the ground of their common derivation from Lérins. Dr. Glunz goes further and says not only that the Celtic text had penetrated the Spanish MSS., but that this was due to Irish monasticism in Spain.[1]

The quest of the ideal, viz. the original text of the Vulgate as St. Jerome left it, and the chain of tradition from it, seem to have come to an end for a long time with the Alcuinian recension. The recension of Theodulph shows that there were private or semi-private revisions, in addition to such a public revision as that of Alcuin. That there were such in our own country seems probable. Just as trees in a wood are marked beforehand for felling, so μ and L were marked, by the system of dots, in preparation for the corrector's alterations to be effected The corrections would generally be made to accord with St. Jerome's text.

In proceeding from the transcription of the Teilo text, repeated several times over, to the collation of the Hereford Gospels with it, I found a remarkable agreement of the variants, so much so that I always expected the same variant, but here and there the progress was arrested by finding the Vulgate reading. I presumed from this experience that the Hereford Codex was more of a Vulgate MS. than the Book of St. Chad. Again, on looking at the text of the Book of Deer, kindly shown me by the Dean of Lichfield, and having in mind many of L's variants, I exclaimed 'Oh, this is a Vulgate!' though it was a Celtic MS. This would leave the impression that some revision had been made in the Celtic MSS., some time between Teilo of the first hand and the writing of the Hereford Gospels. The date of the Alcuinian and Theodulphian revisions, that is $c.$ 800, or a little later, would fit in with this conjecture. It may well be that our Teilo = Chad, which does not seem to have been put to any liturgical use, was succeeded at Llandaff by a Book of the Gospels with a revised text, in accord with what the dots would indicate in our MS., to be replaced again in due course by the Continental text brought in by the Norman Conquerors.

---

[1] 'Die Spuren irischen Mönchswesens in Spanien verursachten dort Vermischung des spanischen mit dem irischen Vulgata-typus, was sich in Lesarten der spanischen Hss. zeigt' (*B.B.*, p. 88).

The Rise of the Scholastic Text.

For some centuries after Alcuin, the development of the text proceeded on different principles—the desire to revise the readings so as to accord with the texts of the Fathers, the supreme and authoritative interpreters of Holy Writ, in whose writings the spiritual and mystic sense was to be found which alone could give life to the bare letter of the law, or rather of the *mandata Christi* which they called the Gospels.

As some of the Fathers had passed away before St. Jerome had corrected the Old Vulgate and produced the New, their quotations would naturally be from the Old Latin. St. Augustine's text in his earlier works shows the Old, and in his later writings the New Vulgate. St. Gregory, as we have seen, used both. So the readings of the 'Sancti' (Patres understood) would be largely from pre-Jeromian sources, and their introduction into a text supposed to be that of St. Jerome would corrupt its purity. This was clearly seen by Roger Bacon:—

> 'Translatio est Hieronymi, quam nos tenemus . . . . Et ideo cum sancti recitant verba Scripturae secundum illam translationem, putant quia una et eadem est, quam allegant sancti et quae debet esse nunc in Biblia Latinorum. Quod non est verum. Et ideo corrigunt et corrumpunt textum per hanc viam.'[1]

Meanwhile the Celtic settlements on the Continent produced scholars who from their stores of patristic learning contributed other non-hieronymic elements to the Jeromian text on principles which Dr. Glunz has so ably deduced from their writings.[2]

[1] *Opus Minus*, ed. Brewer (*Opera Inedita*), p. 374.

[2] 'Wie sich aber ein eigentümlicher Texttypus in der britischen Kirche überhaupt entwickeln konnte, erklärt sich durch die Sonderentwicklung, die die antike und klassisch-patristische Gelehrsamkeit und literarische Betätigung in Irland genommen hatten' (*B. B.*, p. 78).

'Nichthieronymianische Lesarten sind in erster Linie altlateinischen Einflüssen zuzuschreiben. Darin äußert sich die gelehrte, textvergleichende Haltung irischer Mönche. Sie gehen auf ältere Codices zurück, weil sie dort einen besseren Text vermuten, aber auch weil die Lesarten dieses Textes schon spezifisch irisch sind und damit die Anpassung an die irischen Bedürfnisse schon vorgenommen ist' (*B.B.*, p. 83).

'Die zahlreichen Stellen, die nach dem griechischen korrigiert oder neu übersetzt sein müssen, fallen auf und zeugen von der Gelehrsamkeit irischer Schreibermönche' (*B. B.*, p. 84).

'Die individuellen Bestrebungen einzelner Schreiber, die bald mehr dazu neigen, Lesarten aus altlateinischen und griechischen Codices einzuführen, bald mehr dazu, den Text abzuändern in der Absicht, ihn zu interpretieren' (*B. B.*, p. 87).

'So wird das Textwort nicht einfach kopiert, sondern häufig nur interpretiert,

Codex Gatianus.

As early as the seventh century the text of *Codex Gatianus*[1] appears on the Continent, written by an expatriated Celtic scholar. This Codex, especially in its interlinear alternatives, has a text which is closely akin to that of L and her.

The Bodmin Gospels.

Then again the Cornish Gospels of St. Petroc = Bodmin[2] have much the same tale to tell. According to Dr. Glunz[3] they were written about 940, ' copied by an insular scribe trained on the Continent, from an original which came from a monastic school such as Laon, Reims, or Paris '.

His description of its script as ' an insular hand using Carolingian minuscules ' would seem to reconcile the apparently contradictory estimates of Berger and Bradshaw on page l. This MS. at the British Museum (Add. MS. 9381) contains a quantity of Celtic variants and a large percentage of Alcuinian readings. The mixture of the two types evolved in the ninth century—the infusion of the Celtic element into the continental text, was further increased by the presence of colonies of Celtic scholars at Laon and Auxerre, under the patronage of Charles the Bald.

John Scotus Erigena.

Chief among them was John the Scot, the most profound philosopher of the Middle Ages, who came from Ireland in the middle of the ninth century and 'adopted the strange readings of Irish MSS. often derived from the Greek or the Old Latin, whenever they seemed to him preferable to the continental readings, because of the facility with which they lent themselves to his particular methods of interpretation.'[4]

Half the story of the influence of the Celtic on the continental text must be left untold, lest the reader be wearied.

The growth of Scholastic philosophy and its effect on the text of the Catholic Church must be very briefly considered. The Scholastic text was formed on the principle that, as the Church

erklärt, interpoliert, leichter eingänglich gemacht durch stilistische Umänderungen, Zufügen erklärender Zusätze usw.' (*Britannien und Bibeltext*, p. 86).

[1] See p. lii.

[2] See p. xlix.

[3] *V. E.*, pp. xv, 69.

[4] *V. E.*, p. 109. See also *Britannien und Bibeltext*, pp. 68 to 88.

is the witness and keeper of Holy Writ, so the interpreters of the text are the Holy Fathers. It is they who teach the spiritual meaning of the text itself, of what St. Paul would call 'the letter'. It is their exposition of 'the letter' which gives it 'spirit', without which the bare text is of no avail. I have not seen the problem stated in this simple and commonplace way, but it appears to be the gist of the argument.

St. Bede loved and reverenced the Fathers, but their authority was more binding on Alcuin, in whose school at Tours scholasticism seems to have had its beginning.

Llandaff and Lanfranc.

After the submission of Llandaff to the supremacy of Canterbury it would naturally follow that the text of Canterbury would become the text of Llandaff, that is to say that whatever text was in use at Llandaff would be replaced by Archbishop Lanfranc's scholastic revision in conformity with the text of the Universal Church. To quote Dr. Glunz :—

> 'While the early types had been thus significant to a high degree, a point was reached in the twelfth century with reference to which it became meaningless to speak of an Irish, Anglo-Saxon, Spanish, or Alcuinian type. There is only one Catholic text, a text which is symbolical of a uniform system of religion, philosophy, and theology.'[1]

It is this fact which makes Haddan's remark about the scribe of ɪʟ being acquainted with the Old Latin meaningless to me, for the Catholic text which he copied would have incorporated a large number of Old Latin variants.

Lanfranc had already consecrated or re-consecrated Hereward Bishop of Llandaff in A.D. 1071[2] : and the English Primate's revision, based more on theology than on textual criticism, would naturally make its appearance at Llandaff.[3]

From the Salisbury Bibles, whose readings agree in a remarkable manner (which the constant recurrence of W indicates in the critical apparatus) with those of ɪʟ, we learn that the text of Lanfranc remained unaltered for more than a century, and this would cover the second portion of the text of ɪʟ, which is prior,

---

[1] V. E., p. 149.

[2] 'A.D. 1071 Lanfrancus Herewardum Landaviae Episcopum Cantuarie consecravit' (C. E. D., i. 293).

[3] 'Et quia Scripturae scriptorum vitio erant nimium corruptae . . . secundum orthodoxam fidem studuit corrigere' (Vita Lanfranci (Migne, cl. 55)).

by two centuries or more, to the text of the fourteenth-century hand. IL Mt xii. 23 to xxviii. 20 contains the eleventh-century stage of the scholastic text proper, while Mt i. 1 to xii. 23 shows its full growth, under the influence of Peter the Lombard, the University of Paris, the glossae, and the various correctanea.

Roger Bacon's opinion of the *Exemplar Parisiense* is well known, but he has great respect for the work done at the Vatican.[1]

The story of how this typically medieval Scholastic text was revised by the scholars of the Vatican, by the order and work of Pope Sixtus ; then of the Clementine Vulgate, with its 3,000 corrections; and of the need for further revision as shown by the monumental work of Wordsworth and White on the one hand and the appointment of the Papal Commission on the other, is outside the scope of this work, where it has been my endeavour to show how large and important a contribution the Celtic Gospels have made, not only to the restoration of St. Jerome's text of the Vulgate, but also to the Latin text of the Gospels in general, towards reproducing the sense of the original Greek, upon which even St. Jerome has not said the last word, though to him the Christian world owes its deepest gratitude.[2]

All lovers of the English Bible with ' its simplicity, its dignity, its power, its happy turns of expression, its general accuracy, and, we must not fail to add, the music of its cadences, and the felicities of its rhythm ' must not forget that ' the translators appear to have paid much regard to traditional interpretations, and especially to the authority of the Vulgate '.[3]

> sunt autem et alia multa
> quae fecit iesus
> quae si scribantur per singula
> nec ipsum arbitror mundum
> capere eos qui scribendi
> sunt libros   amen.

---

[1] ' Circa quadraginta annos multi theologi infiniti et stationarii Parisius parum videntes hoc proposuerunt exemplar. Qui cum illiterati fuerint et uxorati, non curantes nec scientes cogitare de veritate Textus Sacri, proposuerunt exemplaria vitiosissima et scriptores infiniti addiderunt ad corruptionem multas mutationes. Deinde novi theologi non habuerunt posse examinandi exemplaria, et crediderunt stationariis a principio ' (*Opus Minus*, ed. Brewer (*Opera Inedita*), p. 333).

[2] ' He hath ever bound the Church vnto him, in a debt of speciall remembrance and thankfulnesse ' (*The Authorised Version of the Bible. The Translators to the Reader*).

[3] *Revisers' Preface*, 1880.

LIST OF MANUSCRIPTS

(See also pp. xxii to xxvi, xli to lii)

a = CODEX VERCELLENSIS, at Vercelli. Supposed to have been written by Eusebius, Bp. of Vercelli, who died A.D. 371. Reprinted in Migne's $P.$ ($L.$), vol. xii. Much of it is missing.

a_2 = Fragmenta Curiensia (Coire) containing Lc. xi. 11–29; xiii. 16–34. 5th or 6th cent.

b = CODEX VERONENSIS, at Verona: 5th cent. M. $P.$ ($L.$), vol. xii. Re-edited by Buchanan, 1911 (O. L. B. T. vi).

c = CODEX COLBERTINUS, at Paris: 12th cent. Edited by Sabatier (1751), and Belsheim (1888).

d = CODEX BEZAE, at Cambridge, the Latin text.

δ = CODEX SANGALLENSIS, at St. Gall

e = CODEX PALATINUS, formerly at Trent, now at Vienna, 5th cent.

f = CODEX BRIXIANUS, at Brescia: 6th cent. Printed in M. $P.$ ($L.$), vol. xii, and by Wordsworth and White in their large edition of the Vulgate New Testament.

ff_1 = CODEX CORBEIENSIS I, formerly at Corbie, now at Leningrad. Parts of it are available in M. $P.$ ($L.$) xii.

ff_2 = CODEX CORBEIENSIS II, formerly at Corbie, now at Paris. 4th or 5th cent. Ed. Buchanan (O. L. B. T. v. 1907).

g_1 = CODEX SAN-GERMANENSIS I, formerly at St. Germain des Prés. 8th or 9th cent. Ed. Wordsworth (O. L. B. T. i, 1883).

h = CODEX CLAROMONTANUS formerly at Clermont, now at the Vatican. 6th cent. Ed. Belsheim 1892.

i = CODEX VINDOBONENSIS at Vienna.

k = CODEX BOBIENSIS formerly at Bobbio, now at Turin. (O. L. B. T. ii. 1886).

l = CODEX REHDIGERANUS at Breslau. 7th cent.

m = SPECULUM, being extracts from the N. T.

n = FRAGMENTA SANGALLENSIA in O. L. B. T. ii. 1886.

o = FRAGMENTUM SANGALLENSE, part of Mc. xvi.

q = CODEX MONACENSIS. The Munich Gospels. 6th or 7th cent. Ed. White (O. L. B. T. iii, 1888).

μ or mull = THE BOOK OF MULLING, at T. C. D. Ed. Lawlor.

r or r_1 = CODEX USSERIANUS I, at T. C. D. Ed. Abbott, 1848.

r_2 = CODEX USSERIANUS II, also at T. C. D. It is known as 'The Garland of Howth', and has been printed in full and carefully edited by Hoskier, 1919.

s = Milan fragments.

t = Berne fragment.

Aug. = A Reconstruction of the Old Latin Text or Texts of the Gospels used by S. Augustine. Milne (C. U. P. 1926).

Iren. = NOUUM TESTAMENTUM SANCTI IRENAEI. (O. L. B. T.)

Hil. = Les Évangiles Synoptiques de Saint Hilaire de Poitiers. Bonnassieux. Lyon.

Readings recorded in *The Early History of the Vulgate Gospels*, Dom Chapman, in Haddan and Stubbs, C. E. D., and elsewhere.

A = CODEX AMIATINUS, *c.* 700. Florence.

B = BIGOTIANUS, 8th–9th cent. Paris.

C = CAVENSIS, 9th cent. Abbey of Cava dei Tirreni, near Salerno.

D = DUBLINENSIS, *The Book of Armagh*, A.D. 812. Ed. Gwyn. T. C. D.

E or *mm* = EGERTON GOSPELS, 8th–9th cent. B. M. Egerton 609. Deficient Mc. vi. 56–Lc. xi. 1.

F = FULDENSIS, *c.* 545. Fulda.

gat = S. GATIANI TURONENSIS, in Ashburnham Library, now at Paris. Ed. Heer. Quoted by Bianchini.

G = SAN-GERMANENSIS, 9th cent. (in St. Matt. 'g'), Paris, lat. 11553.

Hamilton = Gospels in gold letters on purple vellum, now in the library of J. P. Morgan and edited by Hoskier. It is known by the symbol of J and P in ligature.

H = HUBERTIANUS, 9th–10th cent. B. M. Add. 24142.

K = KAROLINUS, *c.* 840–76. B. M. Add. 10546.

M = MEDIOLANENSIS, 6th cent. Bibl. Ambrosiana.

O = OXONIENSIS, *Gospels of St. Augustine*, 7th cent. Bodl. 857 (Auct. D. 2. 14).

P = Gospel fragment (Lc. i. 1–xii. 7 much mutilated) from the Chapter Library of Perugia.

Q = KENENSIS. *The Book of Kells*, 7th–8th cent. T. C. D.

R = RUSHWORTHIANUS, *Gospels of Mac Regol*, before 820. Bodl. Auct. D. 2. 19. It is deficient from Lc. iv. 29 to viii. 38.

T = TOLETANUS, 10th cent. Madrid National Library.

V = VALLICELLANUS, 9th cent. Rome.

W = WILLIAM OF HALES'S BIBLE, A.D. 1294. B. M. Reg. I. B. xii.

X = CANTABRIGIENSIS, 7th cent. *Gospels of St. Augustine*. C.C.C. Camb.

Y = YNSULAE. LINDISFARNENSIS, 7th–8th cent. B.M.Cotton Nero D. iv.

Z = HARLEIANUS, 6th–7th cent. B. M. Harl. 1775.

$\mathcal{P}$ = EPTERNACHENSIS, 9th cent. Paris, lat. 9389.

Θ = THEODULFIANUS, 9th cent. Paris, lat. 9380.

$\overline{\mathrm{M}}$ = MARTINI-TURONENSIS, 8th cent. Tours Library.

Σ = ST. GALL MS. 1395. The St. Gall Fragments, ed. Turner.

ℱ = Supposed to have been written at Beneventum. Now in the British Museum, Addit. 5463. See N. T. L. p. 672.

BERNE = the Berne Gospels. Berne, Stadtbibl. 671. Mt. i. 18–ii. 12 is from the photographic reproduction in Lindsay's *Early Welsh Script.*

BOULOGNE = THE GOLDEN GOSPELS.

CANTERBURY = The later of the two Latin Bibles.

deer = THE BOOK OF DEER. Camb. Univ., from the Columban monastery of Deer in Aberdeenshire. 8th–9th cent.

dim = THE BOOK OF DIMMA at T. C. D. which does not seem to be known by a symbol. I have therefore called it dim.

dur = THE BOOK OF DURROW, at T. C. D. Wordsworth calls it durmach for short. I have still further abbreviated it to dur.

HARL. 1802 is a small Irish MS. in the B. M. written by Maelbrigte in A.D. 1138.

her = The Hereford Gospels. British, 8th–9th cent.

lam = The Gospels of Mac Durnan at Lambeth Palace Library, c. 925.

ℒ = LIBER LANDAVENSIS. St. Matthew. Haddan dates it c. A.D. 1100.

petroc = THE GOSPELS OF ST. PETROC. B. M. Addit. 9381, commonly called the Bodmin Gospels. The manumissions on the margins show that they belonged to the monastery of Petrockstowe or Bodmin during the first part of the tenth century, when it was still British but in communion with the Saxon Church.

+ = addition.

− = omission.

* = the reading of the first hand.

mg = marginal reading.

Printed Vulgates.

vulg. = In this book the printed Vulgates of the 16th cent., viz.:

𝔖 = Editio *Stephanica,* or the Vulgate of Stephanus published at Paris. 1538–40–46.

ℌ = Editio *Henteniana,* or of John Hentenius (Louvain, 1547).

𝔖 = Editio *Sixtina,* or the Vulgate of Pope Sixtus V (Rome, 1590).

vg or 𝔖 used here for the Editio *Clementina,* or the Clementine Vulgate of 1592.

VO = The text of Wordsworth and White:

N.T.L. (NOUUM TESTAMENTUM LATINE), otherwise the Oxford Vulgate, are the terms used for the great work of Wordsworth and White. I have endeavoured to follow the text of the Editio Maior (MDCCCLXXXIX–MDCCCXCVIII), but as it is a heavy book to handle I may have used the Editio Minor (1911–20–26) sometimes in its place.

O. L. B. T. = The series of volumes of Old Latin Biblical Texts published by the Oxford University Press.

THE TEXT
OF THE CELTIC GOSPELS

ST. MATTHEW

LIBER GENERATIO
NISIHUXRI FILIIDAUID

filii abracham ² abracham autem
genuit isac isac autem genuit ia
cob ∴ Iacob autem genuit iudam et
fratres eius ³ Iudas autem genuit
fhares et zaram dethamar fha
res autem esrom Esrom autem
genuit aram ⁴ Aras autem genuit
aminadab aminadab autem ge
nuit nason nasson autem genuit
salmon ⁵ salmon autem genuit
boz derahab boz autem genuit
obeth exruth Obeth autem genu
it iesse ∴ ⁶ Iesse autem genuit dauid
regem dauid autem genuit sa
lamonem exea quae fuit uriae
⁷ Salamonem autem genuit robu
robuas autem genuit abiud ∴
abiud autem genuit assaph ∴
⁸ assaph autem genuit iosafad
Iosafat autem genuit ioram

The initial L, which is highly decorated, covers the page from top to bottom, and as in other MSS. of this class, the IB forms a monogram. The letters E R are to be seen, but they appear to be by another hand.

I 1 abracham (and in 2) her Q for Abraham. See p. liv as to *ch* for *h*.

2 +autem D R lam.   isac (twice) *k* her gat ℔ Q R for isaac.

3 fhares (twice) Q for phares. In the second fhares the *h* has been erased.   zaram D ℔ R W gat vg for zara.

—genuit after fhares autem but supplied in the margin.

4 Aras Q for aram.   nason D ℔ for naasson.   nasson R for naasson.

5 boz gat H for booz has a small *o*

written above the line, but the second boz (R) has not been corrected.   derahab W vg for de rachab.   VO is wrong in printing racab for our text. The words are joined.   Obeth (twice) *f g* gat D ℔ Q W T A U Y for obed.   VO's 'hiesse sec. C. L.' and '*Post* iesse *om.* autem ... L . .' is also wrong.

6 —rex *k g*₁ gat M̄.   exea for ex ea.   salamonem (twice) lam for salomonem and salomon.

7 robu in the text is followed by *as* in the margin, giving robuas for roboam. In the second place robuas is written with a dot above the *s*, for correction.   abiud (twice) *q* gat D ℔mg R for abia.

7, 8 assaph (twice) for asa.

8 iosafat *k q* for iosaphat.

B

Ioras autem genuit oziam
[9] Oziam autem genuit iotham
Iotham autem genuit achaz
Achaz autem genuit ezechiam
[10] Ezechias autem genuit mannes
Mannasses autem genuit amos
Amos autem genuit iosiam ∴
[11] Iosias autem genuit iechoniam
                          et fra
tres eius intransmigrationem
babilonis [12] et post transmigrati
onem babiloniae iechonias
autem genuit salathiel ∴
salathiel autem genuit zora
babel ∴ [13] zorababel autem genu
it abiud ∴ abiud autem genuit
eliachim Eliachim autem ge
nuit azor ∴ [14] Azor autem genuit
sadoc ∴ sadoc autem genuit
achim ∴ Achim autem genuit
eliud ∴ [15] Eliud autem genuit
eliazar Eleazar autem ge
nuit matham Matha autē
genuit iacob [16] Iacob autem
genuit ioseph uirum mariae
dequa natus est ihs qui
uocatur xps [17] Omnes ergo
generationes sunt abracham

4

5

8 Ioras (sec.) Q ℞mg B for ioram.

8, 9 Oziam (sec.) lam T Y for ozias.

9 iotham (twice) her lam D for ioatham.

10 mannes with sen in the margin, for mannassen. mannasses gat for manasses.

Amos (twice) *k q* her gat lam D Q R for amon.

11 Before et fratres the line is almost entirely erased. transmigrationem for transmigratione.

11, 12 babilonis for babylonis. babiloniae her gat lam for babylonis.

d is missing i. 1–11 *and begins at verse* 12. *b begins with this word babylonis.*

After babiloniae there is a sign. Our scribe's sign for est is ⤴ or a line hooked at its ends with a dot above and below the line, and a symbol like the Arabic numeral 2 above it as in verse 21.

12 iechonias +autem *d* gat E R.

12, 13 zorababel (twice) for zorababel.

15 eliazar *f* her lam for eleazar.
matham lam for matthan.   Matha for matthan.

17 sunt abracham for ab abraham. The words usque ad dauid generationes quattuordecim et a dauid usque ad transmigrationem babilonis generationes quattuordecim et a transmigratione babylonis usque ad christum generationes quattuordecim are missing.

XPI | AUTEMGENE |
RATIOSICER | ATCUMESSET

disponsata mater eius maria ioseph   6
antequam conuenirent inuenta est
inutero habens despu sčo ¹⁹ Ioseph
autem uir eius cum esset homo ius
tus Etnolet eam traducere uoluit oc
culte dimittere eam ²⁰ haec autem eo co
gitante ecce angelus dñi insomnis ap
paruit ei dicens Ioseph fili dauid noli
timere accipere mariam coniugem tuam
quod enim exea nasceretur despu sčo ꝗ ∴
²¹ pariet autem filium et uocabis nomen
eius ihm̄ ipse enim saluum faciet po
pulum suum apeccatis eorum ∴ ²² hoc ħ
totum factum est ut adinpleretur
quoddictum est adño peresaiam pro
fetam dicentem ²³ ecce inutero habe
bit et pariet filium et uocabunt
nomen eius emanuel quod est inter
praetatum nobiscum dš ²⁴ exsurgens

The text of the Hereford Gospels is missing from i. 17 *to* ii. 9.

18 The Gospel proper is considered to begin after the genealogy in most of the Celtic MSS. with capital letters. The initial letter, the Greek X generally covers the length of the page, from top to bottom, and is followed by the P and the I all beautifully written and adorned. This page is remarkably like the page in the Books of Kells, Durrow, and Lindisfarne.

In the Book of Deer between verses 17 and 18 there is 'Finit prologus Item incipit nunc euangelium secundum Matheum'. The Book of Lindisfarne (Y) also has 'Incipit euangelium secundum Matheum'.

All r_2 *before* atio *of* generatio *in this verse is missing, except the illuminated heading.*

18 disponsata *f* Iren r_2 gat Berne D E Ꝝ Q R C T Θ for desponsata. The nomina sacra are contracted out of reverence,

following the custom of the Jews. Here de is joined with spū.

19 esset + homo *a b c f g₁ r₂ μ* dim deer lam gat Berne Ꝝ D E R.   et let, then *no* in small letters was written between the *t* and the *l*, so nolet *q* lam* Berne r_2 for nollet.

20 exea = ex ea *b f g₁ r₂* gat E M V for in ea.   nasceretur *a b r₂ (f q* nascetur) for natum est.   ꝗ stands for est.

22 ħ is the symbol for autem. As the initial is an *h* it was perhaps spelt hautem and is so printed in Dr. Lawlor's Book of Mulling.   adinpleretur *r₂* C R for adimpleretur.   —id before quod *q* gat Ꝝ D E R C T W X Z vg.   + esaiam *q g₁* before profetam. There is a dot between the *a* and the *i*, with *e* written above, which corrects it to esaiam.   profetam *ff₁ k q r₂* lam Berne D Q R for prophetam.

23 —uirgo.   emanuel *r₂* Berne Q for emmanuhel.   interpraetatum *k b d* Berne for interpraetatum.   dš is the contraction for deus.

autem ioseph asomno fecit sicut prae

ciperat ei angelus dñi et accepit coniu   7

gem suam ²⁵ et noncognoscebat eum do

nec peperit filium suum primogenitū

Et uocauit nomen eius ihm̄ / iudae in

II   ¹ Cum ergo natus esset ihs̄ inbethlem

dibus herodis regis ecce magi abori

ente uenerunt hierusolimam dicentes

² ubi est quinatus est rex iudeorum ui

dimus enim stllam eius inoriente et

uenimus adorare eum ³ audiens autem

herodis rexturbatus est et omnes hi

erusolima cum eo ⁴ et congregans om

nes principes sacerdotum et scribas

popull sciscitabatur aburis ubixp̄s

nasceretur ⁵ at illi dixerunt inbethlem

iudae sic enim scribtum perprofetam

⁶ et tu bethlem terra iuda nequaquam

minima es inprincipibus iuda exte

enim exiet dux quireget populummeū

israhel ⁷ tunc herodis clam uocatis

magis diligenter didicit abeis tempus   8

stellae quae apparuit eis ⁸ et mittens

illos inbethlem dixit ite interrogate

diligenter depuero et cum inueneritis eū

---

24 praeciperat for praecepit.

25 eum with *u* closed and thus corrected to eam.

In ‘ a ’ a large proportion of the first chapter is missing.

II 1 bethlem *a b g₁ k r₂* gat dur lam Berne ℔ P D Q R H for bethleem. The scribe ends the line with inbethlem, writes iudae in, in the vacant space of the line above (called a carry-up), and begins the line below with dibus for diebus. iudae *ff₁* Iren Cyp Greg *r₂* D Q R C X for iudaeae. hierusolimam *r₂* gat ℔P for hierosolymam.

2 iudeorum *r₂* Berne ℔ P D R C T W for iudaeorum. stllam corrected to stellam.

3 herodis *b r₂* gat E R (lam Erodis) corrected to herodes. omnes *b* corrected to omnis. hierusolima gat ℔P E R for

hierosolyma. cum eo *k* gat ℔Pmg Berne R B for cum illo.

5 —ei before in bethlem *a c ff₁ g₁ q r₂* μ deer dim dur gat lam Berne E Q R C T.

bethlem *a g₁ r₂* gat lam ℔P Berne D Q R T for bethleem. iudae *ff ff₁ g₁* R C D W Z codd for iudaeae. scribtum *f* gat for scriptum. —est before per. profetam for prophetam.

6 bethlem *b r₂* Berne ℔P D R T for bethleem.

r₂ is missing from ii. 7 *to* iv. 24.

7 herodis R for herodes. inuocatis with the *in* erased, giving uocatis.

8 bethlem *a g₁* lam ℔P Berne D R T for bethleem. ite (− et) *a* ℔P gat lam R for ite et. + eum after inueneritis *b* gat lam ℔Pmg D E Q R.

renuntiate mihi ut ego ueniens adorem
eum [9] quicum audissent regem abierunt
et ecce stella quem uiderant inorien
te antecedebat eos usquedum ueniens
staret supra ubi erat puer [10] uidentes
autem stellam gauisisunt gaudio mag
no ualde ∴ [11] et intrantes domum inue
nerunt puerum cum maria matre
eius et procedentes adorauerunt eum
et apertis thensauris suis obtulerunt
ei munera aurum tus et mirram [12] et re
sponso accepto insomnis neredireɩ
adherodem sed peraliam uiam regeь
sisunt inregionem suam [13] quicum re
cessisent ecce angelus dñi apparuit
insomnis ioseph dicens surge et acci
pe puerum et matrem eius et fuge in
aegeptum et esto ibi usquedum dicam
tibi futurum est enim ut herodis qua
erat puerum istum adperdendum [14] qui
consurgens accipit puerum et matrem
nocte et secessit inaegiptum [15] et erat ibi
usque adobitum herodis ut adinplere
tur quoddictum est perprofetam dicen
tem ∴ Exaegipto uocavi filium meum [16] tunc
herodis uidens quoniam delussus
esset amagis iratus est ualde et mit

9

8 —et between ut and ego *q* Berne.

9 *The text of the Hereford Gospels is resumed here after the break at* i. 17.

stella quem corrected to quam by placing a dot below the *e* and an *a* above it.

11 procedentes *a* lam D Q R B X for procidentes. The O. L. thensauris *a b d k q* Z occurs in this place only in our text. St. Jerome restored the Greek orthography of Greek words. mirram lam gat E R L for murram.

12 +sed before per aliam gat lam D E Q. regessi *a b g₁* dur Q C T for reversi.

13 recessisent *g₁* her gat for recessissent. aegeptum for aegyptum. herodis her gat Q R lam (Erodis) for herodes.

puerum + istum *a b g₁* her lam gat D E Q. —eum after perdendum *a g₁ q* gat.

14 accipit E Q R altered to accepit. —eius R after matrem. secessit *d k ff₁* her D R W for recessit. aegiptum her lam E T for aegyptum.

15 adinpleretur her D R C for adimpleretur. —a domino her E. profetam *k ff₁ q* her D R for prophetam. aegipto D E T. The *e* here has a hook attached to it representing the diphthong.

16 herodis gat (lam Erodis) corrected to herodes. delussus her (*a* delusus) for inlusus.

tens occidit omnes pueros quierant
inbethlem et inomnibus finibus eius
abimatu et infra secundum tempus
quod exquisirat amagis [17] tuncadinple
tum est quoddictum est perherimiam
profetam dicentem [18] uox inrama audi
ta est ploratus et ululatus multus ra
cheal plorans filiossuos et noluit con
sulari quia nonsunt [19] defuncto autem
herode ecce apparuit angelus dñi in   10
somnis ioseph inaegipto [20] dicens surge
et accipe puerum et matrem eius et ua
de interram israhel ∴ Defunctisunt
enim qui querebant animam pueri [21] qui
consurgens accipit puerum et matrem
eius et uenit interram israhel [22] audiens
autem quod archilaus regnaret iniudea
proherondepatre suo timuit illuc irae
et admonitus insomnis secessit inpar
tes galilae [23] et ueniens habitauit inciui
tate quaeuocatur nazareth ut adin
pleretur quoddictum est per profetas
quoniam nazareus uocabitur ╱ bap

III   [1] Indiebus autem illis uenit iohannis

16 bethlem her lam D R T for bethleem.   exquisirat her for exquisierat.

17 adinpletum for adimpletum.   heri-
miam for hieremiam.   profetam *q* her
D R for prophetam.

18 racheal for rachel.   consulari *d*μ
her lam dur deer dim D E Q R Y for con-
solari. We shall find much interchange of
the letters *o* and *u*.

19 aegipto her T for aegypto.

20 querebant her lam gat D E R C W H
for quaerebant.

21 *d is missing from* ii. 21 *to* iii. 8.
consergens her lam gat Ⅱ D E Q T W
for surgens.   accipit her E Q R for
accepit. *e* and *i* are frequently inter-
changed.

22 quod *a b f ff₁ g₁ q* Aug her lam gat
Domnach airgid D E Q R C T W Z for
quia.   archilaus her lam gat Q R. The
i is corrected to *e* for archelaus.   iudea

a q lam D R T W for iudaea.   proherondepatre suo. The scribe wrote
proherondepatre without any division
between the words. The letter *n* was
erased but traces of it remain. Thus
prohero depatresuo is meant for pro
herode patre suo. The *e* in temuit has
had so much of it erased as to make it
into *i*, so we have timuit.   irae Q for
ire.   galilae gat for galilaeae.

23 adinpleretur her D R C for adimpleretur.   profetas *q* R for prophetas.

III In the Lambeth MS. (lam) we cannot always tell how words are spelt because of the number of contractions.

1 In the scribe's Iohannis (gat) the
second *i* is corrected to *e* giving Iohannes.
bap is carried up to fill the line above,
tis is in the margin, while ta (carry
down) stands at the beginning of the line
below.

ta praedicans indeserto iudeae [2] et di
cens penitentiam agite adpropinqua
uit enim regnum caelorum [3] hic est
enim quidictus est peressaeiam pro
fetam dicentem ∴ Uox clamantis inde
serto parate uiam dñi rectas faci   11
te semitas eius [4] Ipse autem iohanis ha
bebant uestimentum depillis camello
rum et zonam pellicam circalumbos
suos esca autem eius erat locusta et
mel siluestrae [5] Tunc exiebat adeum hie
rusolima et omnis iudea et omnis re
gio iordanen [6] et baptiszabantur inior
dane abeo confitentes peccata sua
[7] uidiens autem multos fariseorum et
saddoceorum uenientes adbaptismū
suum dixit eis progenies uiperarum
quis demonstrauit uobis fugere afutu
ra ira [8] facite ergo fructum dignum peni
tentiae [9] et ne uellitis dicere intra uos
patrem abemus abracham dico enim
uobis quia potest dr̄s exlapidibus istis
suscitare filios abrachae [10] iam enim se

iudeae $a g_1$ gat D Q R K U Z for iudaeae.

2 et erased.   penitentiam $q g_1$ her for paenitentiam.   adpropinquauit $a b q g_1$ her Hil gat lam altered to adpopinquabit by writing b above the u.

3 essaeiam for esaiam.   profetam q D R for prophetam.

4 iohanis has a comma between the a and the n with n added above the comma, while i is corrected to e, giving iohannes. In habebant n is erased giving habebat.

depillis Q R.   The first l is erased for de pilis.   camellorum $a b$ her lam gat D Q for camelorum.   pellicam her for pelliciam.   locusta a gat D for locustae.

silvestrae a her E Q R C F for silvestre.

5 hierusolima gat E R for hierosolyma.

iudae $a q$ her lam D E Q R W for iudaea.   —circum $k q$.

6 baptiszabantur b for baptizabantur.

7 uidiens. This insertion of the i is common to the African and Insular texts. See Sanday's remarks on the text of k (*O. L. B. T.* ii, p. clxi), and Abbott's preface (xv) in regard to the Irish MSS. : ' Participium praesens secundae et tertiae coniugationis in casu nominandi fere semper "-iens" sonat : ut *diciens, vidiens*'.

fariseorum q lam R for phariseorum.

saddoceorum for sadducaeorum.

d resumes after the break at ii. 21.

8 penitentiae g_1 deer R for paenitentiae.

9 uellitis k her M Q R for uelitis. abemus for habemus.   The aspirates seem to be used or omitted at will.   In xxvi. 42 we have habiit for abiit, horauit for orauit, and in 45 ora for hora.   abracham her (gat habracham) for abraham.

quia $d f k$ Aug lam gat D E R for quoniam.   ex lapidibus $a b q ff_1$ Iren D E Q F Z for de lapidibus.   abrachae her for abrahae.

curis adradices arborum possita est
omnis arbor quae nonfacit fructum
bonum excidetur et inignem mittetur   12
[11] ego quidem baptizo inaqua inpeniten
tia qui autem post me uenturus est for
tior me est cuius nonsum dignus calci
amenta portare ipse uos baptizauit
inspu sco et igni [12] cuius uentilabrumin
manu sua et mundabit aream suam
et congregabit triticum suum inorreum
paleas autem conburet igni inextingui
bili ∴ [13] Tunc uenit ihs agalilea iniorda
nem adiohannem ut baptizaretur abeo
[14] iohannis autem prohebebat eum dicens
ego ato debeo baptizari et tu uenis
adme [15] respondens   ihs dixit ei sine
modo sic enim dicet nos inplere om
nem iustitiam [16] baptizatus autem ihs
confestim ascendit deaqua et ecce aper
tisunt ei caeli et uidit spm di discenden
tem decaelo sicut columbam uenientem
susper se [17] ecce uox decaelis dicens hic est
filius meus dilectus inquo mihi conpla   13
IV   cui Tunc ihs ductus est indesertum ab
spu ut temtaretur adiabulo [2] etcumieiu

10 radices *a b d f q* Aug her lam gat D R T W for radicem. possita her gat D E Q R for posita. —ergo R.
There is a break in k from iii. 10 *to* iv. 2.
11 —uos *a b c d f g₁* D E R T Y H. penitentia for paenitentiam. baptizauit *b g₁ q m* A F H X for baptizabit.
12 mundabit *m* for permundabit. orreum R for horreum. conburet *d g₁ q m* her gat lam E Q C T B M Z for comburet.
13 galilea *f g₁ q* her dur Hil gat E R C T W V for galilaea. iordanem *a b f* Hil M X vg for iordanen.
14 iohannis *a* gat D E R corrected to iohannes. prohebebat corrected to prohibebat.
15 *h begins with this verse.* —autem *μ* after respondens. There seems to have

been an erasure here. dicet corrected to decet.
q is missing from iii. 15 *to* iv. 23.
inplere *f* lam gat D Q C for implere. —tunc dimisit eum.
16 discendentem (*i* for *e*) *m* gat her lam D Q R for descendentem. +de caelo *a* Iren Hil her lam gat D E Q. *e* in decelo has the hook attached to it which makes it *ae*.
17 —et originally but '&' is inserted above the line. conplacui *ff* her lam gat E R C T B M X Z for complacui.
IV in a late hand is marked on the right-hand side for the number of the chapter.
IV 1 diabulo *a b g₁* her lam dur gat D Q R B Y for diabolo. *u* for *o* and *o* for *u* are constantly found in the Celtic group.

nasset xldiebus et xlnoctibus post ea
esurit [3] et accedens adeum temptator
dixit ei si filius dī es dic utlapidesisti
panes fiant [4] quirespondens dixit scri
ptum est enim noninpane solo uiuet
homo sed inomni uerbo quodproce
dit deore dī [5] tunc adsumpsit eū dia
bulus inscām ciuitatem et statuit eum
supra pinnaculum templi [6] et dixit ei si
filius dī es mitte te deorsum scriptum
est enim quia angelis suis mandauit
dete ut in omnibus tollent te neforte
offendas adlapidem pedemtuum [7] ait
ille ihs̄ rursum scriptum est enim non
temptabis dn̄m dm̄ tuum [8] iterum adsū
psit eum diabulus inmontem excelsum
ualde et ostendit ei omnia regna mundi
et gloriam eorum [9] et dixit illi haec tibi
omnia dabo sicadens adoraueris me
[10] tunc dicit ei ihs̄ uade retro satanas
scribtum est enim dn̄m dm̄ tuum ad
orabis et illisoli seruies [11] tunc reliquit
eum diabulus et ecce angeli accesse
runt et ministrabant ei ∴ [12] Cum autem
audisset ihs̄ quod iohanis traditus

14

---

2 *k continues after the break at* iii. 10
till xiv. 16 *is reached.*

XL (twice) *a b* her lam gat D E W M̄ *z*
for quadraginta. After post, eae appears
for ea, but this is not really so as it is
part of the *s* showing through from the
other side of the skin.   esurit lam for
esuriit.

3 +adeum *a b c d g₁ h* deer dim gat
D E Q R after accedens.   temptator
a b g₁ her lam gat D E R C M̄ W Z for
temtator.

4 +enim her ℈Pmg D.   uiuet *ff₁* for
uiuit.

5 adsumpsit *b f g₁ h k* her dur gat
E Q C T B Z for adsumit (editio minor, but
assumit editio maior).   diabulus her lam
gat ℈P D C K (Q R zabulus) for diabolus.

6 mandauit *a b d f ff₁ g₁ h k* Iren Greg

lam her gat ℈P D E Q R W B F X Y Z A
vg for mandabit.   omnibus her, corrected by a comma after *m* with *a* inserted after the comma and with the *o*
erased giving manibus.

7 +enim D R lam.   temptabis *a b f g₁ h*
Iren lam ℈P gat D E R C W B Z for temtabis.

8 adsumpsit *a b c f g₁ h k* her ℈P gat
E Q R Z for assumit.   diabulus (zabulus
Q R) her gat ℈P lam D K C for diabolus.

10 +retro *a b ff₁ g₁* her deer dim Hil
℈P D E Q R.   scribtum *f g₁ h* gat E Y Z
for scriptum.

11 reliquit is written with the *t* subscript.   diabulus her lam ℈P gat D C K
(Q R zabulus) for diabolus.

12 +ihs̄ after audisset.   iohanis gat
for iohannes.

esset secessit ingalileam [13] et relicta ciui
tate nazareth uenit et habitauit inca
farnaum maritimam infinibus zabi
lon et neptalim [14] ut adinplertur quod
dictum est peresaiam profetam dicen
tem [15] terra zabilon et terra neptalim
uia maris trans iordanen galileae gen
tium [16] populus quisedebat intenebris lu
cem uidit magnam et sedentibus inregio
ne et inumbra mortis lux ortaest eis
[17] exinde coepitihs̄ praedicare et dicere
penitentiam agite adpropinquauit enī
regnum caelorum [18] ambulans autem
iuxta mare galilae uiditduos fratres
sīmonem quiuocatur petrus et andrea
fratrem eius mittentes retia inmare
erant enim piscatores [19] et ait illis ihs̄
uenite post me et faciam uos fieri pis
catores hominum [20] at illi continuo relic
tis retibus secutisunt eum [21] et procedens
inde uidit alios duos fratres iacobum
zebedei et iohannem fratrem eius innaui
cumzebedeo patre eorum refecientes re
tia sua et uocauit eos [22] illi autem statim
relictis retibus suis et patre secuti sunt

15

12 galileam bfg_1h her gat ℈ Hil E Q R W for galileaem.

13 cafarnaum dh lam D Q T B M for capharnaum. zabilon corrected to zabulon by changing the i to u. v. 14 begins with ut. The numbering is wrong here in the editio maior. neptalim ℈P M̄ D Q R for nepthalim.

14 adinplertur her ℈Pmg R for inpletur.

profetam kh her ℈P D Q R O for prophetam. + dicentem cdf lam deer dim gat ℈P E Q R.

15 zabilon. There is a dot beneath the i and an u above as a correction to zabulon. neptalim lam her ℈P D Q R M̄ for nepthalim. galileae $ab g_1$ D E Q R C B O X Y for galilaeae.

16 + in before umbra $a ff_1 k \mu$ dim deer

gat ℈P D F O. After dicere here lam has a 'carry-up'.

17 penitentiam ag_1 gat W for paenitentiam. adpropinquauit $ab g_1$ her lam gat, with a dot under the ua and a b above it correcting to adpropinquabit. WO gives it as the scribe wrote it here in the uncorrected form. The Sixtine had appropinquabit and Nestle (vg) appropinquauit.

18 galilae gat Z for galilaeae. retia $c f ff_1 m$ deer her lam gat ℈Pmg D E Q R X M (𝕃 rethe) for rete.

19 + ihs̄ $h m$ her lam D Q R T.

21 zebedei fh her ℈P Q R C W O for zebedaei. zebedeo fh her lam ℈P D E Q R W O H for zebedaeo. refecientes for reficientes.

22 + suis g_1 her lam D E Q R.

eum ∴ ²³ Et circum ibat ihs totam galileā

docens insinagogis eorum et praedicans

euangelium regni et sanans omnem lan

gorem et omnem infirmitatem inpopulo

²⁴ et abiit opinio in totam siriam et obtu

lerunt ei omnes male habentes uaris

langoribus et tormentis conpraehensos

et quidemonia habebant et lunaticos   16

et paraliticos et curauit eos ²⁵ et secutae

sunt eum turbae multae degalilea

et decapuli et dehierusolimis et iudea

V   trans iordanen ∴ ¹ Uidens autem ihs

turbas ascendit inmontem et cumsedi

sset accesserunt adeum discipuli eius

² et aperuit ossuum et docebat eos dicens ∴

³ Beati pauperes spu qm ipsorum est reg

num caelorum / bunt terram

⁴ Beati mites quoniam ipsi possede

⁵ Beati qui lucent nunc qm ipsi consula

buntur ∴ ⁶ Beati qui esuriunt et sitiunt

iustitiam quoniam ipsi consulabuntur ∴

⁷ Beati misericordes quoniam ipsi mi

sericordiam consequentur ∴ / uidebunt ∴

---

23 galileam *b f h* her gat ℙ E R W C for galilaeam.

23 sinagogis *k r* lam her ℙ gat E R C T for synagogis.   langorem her ℙ Q T H for languorem.

q resumes here after the break at iii. 15.

24 *r₂ resumes with this verse after the break at* ii. 16.

—eius. After opinio a comma is inserted and eius written above it.   siriam *r₂* ℙ her Q R T for syriam.   uaris *r₂* her gat, with a comma after the *i* and another *i* inserted above it as a correction to uariis.   langoribus *r₂* her lam ℙ D R T X H for languoribus.   conpraehensos *b f g₁ h* gat ℙ E Q R C Mͭ H for comprehensos.   demonia *a ff₁ g₁ r₂* lam her deer ℙ D Q R W H for daemonia.   paraliticos *r₂* lam her ℙ Mͭ D E Q R T for paralyticos.

25 galilea *f h k q* ℙ Q R C W for galilaea.   decapuli ℙ Q R for decapoli.

+de *ff₁ r₂* lam her D Q B W vg.   hieru-

solimis lam ℙ E R for hierosolymis.   iudea *r₂* ℙ D R W for iudaea.   —de D R (*q* —de). Hoskier supplies (dea et trans) in brackets in *r₂* so that the *et* may be omitted there also.

V 1 autem + ihs *a h ff₁* lam her ℙmg D Q R vg.

2 aperuit *a b g₁ k q* R for aperiens. Hoskier supplies (et aperiens) in *r₂* which may be aperuit as here.   + et after suum.

3 spu gat for spiritu.   qm gat for quoniam.

4 possedebunt O for possidebunt.

5 lucent for lugent. *c* and *g* frequently interchange not only in the Celtic group but in the African as well.   + nunc her lam gat Faustus of Riez ℙ D E R.   consulabuntur *r₂* her lam ℙ D R for consolabuntur.

6 consulabuntur. The scribe missed his line here and wrote consulabuntur again instead of saturabuntur.

⁸ Beati mundo corde quoniam ipsi dm̄
⁹ Beati paci fici quoniam filii dī uocabun
tur ¹⁰ Beati qui persecutionem patiun
tur propter iustitiam quoniam ipso
rum est regnum caelorum ¹¹ Beti estis   17
cum maledixerint uobis hominis et per
secuti uos fuerit et dixerint omne ma
lum aduersum uos mentientes prop
ter me ¹² gaudite et exsultate quoniam
mercis uestra copiosa est incaelis sic
enim persecutisunt et profetas quifu
erunt ante uos ∴ ¹³ Uos estis salterrae
quodsi saluauerit inquosalietur ad
nihilum ualebit nisi ut mittatur foras
et conculcetur abhominibus ∴ ¹⁴ Uos estis
lux mundi non potest ciuitas abscondi
supra montem possita ¹⁵ neque accendunt
lucernam et ponunt eam submodio sed
supra candellabrum ut luceat omnib:
quiindo sunt ¹⁶ sic luceat lux uestra co
ram hominibus ut uideant operaues
tra bona et glorificent patrem ues
trem quiincaelis est ∴ ¹⁷ Nolite putare
quoniam ueni soluere legem et profe

---

8 dm̄ gat for deum.

9 pacifici is written as two words here.
—ipsi r_2 lam Hil ℈P D E Q R C T W
B Z vg. dī gat for dei. _un_ is in ligature in uocabuntur.

11 Beti, a slip of the pen for Beati.
+hominis D M R W corrected to
homines. fuerit: a dot under the _i_ and the
insertion of _n_ above it corrects to fuerint.

12 gaudite r_2 Q corrected to gaudete.
exsultate ff_1 ℈P Q R vg corrected to exul-
tate. mercis $m\,r_2$ her Q R B corrected
to merces. +et $b\,c\,g_1\,q\,h\,m\,r_2$ her lam
deer gat Q D E H O. profetas $k\,h\,q$ her
℈P Q O for prophetas.

13 salterrae for sal terrae, quodsi gat
for quod si and inquosalietur for in quo
sallietur. saluauerit is corrected by
placing _e_ between the _l_ and the _u_ above
the line and _n_ between the second _u_ and

_e_, giving saleuanuerit for sal euanuerit.
salietur $f\,ff_1 g_1 h$ gat ℈P M̄ Q C W B O vg
for sallietur. ualebit $f\,r_2$ her D Q for
ualet. —ultra $a\,b\,d\,g_1\,q$ D E.

14 possita r_2 lam gat ℈P D E Q R for
posita.

15 In accendunt the _t_ is subscript.
supra $b\,c\,d\,g_1\,r_2\,\mu$ Gildas dim dur gat ℈Pmg
lam her petroc D E Q R for super. candellabrum. The doubling of consonants
is frequent in our MS. as in her lam and
gat here. The scribe wrote indo sunt,
then mo was added in small letters above
the line, giving in domo sunt.

16 opera uestra bona $a\,b\,f\,g_1\,h\,q$ Gildas
Hil Faustus of Riez gat ℈P Q T W O vg,
for uestra bona opera. (lam reads opera
bona uestra.) uestrem _k_ for uestrum.

17 et her lam D T for aut. profetas
$k\,h\,q\,r_2$ lam D R O for prophetas.

tas nonueni soluere sed adinplere ∴   18
¹⁸ Amen quippe dicouobis donec transe
at caelum et terra ito unum aut unūs
apex nonpraeteribit alege usquequo
omnia fiant ¹⁹ qui enim soluerit unum
demandatis istis minimis et docuerit
sic homines minimus uocabitur inreg
no caelorum qui autem fecerit et docue
rit hic magnus uocabitur in regno cae
lorum ∴ ²⁰ Dico enim uobis quia nisi abun
dauerit iustitia uestra pluusquam scri
barum et fariseorum nonintrabitis in
regnum caelorum ²¹ audistis quia dictum
est antiquis nonoccides qui autem occi
derit reus erit iudicio ²² ego autem dicouo
bis quia omnis qui irascitur fratri suo
reus erit iudicio qui autem dixerit fra
tri suo racha reus erit concilio qui autē
dixerit fatuae reus erit gehenne ignis ²³ si
ergo offerres munus tuum adaltare
et ibi recordatus fueris quia frater   19
tuus habet aliquid aduersumte ²⁴ relin
que ibi munus tuum ante altare et ua
de prius reconciliare fratrituo et tunc
uenies offerres munus tuum ²⁵ esto con
sentiens aduersario tuo cito dum es
inuia cum eo neforte tradat te aduer
sarius iudici et iudex tradat te minis
tro et incarcerem mittaris ²⁶ amen dico
tibi nonexies inde donec reddas nouis

---

17 adinplere *a b* r_2 her lam ℬ D R C for adimplere.

18 ito with a small *o* above the *it* and the final *o* altered to *a* giving iota.   unus has a dot above the mark over the second *u*.
   usquequo for donec.

19 enim *a b f d g*₁ *m q* Gildas D B for ergo.

20 pluus, a Celtic spelling and pro nunciation for plus.   fariseorum her lam ℬ R for pharisaeorum.

22 W̅O's 'dicerit L*' following

Scrivener here is wrong as all the scribe's *x*'s are the same.   The *i* and the *c* would be too far apart.   fatuae *b h* r_2 E Q R T Z for fatue.   *ae* is often used for *e* and *e* for *ae* as is shown in gehenne *q* lam E R O for gehennae.

23 offerres for offeres.

24 uenies r_2 gat Q E for ueniens. offerres *a b d h* lren her gat M̅ D E T W H Θ K V Y for offers.

q is missing from v. 25 *to* vi. 4.

simum quadrantem / nonmechaberis
[27] Audistis quia dictum est antiquis
[28] ego autem dicouobis quia omnis qui
uiderit mulierem adconcupiscendum
eam iam mechatus est incorde suo [29] quod
si oculus tuus dexter scandalizat te
erue eum et proice abste .·. expedit enim
tibi ut pereat una pars membrorum
tuorum quam totum corpus tuum
mittatur ingehennam [30] et si dextera ma
nus tua scandalizatte abscide eam
et proice abste expedit enim tibi utpe
reat unum membrorum tuorumquā
totum corpus tuum eat ingehennam
[31] dictum est autem quicumque dimise
rit uxorerem suam det illi bellum repua
di [32] ego autem dico uobis quia omnis qui
dimiserit uxorem suam excepta forni
cationis causa facit eam mechari et
quidemisam duxerit adulterat [33] iterum
audistis quia dictum est antiquis non
periurabis reddes autem dño iura
menta tua [34] Ego autem dico uobis non
iurare omnino neque percaelum quia
thronum dī est [35] neque perterram quia
scabellum est peduum eius neque per
hierusolimam quia ciuitas est magni
regis [36] neque percapud tuum iuraueris

20

27 mechaberis her lam D Q R W (r_2 mechaveris) for moechaberis.

28 quia fff_1 h k m Aug r_2 deer lam gat D E R for quoniam. mechatus r_2 dur her lam D R W for moechatus. – eam (sec.) lam D.

29 *Hereford is missing from quod si in this verse to* vi. 8 *scit enim pater. The leaf that is missing here will be found out of place following the words et offer in* viii. 4 *and contains the text from* v. 26 *to* vi. 8 *adsimilare eis.*

una pars (h) membrorum c r_2 μ her D for unum membrorum.

r_2 *is missing from* v. 30 *to* xiii. 7.

31 uxorerem, a line has been drawn through the first *re*, an unusual way of correcting in this MS., making it uxorem.

bellum for libellum. repuadi. A small *i* was inserted for the stop as a correction to repudii though there remains a superfluous *a*.

32 mechari k lam D R W for moechari. demisam lam E for dimissam.

33 periurabis b d fff_1 h Iren Hil gat ℈ M̃ D E Q R C T W Ł Y for peierabis.

34 thronum for thronus.

35 peduum Q R Y for pedum. hierusolimam (Iren Hierusalem) E ℈ gat for hierosolymam. **36** capud Q R for caput.

quia nonpotes unum capillum tuum
album facere aut nigrum [37] sit autem
sermo uester est est non non quod ħ   21
his abundantius amalo est [38] audistis
quia dictum est oculum prooculo den
tem prodente [39] Ego autem dicouobis non
resistere malo sedsi quiste percusserit
indexteram maxillam tuam praebae
illi et alteram [40] et ei qui uult te cum iu
dicio contendere et tonicam tuam tolle
re remitte et ei et pallium [41] et quicumque
te angarizauerit millae passus uade
cum illo alia et duo [42] quipetit ate da
ei etuolenti motuari ate neauertaris ∴
[43] audistis quia dictum est diliges proxi
mum tuum et odies inimicum tuum [44] ego
autem dico uobis dilegite inimicos ues
tros et benefacite his quioderunt uos
et orate propersequentibus et calum
nientibus uobis [45] ut sitis filii patris
uestri qui incaelis est quisolem suum
oriri facit super bonus et malos et pluit
super iustos et iniustos [46] si enim diliga   22
tis eos qui uos diligunt quam mercidē
habebitis nonne et publicani hoc faci
unt [47] et salutaueritis fratres uestros

---

36 capillum + tuum her lam dim deer Q.

37 —est lam after abundantius, but a comma has been placed after abundantius with ē for est added above it, giving est a malo est.

38 —et $a\,d$ lam ℈ D Q R before dentem.

39 dexteram maxillam tuam Aug her M̄ D E R W K O V vg (a and lam —tuam) for dextera maxilla tua.   praebae for praebe.

40 tonicam her lam dur gat D E R for tunicam.   + et gat, after remitte, but erased.

41 angarizauerit dim deer dur μ lam Q R (gat angariszauerit) for angariauerit.
    millae for mille.   + et h after alia.

42 motuari ℈ dur Q D for mutuari.

43 odies $a\,b\,c\,d\,f\,ff_1g_1,_2\,l$ dur deer her lam gat Hil ℈ mg D E Q R W B M. For this St. Jerome substituted odio habebis.

44 dilegite her ℈ D Q corrected to diligite.   uestros + et $c\,h\,k\,m$ Iren μ dim deer lam gat D E Q R T.   calumnientibus for calumniantibus.   uobis for uos.

45 bonus with a dot under the u and an o above it, thus corrected to bonos.

46 diligatis $ff_1\,h$ her gat E Θ is what the first hand wrote and apparently it is correct as it is VO's reading, but the corrector placed a dot under the a and an i above it giving diligitis the reading of vg.   mercidem her gat E Q R for mercedem.

47 —si after et.

tantum quid amplius facitis nonne
et aetinici hoc faciunt [48] estote ergo uos
perfeeti sicut pater uester caelestis
VI perfectus est [1] adtendite ne iustitiam
uestram faciatis coram hominibus ut
uidiamini abeis alioquin mercidem
nonabebitis apud patrem uestrum
qui incaelis est ∴ [2] Cum ergo facies ae
limosinam nolituba canere ante te
sicut hipochite faciunt insinagogis
et inuicis ut honorificentur abhomi
nibus ∴ amen dico uobis perciperunt
mercidem suam ∴ [3] Te autem faciente
elimoisinam nesciat sinistra tua quid
faciat dextera tua [4] ut oit aelimoisina
tua inabsconso reddet tibi [5] et cum ora
tis noneretis sicut hippochritae quia
mant insinagogis et inangulis platea
rum stantes orare ut uideantur abho
minibus amen dico uobis reciperuntmer
cidem suam [6] tu autem cum orabis intra
incubiculum tuum etcluso ostio tuo ora
patrem tuum inabsconso et pater tuus
qui uidet inabsconso reddet tibi ∴ ethni

23

---

47 aetinici for ethnici.

48 By a slip of the pen the scribe wrote perfeeti for perfecti. —et after sicut *a d f* her R F.

VI 1 adtendite *b d f h l* her lam dur deer gat ℈ M͞ D E Q R C O V for attendite. uidiamini her lam Q R corrected to uideamini. mercidem her gat E Q R corrected to mercedem. abebitis. There is a dot here above the *a* which means a correction to habebitis.

2 aelimosinam gat for elemosynam. The scribe's non-use of the *y* is shown in this verse particularly. hipochite: slip for hypocritae. sinagogis ℈ gat Q for synagogis. perciperunt her lam gat *µ* D Q for receperunt. mercidem her gat Q R for mercedem.

3 elimoisinam lam for elemosynam.

4 aelimoisina gat for elemosyna.

q resumes here after the break at v. 25.

absconso is the O.L. for abscondito and is found at this place in *a b f g₁ l m q* Faustus of Riez gat dur deer her lam D Q R B M. —et pater tuus qui uidet in absconso, but it has been inserted above the line.

5 The scribe wrote eretis, for the loops of the first letter have been joined together with a thicker stroke of the pen and the line of the *e* has been erased, making a correction to oretis *b* gat for eritis. hippochritae lam for hypocritae. reciperunt her D E R corrected to receperunt.

mercidem her gat E R for mercedem.

6 cluso *a b h* lam ℈ Q R F O M Z with a comma after the *l* and *a* inserted above it in correction to clauso. absconso (twice) *a b e f ff₁ g₁ q* dur gat D Q R B for abscondito.

[7] Orantes autem multum loqui sicut
ci putant enim qui inmulti loquiosuo
exaudiantur [8] nolite ergo adsimillare
eis scit enim pater uester quibus opus
sit uobis ante quam petatis eum ∴,
[9] sic ergo uos orabitis ∴/tur nomentuū
Pater noster quies incaelis scīfice
[10] et ueniet regnum tuum fiat uoluntas
tua sicut incaelo et interra [11] panem nos
trum cotidianum danobis odie [12] et dimitte
nobis debita nostra sicut et nos demit
timus debitoribus nostris [13] et ne nos in
ducas intemptemtationem sedlibera   24
nos amalo ∴. [14] Si enim demisseritis homini
bus peccata eorum demittet uobis pater
uester caelestis delicta uestra [15] si autem
nondemisseritis hominibus nec pater ues
ter caelestis demittet uobis peccata uestra
[16] Cum autem ieiunatis nolite fieri sicut hip
pochritae tristes exterminant enim faci

7 —nolite after autem. qui Y for quia.
8 adsimillare (gat adsimilari) with the
first *l* erased for assimilari.

*The Hereford text is resumed here from
the leaf (misplaced) inserted at viii. 4 containing* v. 28 *to* vi. 8. *There is also a
break here in the text of d from* vi. 8 *to*
viii. 27.

quibus is what the scribe wrote and is
VO's reading, but the *us* has been erased
not without leaving its traces. Enough
of *b* was left to become part of an ugly *d*.
It was thus corrected to quid which has
the support of *a b f ff₁ h q* Aug her gat M̄
D Q R C T W O V Z vg. In opus the *us*
is in ligature. At the end of the verse is an
example of the corrector's stop, a comma
in addition to the scribe's stop viz. ∴.,.

10 et ueniet (*ff₁* ueniat) for adueniat.

11 cotidianum. This is the O.L. text
found in *a f ff₁ g₁ h q* and others though
with some it has the *tt*, her lam Ⅱ ꝑmg
D E C T W (gat has quotidianum with
uel supersubstantialem between the lines).
In St. Matthew, St. Jerome substituted
supersubstantialem in its place but went

back to the old word in St. Luke. The
O.L. form, however, has not been displaced in public and private prayer. In
our text the Lord's Prayer was transcribed
again at the end of St. Mark with the
reading super sub stantialem showing the
process whereby the O.L. text was corrected to the Vulgate standard.   odie
for hodie.

12 demittimus M̄ O K V X for dimittimus.

13 nos inducas ꝑ M̄ E R W M Θ K vg
for inducas nos.   temptemtationem
(temptationem *b k f h* ∑) for temtationem.

14, 15 demisseritis for dimiseritis.
demittet for dimittet.

14 —et before uobis *a b f g₁ q* Faustus
of Riez D R.

15 + caelestis *ff₁* her lam dim deer *μ*
gat.   + uobis *a b f k q ff₁ g₁* gat Aug
Faustus of Riez ꝑmg D E Q R W.

∑ *is missing till* vi. 16 *and much mutilated throughout.*

16 hippochritae for hypocritae.   exterminant *a b f ff₁ g₁ h k m q* Aug Hil her
M̄ D C T B W F X Y vg for demoliuntur

es suas ut pareant hominibus ieiunan
tes amen dico uobis quia reciperuntmer
cidem suam [17] tu autem cum ieiunas ungae
capud tuum et faciem tuam laua [18] neuide
aris hominibus ieiunans sed patri tuo
qui est inabsconso reddet tibi [19] nolite thes
aurizare autem uobis thesauros interra
ubi erugo et tinea demolitur et ubi fures
effodunt et furantur [20] thesaurizate h̄
uobis thesauros incaelo ubi neque
erugo neque tenea demollitur etubifu
res noneffodiunt nec furantur [21] ubi enī
est thesaurus tuus ibi erit et cortuum   25
[22] lucerna corporis tui est oculus tuus
si fuerit oculus tuus simplex totum
corpus tuum .·. lucidum erit .·. [23] totum cor
pus tuum tenebrosum erit si ergo lumen
quod inte est tenebrae sunt ipse tene
brae quante erunt .·. [24] Nemo potest duo
bus dominis seruire aut enim unum
odio abebit et alterum diligit aut unum
sustenebit et alterum contemnet nonpo
testis dō seruire et mammone [25] ideo dico
uobis ne solliciti sitis animae uestrae

---

16 reciperunt μ her D E Q R, corrected to receperunt.   mercidem her gat E for mercedem.

17 ungae for unge.   capud lam gat for caput.

18 absconso $a\,b\,f\,f\!f_1\,g_1\,h$ her dur lam gat D Q R B Σ for abscondito.   —et pater tuus qui uidit in absconso, probably through homoeoteleuton.

19 +autem f. This has a line drawn through it.   effodunt corrected to effoniunt.

20 h̄ is the sign for autem. Dr. Lawlor writes it as hautem in his *Book of Mulling*. It has been called the Tironian sign.   tenea lam D corrected to tinea.   demollitur for demolitur. The first *l* is under-dotted for omission.

21 ibi erit $a\,b\,c\,f\,g_1\,h\,k\,n\,q$ Aug lam her dur deer ℈P gat D E Q R for ibi est.

22 +tui $a\,b\,f\!f_1\,g_1\,q$ Aug her ℈Pmg gat E Q R T B W O Z Ł Hil.   +tuus $a\,b\,f\!f$ $g_1\,h\,q$ Aug her lam gat ℈P D E Q C T W B X Ł Hil vg.

23 —si autem oculus tuus nequam fuerit, but written above the line by a corrector, —oculus tuus.   Si autē nequam fuerit is what is written above the line.   +ipse after sunt $f\!f g_1\,h$ lam gat Hil M̄ D B H V vg.   quante $g_1\,q$ lam W O Y for quantae.

24 In this verse lam has a 'carry-up' in enim, for which its sign is two perpendicular strokes with a cross-bar through them, after 'a' with a stroke above it for aut.   abebit for habebit.   diligit $f\!f_1\,l$ lam F Z for diliget.   sustenebit lam for sustinebit.   mammone (lam mammoni) $g_1\,q$ gat R W for mamonae.

quidmanducetes neque corpori uestro
quid induamini nonne anima plus est
quam esca et corpus quam uestimentum
²⁶ respicete uolatilia caeli quoniam non
serunt neque congregant inhorrea et pa
ter uester caelestis pascit illa nonne uos
magis plures estis illis ²⁷ quis autem ues
trum cogitans potest adicire ad statu
ram suam cubitum unum ²⁸ et deuestimen   26
to quid soliciti estis considerate lilia
agri quomodo crescunt nonlaborant
necneunt ²⁹ dico enim uobis quia nec so
lomon inomnigloria sua coopertus
est sicut unum existis ³⁰ si autem fenum
agri quod hodie est et cras inclibanum
mittetur d̄s̄ sic uestit quanto magis
uos modice fidei ³¹ nolite ergo solliciti es
se dicentes quid manducabimus aut
quid bibemus aut quid uestiemur ³² haec
enim omniagentes inquirunt scit enim
pater uester quia his omnibus indige
tis ³³ quaerite autem primum regnum d̄ī
et iusttiam eius et omnia haec adicient'
uobis ³⁴ nolite ergo esse solliciti incras
tinum crastinus enim dies sollicitus
erit sibi ipse sufficit diei malitia sua ∴

25 manducetes corrected to manducetis.   Iam has another carry-up here.
  26 respicete corrected to respicite.
— neque metunt Hil D.   pascit *a b ff* her
Iam gat Hil R H Θ has been wrongly
corrected to pascet.   plures *b f g* ℙ gat
dur deer E Q C T B X Y Z A Ⅼ O for
pluris.
  27 adicire for adicere.
q is missing from vi. 28 *to* vii. 8.
  28 soliciti *ff₁ g₁* gat D Q R for solliciti.
  nec Ṁ Q R Z for neque.   neunt *b g₁ m*
gat her ℙmg D E Q R Θ, corrected by a
dot under the *u* to nent. gat gives the
same correction.
  29 enim for autem.   quia *a f μ* gat
D E for quoniam.   solomon *m* for salomon.

30 fenum *g₁* Q R W for foenum.   hodie has its *ie* enclosed in dots but they are
those that surround the N from the other
side of the page and show through the
parchment.   In verse 11 we had odie.
  mittetur Hil Ṁ D Q V for mittitur.
  modice (*a* Hil gat .ae) *b f g₁ k m r*
Aug (Iam .ae) E R for minimae.
  31 quid *b c f g₁ h k m* μ dim gat dur
ℙmg Q C M O Z vg for quo.   uestiemur
c k h r m Aug for operiemur.
  33 iusttiam.   The scribe has omitted
an *i* between the two *t*'s.   omnia haec
a ff₁ k Aug Q C T B W Z for haec omnia.
  adicient'.   The *t* has the top stroke
ending in an upward curve on the right
hand which indicates 'tur' and gives us
adicientur.

VII   [1]Nolite iudicare utnoniudicemini [2] inquo
enim iudicio iudicaueritis iudicamini et
inqua mensura mensi fueritis remi   27
tietur uobis ∴ [3] Quid autem uides fis
tucam inoculo fratres tui et trabemin
oculo tuo nonuides [4] aut quomodo dicis
fratri tuo sine eiciam fistucam deocu
lo tuo et ecce trabis est inoculo tuo
[5] hippochrita eicite primum trabemde
oculo tuo et tunc uidebis eiquere fistu
cam deoculo fratris tui [6] Nolite dare
sc̄m canibus neque mittatis margari
tas uestras ante porcos neforte con
culcent eas pedibus suis et conuersi
disrumpant uos ∴ [7] Petite et dabitur
uobis quaerite et inuenietis pulsante
et aperietur uobis [8] omnis enim quipe
tit accipit et qui quaerit inuenit et pul
santi aperietur [9] aut quis est exuobis
homo quem sipetierit filius suus panē
num quid lapidem dabit illi [10] aut sipis
cem petit num quid serpentem dabit
ei [11] si ergo uos cum sitis mali nostis   28
bona dare filis uestris quanto ma
gis pater uester qui incaelis est dabit
bona petentibus se [12] omnia ergo quae
cum que uultis ut faciant uobis homi

VII 2 iudicamini D (Gildas iudicemini) for iudicabimini.   remitietur*f ff*₁
gat E (Aug Cyp remetietur) for metietur.

3, 4, 5 fistucam *g*₁ lam dim deer dur
gat ℱ D Q R H corrected to festucam.

3 fratres *g*₁ corrected to fratris. VO's
' fraeres L*' is wrong.

4 fistucam. Faustus and Eucherius of
Lyons also support it.   trabis *bf g*₁ dur
dim deer lam ℱ D Q R H for trabes.

5 hippochrita gat for hypocrita.
eicite. The letters *i t* have been erased
giving *e i c*, space for the two letters
erased, then *e*. The *eic* and the *e* were
then looped together giving *eice*. In ei

quere the pen was drawn through the *qu*,
a dot being placed under each letter, then
a comma after the *q* with *c* inserted above
it. This gave ei cere for eicere while
fistucam was corrected to festucam.

7 pulsante *a* lam. The *n* has two dots,
one above its middle stroke and the other
underneath, for the removal of the letter
and the consequent correction of the word
to pulsate.

9, 10 dabit (twice) lam for porriget.

9 illi for ei

10 petit *a b f ff*₁ *g*₁ *h q* lam D F H codd
for petet.

11 filis *k* R for filiis.

nes bona ita et uos facite eis haec est
enim lex et profetae ∴ [13] INtrate perangus
tam portam quam lata porta et spa
tiosa uia quae ducit adperditionem
et multisunt quiintrant peream [14] quam
angusta porta et arta est uia quae
ducit aditam et paucisunt qui inueniu
nt eam [15] adtendite uobis afalsis profe
tis qui ueniunt aduos inuestimentis
ouium intrinsecus autem sunt lupi
rapacis [16] afructibus eorum cognosce
tis eos num quid colligunt despinis
uuas aut detribulis ficus [17] sic omnis
arbor bona fructus bonos facit [18] non
potest arbor mala bonos fructus fa
cere neque arbor bona fructus ma   29
los facere [19] omnis arbor quae nonfa
cit fructus bonum excidetur et inignem
mittetur [20] igitur exfructibus eorum cog
noscetis eos ∴ [21] Non omnes qui dicit mihi
dñe dñe intrabit inregnum caelorum
sed quifacit uoluntatem patris mei
qui incaelis est ipse intrauit inreg
num caelorum [22] multi mihi dicent in
illa die dñe dñe nonne intuo nomine

12 +bona ita *a b k* dim deer petroc
gat ℈'mg R W. The corrector's mark
has been placed between bona and ita to
question the reading.   *q* and lam read ut
faciant uobis homines ita et.   It seems as
though the mark questions bona, on
which St. Augustine writes 'sed ad mani-
festionem sententiae puto a latinis addi-
tum bona'.   profetae *q* her ℈ D O for
prophetae.

13 quam *a b q* Q Hil for quia.

14 arta + est *abc h k m* DR.   aditam.
A comma is placed between the *d* and the
i with *u* written above, giving ad uitam.

15 adtendite *a f g₁ l* her lam gat D E R
C B O for attendite.   + uobis *b c g₁ h* D
℈'mg Q R Vincent of Lerins Gildas.
profetis *h k q* her D ℈' R for prophetis.
rapacis for rapaces.

17 After the first facit, —mala autem
arbor fructus malos facit D. There is also
an inversion of order here with *μ* D E and
deer.

19 fructus Hil. A dot has been placed
under the *s* and another inside its top loop,
with a short line above the *u* for fructum.
excidetur *b c f ff₁ g₁ h k q m* Iren Aug her
gat D E Q R C T W O X Z vg for exciditur.

mittetur *a b c f g₁ h q* Iren her lam gat
D E Q C T W O Z vg for mittitur.

21 omnes corrected to omnis.   There
is some textual trouble here and in the
next verse.   Fastidius reads the whole
maxim in the plural.   intrauit *f* O corrected to intrabit.

22 mihi dicent *b c h k* Aug *μ* deer dim
gat D E for dicent mihi.

profitauimus et innomine tuo demo
nia eicimus et intuo nomine uirtutes
multas fecimus [23] et tunc confitebor
illis quia numquam nouiuos disci
dite ame quioperamini iniquitatem
[24] omnis ergo quiaudit uerba mea haec
et facit ea adsimilabitur uiro sapienti
qui aedificauit domum suam super
petram [25] discendit pluia et ueneruntflu
mina et flauerunt uenti et uenerunt in
domum illam et noncicidit fundata
enim erat super petram [26] et omnis qui
audit uerba mea haec et nonfacit ea
similis erit uero stulto quiaedificauit
domum suam super arenam [27] discendit
pluia et uenerunt flumina flauerunt
uenti et inrunt indomum illam et cici
dit et fuit ruina eius magna ∴ / ihs uer
[28] Et factum est cum consummasset
ba haec admirabantur turbae super
doctrinam eius [29] erat enim docens eos si
cut potestatem habens et non sicut scri
VIII   bae eorum et farisei [1] cum autem discen
disset demonte secute sunt eum turbae

30

22 profitauimus, corrected to propheta-
uimus.   in nomine tuo (second) $a\,f\!f_1$ for
in tuo nomine.   demonia k her lam ℙ
D R W for daemonia.   eicimus q E H
corrected to eiecimus.

23 discidite R corrected to discedite.

24 adsimilabitur l her lam ℙ 𝕄 E R C
B H codd for assimilabitur.   super $c\,k\,m$
Aug her dim Eucherius of Lyons ℙ D Q
R Z for supra.

25 −et $a\,b\,g_1\,q\,m$ 𝕄 D K.   discendit
$g_1\,m$ her lam gat ℙ D E R corrected to
descendit.   pluia dim her lam ℙ D Q R,
has a dot over the a as a correction for
pluuia.   uenerunt (sec.)$f\!f_1\,m$ her lam gat
vg for inruerunt.   cicidit her D R for cecidit.   super $f\!f_1\,m$ lam ℙ Q vg for supra.

26 uero corrected to uiro.   super
$c\,f\,f\!f_1\,m\,k\,l$ Aug her lam ℙ gat D E R C T Z
codd vg for supra.   arenam $f\!f_1\,(g_1+$
maris) ℙ T W for harenam.

27 −et $b\,c\,g_1\,h\,k\,m\,q$ 𝕄 D E K Z.
discendit $b\,m$ her lam ℙ gat D R for
descendit.   pluia her lam ℙ D Q R corrected to pluuia.   −et after flumina
$a\,b\,c\,g_1\,h\,k\,q$ Gildas.   inrunt corrected to
inruunt for inruerunt.   cicidit her gat
D E R for cecidit.

A late hand has written viii in the margin
here, but chapter viii does not begin before
the next verse but one. Codex Corbeiensis
$f\!f_1$ has vii in the same place, before et
factum est.

28 admirabantur $b\,f\,f\!f_1\,g_1\,k\,q$ lam her
gat ℙ D E C T B W O Z for ammiraban-
tur.   per in super is represented by a p
with a tail.   + et $f\!f_1$ Aug ℙ E Q.

29 farisei $k\,q$ lam ℙ R for pharisaei.

VIII **1** discendisset her gat ℙ petroc
D R Y for descendisset.   secute q petroc
W for secutae.

multae ² et ecce leprosus quidam ueniens
adorabat eum dicens dñe si uis potes
me mundare ³ et extendens manum teti
git eum ihs dicens uolo mundare et con
festim mundata est lepra eius ⁴ et ait il
li ihs uide nemini dixeris sed uade os
tende te sacerdoti et offer munus quod
praecipit mosses intestimonium illis
⁵ post haec autem cum introisset cafar
naum acessit adeum quidam cento
rio rogans eum ⁶ et dicens dñe puer mei
iacet indomo mea paraliticus et ma
le torcetur ⁷ et ait illi ihs ego ueniam et
curabo eum ⁸ et respondens centorio
ait illi dñe nonsum dignus utintres
subtectum meum sedtantum dic uerbo
et sanabitur puer meus ⁹ nam et ego homo
subpotestate constitus sum habens
subme milites et dico huic uade et uadit
et alio ueni et uenit et seruo meo dico fac
hoc et facit ¹⁰ audiens ihs miratus est et se
centibus se dixit amen dico uobis quia
apud nullum inueni tantam fidem inis
rahel ¹¹ dico autem uobis quodmulti abo
riente et occidente uenient et recumbent

31

2 +quidam after leprosus *a b c f g*₁ *h*
gat dim Hil D Q R.

4 In the Hereford Gospels, after et
offer in this verse, the leaf that was missing at v. 28 is inserted. This leaf contains the text from v. 26 to vi. 7. praecipit her ℙ Q R for praecepit. mosses.
The first s is marked with a dot, for moses.

5 post haec autem cum *a b c f g*₁ *h k q μ*
dim her Hil D Q for cum autem. cafarnaum *h* her R for capharnaum. acessit
for accessit. +quidam *a b g*₁ *h k q* gat Hil
D E. centorio her gat D Q R for centurio.
Our codex has but one exception to this
spelling.

6 mei after puer has been corrected
to meus. domo + mea *k μ* dim D.
paraliticus her gat ℙ petroc MᵀD E R
for paralyticus. torcetur (c = qu) for

torquetur.

7 + et before ait *aff*₁ her petroc ℙ gat
D E Q R vg codd.

8 centorio her R for centurio. ait +
illi *a b* her D Q R.

9 ego homo sub potestate constitus sum
(her, —sum) for ego homo sum sub
potestate, without constitutus (vg) which
is said to have been taken from Lc. vii. 8,
but it is supported by ℵ and B of
the Greek and also by the O. L. *a b c g*₁
h k q. meo + dico *a b c g*₁ her gat D E
Q R.

10 —autem after audiens. secenti-
bus with *c* corrected to *q* and it now reads
seqentibus. As *c* so often stands for *qu*,
if it had been uncorrected, it would have
read sequentibus, which is correct. quia
apud nullum (gat interlined) D for non.

cum abracham et isac et iacob in regno
caelorum [12] filii autem regni huius eici   32
entur intenebras exteriores ibi erit fle
tus et stridor dentium [13] et dixit ihs cento
rioni uade sicut credidisti fiat tibi et sa
nitas est puer exilla hora ∴ / dit socrū
[14] Et cum uenisset ihs indomum petri ui
eius iacentem et febricitantem [15] et tetigit
manum eius et demisit eam febris et sur
rexit et ministrabat eis [16] uespere autem
facto obtullerunt ei multos demonia
habentes curauit [17] ut adinpleretur ∴
quoddictum est peresaiam profetam
dicentem quia ipse infirmitates nostras
accipit et egrotationes portabit / ca se
[18] Uidens autem ihs turbas multas cir
iusit ire trans fretum [19] et accidens ad
eum unus scriba ait illi magister se
quar te quocum que ieris [20] et dixitei
ihs ulpes foueas habent et uolucres
caeli tabernacula filius autem homi
nis nonhabet ubi capud reclinet [21] alius   33
autem dediscipulis suis aitilli dñe per
mitte mihi prmum ire et sepelire patrem
meum [22] ihs autem ait illi sequere me et
demitte mortuos sepelire mortuos

11 abracham her for abraham.   isac *a b h k* ℙ R for isaac.

12 regni + huius *b f g₁ h* her dim gat petroc ℙ D E Q R.   *r* reads here erit oratio et stridor, and *g₁* erit fletus oculorum.

13 centorioni her gat D R corrected to centurioni by erasing the top of the o.   —et before sicut *a g₁* gat D E W X. sanitas corrected to sanatus.   ex illa hora *a b c q h g₁* Aug petroc gat R O for in hora illa.

15 demisit *k* her M̃ R for dimisit.

16 obtullerunt corrected to obtulerunt *h* gat petroc for optulerunt.   *r* reads opluterunt.   —et eiciebat spiritus uerbo et omnes male habentes through homoeoteleuton.

17 adinpleretur her ℙ D R C for adim-

pleretur.   profetam *h k q* her ℙ D R for prophetam.   dicentem + quia *a b c g₁ q* gat her D Q.   accipit *k* ℙ Q R for accepit.   egrotationes petroc gat ℙ M̃ D E C T F W A for aegrotationes.   portabit her T for portauit.

18 circa *h k m* her gat ℙ D E R for circum.   iusit *μ* her ℙ E R for iussit.

19 accidens corrected to accedens. + ad eum *g₁ h* Hil.

dixit her Q H for dicit.   ulpes *h* D corrected to uulpes.   The corrector of D gives nidos tabernacula.   capud *q* gat Q R W for caput.

21 *us* in alius is in ligature.   suis for eius.   mihi *a b c g₁ h q m* gat her for me. prmum slip for primum.

22 demitte *h* her gat O V for dimitte.

suos [23] et ascendente eo innauicula secu
tisunt eum discipuli eius [24] et ecce motus
magnus factus est inmari ita innaui
cula operiretur fructibus erat enim
illis uentus contrarius ipse uero dor
miebat [25] et accesserunt et suscitaueru
nt eum dicentes .·. Dñe salua nos peri
mus [26] et dicit eis quidtimiti estis modice
fidei tunc surgens imperauit uentis et
mari et facta est tranquillitas magna
[27] porro homines miratisunt dicentes
qualis est hic quia uenti et inmare o
boediunt ei .·. [28] Et cum uenisset trans
fretum inregionem gerasinorum accur
rerunt ei duo homines habentes demo   34
nia demonumentis exeuntes seuinimis
ita ut nemo possit transire peruiam
illam [29] et ecce exclamauerunt dicentes
quid nobis et tibi ihū fili dī uenisti huc
ante tempus torquerenus [30] erat autē
nonlonge abeis grex porcorum multo
rum pascentim [31] demones autem roga
bant eum dicentes si eicis nos mitte

23 in navicula $b g_1 h q m$ her petroc gat
μ E Q R T H O M Y for in nauiculam.

24 ita + in — ut which is written in very
small letters above the ' in ' so as to read
ita ut.   fructibus has a dot both in and
under the *r* with *l* above it for fluctibus.
+ erat enim illis uentus contrarius. In
uentus a letter has been erased and an *n*
put there. D E Q R have this Celtic reading (from Mc. vi. 48) with slight variations.
her has 'autem illis contrarius uentus'
and gat + autem i. u. c., petroc + autem
after erat.

26 timiti for timidi.   modice fidei $h q$
petroc O W for modicae fidei.   impera-
vit $a b ff_1 g_1 h q$ dur gat ℙ M͏ petroc D E
Q R C T W F Θ K M Ⅼ O V Z for in-
crepavit.   uentis ff_1 her petroc ℙmg
gat Q R C T W B Z for uento.

d is resumed here after the break at
vi. 8.

27 porro never occurs in the O. L.

Gospels, sed or autem being used instead.
— et between quia and venti with $a b c$
$ff_1 h q$ Aug her gat D E Q R C T codd.
+ in before mare with her.

28 gerasinorum k gat D for gerasenor-
rum.   accurrerunt for occurrerunt.   duo
+ homines $b c ff_1 g_1 h q l \mu$ her petroc ℙ
Hil D E Q R (gat omines interlined).
demonia k her ℙ D W for daemonia.
sevi her ℙmg gat C W for saeui.
possit for posset.

29 exclamauerunt $a c d f g_1 \mu$ her D H Θ
for clamauerunt.   tibi + Iesu $a b f g_1 q h$
petroc gat M͏ D Q R B vg.   nus, slip
for nos.

30 abeis $b c d f g_1 k \mu$ her gat D E Q B X
for ab illis.   pascentim corrected to pascentium $a b c d f g_1 h q \mu$ petroc ℙ D E for
pascens.

31 demones her ℙ D R W for daemones.

nos ingregem porcorum [32] et ait illis ite
ad illi exeuntes abierunt inporcos et
ecce impetu abit totus grex perpraeceps
inmare et mortuisunt inaquis [33] pasto
res autem fugerunt et uenientes inciuita
tem nuntiarunt omnia et dehis quide
monia habuerunt [34] et ecce tota ciuitas
exit obuiam ihū et uiso eo rogaunt ut
transiret afinibus eorum ∴ / tauit et ue

IX   [1] Et ascendens innauiculam trans fre
nit inciuitatem suam [2] et ecce offerebant
ei paraliticum iacentem inlecto et uidens
ihs̄ fidem illorum dixit paralitico con
fide fili remittuntur tibi peccata tua
[3] et ecce quidam describis dixerunt intra
se hic blasfemat [4] et cum uidisset ihs̄
cogitationes eorum dixit quidcogitis ma
la incordibus uestris [5] quid enim est fa
cilius dicere demittuntur tibi peccata an
dicere surge et ambula [6] ut sciatis autem
quia filius hominis habet potestatem
interra demittendi peccata tunc ait pa
ralitico surge et tolle lectum tuum et ua
de indomum tuam [7] et surrexit aueuit
indomum suam [8] uidentes autem turbae
timuerunt et glorificauerunt dm̄ quide
dit potestatem talem hominibus [9] et cum
transiret inde ihs̄ uidit hominem seden
tem intiloneo matheum nomine et ait illi

35

32 ad, corrected to at.   abit *a* Q B corrected to abiit.

33 nuntiarunt (petroc nontiaverunt) for nuntiauerunt.   demonia g_1 her petroc ℈ D R W for daemonia.   habuerunt $f\!f_1\mu$ ℈ P E I M Y Z for habuerant.

34 exit her Q R for exiit.   rogaunt corrected to rogauerunt (*d* D) for rogabant.

IX 2 paraliticum petroc gat ℈ D R T W for paralyticum.   paralitico her petroc gat for paralytico.

3 blasfemat *a q* her gat ℈ D R T for blasphemat.

4 —ut before quid D.   cogitis corrected to cogitatis.

5 quid + enim *d k* g_1 *h f* μ petroc D. demittuntur V for dimittuntur.   an B F vg for aut.

6 quia *a* E W vg for quoniam.   demittendi R V for dimittendi.   paralitico her ℈ P gat petroc D R T W Y for paralytico.   surge + et *a d h k* her petroc gat Hil C D E Q R.

7 aueuit.   The first *u* has a dot in the middle and underneath.   Between the *e* and *u* (second) are another two dots, while the *u* is altered to *b*, giving the corrected form abiit.

9 tiloneo her (*q* ℑ theloneo) for telo-

sequere me et surgens secus est eum / ecce
[10] Et factum est discumbente eo indomo
multi publicani et peccatores uenientes
discumbebant cum ihū et discipuli eius   36
[11] et uidentes farisei dicebant discipuli eius
quare cum publicanis et peccatoribus
manducat magister uester [12] adihs̄ audi
ens ait non est opus ualentibus medi
cus sedmale habentibus [13] euntes autem
discite quidsit misseRicordiam uolo et
non sacrificium non enim ueni uocare
iustos sed peccatores ∴ [14] Tunc accesserunt
adeum discipuli iohannis dicentes qua
re nos et farisei ieiunamus frequenter
discipuli autem tui non ieiunt [15] et ait illis
ihs̄ numquid possunt filiis ponsilugere
quam diu cum illis est sponsus uenient
autem dies cum auferetur abeis spon
sus ∴ et tunc ieiunabunt in illis diebus ∴
[16] Nemo autem committit commissuram
panni rudis inuestimentum uetus tol
lit enim plenitudinem eius auestimento
et peior scissura fit [17] neque mittunt uinū
nouum inutres ueteres alioquin rum   37
pentur utres et uinum effundetur et u
tres peribunt sed uinum nouum inutr
es nouos mittunt et ambo conseruant ∴

---

neo.   matheum her gat E R Y for mat-
theum.   VO is wrong in printing sceus
for our reading here.   It is probably a
misprint for Scrivener's ' secus (pro secutus) ' which is correct.

10 discipuli D R Y for discipulis. VO's
note here with L* is incorrect as it belongs to the next verse.

11 farisei *a* R for pharisaei.   discipuli
with *s* above the line as a correction for
discipulis.

12 ad *b* IL corrected to at.   medicus
a b ff₁ g₁ k q Aug her gat petroc D E R
T W codd vg for medico.

13 quid sit *b d g₁ k q μ* her for quid est.
misseRicordiam her D ℈P gat for misericordiam. mīam is all that there is in IL here.

14 In accesserunt *nt* is in ligature with
t subscript.   farisei for pharisaei.
ieiunt corrected to ieiunant.

15 The scribe wrote filiis ponsilugere.
A dot was then placed between the *i* and
the *s*, while the *s* was looped to *p*, giving
filiisponsilugere for filii sponsi lugere.
    +in illis diebus *a b c d g₁ h q μ* dim
petroc D E Q.

16 committit *a b c f h q* her D ℈P Q (petroc mittit) for inmittit.

17 rumpentur *b c f ff₁ h q μ* her gat R
for rumpuntur.   effundetur *b c f ff₁ g₁ h q*
dim dur her gat D E H ϴ Q for effunditur.
    peribunt *b c ff₁ g₁ q μ* dim gat E O R
for pereunt.   conseruant.   At the top of

¹⁸ Haec eo loquente adeos eece prin
ceps unum accedens adorabat eumdi
cens filia mea modo defuncta est sed ue
ni inpone   manum tuam super eam et
uiuet ¹⁹ et surgens sequebatur eum et disci
puli eius ²⁰ et ecce mulier quaefluxsurn san
guinis patiebatur XII annis acessit retro
et tegigit fimbriam uestimenti eius ²¹ dicebat
enim intrase sitetigero tantum uestimen
tum eius saluauero ²² adihs̄ conuersus et
uidens eam dixit confide filia fides tua te
saluum fecit et salua facta est mulier ex
illa ora ∴ ²³ Et cum uenisset ihs̄ indomum
principis et uidens tubicines et turbam
tu multu antem dicebat ²⁴ recidite non est
puella mortua seddormit et diridebant
eum ²⁵ et cum iecta esset turba intrauit
et tenuit manum eius et surrexit puella
²⁶ et exit fama haec inuniuersam terram
illam ∴ ²⁷ Et trans eunte inde ihs̄ secutis̄t
eum duo caeci clamantes et dicentes mi
serere nostri fili dauid ²⁸ cum autem uenis
set domum accesserunt adeum duo cae
ci et dicit eis ihs̄ creditis quia possum hoc
facere uobis dicunt ei utique dn̄e ²⁹ tuncte

38

the final *t* is a line with another mark, which indicates conseruantur. It is not the usual contraction in this MS for the 'tur' ending.

18 eo *d h g₁* dim her D for illo. eece, slip for ecce. unum corrected to unus.

accedens for accessit et. There is a space for a letter or two between inpone and manum which looks as though something had been erased. manum + tuam *d f ff₁ g₁ h* Aug gat petroc ℙ D E Q R B vg.

19 —ihs̄.

20 fluxsum sanguinis *h k* for sanguinis fluxum. xii *a b* gat ℙ D E R W for duodecim. acessit for accessit.

21 saluauero (*d δ k* saluabor), for salua ero.

22 ad *a b* O corrected to at. saluum corrected to saluam. ora T for hora.

23 uidens *a b c d f h q μ* for uidisset. tubicines *b f q μ* gat for tibicines (her tubycynes). turbam is written at the end of the line and tu with a space, then multu, then a space for a letter, thus turbam tu multu antem, for turbam tumultuantem.

24 recidite corrected to recedite.
—enim with *μ* dim gat after non est. puella mortua D for mortua puella. diridebant petroc gat ℙ D E R H M for deridebant.

25 iecta her ℙ D E R corrected to eiecta.

26 exit her Q R for exiit.

27 ihs̄ R for ihū. secutis̄t with a contraction mark over the *st*, for sunt, giving secuti sunt.

28 adeum + duo *a b d ff₁ h l μ* her gat petroc R T.

tigit oculos eorum dicens secundum fi
dem uestram fiat uobis [30] et apertisunt
oculi eorum et comminatus est illis ihs̄
dicens uidete nequis sciat [31] illi autem ex
euntes defamauerunt eum intotam terrā
illam [32] Egressis autem illis ecce obtulerunt
ei hominem mutum et surdum demoniū
habentem [33] et eiecto demonia locutus est
mutus et mirataesunt turbae dicentes
num quam apparuit sic inisrahel [34] pa
risei h̄ dicebant inbelzebub principe
demoniorum eicit demonia ∴ [35] Et circum
ibat ihs̄ ciuitates omnes castella docens
insinagogis eorum et praedicans euange
lium regni et curans omnem langorem
et omnem infirmitatem ∴ [36] uidiens autem
missertus est quae erant uexati et
iacentes sicut oues nonhabentes pas
torem [37] tunc dicit discipulis suis mes
ses quidem multa oberari autem pau
ci [38] rogate autem dn̄m messis ut mittat

X   operarios inmessem suam ∴ [1] et conuo
catis XII discipulis suis dedit illis potes
tatem spirituum inmundorum ut eice
rent eos et curarent omnem langorem
et omnem infirmitatem ∴ [2] Duodecim au
tem apostolorum nomina sunt pri

39

30 eorum *a d f ff₁ k q* her ℈P gat D E Q
R B for illorum.   Ⅼ has corrected illorum to eorum.

31 defamauerunt ℈P D E R for diffama-
uerunt.   in totam terram illam *a c g₁ h μ*
dim dur her (−illam) Q R B K M̄ codd
for in tota terra illa.

32 obtulerunt *f ff₁ h* her petroc ℈P D E
R T W codd for optulerunt.   mutum +
et surdum *a b c f g₁ μ* gat her (+sordum)
℈Pmg D EQ R.   demonium her petroc
℈P W for daemonium.

33 demonia (*ff₁* daemonio) for daemone.

34 parisei for pharisaei.   h̄ gat for autem.   in+belzebub *g₁ h μ* gat D Q her
(belzebuth).   demoniorum *q* her petroc
℈P D R W for daemoniorum.   demonia

petroc D (*f* daemonia) for daemones.

35 —et after omnes but inserted in the
margin.   sinagogis her ℈P gat R T H for
synagogis.   langorem *g₁* ℈P D R C T for
languorem.

36 —turbas after autem.   missertus her
gat D R for misertus.   — eis *a k q* her Hil
after est.   quae for quia.

37 messes *g₁* corrected to messis.
oberari for operarii.

38 autem for ergo.   mittat *a b c f ff₁ g₁ h q*
k δ m E D R CT W O ϴ B Ⅼ for eiciat.
gat corrects this O. L. reading to the Vulgate by writing vel eieciat between the lines.

X 1 xii *a b* gat for duodecim.   langorem her ℈P T H X Z for languorem.

2 —haec after sunt *k* J.

mus simon quidicitur petrus et an
dreas frater eius ³ iacobus zebedei et
iohannes frater eius philipus et bar
tholomeus thomas et matheus publi
canus iacobus albhei et thadeus ⁴ simon   40
channaneus et iudasscariothes quitra
didit eum ∴. ⁵ Hos duodecim misit ihs prae
cipiens eis et dicens ciuitates samarita
norum ne intraueritis ⁶ sed potius ite ad
oues quae perierunt domus israhel
⁷ euntes autem praedicate quia adpro
pinquauit regnum caelorum ⁸ infirmos
curate mortuos suscitate leprosus
mundate demones iecite gratis accipis
tis gratis date ⁹ nolite possidere aurum
neque argentum neque peccuniam inzo
nis uestris ¹⁰ nonperam inuia neque duas
tonicas neque calciamenta neque uir
gam dignus est operarios cibo suo ¹¹ in
qua cum que ciuitate aut castellumin
traueritis interrogate quis inea dignus
sit et ibimanete donec exeatus ¹² intran
tes autem indomum salutate eam di
centes pax huic domui ¹³ et siquidem
fuerit digna ueniet paxuestra super   41
eam si autem nonfuerit digna pax ues
tra aduos reuertetur ¹⁴ et qui cum que

---

3 zebedei for zebedaei.   philipus for philippus.   bartholomeus $d\,g_1\,l\,q$ her ℈ gat D E W X Z codd for bartholomaeus.

matheus $g_1\,\mu$ her gat D E R C T W H Y for mattheus.   albhei for alphei. thadeus for thaddaeus.

4 channaneus E ℈ R her gat for cananeus.   scariothes R ℈ C W X Z Boulogne codd for scariotes.   — et after qui $b\,c\,f\!f_1$ $g_1\,h\,k\,q\,m$ gat D E Q R W.

5 — in uiam gentium ne abieritis et in.

7 — dicentes D after praedicate.

8 leprosus $a\,g_1$ R B O corrected to leprosos.   demones her ℈ P D W O for daemones.   iecite her D for eicite. accipistis her ℈ P D E codd for accepistis.

9 peccuniam D for pecuniam.

10 tonicas h her gat D E R for tunicas.
   + est after d ignus $a\,q$ her gat R.
   — enim after dignus k R.   operarios corrected to operarius.

11 qua cum que $a\,d\,f\,g_1\,q$ E T M for quamcumque.   ciuitate $b\,g_1$ for ciuitatem.   In dignus the us is in ligature. exeatus for exeatis.

12 + dicentes pax huic domui $a\,b\,c\,d\,f\,f\!f_1$ (domui huic) $g_1\,h\,q$ her ℈Pmg D E Q R W C T B F H ⊖ K V X Y Z L Hil (gat interlined) from Lc. x. 5 (?).

13 — domus a after fuerit.   reuertetur $a\,b\,c\,d\,f\,f\!f_1\,g_1\,h\,q$ her gat D Q R W B X Z codd for reuertatur.

nonreciperit uos neque audierit ser
mones uestros exeuntes foras dedo
mo uel decuitate uel decastello illo
exeunte puluerem depedibus uestris
[15] amen dicouobis tollerapilius erit ter
zodomorum et gumorre eorum indie
iudicii quam illi ciuitati uel domui [16] Ecce
ego mitto uos inmedio luporum estote
ergo prudentes sicut serpentes et sim
plices sicut columbae [17] cauete autem
abhominibus tradent enim uos incon
cilis et insinagogis suis flagillabunt
uos [18] et adpraesides et adregis duce
mini propter me intestimonium illis
et gentibus ∴ [19] cum autem tradent uos
nolite cogitare quomodo aut quid lo
quemini dabitur enim uobis in illa hara
quidloquamini [20] non enim uos estis qui
loquaemini sed sp̄s patris uestri quilo
quitur inuobis [21] tradet autem frater
fratrem inmortem et pater filium et in
surgent filii inparentes et morte eos
adficient [22] et eritis odio omnibus gentibus
propter nomen meum qui autem perse
uerauerit usque infinem hic saluus
erit [23] Cum autem persquentur uos inci
uitate ista fugete inaliam amen dicouo
bis non consummabitis ciuitates isra
hel donec ueniet filius hominis [24] non est

42

14 reciperit *q* D Ᵽ R her for receperit.
+ uel de castello illo *μ* dim D. cuitate
slip for ciuitate. exeunte for excutite.

15 tollerapilius for tolerabilius. The
p has a line drawn through its loop for
correction. ter + e at the end of the line
for terrae. zodomorum for sodomorum.
gumorre eorum for gomorraeorum.
ciuitati + uel domui dim D.

16 —sicut oues after uos.

17 concilis Ᵽ gat R for consiliis.
sinagogis *k* Ᵽ gat R for synagogis.
flagillabunt Ᵽ D R for flagellabunt.

18 adregis for ad reges.

19 loquemini dim her E R for loquamini. hara, slip for hora.

20 loquaemini (gat and Boulogne
loquamini) dim *μ* E Q R for loquimini.

21 adficient *a b f h q* Ᵽ gat D E O Z for
afficient.

22 + gentibus *a* Ᵽmg. + usque *a b*
ff₁ g₁ h her Boulogne gat Hil Ᵽ D E Q R
W C T B codd.

23 persquentur, slip corrected to persequentur. fugete for fugite. —enim
after amen *a f ff₁ h q k* Ᵽ gat her Q R W
C T B Z vg codd. ueniet corrected to
ueniat.

discipulus super magistrum nec seruus
super dñm suum ²⁵ sufficit discipulo ut
sit sicut magister eius et seruus sicut
dominus eius sipater familias beelze
bub uocauerunt quando magis domis
ticos eius ²⁶ nec ergo timueritis eos nihil est
enim opertum quod nonreuelabitur et
occultum quod non scietur ²⁷ quoddico
uobis intenebris dicite inlumine et quod   43
inaure audistis praedicate super tec
ta ²⁸ et nolite timere eos qui occidunt cor
pus animam autem nonpossunt occi
dere sed putius eum timcte qui potest
corpus et animam perdere ingehenna ∴
²⁹ nonne dño passeres asse ueniunt et
unus exillis noncadet super terramsi
ne uoluntate dī patris uestri qui incae
lis est ³⁰ uestri autem capilli capitis omn
es numeratisunt ∴ ³¹ Nolite ergo timereeos
multo magis passeribus melioris estis
uos ∴ ³² Omnis ergo qui confitebitur me
coram hominibus confitebur et ego eum

24 *us* in seruus is in ligature at the end of the line. Here we have dñm for dominum though in this place it is not one of the nomina sacra.

25 pater for patrem.   quando for quanto.   domisticos D R for domesticos.

26 nec ⳨ D O for ne.   VO is wrong in reading n. enim est opertum in our text here with B E H Θ Q R X as our reading is est enim opertum for enim opertum without the est.

27 audistis *ad* dim dur μ E ⳨ gat M̄ for auditis.

28 putius μ her H for potius.   corpus et animam Iren Tert Cyp dur D R for et animam et corpus.   ingehenna *k* B H M Z for in gehennam.

29 dño. By a slip dño (domino) has been written for duo. *k* has the same mistake in Mc. x. 8 : non erunt dno (for duo) sed una caro.   ueniunt *b d f g*₁ *h k* μ her Iren Cypr ⳨ D E Q R C T H M Y Z A for

ueneunt.   sine uoluntate dī patris uestri Q for sine patre uestro. Hereford here has sine patre with a stroke through the e in patre and *is* above it, followed by uestr with *i* over the *r*. Aug has sine uoluntate Patris uestri, *ff*₁ *q* Θ Iren sine Patris uestri uoluntate, Tert sine patris uoluntate and sine dei uoluntate. *a* and *b* sine uoluntate Patris uestri and sine uoluntate patris uestri. See Rendel Harris 'Codex Sangallensis', p. 13, and also Westcott's article in Smith's B. D. iii, p. 1694 note k on the peculiarity of the Celtic text here.   + qui incaelis est *b ff*₁ *k g*₁. Apart from variation in the order of the words it is found in D Harl 1802 her Q and Berne.

30 — et after autem R gat vg.

31 + eos *g*₁ dim gat D Q.   multo magis D for multis.   melioris her for meliores.

32 confitebur *f* for confitebor.

coram patre meo qui incaelis est ∴ / nega
[33] Qui autem negauerit me coram hominib:
bo et ego eum coram patre meo qui incae
lis est ∴ [34] Nolite arbitrari quia uenerim
pacem interram mittere est nonueni pa
cem mittere sed gladium [35] ueni enim sepe
perare hominem aduersus patrem   44
et filiam aduersus matrem suam et nu
rum aduersus socrum suam [36] et inimici
non plus quam me hominis domistici
eius ∴ [37] Qui amat patrem est me dignus
et qui amat filium aut filiam plusquā
me non est me dignus [38] et qui non accipit
crucem suam et sequatur me non est
me dignus [39] qui inuenit animam suam
perdet illam et quiperdiderit animam
suam propter me inueniet illam [40] quire
cipit uos me recipit quirecipit me recipiteū
quime missit ∴ [41] Qui recipit profetam inno
mine profete mercidem profetae accipi
et et quirecipit iustum innomine iusti mer
cidem iusti accipiet ∴ [42] et qui cum que po
tum dederit uni exminimis istis calicē
aquae frigide tantum innomine disci
puli amen dico uobis nonperdet mer
XI   cidem suam ∴ [1] Et factum est cum con
consummasset ihs uerua haec prae   45

32 in caelis est *f* her ℣P D E Q R Σ for est in caelis.

33 hominib: for hominibus.   in caelis est *f g*₁ her ℣P E Q R for est in caelis.

34 pacem interram mittere est for m. p. i. t.

35 sepe/perare for separare.   gat corrects seperare to the Vulgate.   —suum after patrem

36 and 37 Our text gives, as it is :
                        et inimici
‚non‚plus quam me, hominis domistici
eius ∴ Qui amat patrem‚est me dignus.
When straightened out it would read
                        et inimici
hominis domistici eius. Qui amat patrem

plus quam me non est me dignus.

We have here domistici for domestici, and —aut matrem.   plus quam *a b d f g*₁ *h q* gat her Boulogne Q for super.

38 sequatur her ℣P gat D Q R for sequitur.

39 illam (second) *a b d f ff*₁ *h q* Hil her vg for eam.

40 recipit me gat D Hil for me recipit.
   missit her gat D R for misit.

41 profetam *q* her for prophetam.
profete her *k* D ℣P Q R for prophetae.

41, 42 mercidem (thrice) her ℣P for mercedem.

XI 1 con⸝consummasset for consummasset.   + uerua (uerba) haec *b μ* ℣Pmg Q R.

D

cipiensxpidiscipulis suis transit inde
ut doceret et praedicaret inciuitatibus
eorum ∴ ² Iohannis autem cum audisset
inuinculis opera x͞pi mittiens dediscipu
lis suis ³ euntes dicite tues qui uenturus
es an alium exspectamus ⁴ et respondens
ih͞s ait illis euntes renuntiate iohanni
quae audistis inuidistis ⁵ caeci uident
claudi ambulant leprosi mundantur
surdi audiunt et mortui resurgunt et
pauperes euangelizantur ∴ / dalizatus
⁶ Et beatus est qui inme nonfuerit scan
⁷ illis autem abeuntibus caepit ih͞s dicere
adturbas deiohanne babtista ∴ / dinem
Quid existis indeserto uidere harun
uento moueri ⁸ sed quid existis uidere
hominem mollibus uestibus uestitum
Eecce qui mollibus uestiuntur indo
mibus regum sunt ⁹ sed quid existis uide
re etiam dico et plus quam profeta
¹⁰ hic est enim dequo scriptum est / tuam
Ecce mitto angelum meum ante faciē
quipraeparabit uiam suam ante te
¹¹ amen dico uobis nonsurrexit interna
tos mulierum maior iohanne babtista
qui autem minor est inregno caelorum
maior est illo ¹² Adiebus autem iohannis
babtistae usque nunc regnum eaelorū
uim patitur et uiolenti rapiunt illud ∴

46

---

1 xpi has a dot in the loop of the rho
and two perpendicular strokes, thus turn-
ing xpi into xii, for duodecim.   transit
her μ gat E Q R for transiit.

2 iohannis her gat E R for Iohannes.
mittiens for mittens
—duos after mittiens *a b c d f h k q* Hil.

3 euntes dicite (her *e*, dicete) μ gat D R
for ait illi.   exspectamus for expectamus.

4 audistis inuidistis for audistis et
uidistis.

5 audiunt + et *a b d g₁ k q* her gat D E R.
resurgunt + et *a b d g₁ h k q* μ her D.

6 in me nonfuerit sc. *b g₁ h* R Hil for

non fuerit scandalizatus in me.

7 caepit D O for coepit.   + baptista *a b
g₁ h*.   in deserto *a g₁* E F Z for in desertum.
moueri *b d f g₁ h* F Hil for agitatam.

8 + uestibus IL δ.   Eecce slip for ecce.

9 —prophetam after uidere.   —uobis.
profeta *k q* her D Q R for prophetam.

10 est enim *f ff₁ q* Greg her gat Ᵽ D E
Q R B T W Z vg codd for enim est.
—ego before mitto *c ff₁* D E B Z *g₂* Σ codd.
uiam suam for uiam tuam.

11 babtista her D Σ for baptista.

12 babtistae her D for baptistae.
eaelorū slip for caelorum.

¹³ Omnes enim profetae et lex usque adio
hannem babtistam profetauerunt ¹⁴ et si
uultis recipere ipse est helias quiuentu
rus est ¹⁵ quihabet aures audiendi au
diet ∴ ¹⁶ Cui autem similem estimaboge
nerationem istam similis est pueris
sedentibus inforo qui clamantes cae
calibus ¹⁷ dicunt cicinimus uobis et non
saltastis lamentauimus uobis et non
planxistis ¹⁸ Uenit enim iohannis ne
que manducans neque bibens et di   47
cunt demonium habet ¹⁹ uenit filius
hominis manducans et bibens et di
cunt ecce homo uolex et potator uini
publicanorum et peccatorum amicus
et iustificata est sapientia afilis suis ∴
²⁰ Tunc coepit exprobrare ciuitatibus
incibus factaesunt plurimae uirtutes
eius quia non aegissent penitentiam
²¹ Uae tibi bezaida quia si intiro et sido
nae factae essent uirtutes quae factae
sunt inuobis ollim incilicio et cinere pe
nitentiam aegissent ²² uerum tamen dico
uobis tiro et sidoni remisius erit quam
uobis indie iudicii ∴ ²³ Et tu cafarnumnū
quid usque adcaelum exaltaueris usq:
adinfernum discendis quia si insodo

13 profetae *k q* ℙ D R O Σ for prophetae.   + babtistam.   profetauerunt
k h q her ℙ D R O for prophetauerunt.

15 audiet for audiat.

ff (*otherwise ff₂*) *begins at* xi. 16.

16 estimabo gat for aestimabo.   cae-
calibus for coaequalibus.

17 cicinimus gat for cecinimus.
lamentauimus + uobis *a b f ff g₁ h k q* her
gat E Q.

18 iohannis *ff q* her gat D E R B X for
iohannes.   demonium *ff q* her ℙ D R W
for daemonium.

19 uolex (*k r* uerax) for uorax.   filis
k her ℙ R Y for filiis.

20 incibus for in quibus.   aegissent
(and in 21) her D E for egissent.

penitentiam *k* ℙmg her gat R for paenitentiam.

21 —uae tibi chorazain Q.   bezaida
for bethsaida   tiro her ℙ for tyro.
sidonae for sidone.   ollim for olim.
penitentiam for paenitentiam.

22 tiro for tyro   remisius for remissius
quam uobis indie iudicii for in die
iudicii quam uobis.

23 cafarnum for capharnaum.   ad
caelum *b d f q* Iren μ gat Q R for in caelum.   exaltaueris *a* her C B H for
exaltaberis.   usq: for usque is very common.

23 ad infernum *h* D Q J for in infernum.
discendis *b ff* μ D for descendes.

mis factae fuissent uirtutes quae
factaesunt inte forte mansisent uque
inhunc diem [24] uerum tamen dico uobis
quia terrae sodomorum remisius   48
erit iidie iudicii quam uobis .·. [25] INillo
tempore respondens ihs̄ dixit confe
teor tibi pater dn̄e caeli et terrae quia
abscondisti haec asapientibus et pru
dentibus et reuelasti ea paruulis [26] ita
pater quoniam sic fuit placitum ante
te .·. [27] Omnia mihi tradita sunt apatre
meo et nemo nouit filium nisi pater
neque patrem quisquam nouit nisi
filius et cui uoluerit filius reuelare
[28] Uenito admr omnes quilaboratis et
honorati estis et ego reficiam uos [29] tol
lite iugum meum super uos et discite
ame quia mitissum et humilis corde
et inuenietis requiem animabus ues
tris [30] iugum enim meum suaue est et ho

XII   nus meum leue .·. [1] INillo tempore abiit
ihs̄ persata sabbato discipuli autem
eius essurientes caeperunt uellere spi
cas et manducare [2] pharisei autem ui   49
dentes illos dixerunt ei ecce discipulitui
faciunt quod nonlicet eis facere sabba
tis [3] At ille dixit eis nonlegistis quid
fecerit dauid quando esurit et quicum
eo erant [4] quomodo intrauit indomum

23 mansisent her E for mansissent.
uque. For this VO reads usque. *d* however reads utique usque.

24 remisius her gat Ƥ E for remissius.
iidie slip for in die.   quam uobis *a b*
c d ff g₁ h k q r D for quam tibi.

25 confeteor for confiteor.

For paruulis (vg) of our text here (for
which *b* has paruolis and *g₁* paruulis) *d*
reads parbulis, which has a bearing on our
readings in xviii. 1–6. In gat the second
u here is above the line.

27 quisquam gat D Q for quis.

28 honorati D Q R (*g₁* honrati) for
onerati.

30 honus *b* D R C T for onus.   —est
(sec.) after leve with *a ff* her D C T W I
Σ and Boulogne.

XII 1 per sata sabbato R vg for sabbato per sata.   essurientes her gat D R
for esurientes.   caeperunt for coeperunt.

2 pharisei *q* C W for pharisaei.
uidentes + illos *a b c ff h* gat D Q. VO is
wrong in giving *g₁*, as the reading is
eos in Wordsworth's edition of the
O. L. B. T. i.

3 esurit R for esuriit.

dī et panes praepossitionis comeditquos
nonlicebat ei edere neque his quicumeo
erant nisi solis sacerdotibus ⁵ aut non
legistis inlege quia sabbatis saeerdo
tes intemplo sabbatum uiolant et sine
cremine sunt ∴ ⁶ Dico autem uobis quia
templo maior est hic ⁷ si autem scieretis
quid est missericordiam uolo et nonsa
crificium Numquam condemnas setis
innocentes ⁸ dn̄s est enim filius hominis
etiam sabbati ∴⁹ Et cum inde transisset
uenit insnagogam eorum ¹⁰ ecce homo erat
manum habens aridam et interrogabant
eum dicentes silicet sabbatis curare ut
accussarent eum ¹¹ Ille autem dixit illis
quis erit exuobis homo qui habeat
ouem unam et si ciciderit haec sabba
tis infoueam nonne tenebit et laeua
bit eum ¹² quanto magis melior est ho
mo oue ¹³ Tunc ait homini extende ma
num tuam et extendit manum suam et
restituta est sana sicut exaltera ∴ / faci
¹⁴ Exeuntes autem pharissei consilium
ebant aduersus eum quomodo eum p·
derent ∴ ¹⁵ Ihs̄ autem sciens secesit inde
et secutisunt eum multi et curauit eos
omnes ¹⁶ praedpiens eis ne manifestum
eum facerent ¹⁷ ut adinpleretur quoddic
tum est peressaiam profetam dicentē

50

---

4 praepossitionis ℙ for propositionis.
5 saeerdotes slip for sacerdotes.
cremine ℙ gat her D for crimine.
7 scieretis for sciretis. misseticordiam
gat D R for misericordiam.
9 snagogam (𝕃 sinagogam) for synagogam.
10 —et before ecce.   +erat *a b c d* δ
ff g₁ q μ her gat ℙ D Q.   In interrogabant the *t* is subscript.
11 Ille *k* for ipse. accussarent for accusarent. ciciderit her gat D for ceciderit.
       laeuabit her for leuabit. eum for eam.

12 —itaque licet sabbatis bene facere
after oue.
13 +manum suam *a b c ff g₁ μ* D R.
sana *q* for sanitati.   +ex before altera.
14 pharissei D for pharisaei.   p· for
per.
15 secesit C T B W Z codd (gat and
Boulogne recessit) for secessit.
16 —et after omnes.   praedpiens =
praecipiens for praecepit.
17 adinpleretur *ff* ℙ C Σ for adimpleretur. essaiam for esaiam. profetam *ff h k q* her Σ for prophetam.

¹⁸ ecce puer meus quem elegi delectus meus
in quo bene conplacuit anima mea po
nam spm meum super eum et iudicium
gentibus adnuntiauit ¹⁹ noncontendet ne
que clamabit neque audiet aliquis inpla
teis uocem eius ²⁰ Arundinem quassa
tam nonconfringet et limum fumigans
nonextinget donec ieciat aduictoriam iu
dicium ²¹ et innomine eius sperabunt gen
tes ∴ ²² Tunc oblatus est ei homo demoni
um habens caecus et mutus et curauit
eum ita ut loqueretur et uideret ²³ et stu
pebant omnes turbae et dicebant num
quid hic est filius dauid ∴ ²⁴ pharissei h̄
audientes dixerunt hic noniecit demonia
nisi inbelzebub principe demoniorum
²⁵ Ihs̄ autem sciens cogitationes eorum dixit
eis omne regnum diuisum contra se de
solauitur et omnis ciuitas uel domus
contra se diuisa nonstabit ²⁶ si enim sa
tanas satanan iecit aduersus se deuisus
est quomodo ergo stabit regnum eius
²⁷ Et si ergo inbelzebub iecio demones filii
uestri ²⁸ si autem inspu dī ego iecio demo

51

18 delectus Patrick O R for dilectus.

bene conplacuit *d ff g*₁ *q* her gat Boulogne ℈P D E Q R C T B W codd for bene placuit.   anima mea *a b d ff g*₁ *h k q* Hil Patrick for animae meae.   adnuntiauit *a* for nuntiabit.

19 Under the pagination (51) in a modern hand the figures for the older folio numbering show through.

20 arundinem *h* her T W ⊖ K vg for harundinem.   The scribe wrote limum and erased so much of the first *m* as to leave a gap between li and num.   extinget *μ* her for extinguet.   ieciat her D for eiciat.

21 sperabunt gentes *h* for gentes sperabunt.

22 est ei + homo *a b c f ff g*₁ *μ* her gat Hil ℈Pmg D Q.   demonium her ℈P D R W for daemonium.

24 pharissei D for pharisaei.   h̄ gat for autem.   iecit D for eicit.   demonia *q* Q for daemones.   belzebub gat ℈P D T O H Y Boulogne for beelzebub.   demoniorum Aug ℈P D Q R W for daemonum.

25 desolauitur (Aug Σ desolabitur) for desolatur.   contra se diuisa for diuisa contra se.

26 si enim *b ff g*₁ *q μ* her Hil for et si.   iecit her D for eicit.   deuisus for diuisus.

27 ergo mistake for ego.   belzebub ℈P D H T Y Boulogne for beelzebub. iecio D for eicio.   demones for daemones
    —in quo eiciunt ideo ipsi iudices erunt uestri, through homoeoteleuton.

28 in spiritu dei ego *a d ff h q* R for ego in spiritu dei.   iecio D for eicio.   demones ℈P D R for daemones.

nes igitur peruenit in uos regnum dī .·.

[29] Aut quomodo potest quisquam in   52
trare indomum fortis et uassa eius
deripere nisi prius alligauerit fortem
et tunc domum illius diripiet .·. [30] Qui
enim non est mecum contra me est
et qui noncongregat dispargit [31] ideo di
co uobis omne peccatum et blasfemia
remittentur hominibus sp̄s autem blas
femia nonremittetur [32] et quicum que
dixit uerbum contra filium hominis
remittetur ei qui autem dixerit contra
sp̄m sc̄m nonremittetur ei neque in
hoc saeculo neque infuro .·. / num aut
[33] Aut facite arboram fructum eius bo
facite arborem malam et fructum eius
malum si quidem exfructu arbor agnos
citur .·. [34] Progentes uiperarum quomodo
potestis bona loqui cum sitis mali .·. / tur
Exabundantia enim cordis os loqui
[35] bonus enim homo de bono thesauro
profert bona et malus homo demalo   53
thesauro profert mala .·. [36] Dico autem
uobis quoniam omne uerbum otiosū
quodlocuti fuerint homines reddent
rationem proeo indie iudicii [37] exuerbis
enim tuis iustificaueris et exuerbis tuis
condemnaueris .·. [38] Tunc responderunt
ei quidam describis et pharisseis di
centes magister uolumus ate signum

29 uassa her gat ℈ P D R for uasa.
deripere for diripere.   diripiet $a b f ff g_1$
$h q$ her gat ℈ P D E C T W codd vg for
diripiat.

30 qui + enim k D R.   − mecum after
congregat.   dispargit $a b d ff g_1$ Cyp E Q
for spargit.

31 blasfemia $df q$ gat D for blasphemia.
remittentur $k m$ her E for remittetur.
blasfemia df D gat δ for blasphemia.

32 dixit for dixerit.   furo for futuro.

33 −bonam et after arboram, but et
is inserted as a very small ligature after

bonam as a correction. In one line we
have arboram and in the next arborem.
    si quidem exfructu for siquidem ex
fructu.

34 Progentes (r progeniens) for progenies.

35 bonus + enim b her D R.

36 pro eo petroc E Q for de eo.

37 iustificaueris $df h k$ Cyp her E C T
B H O Y for iustificaberis.   condemnaueris $df h k$ Cyp B C H T X for con-
demnaberis.

38 pharisseis her for pharisaeis.

quaerere ∴ ³⁹ Qui respondens ait illisge
neratio mala et adultra signum que
rit et signum nondabitur ei nisi signum
ionae profete ⁴⁰ sicut enim fuit ionas in
uentre caeti tribus diebus et tribus
noctibus sic erit filius hominis inuen
tre terrae tribus diebus et tribus noc
tibus ⁴¹ uiri ninuitae surgent iniudicio
cumgeneratione ista et contempnabunt
eam quia poenitentiam aegerunt inprae
dicatione ionae ∴ Et ecce plus quam
iona hic ⁴² regna iusti surget iniudicio cum   54
generatione ista et condemnabunteam
quia uenit afinibus terrae audire sapien
tiam salamonis et ecce plus quam sala
mon hic ∴ ⁴³ Cum autem ili̅s inmundus exi
eret abhomine ambulans perloca arida
quaerens requiam et non inuenit ⁴⁴ tunc
dicit reuertar indomum meam undeex
iui et ueniens inuenit eam uocantem sco
pis mundatam et ornatam ⁴⁵ tunc ua
dit et adsumit secum septem aliossp̅s
nequiores se et intrantes habitantibi
et fiunt nouissima hominis illius pei

38 quaerere (not quaere as in VO) for
uidere.

39 adultra for adultera.   querit *q* her
gat D Q R for quaerit.   profete for prophetae.

40 caeti *ff* *μ* M̅ R (gat and Boulogne
coeti) for ceti.   uentre for corde. This
reading seems to be peculiar to our MS.

41 ninuitae D R (her ninuete, IL niniuae)
for nineuitae.   contempnabunt gat for
condemnabunt.   poenitentiam ℈ P D C W
vg for paenitentiam.   aegerunt gat for
egerunt.

42 regna iusti for regina austri. This
is peculiar to our codex.   *a* reads saba
regina austri.   condemnabunt with gat
and Y¹ for condemnabit. The corrector
erased here the third *n* in condemnabunt
and by a further erasure of the base of the
u made condemnabiit. There is one *i* too
many.   Much the same thing happened

in gat, for there the first hand wrote contempnabunt which was corrected thus,
the asterisk representing an erasure: con-
tempnab*i*t.   Salamonis for salomonis.
salamon for salomon.

43 ihs̅ here makes no sense and is a
slip for sp̅s (spiritus).   spiritus inmundus
k Aug Iren R *ff* (imm.) for inmundus
spiritus.   In the Hereford Gospels there
is a cross marked at the beginning of the
line, with Cum.   spiritus is there written
sp̅s.   In gat this corresponds with
cxxviiii. v.   exieret for exierit.   ambulans
for ambulat.   requiam R for requiem.

44 inuenit + eam *c d h* ℈ mg E R T B
W Z codd vg.   uocantem for uacantem.

45 adsumit *a b f ff g₁ h k q* her B C O
R T X Z for assumit, but the editio minor
has adsumit.   secum septem aliossp̅s
nequiores *g₁* her for septem alios spiritus
secum nequiores.

ora prioribus sic erit generationi huic
pessimae [46] Adhuc eo loquente adtur
bas ecce mater eius et fratres eius foris
stabant quaeren loqui cum eo ∴/ et fra
[47] Dixit autem ei quidam eccce mater tua
tres tui foris stant quaerentes loqui
tecum·[48] at ipse respondens dicenti sibi
ait quae est mater mea et quisunt fra   55
tres mei [49] extendens manum indiscipu
los suos dixit ecce mater mea et fra
tres mei [50] qui cum que enim feccrit uo
luntatem patris mei qui incaelis est ip
se meus frater et soror et mater est.

XIII   [1] INillo die exiens iħs dedomu sedebat
scus mare [2] et congregatae sunt adeum
turbae multae ita ut innauicula ascen
dens sederet et omnes stabant inlitore
[3] et locutus est multa dicens ∴ Ecce exiit
quiseminat seminare [4] et dum seminat
quadam ciciderunt secus uiam et uene
runt uolucres et comederunt ea ∴/ non
[5] Alia autem ciciderunt inpetrosa ubi
habebant terram multam et continuo ex
ortasunt quia nonhabebant altitudi
nem terrae [6] sole autem orto aestuauert
et quia nonhabebant radcem aruerunt

45 —et before generationi *a g* gat
D E Q.

46 fratres + eius *q* D E Q.   foris stabant D R for stabant foris.   quaeren for
quaerentes.   cum eo *a b ff g₁ h q μ* D Q
for ei.

47 eccce slip for ecce.   —te.   +
loqui tecum *b c fff g₁ h q μ* D Q.

48 ipse *b c ff g h q* Σ ℙ E Q R C T W B
Z Boulogne gat codd vg for ille.

e begins here.

49 —et before extendens.   + suos *a
b c d f ff g₁ h k q* Greg gat ℙ Boulogne D
E R T W B Z codd vg.

50 feccrit slip for fecerit.   —et after
meus *a d f g₁ k q* Greg D E Q W K Z.

I had no time at Boulogne to examine
more than chapters x, xi, and xii.

XIII 1 de domu her *μ* D Q for de
domo.   scus for secus.

2 in nauicula *g₁ q μ* gat D E Q R H Θ Σ
for in nauiculam.   omnis turba stabant.

3 —eis after locutus est *b k h ff g*.   —
in parabolis after multa (R* in paruulis).

4 quadam for quaedam.

4, 5 ciciderunt her gat D R for ceciderunt.

5 VO is wrong in giving '*om* non L'
here, for the non is carried up to the line
above.   It is Scrivener's mistake carried
on.

6 aestuauert.   Here īt = runt,   for
aestuauerunt.   radcem for radicem.

The text of r₂ is resumed here after

[7] alia ciciderunt inspinas et creuerunt
spinae et soffocauerunt ea ∴ / et dabant   56
[8] Alia autem ciciderunt interram bonā
fructum aliud centissimum aliud sexa
gissimum aliud trigissimum [9] quihabet au
res audiendi audiet ∴ [10] Et accidentes disci
puli dixerunt ei quare inparabulis loque
ris eis [11] quirespondens ait illis quia uo
bis datum est nosse misteria regni cae
lorum illis autem non est datum [12] qui enī
habet dabitur ei et habundabit qui au
tem nonhabet et quod habet auferetur
abeo [13] ideo inparabulis loquor eis quia
uidentes nonuident et audientes non
audiunt noque intellegunt [14] ut adinple
retur eis profetia iessaiae dicentusau
ditu audietis et non intellegitis et uiden
tes uidebitis et nonuidebitis [15] incrassa
tum est enim cor populi huius et auri
bus suis grauiter audierunt et oculos
suos concluserunt nequando oculis ui
deant et auribus audiant et corde in   57
tellegant et conuertantur et sanem eos
[16] Uestri autem beati oculi quiuident et
aures uestrae quae audiunt ∴ / ti pro

---

the break at v. 29 *and continues till*
xiv. 1.

7 —autem after alia.

7, 8 ciciderunt her gat D R for ceciderunt.

7 soffocauerunt for suffocauerunt.

8 autem *d e ff k l q μ* gat vg for uero.
ciciderunt her gat for ceciderunt.   *nt* in
dabant is in ligature with *t* subscript.
centissimum her gat ℙ for centesimum.
sexagissimum gat for sexagesimum.
trigissimum gat mg for tricesimum.

9 audiet for audiat.

10 accidentes gat for accedentes.
parabulis r_2 her gat ℙ R C for parabolis.

11 misteria her r_2 ℙ (gat misterium)
R W T for mysteria.

12 habundabit her C W 𝕃 for abundabit.

13 parabulis her r_2 gat R for parabolis
(*a* in parauolis).

14 ut *a e* r_2 gat Iren D E Q R T B Y Z
codd for et.   adinpleretur her gat ℙ
mg R for adimpletur.   profetia her ℙ
D Q R Σ for prophetia.   iessaiae (her
issaiae) for esaiae.   dicentis *a b c d f ff h*
$g_1 q$ gat D E Q R B J. The first hand wrote
dicentus au*ᵈ*ditu, then so much of the u
was erased as to make it into an i, which
makes it read as it stands dicenti sauditu
for dicentis auditu, the reading of vg for
VO's dicens auditu.   intellegitis r_2 D Q
J O X for intellegitis.

15 auribus + suis *b c* g_2 *h* r_2 dim.   concluserunt g_2 *h* r_2 ℙ D E for cluserunt.

16 qui *a b ff h* Iren Hil Q R W T for
quia.   quae *a b ff h* r_2 Iren Hil H for
quia.

[17] Amen dico uobis quippe quia mul
fetae et iusti cupierunt uidere quae
uos uidetis et nonuiderunt et audire
quae uos auditis et non audierunt
[18] Uos autem audite parabulam semi
nantis [19] omnis qui audit uerbum regni
et non intellegit uenit malignus et rapit
quod seminatum est incorde eius hic est
qui secus uiam seminatus est [20] qui autē
super petrosa seminatus est hic est
qui uerbum audit et continuo cumgau
dio accipit illud [21] nonhabet autem h·
in se radicem sed est temporalis fac
ta autem tribulatione et persecutione
propter uerbum continuo scandali
zatur [22] qui autem seminatus est inspi
nis hic est qui uerbum audit et solli 58
citudo saeculi istius et fallacia diui
tiarum suffocant uerbum et sine
fructu efficitur [23] quiuero interram bo
nam seminatus est hic est quiuerbum
audit et intellegit et fructum adfert et
facit aliud quidem centissimum ∴ / tri
Aliud autem sexagissimum porro aliud
ginsimum ∴ [24] Aliam parabulam propos
suit eis dicens simile factum est regnum
caelorum homini quiseminauit bonum
semen inagro suo [25] cum autem dormirent

17 dico uobis quippe quia for quippe dico uobis quia. profetae *k ff q* her ƎP Iren R for prophetae. + uos before uidetis *c f* g_1 μ Hil dim gat. audire quae + uos *f h* r_2 dim Iren D.

18 autem *e* r_2 dim μ D Q for ergo. parabulam g_1 r_2 her gat ƎP R C for parabolam.

19 malignus *d h* r_2 μ dim her (*r* nequam) for malus.

20 super her ƎP R O W vg for supra.

21 ħ for autem follows autem.

22 seminatus est in spinis her ƎP r_2 D E Q vg for est seminatus in spinis. suffocant *b* g_1 *k* r_2 gat D E Q for suffocat.

23 uerbum audit for audit uerbum. adfert *ff k* her ƎP mg gat D E R Z J M M̅ for affert. centissimum (Aug *m* centesimum) gat Q R for centum. sexagissimum gat Q R (Aug sexagesimum) for sexaginta. porro is a Vulgate word not found in O. L. It is absent from r_2 here. triginsimum for triginta.

24 parabulam *ff* r_2 her ƎP gat R C (*a* parauolam) for parabolam. propossuit her ƎP gat r_2 D E for proposuit. eis *d f* r_2 gat μ dim ƎP Q for illis.

homines uenit inimicus eius et super se
minauitzezania inmedio tritici et abiit ∴
[26] cum autem creuesset herba et fructum
fecisset apparunt zezania [27] accedentes
autem serui adpatrem familias dixerunt
ei domine nonne bonum semen seminas
ti inagro tuo unde ergo habetzezani
am [28] et ait illis inimicus homo hoc fe
cit seruiautem dixerunt ei uissimus
et cullegimus ea [29] et ait non ne forte col
legentes zezania eradicetis simul cum
eis triticum [30] sedsinite utraque cresci
re simul usque admensem et intempore
mesis dicam messoribus meis collite
primumzezania et collegite ea fascicu
los adconburendum triticum congrega
inorreum meum ∴ [31] Aliam parabulam
praepossuit eis dicens simile est regnum
caelorum grano sinapis quod accipiens
homo seminauit inagro suo [32] quod mi
nimum quidem estomnibus seminb:
cum autem creuerit maius est omnib:
oleribus et fit arbor ita ut uolucres cae
li uenient et inhabitent inramis eius / cens
[33] Aliam parabulam loqutus est eis di

59

25 Cardinal Wiseman said that words compounded with super came into the Vulgate from other versions and are Africanisms.   zezania D Σ for zizania. δ gives lolia also.

26 creuesset for creuisset.   apparunt for tunc apparuerunt et.   — et b g₁ q r₂ her gat ℙ Σ D E Q R.   zezania Σ for zizania.

27 adpatrem for patris.   dixerunt with nt in ligature with t subscript.   zezaniam for zizania.

28 uissimus with the second s erased, for uis imus. There should be no question mark in VO as the s's show plainly enough. r₂ has us imus with a dot over the first u, and her reads uisimus.   cullegimus for colligimus.

29 collegentes for colligentes   zezania (and in 30) D for zizania.   — et g₁ before triticum.

30 + sed a b c ff g₁ q h r₂ μ dim D E Q R.   crescire for crescere.   + simul. mensem for messem.   mesis ℙ for messis.   + meis after messoribus gat h r₂ dim D Q R.   collite for colligite. collegite her r₂ (a gat colligate) for alligate.   conburendum her gat r₂ ℙ E R C T H Θ O V Σ for comburendum.   — autem h after triticum.   congrega for congregate.   orreum her R T for horreum.

31 parabulam h r₂ her gat D R for parabolam.   praepossuit for proposuit.

32 seminb: for seminibus.   b: here stands for ibus.   omnib: gat for omnibus.   oleribus f Aug ℙ ℙ vg for holeribus   uenient her for ueniant.   inhabitent k h r₂ μ Θ for habitent.

33 parabulam her r₂ gat ℙ D R O for parabolam.   loqutus her for locutus. + dicens h q μ dim her gat ℙ D E Q R B A.

simile est regnum caelorum fermento
quod acceptum mulier abscondit in
farinae satis tribus donec fermen
tum est totum ∴ [34] Haec omnia loqutus   60
est ihs inparabulis adturbas et sine
parabulis nonloquaeuatur eis [35] ut in
pleretur quoddictum erat perprofe
tam dicentem aperiam inparabulis os
meum eructabo absconsa aconstituti
one mundi ∴ [36] Tunc dimisis turbis uenit
indomum et accesserunt adeum discipu
li eius dicentes dissere nobis parabulā
zizaniorum agri [37] qui respondens ait ∴
quiseminat bonum semen est filius ho
minis [38] ager autem est mundus bonum
uero semen hii sunt filii regni zizania
autem filii sunt nequam ∴ / zabulus
[39] Inimicus autem quiseminauit ea est
messes uero consummatio saeculi est
messores autem angeli sunt [40] sicut ergo
colliguntur zizania et igni conburun
tur sic erit et inconsummatione sae
culi [41] mittet filius hominis angelossuos
et colligent deregno eius omnia scan   61
dala et eos quifaciunt iniquitatem
[42] et mittent eos incaminum ignis ibi erit
fletus et stridor dentium ∴ [43] Tunc iusti
fulgebunt sicut sol inregno patris eorū
quihabet aures audiendi audiat [44] simi

33 fermentum est for fermentatum est.
34 loqutus her for locutus.   in parabulis (twice) r_2 her gat ℙ D (*a* in parauolis)
for in parabolis.   loquaeuatur for loquebatur.
35 inpleretur k r_2 Σ D ℙ gat Q R C T
O for adimpleretur.   profetam *ff* k q
her r_2 Σ ℙ D Q R for prophetam.   parabulis g_1 r_2 her ℙ gat R for parabolis.
absconsa *a b d f ff* g_1 h μ dur gat dim r_2
her ℙ mg Q R for abscondita.
36 dimisis q r_2 E for dimissis.   parabulam g_1 h r_2 ℙ gat R C for parabolam.

38 hii *b d* g_1 *h m* r_2 her gat ℙ D E R W
C T B H O X Σ for hi.   39 zabulus ℙ dur
(*r* ziabolus) for diabolus.   This is the
only place where this form occurs in
Teilo = Chad   messes for messis.
40 conburuntur *m* r_2 her gat ℙ M̄ Σ C
T H J K V Z for comburuntur.
Beneath the pagination (61) 30 *shows
through.*
43 eorum *a b ff l q* Iren Faustus of Riez,
Hil r_2 gat her Σ ℙ mg D E Q R W C T
codd vg for sui.   + audiendi *d f ff* g_1
r_2 her gat 𝕃 ℙ D E Q R W B H codd
vg.

le est regnum caelorum thesauro ab
scondito inagro quem qui inuenit homo
abscondit et praegaudio illius uadit
et uendit uniuersa quae habet et emit
agrum illum [45] Iterum simile est regnum
caelorum homini negotiatori querenti
bonas margaritas [46] inuenta autem una
praetiosa margareta abiit et uendidit
omnia quae habuit et emit eam [47] Iterum
simile est regnum caelorum saginae
misae inmare et exomnigenere congregan
ti [48] quam cum inpleta esset educentes et
secus litus sedentes elegerunt bo   nosin
uassa malos autem foras misserunt
[49] sic erit inconsummatione saeculi exibu   62
nt angeli et seperabunt malus demedio
iustorum [50] et mittent eos incaminunum
ignis ibi erit fletus et stridor dentium [51] in
tellexistis haec omnia dicunt ei etiam [52] ait
illis ideo omnis sciba doctus inregno cae
lorum similis est omni patri familias
qui profert detesauro suo noua et uete
ra [53] et factum est cum consummasset is
tas transiit inde [54] Et ueniens inpatriā
suam docebat eos insinagogis eorum ita
ut mirarentur et dicernt unde huic sa
pientia haec et uirtutes [55] nonne hic est
fabri filius et mater eius dicitur maria
et fratres eius iacobus et ioseph et smon
et iudas [56] et sorores eius nonne omnes a

---

45 querenti *d q* gat R W for quaerenti.
46 praetiosa *b ff* her for pretiosa.
margareta dim her for margarita.
47 saginae *d* her ℞ M̄ gat D for
sagenae.   misae E R V for missae.
48 inpleta *c d f* her Σ D ℞ gat C O for
impleta.   There is a stab here between
bo and nos, for bonos, and in this hole
the deer's hair from the original skin can
still be seen.   Even the photostat shows
the marks where the hair is in the stab.
a and *g₁* read optimos for bonos here.

uassa *r₂* her ℞ gat D E Q R for uasa.
misserunt *r₂* her ℞ gat D for miserunt.
49 seperabunt *r₂* for separabunt.
50 caminunum for caminum.
52 sciba slip for scriba.   omni for
homini.   tesauro (*a* tensauro) t for
thesauro.
53 —ihs̄ parabolas *e* before istas.
54 sinagogis *r₂* ℞ gat M̄ R W O for
synagogis.   dicernt for dicerent.
55 et mater her gat for nonne mater.
smon slip for simon.

pud nos sunt unde ergo huic omnia ista
[57] et scandalizabantur ineo Ihs autem di
xit eis   non est profeta sine honore ni
si inpatria sua et indomu sua [58] et non
fecit ibi uirtutes multas propter incre   63
XIV   dulitatem illorum [1] Inillo tempore audi
uit herodis tetracha famam ihū [2] et ait
pueris suis hic est iohannis babtiza
ipse surrexit amortuis et ideo uirtutes
operatur ineo ∴ [3] Hirodis enim timuit
iohannem et alligauit eum adem uxorē
fratris sui [4] dicebat enim illi iohannis
nonlicet tibi hauere eam [5] et uolens eum
occidere timuit populum quia sicut
profetam eum habebant ∴ / lia herodi
[6] Die autem natalis herodis saltauit fi
adis inmedio et placuit herodi [7] unde
cum iuramento pollicitus est ei dare
quod cum que postolasset abeo [8] at illa
praemonita amatre sua da mihi inquit
hic indisco caput iohannis babtistae [9] et
contristatus est rex propter iuramentū
et eos quipariter recumbebant iusit da
ri [10] missit que et decolauit iohannem in
carcere [11] et adlatum est caput eius indis   64
co et datum est puellae et dedit matri

57 Between eis and non here is the reverse of the stab showing the hair adhering to the skin.   profeta *q* her ℙ O for propheta.   indomu *r₂* her D V R for in domo.

XIV *The text of r₂ is missing from* xiv. 1 *to* xvi. 14.

1 audiuit *d f g₁ h q* her gat ℙ D E Q R W T B K M̃ V Hil for audiit.   herodis *k* her gat E R for herodes.   tetracha her E for tetrarcha.

2 iohannis her gat D E R for iohannes. babtiza for baptista.   operatur for operantur.

3 Hirodis *g₁* her for herodes.   timuit for tenuit.   —et posuit in carcerem propter herodi after eum.   All that there

is of herodiadem is adem.

4 iohannis her gat for iohannes. hauere *a* for habere.

5 eum *d h k* her M̃ Q R K V Z for il-lum.   profetam *k q* her ℙ D R O for prophetam.

7 In postolasset the second *o* is partly erased to *u* for postulasset.

8 babtistae her D R C for baptistae.

9 —autem *a d f ff g₁ h k* gat D E after iuramentum.   iusit her ℙ R for iussit.

10 missit que her gat D for misitque. decolauit *b ff g₁ h* her R for decollauit.

11. adlatum *b d ff g₁ k q* her gat ℙ mg D E C T Θ for allatum.   The Canterbury Bible reads ablatum.   dedit R for tulit.

suae [12] et accedentes discipuli eius tolle
runt corpus et sepelierunt illud et ue
nientes nuntiauerunt ihū / nauicula in
[13] Quod cum audisset ihs̄ secessit inde in
locum destum seorsum et cum audis
sent turbae sequtaesunt eum pedestres
deciuitatibus [14] et exiens uidit turbam mul
tam et misertus est eius et curauit lan
guidos eorum ∴ [15] Uespere autem facto
accesserunt adeum discipulis dicentes
disertus locus est et hora iam prae
terent demite turbas uteuntes incas
tella emant sibi escas [16] ihs autem dixit
illis nonhabent necesse ire date illis
manducare [17] responderunt ei nonha
bemus hic nisi quinque panes et duos
pisces [18] qui ait illis adferte illos mihi
huc [19] et cum iusiset turbam discūbere
supra foenum acceptis quinque pa
nibus et duobus piscibus aspiciens in
caelum benedixit et fregit dedit discipu
lis suis panes discipuli autem turbis
[20] et manducauerunt omnes et saturati
sunt et tulerunt reliquias duodecim
cofinos fragmentorum plenos [21] man

65

---

12 tollerunt with *o* for *u*, for tulerunt.
The *l* is frequently doubled in the conjuga-
tion of fero and its compounds. For
tollerunt corpus here *k* reads abstulerunt
cataver.

13 See note on xxiv. 24 as to whether
the reading here should be in nauicula in
locum destum (for desertum) or in nauiculam locum desertum, (*a* in nauiculam in
locum desertum, *b* in nauicula, *f* in
locum desertum, *q* and her in nauicula
in locum desertum with gat.) Neither
Scrivener nor VO read nauiculam here.
The reading here is in navicula in locum
destum (for desertum). The fourteenth-
century Bible at Canterbury also has destum for desertum with the reading in
navicula in locum destum. sequtae for
secutae.

15 discipulis for discipuli eius. disertus D for desertus. locus est *a b ff g*₁ E
for est locus. praeterent for praeteriit.
demite for dimitte.

16 illis (the first) *a b ff g*₁ *h q* her
ꝑ E R F for eis. —uos after illis and
before manducare her ꝑ. There is no
correction here, so VO's asterisk attached
to L is wrong.

17 *k is missing from* xiv. 17 *to* xv. 20.
18 illis for eis. adferte for afferte.
19 iusiset for iussisset. foenum for
faenum discūbere for discumbere. *u*
with the contraction mark is thus used in
the middle of a word as well as at the end.
—et after fregit, her. discipulis +
suis *a b ff h* gat D E R O Σ.
20 cofinos *b d ff h q* Σ for cophinos.

ducantium autem fuit numerus quin
que milia uirorum exceptis mulieri
bus et paruulis [22] et statim iusit discipu
los ascendere innauiculam et praece
dere eum trans fretum donec demitter
ret turbas [23] et dimisa turba ascendit
inmontem solus orare ∴ / [24] nauicula
Uespere autem facto solus erat ibi
autem inmedio mari iactauatur fluc
tibus erat enim contrarius uentus [25] qu
arta uigilia noctis uenit adeos ambu
lans super mare [26] et uidentes eum su
pra mare ambulantem turbati sunt
dicentes quia fantasma est et prae
timore clamauerunt [27] statim que ihs̄
loqutus est eis dicens habete fiduciā
egosum nolite timere ∴ / situ es iube
[28] Respondens autem petrus dixit dn̄e
me uenire adte super aquas [29] at ipse
ait ueni et discendens petrus dena
uicula ambulabat super aquam ut
ueniret adihm̄ [30] uidens uerouentum
ualidum timuit et cum caepisset mer
gi clamauit dicens dn̄e saluum me
fac [31] et continuo ihs̄ extendens manum
adpraechendit eum et ait illi modice
fidei quare duuitasti ∴ / sauit uentus
[32] Et cum ascendissent innauiculam ces
[33] qui autem innauicula erat ueneru
nt et adorarunt eum dicentes uere
filius dī es ∴ [34] Et cum trans fretasse

66

St. Jerome used the *ph* of the Greek for the *f* of the O.L.

22 iusit her ℞ R for iussit.   demitter⁄ret for dimitteret.

23 dimisa for dimissa.

h is missing from xiv. 23 *to* xviii. 12.

24 iactauatur for iactabatur.

25 —autem after quarta.

26 fantasma (*a* fanthasmata) *b e g*₁ her ℃ gat ℞ M̄ D T R E W J K O V Z Σ codd. Boulogne and Canterbury for phantasma.

27 loqutus for locutus.

29 discendens her gat ℞ D for descendens.

30 caepisset for coepisset.

31 adpraechendit (VO is wrong here) for adprehendit.   modice *d h e q* gat F O Z Canterbury for modicae.   duuitasti for dubitasti.

33 erat for erant.   adorarunt for adorauerunt.

nt uenerunt in terram genezar ³⁵ et
cum cognouissent eum uori loci illius
miserunt inuniuersam regionem il   67
lam et obtulerunt ei omnes male ha
bentes ³⁶ et rogabant eum ut uel fim
briam uestimenti eius tangerent et
qui cum que tetigerunt salui factisunt

XV   ¹ Tunc accesserunt adeum abhieru
solimis scribae et farissei dicentes
² quare discipuli tui trans grediuntur
traditionem seniorum non enim la
uant manus suas cumpam mandu
cant ³ ipsc autem respondens aitillis
quare et uos trans grediemini man
datum dī propter traditionem ucs
tram ⁴ nam ds dixit honora patrem
et matrem quimaledixerit patri uel
matri morte moriatur ∴ ⁵ Uos autem
dicitis qui cum que dixerit patri uel
matri monus quod cum que est ex
me tibi proderit ⁶ et nonhonorifica
uit patrem suum aut matrem suā
et inritum fecistis mandatum prop   68
ter traditionem uestram ⁷ hipochritae
bene profetauit deuobis issaias dicens
⁸ populus hic labis me honorat cor h̅
eorum longue est ame ⁹ sine causa

---

34 genezar Q (gat and Canterbury
genesar) for gennesar.

35 uori. One half of the *o* has been
erased to change it into an *i* for uiri.
obtulerunt *e* ℙ her Canterbury for
optulerunt. Our MS. is free from the
interpolation uenerunt et adorauerunt eum
in this verse.

36 *nt* in facti sunt is in ligature with *t*
subscript.

XV 1 hierusolimis for hierosolymis.
farissei for pharisaei.

2 pam (Ⅱ pane) for panem.   cumpam looks odd for cum panem.

3 trans grediemini for transgredimini.

4 —tuum *d e* Iren Aug C M V W after

patrem.   —et (before qui) with gat.

5 monus R μ. The *o* has a slight
erasure at the top, which is meant for
a correction to munus.

6 honorificauit *a b ff* her ℙ gat Q R W
C F H K O X Y Z A for honorificabit.
+ suam after matrem *q* gat her M͘ C T
K V X Z codd vg.   inritum *a d f ff q* her
gat ℙ R C for irritum.   —dei after
mandatum.

7 hipochritae her for hypocritae.
profetauit *q* her for prophetauit.   issaias
her for Esaias.

8 labis her ℙ R for labiis.   h̅ gat for
autem.   longue for longe.

autem colunt me docentes doctrnas
et mandata hominum [10] et conuocatis
adse turbis dixit eis audite et intelle
gite [11] nonquod intrat inos quo inquinat
hominum sed quod procedit exore hoc
quo inquinat hominem [12] Tunc acceden
tes discipuli eius dixerunt scis quia fa
rissei audito uerbo scandalizatisunt
[13] at ille respondens ait omnis planta
tio quam nonplantauit pater meus
caelestis eradicabitur [14] sinite illos cae
ci sunt duces caecorum caecus autem
si caeco ducatum prestet ambo infoue
am cadent ∴ [15] Respondens autem petr
us dixit ei dissere nobis parabulam
istam [16] at ille dixit adhuc et uos sine   69
intellectu estis [17] non intellegistis quia
omne quod inos intrat inuentrem ua
dit et insecessum emittetur [18] quae au
tem procedunt deore decorde exeunt
et ea quo inquinant hominem [19] decorde
enim exeunt cogitationes malae homi
cidia adulteria fornicationes furta
falsa testimonia blasfemiae [20] haec
sunt quae co incinant hominem non
lotis autem hominem manducare
non co inquinat hominem [21] Et egres
sus inde ihs̄ secessit inpartes tiri et

9 +et after doctrnas (for doctrinas)
*a b c e f ff g*₁ her gat ℙ Q R C T B W A
vg codd Hil.

*All that remains of Primate Ussher's
codex r or r₁ begins at Mt.* xv. 10 *with
udite for audite.*

11 quo inquinat (twice) *g*₁ C T ⊖ for
coinquinat.   Here we find qu for c as we
find c for qu in some other places.
hominum for hominem.

12 —ei after dixerunt, *e.   b is missing
from* xv. 12 *to* xv. 23.   farissei her for
pharisaei.

14 prestet her C M Z for praestet.
cadent *ff g*₁ *q μ* C Y P Aug Gildas dim Q
for cadunt.

15 dissere her Q dur (*g*₁ narra) for
edissere.   parabulam *g*₁ her gat R for
parabolam.

17 intellegistis her for intellegitis.
emittetur for emittitur.

18 quo inquinant *g*₁ (no break) for
coinquinat.

19 blasfemiae *d* her ℙ Q R for blasphemiae.

k resumes at xv. 20 *from the break at*
xiv. 8 *and ends at* xv. 36.

20 co incinant for coinquinant hominem (sec.) for manibus.   *q* has manibus
twice here but the latter is marked for erasure.   co inquinat for coinquinat.

21 tiri dim ℙ T for tyri.

sidonis [22] et ecce mulier cannania afini
bus illis egresa clamauit dicens ei mis
serere mei dñe filii dauid filia mea ma
le ademonia uexatur [23] qui nonrespon
dit ei uerbum rogabant eum dicen
tes demitte eam quia clamat post
nos [24] ipse autem respondens ait non
sum misus nisi adoues quae perie   70
runt domus israhel [25] At illa uenit
et adorabat eum dicens dñe adiuua
me [26] quirespondens ait non est bonū
sumere panem filiorum et mittere ca
nibus [27] at illa dixit etiam dñe nam et ca
tuli edunt demicis quae cadunt demen
sa dominorum suorum [28] tunc respon
dens ihs ait illi omulien magna est fi
des tua fiat tibi sicut tuuis et sanata
est filia illius exilla hora ∴ / mare ga
[29] Et cum transiset inde ihs uenit secus
liliae et ascendens inmontem sedebat
ibi [30] et accesserunt adeum turbae mul
tae habens secum mutos cludos ce
cos debiles et alios multos et proiece
runt eos adpedes eius et curauit eos
[31] ita ut et turbae mirarentur uidentes
mutos locentes cludos ambulantes ce
cos uidentes et magnificabant dm is
rahel [32] IHs autem conuocatis dis   71

22 cannania for chananaea.   egresa
q gat for egressa.   misserere gat ℈P for
miserere.   filii gat ℈P Q R C T H A for
fili.   demonia for daemonio. So much
of the a has been erased as to make it an
o, giving demonio with ff.
23 After uerbum,   —et accedentes
discipuli eius.   demitte e O for dimitte.
b resumes here after the break at v. 12.
24 misus her R for missus.
25 adorabat d ff k R for adorauit.
27 catuli ff lam gat ℈P Q R for
catelli.

28 mulien. So much of the n was
erased as to correct it to an r. There is a
tendency to mistake r for n.   sicut + tu e.
29 transiset her E for transisset.   At
the end of the line is secus with a 'carry-
up' of mare ga to the vacant space at the
end of the line above and liliae is carried
down to the line below.   galiliae for
galilaeae.
30 habens for habentes.   cludos (and
in 31) gat for clodos.   cecos (and in 31)
W for caecos.
31 —et after ut.   locentes for loquentes.
32 Under the pagination (71) 36 shows

cipulis suis dixit miserior turbae
huic quia triduum est inquo perse
uerant mecum et non habent quod
manducent et dimittere eos ieiunos
nolo nedeficiant inuia [33] et dicunt ei dis
cipuli unde ergo nobis indiserto panes
tantos ut saturentur turbae tante
[34] et ait illis ihs quod panes habetis at
illi dixerunt septem et paucos piscicu
los ∴ [35] Et praecipit turbae ut discumbe
rent super terram [36] et accipens ihs uii
panes et pisces et gratias agens fregit
et dedit discipulis suis et discipuli dede
runt dederunt [37] et comederunt omnes et
saturatisunt et quod super fuit defrag
mentis tulerunt .uii. sportas plenas·
[38] erant autem quimanducauerunt qua
tuar milia hominum extra paruulos
et mulieris [39] Et dimisa turba ascendit
innauiculam et uenerunt infines ma   **72**

XVI   gidan ∴ [1] et accesserunt pharissei et sadu
cei temptantes et rogauerunt eum ut sig
num decaelo ostenderet eis ∴ [2] At ille
respondens ait eis facto uespere dice
tis serenum erit cras rubicundum est
enim caelum [3] et mane hodie tempes

through.   miserior R for misereor.
+ huic *b f* her gat Q.   triduum est in
quo for triduo iam.   Aug in his *De
Consensu* has triduum here.   Milne gives
Augustine's reading here ' quia *triduum*'
among the examples where Augustine
differs not only from the O. L. where it
is extant but from *all* examined Latin
MSS. of the Vulgate.

33 indiserto for in deserto.   ut saturentur turbae tante *f* her (*q* tantae, *g₁*
—tante) for ut saturemus turbam tantam.

34 quod *a b d e f ff g₁ q r* C M O Σ for
quot.

35 praecipit *c* her gat Ƥ Q R for
praecepit.   discumberent her gat for dis-
cumberet.

36 accipens for accipiens.   + ihs *a b*

c f ff g₁ μ dim gat her Q W Θ codd.   vii
for septem.   The scribe has written dederunt twice here, the second by mistake for
populo.

*In k all the rest of the text of St.
Matthew is missing.*

37 .uii. *b d* gat E R W F for septem.

38 quatuar Ƥ for quattuor.   manducauerunt *q* Aug   for   manducauerant.
mulieris for mulieres.

39 dimisa E for dimissa.   uenerunt
for uenit.   magidan for magedan.

XVI 1 —ad eum *d e q*.   pharissei
for pharisaei.   saducei her R W for
sadducaei.   temptantes *a b g₁* gat Σ L
for temtantes.

2 dicetis for dicitis.   + cras gat E R.

tas rutulat enim triste caelum [4] faciam
ergo caeli iudicare nostis signa autem
temporum nonpotestis .·. Generatio ma
la et adultera signum querit et signū
nondauitur ei nisi signum ionae profe
tae et relictis illis abit [5] et cum uenisse
nt discipuli eius trans fretum obliti
sunt panes accipere .·. [6] Qui dixit illis
intuemini et cauete afermento faris
eorum et saduceorum .·. / quia panes
[7] At illi cogitabant intrase dicentes
nonaccipimus [8] sciens autem ihs cogita
tiones eorum eorum dixit quid cogita
tis interuos modice fidei quia panes   73
nonhabetis [9] nondum enim intellegitis
neque recordamini dequinque panib:
et quinque milibus hominum et quot
coffinos sumpsistis [10] neque .uii. panes
et quatuor milia hominum et quodspo
rtas sumsistis [11] quare non intellegitis
quia nondepane dixi uobis cauete afer
mento fariseorum et saduceorum [12] tunc
intellexerunt quia nondixerit cauete
afermento panium sed adoctrina pa
risseorum et saducaeorum adtendire
sibi .·. [13] Uenit autem ihs inpartes cessare
pilipi et interrogabat discipulos suos di

3 rutulat for rutilat.

4 faciam for faciem.   iudicare *d* gat
Q M for diiudicare.   querit *d ff* her gat
W H for quaerit.   dauitur *a* for dabitur.
+ profetae *e ff* her Q R.   abit for abiit.

6 fariseorum ℙ for pharisaeorum.
saduceorum her W for sadducaeorum.

7 intrase *a f q* gat E R T W for inter se.
accipimus ℙ Q R H for accepimus.

8 ihs + cogitationes eorum (eorum
twice) Q R *μ* dim her.   modice *q* H O W
for modicae.

9 nondum + enim her R.   recordamini
+ de . panib: for panibus Q R instead of
panum.   + et . milibus *b d* Q for milium.
coffinos E ℙ R for cophinos.   sumpsistis

*a b ff g*₁ Ƨ E R C B Θ K M M̄ gat O for
sumsistis.

10 .uii. W for septem.   panes *b f q* Q
for panum.   + et quatuor milia *a b e ff g*₁
(quattuor) *q* ℙ Q W T O X for quattuor
milium.   quod *a q* C O V X for quot.

11 fariseorum for pharisaeorum.
saduceorum for sadducaeorum.

12 cauete her gat Q R for cauendum.
panium her E (and gat in 9 and 10) for
panum.   parisseorum with the second *s*
erased, for pharisaeorum.   saducaeorum
for sadducaeorum.   + adtendire sibi *b μ*
Q R.

13 cessare for caesareae.   pilipi for
philippi.

cens quemme dicunt homines esse filiū
hominis [14] at illi dixerunt iohannam bab
tissam alii autem heremiam alii uero
heliam aut unum exprofetis [15] dixit illis
ihs̄ uos autem quem me dicitis esse [16] re
spondens simon petrus dixit tuesxp̄s
filius dī uiui ∴ [17] Respondens autem   74
ihs̄ dixit ei beatus es simon bariona
quia caro et sangis nonreuelauit tibi
sed pater meus qui incaelis est [18] et ego
dico tibi tues petrus et super hanc pe
tram aedificabo aeclesiam meam et por
tae inferni nonpraeualebunt aduer
sus eam [19] et tibi dabo claues regni caelo
rum et quod cum que ligaueris super
terram erit ligatum incaelis et quaecum
que solueris super terram erunt solu
ta incaelis ∴ [20] Tunc praecipit discipulis
suis ut nemini dicerent quia ipse esset
ihs̄xp̄s ∴ [21] Exinde cepit ihs̄ ostendire dis
cipulis suis quia oporteret eum ire
inhiruslimam et multa pati asenio
ribus et scribis et principibus sacerdo
tum et occidi et tertiae die resurgere [22] et

---

13 quem + me *a b d e f ff g₁ q* Aug Σ E R
T B O Z Hil.

14 *The text of r₂ resumes here after the
gap from* xiv. 1.   Professor Lawlor in
his Book of Mulling (μ) supplies what he
considers to be the O. L. text of r₂ in full,
beginning with Mt. xvi. 14. He has
printed in full what is represented by the
contractions and has supplied the missing
letters.

—alii *a q* after dixerunt.   iohannam
ff for iohannem.   babtissam for baptistam.   alii autem heremiam for alii uero
hieremiam.   The order of the names here
is different.   uero for autem.   profetis
e ff q r₂ P R O for prophetis.

15 dixit illis for dicit illis.   +ihs̄
c f ff g₁ r r₂ gat Ḻ E R W B ⊖ X.   dicitis
esse *a b c d f q* gat C T for esse dicitis.

17 +ei after dixit *b f ff g₁ q r₂* her

gat Σ D E Q W C T K M V Z.   sangs
r₂ for sanguis.   sangis is found in Harl.
1802 at xxvi. 28.

18 —quia after tibi with *ff r₂* dim.
aeclesiam with her P gat Z for ecclesiam.   inferni with *a f ff r₂* her Gildas
dim P E Q R B H M̄ X Z petroc for
inferi.   aduersus with *f g₁ r₂* her ga-
P E Q R W B F K V X Z M̄ for aduersum.

19 quaecumque (second place) with
g₁ Gildas Q for quodcumque.   erunt
soluta with *b c f ff g₁ r₂* Gildas her Q R
for erit solutum.

20 praecipit with P her Q R for praecepit.

21 cepit with W for coepit.   ostendire
for ostendere.   ire + in with *f ff r₂* gat
E Q R T.   hiruslimam for hierosolymam.
tertiae for tertia.   There is a dot above

adsumens eum petrus cepit increpa
re eum et dicere absitate dñe nonerit
tibi hoc ²³ quia conuersus dixit petro   75
uade post me satanas scandalum es
mihi quia nonsapis ea quae dī sunt
sed ea quae hominum ²⁴ Tunc ihs̄ dixit
discipulis suis si quis uult post me ue
nire abnegat se ipsum sibi et tollet
crucem suam et sequatur me ²⁵ qui enim
uoluerit animam suam saluam facire
perdet eam qui autem perdiderit ani
mam suam propter me inueniet illam
²⁶ quid enim prod est homini si mundum
uniuersum lucretur animae uero suae
detrmentum patiatur aut quam da
uit homo commotationem pro anima
sua ∴ ²⁷ Nam filius hominis uenturus est
ingloria patris sui cum angelis suis et
tunc redet uni cui que secundum ope
ra eius ∴ ²⁸ Amendicouobis sunt qui
dam dehis adstantibus quia non
gustabant mortem donec uideant
filium hominis uenientem inregno suo   76

XVII   ¹ Et factum est post dies sex adsum
sit ihs̄ petrum et iacobum et iohan
nem fratrem eius et ducit illos inm

the a˙ which would make the correction
tertie.

22 adsumens with *a b f g₁ q* her ℙ E Q
R C T H Θ O V Y Z A for assumens,
but adsumens in the editio minor.   et
dicere with *a b c d ff g₁ r₂* E R for dicens.

23 quia with *a e q* gat for qui.   satanas
with *a b e ff r r₂* Aug Hil gat her ℙ E
Q B F Θ K X for satana.

24 abnegat with *r₂* R for abneget.   se
ipsum sibi with *q r₂* Q *d* her (−sibi)
Faustus of Riez for semet ipsum.   Both
e and Aug have sibi.   tollet for tollat.

25 facire for facere.   illam with *e* Iren
her for eam.

26 detrmentum, not detrinentum as
Scrivener reads it, followed by VO, for

detrimentum.   dauit *r₂* T for dabit.
commotationem with her ℙ (*r₂*
comottationem) for commutationem.

27 nam filius with *a b c ff q r₂* dim her
R for filius enim.   redet for reddet.
opera with *a b d f ff g₁ q r₂* Aug E Q
R W Θ T W for opus.

28 dehis for de hic.   adstantibus with
a b f ff her Hil Q T for stantibus.   quia
for qui.   gustabant with *g₁* for gusta-
bunt.

XVII *The fragment n begins here.*

1 et + factum est with *a b c d e ff g₁ r₂ μ*
her Hil E Q R.   adsumsit with *e f g₁ q*
R Q T O Y A for assumit, though ed. min.
has 'adsumit'.

ontem exeelsum seorsum ² et trans
figuratus est ante eos et resplendu
it facies eius sicut sol uestimenta łr
eius facta sunt alba sicut nix ³ et ecce
aparuit illis moẏses et heleas cumeo
Loquentes ⁴ respondens autem petr
us dixit adihm̄ dn̄e bonum est no
bis hic esse siuis faciamus hic trea
tabernacula tibi unum et moẏsi unū
et heliae unum ⁵ adhuc eo loquente
ecce nubs lucida inumbrauit eos et
ecce uox denube dicens hic est filius
meus dilectus inquo mihi conpla
cui ipsum audite ⁶ et ecce audientes
discipuli ciciderunt infaciam suam
et timuerunt ualde ⁷ et accessit ihs̄
et tetigit eos dixitque eis surgite et
nolite tmere ⁸ leuantes autem oculos
suos neminem uederunt nisi solum
ihm̄ ⁹ et discendentibus illis demonte prae
cipit eis ihs̄ dicens nemini dixeritis ui
sionem donec filius homi amortuis re
surgat ∴ ¹⁰ Et interrogauerunt eum dis
cipuli dicentes quid ergo scribe dicunt
quod heliam oportet primum uenire
¹¹ at ille respondens ait eis helias ¹² iam
uenit et noncognouerunt eum sed fece

77

1 exeelsum, slip corrected to excelsum.

2 łr gat for autem.

3 aparuit for apparuit.   moyses with
*a b d e f ff n q r*₂ gat M̄ Ł E T W H O I
K O V for Moses. This is one of the
three or four words where our scribe uses
a *y*, and here the dotted *y*.   heleas for
helias.

4 nobis *r r*₂ her *μ* dim ℙ E Q H Θ for
nos.   trea *r*₂ *μ* dim M̄ R K V for tria.
   moysi *a d e f ff n q r*₂ her gat M̄ E R
W C H Θ K O V for mosi.

5 nubs *a b d ff g*₁ *n μ* dim (*r*₂ nups) her
gat ℙ E R C for nubis.   inumbrauit *a b
c e ff g*₁ *n* for obumbrauit.   —bene before
conplacui, with *d ff g*₁ *μ* dim.   conplacui

*d ff g*₁ *r*₂ her ℙ M̄ Q R K V Z for complacui.

6 et + ecce *μ* dim her Q.   ciciderunt
R her gat for ceciderunt.   faciam R for
faciem.

7 tmere for timere.

8 uederunt for uiderunt.

9 discendentibus *g*₁ *r*₂ gat ℙ R F for descendentibus.   praecipit *a ff r*₂ her ℙ for
praecepit.   + eis with *a b d δ f q r*₂ gat
vg.   homi for hominis.

10 scribe with E W *r*₂ for scribae.   oportet *a b c d e f ff g*₁ *n q r*₂ gat dim her E Q R
T W J Z for oporteat.

12 After helias, —quidem uenturus est
et restituet omnia dico autem uobis quia
helias, through homoeoteleuton.

runt ineo quae cum que uoluerunt
sic et filius hominis passurus est
abeis [13] tunc intellexerunt discipuli
quia deiohanne babtista dixisseteis
[14] Et cum ueniss adturbas accessit ad
eum homo genibus prouolutus ante
eum [15] dicens dñe misserere filio meo
quia lunaticus est et male patitur
nam sepe cadit inignem et crebro in
aquam [16] et obtuli eum discipulissuis
et nonpotuerunt curare [17] responde
ns ihs̄ ait ogeneratio incredula et
peruersa quousque erouobis cum
usquequo patiar uos adferte illū
adhuc [18] et increpauit eum ihs̄ et exiit
abeo demonium et curatus est prer
exilla hora ∴ [19] Tunc accesserunt dis
cipuli adihm̄ secreto et dixerunt ei qua
re nos nonpotuimus iecere illum [20] di
cit illis propter incredulitatem uestrā
Amen quippe dicouobis nisi habu
eritis fidem sicut granum sinapis di
cetis monti huic transi hinc illuc et
transibit et nihil inpossibile erit uo
bis [21] hoc autem genus noniecitur nisi
perorationem et ieiunium [22] Conuocan

78

---

13 babtista r_2 for baptista.

14 ueniss (*b* uenisse) for uenisset.
turbas with *e* Q R for turbam.

15 misserere with her gat r_2 for miserere.   sepe with *ff* gat R W for saepe.

The numbering of verses 14 to the end
of the chapter is confusing. Wordsworth
prints 15 before dicens and not in the
margin with the rest, and is one verse
ahead to the end of the chapter. Nestle
has the same numbering as VO. The
Clementine Vulgate treats 14 and 15 as
one verse, and is one behind. Wordsworth
follows the numbering of the A.V. and
R.V. Reims follows the Clementine, as
does Bishop Challoner.

15 vg, 16 VO obtuli *d e f r* her ℙ E W
B Q θ X Σ for optuli.   suis r_2 for tuis.

—eum B after curare.

16 vg, 17 VO adferte *b d e ff g₁* r_2 gat
her ℙ Σ R B θ O Z for afferte.   —huc
after adferte, r_2.

17 vg, 18 VO demonium *ff r₂* her ℙ
R W O for daemonium.   prer slip for
puer.

18 vg, 19 VO + ei *a b c f ff g₁ n q* r_2 μ dim
gat after dixerunt.   iecere R for eicere.

19 vg, 20 VO In nisi (r_2 nissi) the *ni*
has been erased to read si.   + illuc
(which is said to be an Africanism) with
a b c f ff g₁ n q her O.

20 vg, 21 VO iecitur r_2 her R for eici-
tur.

21 vg, 22 VO conuocantibus for con-
uersantibus.

tibus autem eis ingalilea dixit eis ihs
filius hominis tradendus est inma
nus hominum ²³ et occident eum et ter
tio die resurget et contristatis uechi   79
menter ∴ ²⁴ Et cum uenisent cafarnauū
accesserunt qui didragma accipieba
nt adpetrum et dixerunt magisterues
ter nonsoluit detrama ²⁵ ait autem et
cum intrasset indomum praeuenit
eum ihs dicens quid tibi uidetur simon
reges terrae aquibus accipiunt tribu
tum uel censum afilis suis an abale
nis ²⁶ dicente autem illo abalenis dixit
illi ihs ego liberi sunt filii ²⁷ ut autem n̄
scandalizemus eos uade admare
et mitte hamum et eum piscem quipri
mus ascenderit tolle et aperte ore eius
inueniens ibi stateram illum sumens
XVIII   da eis prome et te ∴ ¹ Inilla hora acces
serunt discipuli adihm̄ dicentes quis
putas maior est inregno caelorum
² et aduocans ihs parabulum statuit
eum inmedio eorum ³ et dixit amendico
uobis nisi conuersi fueritis et efficia   80

21 vg, 22 VO galilea with *ff r* her ℬ M̄
R C W Θ K V Z for galilaea.   eis *d* gat
E R for illis.

22 vg, 23 VO The figure 40 is seen
under the pagination 79.   contristatis
for contristati sunt.   *r₂* gives contristatit
here. Such touches as these are absent from
Dr. Abbott's collation.   uechimenter *r₂*
her for uehementer.

23 vg, 24 VO uenisent for uenissent.
cafarnauum with her ℬ R for capharnaum.   detrama (her dedragma, *r* and
gat dragma, *r₂* de dragma) for didragma.

24 vg, 25 VO autem for etiam.   + in
before domum with *a b f ff g₁ n q r₂* gat
her ℬ M̄ E Q R W B K M Z. In simon,
on is in ligature.   *r₂* reads regestīe accib:
for reges terrae a quibus.   filis with *r₂*
her R for filiis.   alenis for alienis.

25 vg, 26 VO dicente autem illo for et
ille dixit.   alenis for alienis.   ego for

ergo.   In another place in our codex we
have the reverse, ergo for ego.

26 vg, 27 VO n̄ for non.   aperte for
aperto.   *us* is in ligature in eius at the end
of the line here.   inueniens *d q* E for
inuenies.   + ibi *a b g₁ r₂* Q R.   stateram with *r₂* M̄ for staterem.

XVIII 2 parabulum here and in verse
5 for paruulum of VO and vg.   This
reading is peculiar to our MS.   The whole
verse is wanting in R* but the margin
gives aduocans ihs paruulos statuit in
medio eorum.   Again in K ihs paruulum
has been erased.   The reading of *a b d ff*
n q r₂ is puerum.   In Lc. xviii. 16 it
is sinite pueros uenire ad me, where
D R T W K give paruulos for pueros.
The Book of Mulling (μ) gives parauulos, which seems to be the nearest
approach to our reading here.

mini sicut paruuli nonintrabitis in
regnum caelorum ⁴ qui cum que ergo
humiliauerit se sicut parulus iste hic
est maior inregno caelorum ⁵ et qui
susciperit unum parabulum talem
innomine meo me suscipit ⁶ Quiau
tem scandalizauerit depusillis is
tis qui inme credunt expedit ei ut
suspendatur mola assinaria incol
lo eius et demergatur inprofundum
maris ⁷ uae autem mundo huic ab
scandalis necesse est enim uenire
scandalauerum tamen uae homini
illi perquem scandalum uenit / dali
⁸ Si autem manus tua uel pes tuusscan
zatte abscide eum et proiece abste
bonum tibi est aduitam ingredi debi
lem domum quam duas manus uel
duos pedes habentem mitti inignem ae
ternam ⁹ et si oculus tuus scandali   81
zat te erue eum et proiece abste bo
num tibi est uno oculo aduitam in
trare quam duos oculos habentem
mitti ingechennem ignis ¹⁰ Uidete ne
condemnatis unum exhis pussillis
qui credunt in me dico enim uobis
quia angeli eorum incaelis semper
uident faciem patris mei qui incae
lis est ¹¹ uenit enim filius hominis sal

4 parulus with u written above, as in gat, giving paruulus. Y has paruolus.

5 Susciperit for susceperit   For our parabulum here r_2 has infantem while $b\,d$ n give puerum. g_1 changes from paruulum to puerum.

6 —unum after scandalizauerit. assinaria for asinaria.

7 +autem after uae with $a\,b\,c\,f\!f\,g_1\,n$ dim Q.   +huic after mundo with $a\,b\,f\!f$ $g_1\,n\,q\,r_2$ dim gat Q R.   uenire with $a\,b\,c$ $d\,e\!f\!f\,g_1\,n\,q\,r_2$ gat Hil R for ut ueniant.
+illi after homini with $a\,b\,c\,f\!f\!f\,n\,q$ gat Q R T H vg.   Both e and Aug have illi homini.

8 proiece gat E R for proice.   —uel after debilem with r_2.   domum for clodum.   aeternam for aeternum.

9 proiece gat E R for proice.   uno oculo $e\!f$ gat ⊙ Y A for unoculum.   Apparently no MS. has preserved the idiomatic word unoculum intact and VO had to supply it.   ad uitam intrare with gat E for in uitam intrare.   gechennem (r_2 gechenam) for gehennam.

10 condemnatis dim dur ℈ E Q X for contemnatis.   pussillis r_2 her ℈ R for pusillis.   +qui credunt in me $b\,c\,d\,f\!f\,g_1\,\mu$ her dim Q (r_2 and gat qui in me credunt).
h resumes here after the break at xiv. 23.

uare quod perierat ∴ [12] Quid uobis ui
detur si fuerint alicui centum oues
et errauerit una exeis nonne relin
quet nonagenta nouem inmontibus
et uadet querere eam quae errauit [13] et
si contigerit ut inueniat eam amen dico
uobis quia gaudebit super eam ma
gis quam super nonagenta nouem quae
nonerrauerunt [14] sic nonest uoluntas
ante patrem uestrum qui incaelis
est ut pereat unus depussillis istis   82
[15] Si autem peccauerit inte frater tuus ua
de et corripe eum interte et ipsum solū
site audierit lucratus eris fratremtuū
[16] Si autem nonte audierit adhibe tecum
adhuc unum uel duos ut inore duorū
uel trium testium stet omne uerbum
[17] quod si non audierit eos dic aeclesiae
si autem aeclesiam nonaudierit sit
tibi sicut ethnicus et puplicanus ∴ / ligaue
[18] Amen dico uobis quae cum que al
ritis super terram erunt ligata et incae
lo et quae cum que solueritis super
terram erunt soluta et incaelis [19] Ite
rum dico uobis quia siduo exuobis
consenserent super terram deomni re
quae cum que petierint fiet illis a
patre meo quincaelis est [20] ubi enim
sunt duo uel tres congregati nomi
ne meo ibi sum inmedio eorum ∴ ∴
[21] Tunc accedens petrus adeum dixit   83
dñe quotiens inme peccauit frater

12 nonagenta r_2 her R for nonaginta.
uadet *e h* r_2 dim M̄ gat her E Q C F K
for uadit.   querere with *ff* her gat R for
quaerere.

13 nonagenta with r_2 her ℙ R for
nonaginta.

14 pussillis with r_2 her ℙ R for pusillis.

16 uel trium testium with *ff* g_1 *h q* Aug
er E ℙ Q R W Θ for testium uel trium.

17 aeclesiae her gat for ecclesiae.

—et with *n q* r_2 ℙ gat Q W I Z.   aeclesiam her for ecclesiam.   puplicanus with
q r_2 ℙ M̄ her for publicanus.

18 caelis (at end) with *d f* r_2 Hil for caelo.

19 consenserent for consenserint.
quae cum que for quacumque.
quincaelis for qui in caelis.

n is missing from xviii. 20 *to* xix. 20.

20 —in before nomine.

21 in me peccauit for peccabit in me.

meus et demittam eius que septies [22] di

cit illi ihs̄ nondico tibi usque septuagies

et septies ∴ [23] Ideo adsimilatum est regnū

caelorum homini regi quiuoluit ratio

nem ponere cum seruis suis [24] et cum

caepisset rationem ponere oblatus est

ei unus qui debebat decimmilia talen

ta [25] cum autem nonhaberet unde rederet

iusit eum dn̄s uenundari et uxorem eius

et filios et omnia quae habebat et red

di debitum [26] procedens autem seruus

ille rogabat eum dicens patientiam

habe inme dn̄e et omnia reddam tibi

[27] missertus est dn̄s serui illius dimissit

eum et debitum dimissit ei [28] egresus autē

ille seruus inuenit unum deconser

uis suis qui debebat ei centum dena

rios et tenens soffocabat eum dicens

redde quoddabis [29] et procedens conser   84

uus eius rogabat eum dicens patienti

am habe inme et omnia reddam tibi [30] il

le autem noluit sed abit et missit eum

incarcerem donec redderet debitum [31] ui

dentes autem conserui eius quae fieba

nt contristatisunt ualde et uenerunt

et narauerunt dn̄o suo omnia quae

facta fuerant [32] tunc uocauit illum dn̄s

21 demittam r_2 M V for dimittam. After demittam comes eius and then que joined by a hook, but a dot is placed between the *i* and the *u* in eius and it is thus corrected to ei usque.

22 After usque, —septies sed usque through homoeoteleuton. usque septuagies et septies Q for usque septuagies septies.

24 caepisset for coepisset. decim E for decem.

25 rederet r_2 Σ for redderet. iusit for iussit. reddi + debitum with *a b f ff g₁ h* r_2 μ gat *c q δ r* dim dur her M E Q R B K Y A.

26 procedens her M gat Q R B O X Y A corrected to procidens. rogabat with *c f ff* dur her gat M E Q R C T B K M V

for orabat. me + dn̄e with *b f ff g₁ h* μ r_2 E Q R gat her. Here dn̄e is not one of the nomina sacra.

27 missertus r_2 gat for misertus. + est *d h* r_2 her ℞ R after missertus, but —autem. dimissit (twice) gat for dimisit.

28 egresus with *q* her for egressus. ille seruus for seruus ille. soffocabat E ℞ R for suffocabat. dabis for debes.

29 procedens with r_2 μ dim her ℞ E R B X Y for procidens.

30 abit with Σ for abiit. missit with gat r_2 R for misit.

r_2 *is missing again from* xviii.31 *to* xix.27.

31 narauerunt for narrauerunt. fuerant with *f g₁* gat E Q R C T Θ K M V X W Z M vg codd for erant.

suus et ait illi serue nequam omne debi
tum dimisitibi quoniam rogasti me
[33] nonne ergo oportuit et te missereri con
serui tui sicut et ego tui misertus sum [34] et
iratus dñs eius tradidit eum tortorib:
quo adusque redderet uniuersum de
bitum [35] sic et pater meus caelestis faciet
uobis si nonremiseritis unus quis que
fratri suo decordibus uestris ∴/ sermo

XIX   [1] Et factum est cum consummasset ihs
nes istos migrauit agalilea et uenit in
fines iudeae trans iordanen [2] et sequ   85
taesunt eum turbae multae et cura
uit eos ibi [3] et accesserunt adeum fa
rissei temptantes eum et dicentes silicet
homini dimittere uxorem suam qua
cum que excausa [4] qui respondens ait
eis nonlegistis quia qui fecit abinitio
masculum et feminam fecit eos [5] et dixit
propter hoc demittet homo patrem et
matrem et adherebit uxori suae et erunt
duo incarnae una [6] itaque etiam nonst
duo seduna caro quod ergo ds coniun
xit homo nonseparet [7] dicunt illi quid
ergo moises mandauit dari libelum re
pudii et demittere [8] ait illis quoniam
moẏses adduritiam cordis uestri per
mittit uobis demittere uxores uestros
abinitio autem nonsic fuit ∴ [9] Dico autē
uobis quia qui cum que dimiserit uxo
rem suam nisi obfornicationem et ha

33 nonne E ℙmg R T W for non.
missereri with her for misereri.

34 tortorib: gat for tortoribus.

XIX 1 galilea with *h r* dim her gat ℙ
E R W C Θ O V for galilaea.   iudeae
with *a d e f g₁ q* ℙ C O for iudaeae.

2 sequtae for secutae.

3 farissei with her R for pharisaei.
temptantes for temtantes

5 demittet with R (her and gat relinquet) for dimittet.   adherebit with *b f ff*
g₁ r her gat E ℙ R W F O A for adhaere-

bit.   carnae for carne.

6 etiam for iam.   nonst for non sunt.

7 moises with T W for moses.   libelum (*a b d h q* and lam librum, *m* liber)
for libellum.   demittere with her for
dimittere.

8 moyses   *a b d e f ff q r*   gat ℙ M̄
E H Θ K for moses.   permittit for permisit.   demittere for dimittere.   uestros
for uestras.

9 After ob *r₂* gives cause, while *d*
reads excepta ratione adulterii.   (*q r*

liam duxerit mechatur et quidimisam　　86
dixerit mechatur [10] Dicunt ei discipuli
eius si ita est causa hominis cum uxo
re non expedit nubere [11] qui dixit non
omnes capiunt uerbum istud sed
quibus datum est [12] sunt enim eunu
chi quidematris utero natisunt et su
nt eunchi qui factisunt abhominib:
et sunt eunuchi qui se ipsos iunuc
hauerunt propter regnum caelorū
qui potest capere capiat ∴ [13] Tunc obla
tisunt paruuli ut manus eis inpone
ret discipuli autem increpabant eis
[14] ihs ucro ait eis sinnite paruulos et
nollte eos prohibere admc uenire ta
lium enim est regnum caelorum [15] et cū
inpossuisset eis manus abiit inde
[16] Et ecce unus accedens ait illi magis
ter bonae quidboni faciam ut habe
am uitam aeternam [17] qui dixit ei quid
me interrogas debona unus est bo　　87
nus ds si autem uis ingredi aduitam
serua mandata [18] dicit illi quae ihs au
tem dixit nonhomicidium facies non
adulterabis non facies furtum non
falsum testimonium dices [19] honora
patrem et matrem et dile　ges proxi
mum tuum sicutte ipsum [20] dicitei ado

causa fornicationis and gat ob causam
f.) haliam for aliam. mechatur (twice)
her R W for moechatur. dimisam ꟼ
for dimissam. dixerit for duxerit.

10 hominis *efff* ꟼmg gat R B vg for
homini. uxore with *a b c f ff g₁ h q* Aug
dur gat M̄ Ⱡ E R C T B ⊖ K M V Z vg
for muliere.

12 —sic after utero. eunchi (*a b g₁ m*
spadones) for eunuchi. abhominib:
with gat for ab hominibus. iunuchauerunt (lam iunachaūunt) for castraue-
runt.

13 — ei after sunt. —et oraret (*a*
has et curaret). eis with *d ff g₁ h* gat Aug

E C T B Z for eos, after increpabant.

14 sinnite for sinite. enim est *d h*
Q X for est enim.

15 inpossuisset her E ꟼ gat for in-
posuisset.

16 bonae for bone.

44 shows under the pagination 87.

17 debona for de bono. ingredi ad
uitam for ad uitam ingredi.

19 dileges her ꟼ for diliges. There is
a stab in the skin here between dile and
ges.

20 ei *d* for illi. adoliscens her ꟼ K V
for adulescens.

liscens omnia haec custodiui quid
adhuc mihi deest ∴ [21] Ait illi ihs siuis
perfectus esse uade et uende omnia
quae habes et da pauperibus et ha
bis thesaurum in caelo et ueni seque
re me ∴ [22] Cum audisset autem adolis
cens uerbum abiittritis erat enim
habens multas possessiones [23] ihs
autem dixit discipulis suis amen
dico uobis quia diues deficele intra
bit in regnum caelorum [24] et iterum di
co uobis et facilius est camellum
perforamenacus transire quam di   88
uitem intrare inregnum caelorum ∴
[25] auditis autem his discipuli mirabant'
et timebant ualde dicentes quis ergo po
terit saluus esse ∴ [26] Aspiciens autem
ihs dixit illis apud homines hoc inpos
sibele est   apud dm autem omnia pos
sibilia sunt [27] tunc respondens petrus
dixit ei ecce nos relinquimus omnia
et secuti sumus te quid erit nobis ∴ /bis
[28] IHs autem dixit illis amen dico uo
quod uos qui sccuti estis me ingene
ratione cum sederit filius hominis
insede maiestatis suae ∴ Sedebitis et
uos super sedes duodecim iudican
tes xii tribus israhel ∴   [29] Et omnis qui
liquerit domum uel fratres aut
sorores aut patrem aut matrem

---

21 uade + et *e* her gat ℈P E R.
+ omnia *b e f ff q* Iren Cyp Aug her ℈Pmg
gat E Q W.   habis for habebis.

22 adoliscens her E R M̊ V for adulescens.   tritis for tristis.

23 deficele for difficile.

24 uobis + et.   camellum *a ff h n* gat
her ℈P R Σ for camelum.

25 mirabant' = mirabantur.   + et timebant *b c ff m n* μ dim ℈P Q (*a r* timebant).

26 inpossibele for inpossibile.   After
est which follows there is a stab in the

skin corresponding to the recto of the
folio at dileges xix. 19.

r₂ resumes after the break at xviii. 31.

27 relinquimus *c ff g₁* her gat Q R C Y
for reliquimus.   —ergo her Hil after
quid.

28 ingeneratione *ff r₁₂* her Hil for in
regeneratione.   ʌii *b n r₂* her gat for
duodecim.

29 liquerit (*a b h n r₂* IL relinquerit) for
reliquit.

F

aut uxores aut filios aut agros
propter nomen meum centuplum
accipet et uitam aeternam posse   89
debit ∴ ³⁰ Multi autem erunt primi

XX   nouissimi et nouissimi primi ∴ ¹ Simi
le est regnum caelorum homini pa
tri familias qui exiit primo mane con
ducere operarios inueneam suam ² con
uentione autem facto cum operaris
exdenario dierno misit eos inuineam
suam ³ et egresus circa horam tertiam
uidit alios stantes inforo otiosos ⁴ et
illis dixit ite et uos inuineam meam
et quod iustum fuerit dabo uobis ⁵ illi
autem abierunt iterum autem exiitcir
ca sextam et nouam horam et fecit si
milliter ⁶ inuenit alios stantes et dicit il
lis quid hic statis tota die circa unde
cimam uero exiit et inotiosi ⁷ dicunt quia
nemo nos conduxit dicit illis ite et uos
inuineam meam ⁸ cum sero autem fac
tum e]sset dicit dñs uiniae procura
tori] suo u[oca] op[e]r[a]rios et redde   90
illis mercidem incipiens anouissim
is] usque ad prim[os] ⁹ cum uenisent
ergo qui ci[r]ca unde[ci]mam horam
uenerant acceperunt [singu]los dena

29 uxores. Our codex seems to be alone in this reading of the plural for uxorem. Tert, however, has coniuges. a b d e ff n r₂ and Hil omit aut uxorem but f has it. Tert, Aug, and Iren with e read parentes for patrem aut matrem. accipet e for accipiet.   possedebit for possidebit.

30 VO has a note here ' Multi littera maiore L ad initium pericopae'.

XX I —enim b c e ff₁g₁₂m her gat E R C O vg after simile est.   ueneam for uineam (r₂ in messem).

2 facto r for facta.   operaris her Σ for operariis.   dierno for diurno.

3 egresus her gat ℟ R for egressus.

4 + meam a e f ff g₁ h n r gat her Greg ℟ M̄ Q R W C T H ⊙ O.

5 nouam for nonam.   similliter for similiter.

6 There is an inversion of order in this verse. inotiosi for otiosi.

7 —ei after dicunt.   + meam a b e f ff g₁ h n r₂ Greg E Q R W B ⊙ O T X.

8 Damp has obliterated many of the letters in verses 8 to 23. They are restored here in brackets.   ' cum sero autem fac[tum e]sset'. A fresh bit of parchment is pasted over ' tum e ' and ' tum e ' is written in the margin, but it is not to be seen in the photostat copy. uiniae R for uineae.   mercidem r₂ her gat E R for mercedem.

9 uenisent for uenissent.

rios [10] uenientes autem et primi [arbi
tratisuntquod plus essent accept
uri acceperunt et ipsi singulos dena
rios [11] et accipieientes murmurabant
a[due]rsus patrem familias [12] dicen
t[es] [hi] nouissimi unam horam fece
runt et pares illos nobis fecisti quia
portauimus pondus diei et aestus
[13] at ille respondens uni eorum dixit
amice nonfacio tibi iniuriam non
ne exdenario conuenisti mecum
[14] tolle quodtuum est et uade uolo
autem et huic nouissimo dare si
cut et tibi [15] aut nonlicet mihi quod
uolo facere an oculus tuus ne
quam est quia ego b[on]us sum [16] sic
erunt nouissim[i] pr[imi] et prim[i] [nouis
simi multi sunt enim uo[cati] pau[ci] [au
tcm electi ∴ [17] Et ascendens ihs hieruso
limam [adsu]mpsit duodecim discipu
los secreto et ait illis [18] ecce ascendimu[s
hierusolimam et filius hominis trad
e]tur prncipibus sacerdotum et scrib[is
et condemnabunt eum morte [19] et tra[de
nt eum gentibus addeludendum et fla
gillendum et crucif[i]gendum et tertia die
resurget ∴ [20] Tunc accessit adeum mater
filiorum zebedei cum [f]ilis suis [a]doran[s
et petens aliquid ab eo [21] quidixit ei quid
uis ait illidic ut sedeant hii duo fil[ii
mei unus add[ex]teram tuam et unus
adsinistram inregno tuo ∴ [22] Responden[s

91

10 −autem *e n* her gat R after accepe-runt.

11 accipieientes, slip for accipientes.

12 unam horam g_1 R M for una hora. quia for qui.

15 Part of the *ne* of nequam can be discerned as the last letters on the page but above the line.

17 hierusolimam gat for hierosoly-mam. (adsu)mpsit *a b e ff g₁ h n r₂* ℙ

R C Θ M T O V Z codd for assumsit according to the editio maior but adsum-sit in the editio minor.

18 hierusolimam E ℙ R for hierosoly-mam. prncipibus for principibus.

19 flagillendum for flagellandum.

20 zebedei *d e f ff g₁ h q r* E ℙ R W C H X gat for zebedaei. (f)ilis for filiis.

21 hii *b ff g₁ h r₁₂* her gat E R W C T B H O Σ for hi.

autem ihs̄ dixit ne[sci]tis quid [petat]is p[o
tes]tis bibere calicem quem ego bibi[turus
sum dicunt ei possimus ²³ait illis [ca]li[cem
meum quidem bibetis sedere autem ad   92
dexteram meam aut adsinistram non
est meum dare nobis sed quibus pa
ratum est apatre meo ∴ ²⁴ Et audientes
illi decim indignati sunt deduobus fra
tribus ²⁵ihs̄ autem uocabit eos adse et
ait scitis quia gentium principes domi
nantur eorum et qui maiores sunt po
testatem exercent in eos ²⁶nonita eritin
ter uos sed qui cum que uoluerit in
ter uos maior ficri sit uester minis
ter ²⁷ et quiuoluerit Interuos primus es
se erit uester seruus ∴ ²⁸ Sicut filius ho
minis nonuenit ministrari sed minis
trare et dare animam suam redem
ptionem promultis ∴ ²⁹ Et egredientibus
eis abhericho secutaest eum turba
multa ³⁰ et ecce duo caeci sedentes secus
uiam audierunt quia ihs̄ transiret
et clamauerunt dicentes dn̄e misere
re nostri filii dauid ³¹ turba autem in   93
crepabat eos ut tacerent at illi ma
gis clamabant dicentes dn̄e misere
re nostri filii dauid ³² et stetit ihs̄ et uo
cauit eos et ait quid uultis ut faciā
uobis ³³ dicunt illi dn̄e ut aperian
tur oculi nostri ³⁴ missertus autem
eorum ihs̄ tetigit oculos eorum et
confestim uiderunt et secutisunteū

22 possimus for possumus.

23 meum quidem *m* gat for quidem
meum.   nobis for uobis.

24 audientes + illi ℞.   decim E K Σ
for decem.

25 uocabit for uocauit.   gentium
principes R for principes gentium.

28 The passive ministrari both here and
in Mc. x. 45 is said by Cardinal Wiseman
to be an Africanism and is hardly to be

found in true Italian writers.   Teilo =
Chad is without the 'Seek to rise', &c.
interpolation here.

29 eis *a b c g₁ n q μ* Aug dim ℞ M
Σ Q R C T F M O V Z codd for illis.
herico for hiericho.

30 ecce slip for ecce.   filii (also in 31)
r₂ her gat ℞ Q R C A for fili.

34 missertus *r₂* gat for misertus.

XXI ¹ Et cum adpropinquassent hieruso
limis et uenissent bethfage admon
tem oliueti tunc ihs missit duos dedis
cipulis ² dicens eis ite incastellum quod
tra uos est et statim inuenietis assi
nam alligatam et pullum cum ea sol
uite et adducite mihi ³ et siquis uobis
aliquid dixerit dicite quia dns hisopus
habet et confestim dimittet eos ∴ / quod
⁴ hoc autem factum est ut inpleretur
dictum est perprofetam dicentem
⁵ dicite filiae sion ecce rex tuus uenit   94
tibi mansuetus et sedens super assinā
et pullum filium subiugalis ∴ ⁶ Euntes
autem discipuli fecerunt sic ut praeci
pit ihs illis ⁷ et adduxerunt assinam et
pullum et inpossuerunt eis uestimenta
sua et eum super sedere fecerunt ⁸ plurima
autem turba strauerunt uestimenta sua
inuia alii autem cedebant ramos dearbo
ribus et sternebant inuia ∴ ⁹ Turbae autē
quae procedebant et quaesequaebant'
clamabant dicentes osanna fili dauid
benedictus quiuenturus est innomine
dni ossanna inaltissimis / ta est uniuer
¹⁰ Et cum intrasset hierusolimis commo
sa ciuitas dicens quis est hic ¹¹ populi au
tem dicebant hic est ihs profeta anaza

XXI 1 hierusolimis ℙ gat for hierosolymis.   missit r_2 her gat for misit. deddiscipulis r_{12} Hil for discipulos.

2 tra for contra.   assinam r_3 her E R for asinam.

3 *us* in opus is in ligature.

The St. Gall fragment is missing from xxi. 3 *to* xxvi. 56.

4 inpleretur r_2 *ff* μ dim Σ C T F for impleretur.   profetam *efq* her D R ℙ for prophetam.

5 assinam r_2 her E R for asinam.

6 praecipit for praecepit.   ihs illis for illis Iesus.

7 assinam r_2 her R for asinam.

inpossuerunt r_2 her ℙ gat R for inposuerunt.   —super before eis. super *b e f ff g*₁ *h q r*₂ for desuper.

8 Is it *a* or *i* that is written subscript to the *m* after plurim? r_2 reads plurimi (plurimae au. turbae D Q R), ꝞO and vg plurima.   cedebant *b ff h r*₁ ₂ her ℙ gat R W C H O for caedebant.

9 procedebant for praecedebant. sequaebant' for sequebantur.   fili (r_2 filii) *a d e* Iren Σ D E W Z for filio.   ossanna (sec.) *b e r*₂ μ D for osanna.

10 hierusolimis for hierosolymam.

11 profeta *e q* for propheta.

reth galileae ∴ ¹² Et intrauit ihs intempl
um dī et iecebat omnes uendentes et em
entes intemplo et mensas nummulario
rum et cathedras uendentium colum   95
bas euertit ¹³ et dicit eis scriptum est do
mus mea domus orationis uocabitur
uos autem fecistis illam speloncam la
tronum ∴ ¹⁴ Et accesserunt adeum ceci et
claudi intemplo et sanauit eos ¹⁵ Uiden
tes autem principes sacerdotum et
scribae mirabililia quae fecit et pue
ros clamantes intemplo et dicentes os
sanna fili dauid indignati sunt ¹⁶ et dix
erunt ei audis quid isti dicunt ihs autē
dixit eis utique numquam legistis quia
exore infantium et lactantium perficis
ti laudem ¹⁷ Et relictis illis abiit foras
extra ciuitatem inbethaniam ibique
mansit ¹⁸ mane autem reuertens inciui
tatem essurit ¹⁹ et uidit feci arborem un
am secus uiam et uenit adeam et nihil
inuenit inea nisi folia tantum et ait
illi numquam exte fructus nascatur
in sempiternum et are facta est conti   96
nuo ficulnea ²⁰ et uidentes discipuli mira
ti sunt dicentes quomodo continuo a
ruit ficulnea ∴ ²¹ Respondens autem ihs
ait eis amen dico uobis sihabueritis fidē
et non aessitaueritis nonsolum deficul
nea facietis sed et si monti huic dixeritis
tolle te et iacta te inmare fiet ∴ / oratio
²² Et omnia quae cum que petieritis in
ne credentes accipietis ²³ Et cum uenisset

11 galileae *e f g₁ h q* her for galilaeae.
12 iecebat R for eiciebat.
13 speloncam *h r₂ μ* dim her D R for
speluncam.   14 ceci W for caeci.
15 mirabililia slip for mirabilia.   ossanna for osanna   fili (*r₂* filii) *a e* her
D E Z for filio.
    16 dicunt *b e f h q* Iren gat her D E Q
W T K vg for dicant.   dixit *b e f ff g₁ q r₂*

her Ƥ E R C for dicit.   perficisti dim
for perfecisti.   18 essurit for esuriit.
    19 uidit *e μ* dim her D Q R for uidens.
    feci W for fici.   uiam + *et e* gat R.
    20 + ficulnea *f ff h r₁₂ q μ* dim her gat
D Q R (-ia).
    21 aessitaueritis *r₂* for haesitaueritis.
tolle + te *a e f ff g₁ r₁₂ μ* Aug her gat dur
dim D E F M Q R T W.

intemplum accesserunt adeum docen
tem principes sacerdotum et seniores po
puli dicentes inqua potestate haec facis
aut quis tibi dedit hanc potestatem [24] res
pondens ihs dixit illis interrogabo uos
et ego unum sermonem quem si dixeritis
mihi et ego uobis dicam inqua potesta
haec facio [25] babtismum iohannis unde
erat ecaelo an exhominibus atilli co
gitabant inter se dicentes [26] si dixerimus
eeaelo dicet nobis quare ergo noncre
didistis illi si autem dixerimus exhomi
nibus timemus turbam omnes enim
habebant iohannem sicut profetam
[27] et respondentes ihūdixerunt nescimus
ait illis et ipse nec ego dico uobis inqua
potestate haec facio .˙. [28] Quid autem uo
bis uidetur homo habebant duos fili
os et accedens adprimum dixit filii ua
de hodie operare inuinea mea [29] ille hr
respondens ait nolo postea autem
poenetentiam motus habit [30] acecedens
autem adalterum dixit similiter atil
le respondens ait eo dñe et non iuit
[31] quis ergo exduobus fecit uoluntatem
patris dicunt nouissimus .˙. / puplica
Dicit illis ihs amen dico uobis quia

97

23 aut quis for et quis.
24 in qua potesta for in qua potestate. in qua potesta is all that remains in *r*.
25 babtismum *r₂* μ dim her D R for baptismum.
26 eeaelo slip for e caelo.   habebant *a c f g₁ h q* her gat ℙ D E Q R T W O X for habent.   profetam *de ff q* her ℙ D for prophetam.
27 facio *a b d e ff h q r₂* gat Aug Σ ℙ M̄ D E Q R C T K V M T Ł codd for faciam.
28 habebant for habebat.   filii for fili.
29 poenetentiam for paenitentia. habit for abiit.
30 acecedens slip for accedens.
31 quis + ergo *h r₁₂*.   nouissimus

a b d e ff g₁ h r r₂ lam her ℙ RCTBFI OXYA for primus. The sense requires the answer primus as given by VO. St. Jerome gave the comment 'Sciendum est in veris exemplaribus non haberi *novissimum* sed primum.' gat reads aright :—
et accedens adprimum dixit illi filii uade hodie operare inuineam meam ille hr respondens ait nolo post ea hr paenitentia motus abiit accedens hr adalterum dixit similiter at ille respondens ait eo domine & non iuit quis exduobus fecit uoluntatem patris ***** dicunt ei primus.....
We have already considered the interesting reading of Q (p. xlv) in this place. puplicani *b q r₂* ℙ D R for publicani.

ni et meritrices praecedunt uos inreg
no dī ³² uenit enim aduos iohannis in
uia iustitiae et noncredidistis ei pupli
cani autem et meritrices crediderunt   98
ei uos autem uidentes nec poenetenti
am habuistis post ea ut crederetis ei
³³ Aliam parabulam audite homo er
at pater familias qui plantauit uine
am et septem circum dedit ei et fodit in
ea turcular et edificauit turrem et lo
cauit eam agriculis et peregre profectus
est ³⁴ cum autem tempus fructuum adpro
pinquasset missit seruos suos adagri
culas ut acciperent fructus eius ³⁵ agricu
lae adpraechensis seruis eius alium
cederunt alium acciderunt alium uero
lapidauerunt ³⁶ iterum missit alios ser
uos plures prioribus et fecerunt illis
similiter ³⁷ nouissime autem missit adeos
filium suum dicens uerebuntur filiū
meum ³⁸ agricule autem uidentes filium
dixerunt inter se hic est heres uenite
occidamus eum et habebim heriditatē
eius ³⁹ et adpraechensum eum iecierunt   99
extra uineam et occiderunt ⁴⁰ cum ergo ue
nerit dn̄s uineae quidfaciet agriculis illis

31 meritrices r_2 μ dim D for meretrices.   in regno $e\,r$ Iren Aug gat for in
regnum.

32 iohannis $d\,f\!f\,r_2$ her gat ℙ Σ D Q R X
for iohannes.   puplicani $q\,r_2$ her ℙ D R
for publicani.   meritrices r_2 μ dim her
for meretrices.   poenetentiam r_2 W vg
for paenitentiam.

33 parabulam r_2 her gat D O R for
parabolam.   septem Q, with t erased,
giving sepem with $c\,f\!f\,g_1$ $h\,r_2$ D ℙ gat M̄
R W T O V for saepe.   turcular her gat
for torcular.   edificauit r_2 her C W for
aedificauit.   agriculis her gat B H R for
agricolis.

34 missit r_2 her gat D R for misit.
agriculas her R H T gat for agricolas.

35 —et $f\!f$ gat before agriculae for
agricolae.   adpraechensis r_2 her Q for
adprehensis.   cederunt $f\!f$ μ dim her ℙ
gat R H Y for ceciderunt.   acciderunt
with the a erased to an o for occiderunt.

36 and 37 missit r_2 her D ℙ gat R for
misit.

38 agricule her for agricolae.   inter
a W for intra.   habebim with two lines
above it and corresponding marks at
the end of the line and above it, giving habebimus.   heriditatē for hereditatem.

39 adpraechensum r_2 for adprehensum.
iecierunt for eiecerunt.

40 agriculis $f\,g_1$ $l\,q$ μ her gat R δ for
agricolis.

⁴¹ aiunt illi malos male perdet et uineam
locabit alis agriculis qui reddant ei fruc
tum temporibus suis ⁴² dicit illis ihs̄ num
quam legistis inscripturis lapidem quem
reprobauerunt aedificantes hic factus ÷
incapud anguli adño factus est istud hoc
est mirabile inoculis nostris ⁴³ ideo dico uo
bis quia auferetur auobis regnum dī et
dabitur genti facienti fructus eius ⁴⁴ et qui
ciciderit super lapidem iustum confrin
guetur super quem uero ciciderit conteret
eum ∴ ⁴⁵ Et cum audissent principes sacer
dotum et farissei parabulas eius cogno
uerunt quoddeipsis diceret ⁴⁶ et queren
tes eum tenere timuerunt turbas quo
niam sicut profetam eum habebant

XXII ¹ Et respondens ihs̄ dixit iterum inpa
rabulis eis dicens ² simile factum est   100
regnum eaelorum homini regi quifecit
nuptias filio suo ³ et missit seruos suos
uocare inuitatos adnuptias et noleba
nt uenire ⁴ iterum missit alios seruos di
cens dicite inuitatis ecce prandium meū
paraui tauri mei et altilia occisa et om
nia parata uenite adnuptias ⁵ illi autē
neglexerunt et abierunt alius inuil
lam suam alius uero adnegotiatio
nem suam ⁶ reliqui uero tenuerunt ser
eius et contumilia adfectos occideru
nt ⁷ rex autem cum audiss iratus est
et misis exercitibus suis perdidit homi

---

41 alis R for aliis.   agriculis μ dim
gat her R for agricolis.

42 ÷ is the sign for est.   capud
q r₂ Σ for caput.   factus (second) a b c ff
h q gat r₂ Σ D Q R for factum.   hoc est
r₂ μ dim D Q R for et est.

44 Verse 44 is omitted in r₂.   ciciderit (twice) her D R gat for ceciderit.
iustum with a dot over the first u for
istum.   confringuetur D for confringetur.

45 farissei r₂ her for pharisaei.

parabulas g₁ her D ℘ gat R for parabolas.

46 querentes ff q her gat D E C for
quaerentes.   profetam e q r ℘ D R O for
prophetam.

XXII 1 parabulis g₁ h r her gat D R F
Σ (d parauolis) for parabolis.

2 eaelorum slip for caelorum.

3 and 4 missit r₂ her gat D R for misit.
6 ser for seruos.   contumilia r₂ her
℘ M̄ D R for contumelia.

7 audiss for audisset.   misis for missis.

cidas illos et ciuitatem illorum succen
dit [8] tunc ait seruis suis nuptiae quidē
paratae sunt sed qui inuitati erant
nonfuerunt digni [9] ite ergo adexitus ui
arum et quos cum que inueneretis uo
cate adnuptias [10] et egresi serui eius in
uias congregauerunt omnes quos inue   101
nerunt malos et bonos et impletae sunt
nuptiae discumbentium [11] Intrauit autē
rex ut uideret discumbentes et uidit ibi
hominem nonuestitum ueste nuptiali
[12] et ait illi amice quomodo huc intrasti
nonhabens uestem nuptialem at ille
obmutuit [13] tunc dixit rex ministris liga
tis manibus et pedibus mittite eum in
tenebras exteriores ibi erit fletus et
stridor dentium [14] multi autem sunt
uocati pauci uero electi ∴ / fecerunt
[15] Tunc abeuntes farissei consilium
ut caperent eum insermone [16] et mittunt
ei discipulos suos cum hirodianis di
centes magister scimus quia uerax es
et uiam dī inueritate doces et non est
tibi cura dealiquo non enim respicit
adpersonam hominum [17] dic ergo nobis
quid tibi uidetur licet censum dari
cessari aut non [18] cognita autem ihs   102
nequitia eorum ait quid me temp
tatis hypochritae [19] ostendite mihi num
misma census at illi obtulerunt ei
denarium [20] et ait illis ihs cuius est

---

9 inueneretis her for inueneritis.
10 egresi for egressi.
13 manibus et pedibus (−eius) *ff h r*₂
TertGregDER for pedibus eius et manibus.
15 farissei *r*₂ D R for pharissei.   fecerunt *c ff h* (*r*₂ fecerī) D Q R for inierunt.
16 The *t* in mittunt is subscript.
hirodianis her for herodianis.
respicit + ad D Q R for respicis.
17 uidetur *a b e ff g*₁ *h q r*₁₂ Aug gat
(*d* bidetur) D E ℙ Q R W C B M̄ O

V Z codd vg for uideatur.   cessari *r*₂ dim
her D ℙ gat for caesari.   aut *a b e ff*
*g*₁ *r* E Q C T B gat (corrected to an) for an.
18 temptatis *b e ff g*₁ *h r*₁₂ dim her gat
D E R C B for temtatis.   hypochritae
D E R C B for temtatis.   hypochritae
for hypocritae.   Here the scribe departs
from his rule of never using a *y* except
in moyses and pylatus.
19 nummisma gat E ℙ R Ł for
nomisma.   obtulerunt *d e f h* ℙ D E T
W B θ Z for optulerunt.

imago haec et super scriptio [21] dicunt
ei cessaris cessari et quae sunt dī dō
[22] et audientes mirati sunt et relicto eo
abierunt ∴ [23] I Nillo die accesserunt ad
eum saducei qui dicunt nonesse resur
rectionem et interrogauerunt eum [24] dic
entes magister moises dixit si quis mor
tuus fuerit nonhabens filium ut edu
cat fratrem eius uxorem illius et susci
tet semen fratri suo [25] erant autem autem
apud nos septem fratres et primus ux
ore ducta defunctus est et non habens
semen reliquit uxorem suam fratri suo
[26] similiter secundus et tertius usque
adseptimum [27] nouissime autem omniū
et mulier defuncta est [28] inresurrectione
ergo cuius erit deseptem uxor omnes enī
habuerunt ea [29] respondens autem ihs
ait illis erratis nescientes scripturas
neque uirtutem dī [30] inresurrectione er
go neque nubent neque nubentur se
derunt sicut angili dī incaelo [31] deresur
rectione autem mortorum nonlegistis
quoddictum est adño dicente uobis [32] ego
sum ds abracham et ds iacob et dsisac
non est ds mortuorum sed uiuentium
[33] et audientes turbae mirabantur indoc
trna eius ∴ [34] Farissei autem audientes

103

20 super scriptio *a b ff h q* her (Σ super-
scribtio) for suprascriptio.

21 — tunc ait illis reddite ergo quae sunt
caesaris after cessaris for caesaris through
homoeoteleuton.   cessari for caesari.

23 saducei *q r₂* her D R W for sadducaei.

24 moises her W for moses.   educat
(her utducat, *r₂* adducat) for ducat.
fratrem for frater.

25 At first sight it would appear that the
second autem here is the scribe's mistake,
nevertheless it is the reading of *e* 'erant
autem autem apud nos septem fratres'.

28 52 shows underneath the pagination
103 here.   ea for eam.

30 ergo for enim.   nubentur according
to Wiseman is an archaism, used in this
way almost exclusively by African writers.

se⟨derunt *r₂ e* Aug gat her D E Q R
codd vg Hil (—sed) Faustus of Riez for
sed erunt instead of sed sunt.   angili for
angeli.

31 mortorum for mortuorum.   adño =
a domino with *r₂* E D ℈ R codd for a deo.

32 abracham *r₂* her gat for abraham.
isac *b d e ff h r* gat her ℈ for isaac.   There
is an inversion of order here et deus iacob
et deus isac for et deus isaac et deus iacob.

33 doctrna for doctrina.

34 Farissei *r₂* D *b* for Pharisaei.

quod silentium inpossuiset saduceis
conuenerunt inunum adeum ³⁵ et inter
rogauit eum unus exeis legis doctor
temtans eum ³⁶ magister quod est manda
tum magum inlege ³⁷ ait illi ihs dilegis
dñm dm tuum intoto corde tuo et into
ta animatua intota mentetua ³⁸ hoc
est maximum et primum mandatum   104
³⁹ secundum autem simile est huic dile
ges proximum tuum sicut te ipsum ⁴⁰ in
his duobus mandatis unuuersa lex
pendet et profete ∴ ⁴¹ Congregatis autem
farisseis interrogauit cos ihs ⁴² dicens
quid uobis uidetur dexpo cuius filius
est dicunt ei dauit ⁴³ ait illis quomodoer
go dauid inspu uocat eum dñm dicens
⁴⁴ dixitdñs dño meo sede adextris meis do
nec ponam inimicos tuos scabillum pe
duum tuorum ∴ ⁴⁵ Siergo dauid uocat eum
dñm quomodo filius eius est ⁴⁶ et nemo po
test respondere ei uerbum neque ausus
fuit quicquam exilla die eum amplius in
XXIII   terrogare : ¹ Tunc ihs locutus est adtur
bas et addiscipulos ² dicens super cathe
dram moisi sederunt scribe et farissei
³ omnia ergo quae cumque dixerint uobis
seruate et facite secundum opera uero
eorum nolite facere dicunt enim et non   105
faciunt ∴ ⁴ Alligant enim onera grauia
et inportabilia et inponunt inhumeros

---

34 inpossuiset for imposuisset.   saduceis r_2 her D R W for sadducaeis.   + ad
eum *b c d e f ff* dim her.

36 magum slip for magnum.

37 dilegis r_2 for diliges.   — et her
after anima tua.

39 dileges *b e* r_2 D ℙ R for diliges.

40 unuuersa for uniuersa.   The second
u has been rased down to an *i.*   profete
r_2 for prophetae.

41 farisseis for Pharisaeis.

44 peduum R for pedum.

46 potest for poterat.   quicquam corrected to quisquam.

XXIII 1 —suos r_2 after discipulos.

2 moisi (r_2 moysi) her for mosi. St.
Jerome substituted moses for the O.L.
moyses, and the old genitive case-ending
in i is taken from the O.L.   scribe r_2 W
for scribae.   farissei r_2 for pharisaei.

4 enim *d e f h* r_2 Iren gat ℙ D E R vg
for autem.   humeros *a e f g₁ h* Iren Gildas
gat 𝕃 ℙ D R C T Θ O X for umeros.

hominum degito autem suo nolunt ea
mouere ∴ ⁵ Omnia uero opera faciunt
ut uideantur abhominibus dilatant
enim filactiria sua et magnificant fim
brias ⁶ amant autem primos recubitos
in caenis et primas cathedras insinago
gis ⁷ et salutationes inforo et uocari ab
hominibus rabbi ∴ ⁸ Uos autem nolite
uocari rabbi unus enim est magister
uester omnes autem uos fratres estis
⁹ et patrem nolite uocare uobis super
terram unus enim est pater uester qui
incaelis est ¹⁰ nec uocemini magistri quia
magister uester unus estx$\bar{p}$s ∴ / ter ues
¹¹ Qui maior est uestrum erit minis
ter ¹² qui autem se exaltauerit humilia
bitur et qui se humiliauerit exalta
uitur ∴ ¹³ Uae autem uobis scribae et   106
farissei hippocrite quia clauditis reg
num caelorum ante hominis uos aut$\bar{e}$
non intratis nec introeuntes sinetis intra
re ¹⁵ Uae uobis scribae et farissei hi
pochrite quia circum itis mare et arid$\bar{a}$
ut faciatis unum prosilitum et cum fue
ritfactus facitis eum filium gechennae
duplo quam uos ¹⁶ uae uobis duces ceci
quid dicitis qui cum que iurauerit intem

---

4 degito for digito.

5 —sua R after opera.   filactiria her
꓈P R for phylacteria.

6 recubitos g_1 her ꓈P R T F M Y for
recubitus.   sinagogis $\mathit{ff}r_2$ gat ꓈P H W for
synagogis.

9 The i in qui is a subscript letter.

12 exaltauitur d O for exaltabitur.

The text of q is missing till verse 29.

13 farissei r_2 her for pharisaei.   hippocrite for hypocrite.   hominis for
homines.   uos autem ff her Gildas ꓈P
petroc D E Q R F for uos enim.   sinetis
her for sinitis.

14 The verse about devouring widows'
houses and making long prayers is absent
from our codex as it is also from gat.
VO omits it on the ground that it is absent from the best MSS. whether Latin or
Greek.   In r_2 it reads :—

Ue ℟ uobis scribe et farissei chipochrite
qui comeditisdomum uidbarum occassione
longa orantes propter hoc accipietis amplius iudicium.

15 farissei r W her for pharisaei.   hipochrite W for hypocritae.   circum itis
for circumitis.   Hil has circuitis.
prosilitum r_2 her gat ꓈P R T for proselytum.   gehennae her for gehennae.

16 ceci r_2 W for caeci.   quid dicitis
her for qui dicitis.   in templum $b\,f\!f\!f\,h$
r_2 her gat Σ D Q R B Hil for per templum.

plum nihil est qui autem iurauerit in
aurum templi debitor est [17] stulti et ceci
quid enim maus est aurum an templū
quod scī ficat aurum [18] et qui cum que iu
rauerit inaltare nihil est qui autem iu
rauerit indono quod est super illud
debitor est [19] ceci quid enim maius estdo
num an altare quod scī ficat donum
[20] qui ergo iurat inaltare iurat ineo et in
omnibus quae super illud sunt [21] et qui
iurauerit intemplo iurat inillo et ineo   107
qui habitatinipso [22] et qui iurat incaelo
iurat introno dī et inco quisedet super
eum ∴ [23] Uae uobis scribae et farissei hi
pochrite quia decimatis mentem et are
tum et cimminum et reliquistis quae
grauiora sunt legis iudicium et misericor
diam et fidem haec oportuit facere et il
la nonomittere ∴ [24] Duces caeci exculen
tes culicem camellum autem gluttie
ntes [25] Uae uobis scribae et farissei
hippochrite quia mundatis quodde
foris est calicis et parabsidis intus h̔
pleni sunt rapina et inmunditia [26] fa
risseae ecce munda prius quod intus
est calicis et parabsidis ut fiat id quod
defores est mundum ∴ [27] Uae uobis scri
bae et farissei hipochrite quia simileses

16 aurum r_2 her gat for auro. debitor est
$a\,c\,d\,f\,f\!f\,h\,r_{1\,2}$ her gat μ M̄ D E for debet.
17 ceci K W for caeci.   maus for
maius.
18 qui cum que r_2 for quicumque.   in
altare $c\,d\,f\!f\,g_{1\,2}\,r_2\,\mu$ dim Σ D E Q R K Θ
X Z A for in altari.   qui for quicumque.
b is missing from verse 18 of this chapter
to verse 27.   debitor est $a\,c\,f\!f\!f\,h\,r_2\,\mu$ gat
Ḷ D E Q R codd for debet.
19 ceci W for caeci.
20 in altare $d\,g_1\,\mu$ dim gat D E Q R
codd for in altari.
21 habitat for inhabitat.
22 trono $f\!f\,g_1$ her T for throno.
23 farissei r_2 for pharisaei.   hipo-

chrite for hypocritae.   mentem for mentam.   aretum $f\!f\,h$ (r_2 annitam) for anethum.   cimminum her ℱ R for cyminum.
24 exculentes E for excolantes.   camellum $a\,e\,f\!f\,h\,r_2$ ℱ gat D R B codd   for
camelum.   gluttientes $e\,f\!f\,g_1\,h$ Σ C R X
Y Z A codd for glutientes.
25 farissei r_2 her for pharisaei.   hippochrite for hypocritae.   parabsidis h D
E R C T X Σ codd her gat for parapsidis.
h̔ for autem.
26 farisseae r_2 for pharisaee.   ecce
slip for caece.   parabsidis a gat D E R C
I X codd for parapsidis.   — et after fiet.
defores (aforis gat) for deforis.

tis sepulchris dealbatis quae aforis
apparent hominibus speciosa intus uero
plena sunt ossibus portuorum et om   108
ni spurcitia ²⁸ sic et uos aforis paretis
quidem hominibus iusti iustus autem
pleni estis hypochrisi et iniquitate ∴
²⁹ Uae uobis scribae et farissei hipochri
te qui aedificatis sepulchra profeta
rum et ornatis monumenta iustorum
³⁰ et dicitis quia sifuissemus indiebus pa
trum nostrorum non essemus socii eo
rum insanguine profetarum ³¹ itaque
testimonium estis uobis met ipsis quia
filii estis eorum quiprofetas occiderunt ∴
³² Et uos inplete mensuram patrum ues
trorum ³³ serpentes genimina uiperarū
quomodo fugietis aiudicio gechennae ∴
³⁴ Ideo ecce mitto aduos profetas et sapi
entes et scribas et exillis occidetis et cru
cificetis et exillis flagillabitis in sina
gogis uestris et persequemini deciuita
te inciuitatem ³⁵ ut ueniat super uos
omnis sanguis iustus qui effus   109
sus est super terram asanguine
abel iusti usque adsanguinem sacha
riae filii barachiae quem occidistisin
tertemplum et altare. ³⁶ amen dico uo
bis uenient haec omnia supergenera
tionem istam ∴ ³⁷ Hirusalem quae occidis

---

27 apparent for parent.   portuorum
slip for mortuorum.

28 paretis quidem ℙ for quidem paretis.   iustus for intus.   hypochrisi for
hypocrisi.

*The text of q is resumed after the break
at verse* 12.

29 farissei r_2 for pharisaei.   hipochrite
for hypocritae.   29 and 30 profetarum
e ff q $r_{1\,2}$ her ℙ D E R O for prophetarum.

30 + quia *a b c ff h q* r_{12} gat D E Q R.

31 testimonium *a b e f ff h q r* D Q R for
testimonio.   profetas *e ff r q* her ℙ D Q
R O for prophetas.

32 inplete *a ff h* D ℙ C T O F for im-
plete.

33 gechennae g_1 her for gehennae.

34 —ego before mitto *d* Iren Aug E R
Z.   profetas *a* her ℙ D Q R for prophetas.   exillis (second) *b f h q r* gat for ex eis.
crucificetis for crucifigetis.   flagillabitis r_2 her ℙ for flagellabitis.   sinagogis
r_2 her gat ℙ T for synagogis.

35 effussus for effusus.   sachariae (r_2
sacharie) for zachariae.

37 Hirusalem *r* W her for Hierusalem.
Our text has but one Jerusalem here.

profetas et lapidas eos qui adte missi
sunt quotiens uolui congregare filios
tuos quem admodum gallina congre
gat pullos suos subalas suas et nolu
isti [38] ecce relinquetur uobis domus ues
tra deserta [39] dico enim uobis nonne ui
debitis amodo donec dicatis benedictus

XXIV   qui uenit innomine dn̄i ∴ [1] Et egressus
ih̄s detemplo ibat et accesserunt disci
puli eius ut ostenderent ei aedificatio
nes templi [2] ipse autem respondens dix
it illis uidetis haec omnia amen dico
uobis nonrelinquetur hic lapis super
lapidem qui non distruatur ∴ / ueti   110
[3] Sedente autem illo super montem oli
accesserunt adeum discipuli secre
to dicentes dic nobis quando haec erunt
et quod signum aduentus tui et consum
mationis saeculi [4] et respondens ih̄s
dixit eis uidete ne quis uos seducat
[5] multi enim uenient innomine meo di
centes ego sumxp̄s et multos seducent
[6] audituri autem estis proelia et opinio
nes proeliorum uidete neturbemini op
ortet enim haec fieri sed nondum est fi
nis [7] consurget enimgens ingentem et reg
num inregnum et erunt pestilentiae et
fames et terrae motus perloca [8] haec h̄
omnia initia sunt dolorum ∴ [9] Tunc tra
dent nos intribulationem et occident
uos et eritis omnibus gentibus propter
nomen meum [10] Tunc scandalizabunt'
multi et inuicem tradent et odio habe

37 profetas *a e q r* her for prophetas.
alas +suas *a b c d δ e g₁ h q r₁₂ ff₁* her
Faustus of Riez Cyp Ambr Aug D E ℱ
H Q T codd. gat corrects halis suis to
halas suas.

38 relinquetur *c e f ff₁ g₁₂ h q r₂* Iren gat
D E Q R C B W Z codd vg for relinquitur.

39 nonne for non me.

XXIV 2 illis *a b e ff h* Aug her gat E R

W C T B for eis. distruatur *e g₁ r₂* D ℱ
her gat for destruatur.

3 illo for eo. *nt* in erunt is in ligature
with *t* subscript.

6 autem *a b c f q* her D T H O Z for
enim.

9 nos for uos. — odio after eritis.

10 —et F before tunc. scandalizabunt' for scandalizabuntur.

bunt inuicem [11] et multi seodo profete sur   111
gent et seducent multos [12] et quoniam ha
bundauit iniquitas refrigerescet caritas
multorum [13] qui autem permanserit usque
in finem hic saluus erit ∴ [14] Et praedicabi
tur hoc euangelium regni inuniuerso or
be intestimonium omnibus gentibus et
tunc ueniet consummatio ∴ [15] Cum ergo ui
deretis abhominationem desolationis
quae dicta est adanielo profeta stan
tem inloco sc̄o qui legit intellegat ∴ / tes
[16] Tunc qui inuidia sunt fugient inmon
[17] et qui intecto non discendat tollere
aliquid dedomu sua [18] et qui inagro
nonreuertatur tollere tonicam suā
[19] Uae autem praegnantibus et nutrien
tibus inillis diebus [20] Orate autem ut
non fiat fuga uestra hiemeuel sabba
to [21] Erit enim tunc tribulatio magna qua
lis nonfuit abinitio mundi usque mo
do neque fiet ∴ [22] Et nisi brebiati fuiss   112
nt dies illi nonfieret salua omnis ca
ro sed propter electos breuiabuntur
dies illi ∴ [23] Tunc siquis uobis dixerunt
ecce hic xp̄s aut illic nolite credere
[24] Surgent enim seudo xp̄i et seudo profe
tae et dabunt signa magna et prodigia

11 seodo profete (r_2 seodo) D R for pseudoprophetae.

From xxiv. 12 to xxviii. 3 Professor Lawlor prints the O.L. part of the text of the Book of Mulling. It is of importance as showing how the Old Latin text was vulgatized by the corrections made to bring it up to the Vulgate standard.

12 habundauit g_1 r_2 for abundabit. refrigerescet $r_{1\,2}$ μ D E for refrigescet.

13 permanserit b c ff q μ dur D Q C T codd for perseuerauerit.

15 uideretis Σ R for uideritis. abhominationem a q μ dim ℙ M̄ ℒ D E R W codd for abominationem. danielo f ff_1 μ dim gat ℙ T R V E Y Z codd for danihelo. profeta for propheta.

16 inuidia (r_2 iniudia, her īiudia) for in Iudaea. fugient for fugiant. inmontes r Iren Aug Cyp her M̄ R W F K for ad montes.

17 discendat b g_1 her D ℙ gat R for descendat. de domu μ M̄ D Q R V for de domo.

18 tonicam h (r_2 tonicas) μ gat ℙ D E R for tunicam.

19 praegnantibus a e r Aug Cyp Hil E Q W C T B Y (part of the first n has been erased) for praegnatibus.

22 brebiati be μ C O X for breuiati. fuissent for fuissent.

23 dixerunt for dixerit.

24 seudo xpi r_2 μ for pseudochristi. seudo profetae for pseudoprophetae.

ita ut inerorem inducantur si fieri pot
est etiam electi [25] ecce praedixi uobis [26] sier
go dixerint uobis ecce indeserto est no
lite exire ecce inpenetrabilibus nolite
credere [27] si ait ergo fulgor exit aboriente
et aparet usque inoccidente mitta erit
et aduentus filii hominis [28] ubi cum que
fuerit corpus illic congregabuntur a
quile ∴ [29] Statim autem post tribulatio
nem dierum illorum sol obscurabitur
et luna nondabit lumen suum et stelle
cadent decaelo et uirtutes caelorum
commouebuntur [30] et tunc parebit signum
fili hominis incaelo et tunc plan   113
gent se omnes tribus terrae et uidebunt
filium hominis uenientem innubus cae
li cum uirtu   te multa et maistate
[31] et mittet angelos suos cum tuba et uoce
magna et congrabunt electos eius aqua
tuor uentis et asummis caelorum usq:
adterminos eorum ∴ [32] abarbore autem

---

24 Scrivener gives memorem (pro in errorem) as the reading here and is followed by VO 'memorem'; but an inspection of our MS. at xiv. 13 shows that *in* should be read there as here. At first I transcribed it *in nauiculam locum destum* until I thought it looked odd and remembered the difficulty here due to the likeness of the letters. The context of xiv. 13 demanded an *in*. What looks like the scribe's *m* is in reality *in*, and here the letters have the same appearance as in xiv. 13. Scrivener and VO are wrong here.

26 penetrabilibus $a\,ff g_1\,h$ her gat ⅌ R B W Y Z codd for penetralibus.

27 si ait for sicut.   ergo for enim. fulgor $g_1\,h\,q\,r_2$ her gat for fulgur. aparet for paret.   occidente for occidentem.   mitta for ita.

28 illic $a f g_1 h q r_2$ her gat for illuc. aquile $b\,r_2$ her W for aquilae.

29 stelle W for stellae.

30 fili for filii.   +se before omnes $a\,b\,c\,ff\,h\,q\,r_2\,\mu$ her gat D E F.   nubus for nubibus.   uirtu (there seems to be a stab in the parchment here) te.   maistate for maiestate.   δ has also gloria, with *d*.

31 There is confusion here. The scribe wrote congrabunt perhaps as a contraction for congr(eg)abunt. Now in *r* the reading is congrega at the end of the line and tur at the beginning of the next, giving congregatur. The scribe appears to have been in a doubt. He erased *bu* but did not complete the erasure of *n*, for he left half of it, reducing the *n* to an *i*, and he seems to have left tbe word for further correction. E* gives congregabuntur. VO's 'congregabit L^c' is not quite correct, for there is no *eg* in our MS. here.

quatuor $r_{1\,2}$ gat her ⅌ D E R Hil for quattuor.   uentis + et *b* gat Q Θ O Z.   usq: r_2 and gat for usque.

fici discite parabulam cum iam ramus
eius tener fuerit et folia nata scitis quia
prope est aestas [33] ita et uos cum uidere
tis haec omnia scitote quia prope
est inianuis [34] amen dico uobis quia non
praeteribit haec generatio donec omnia
haec fiant [35] caelum et terra transibu
nt uerba uero mea nonpraeteribunt
[36] Dedie autem illa et hora nemo scit
neque angeli caelorum nisi pater so
lus ∴ [37] Sicut autem indiebus noe ita
[38] ante diluium comedentes et bibentes
et nubentes et nuptum tradentes us

114

que adeum diem quo intrauit inar
cam noe [39] et non cognouerunt donec ue
nit diluium et tulit   omnes ita erit
et aduentus filii hominis ∴ [40] Tunc duo
erunt inagro unus adsumetur et unus
relinquetur [41] duae molentes inmola una
adsumetur et una relinquetur [42] uigela
te ergo quia nescitis qua dn̄s uesteruen
turus sit [43] illud autem scitote quoniam
si sciret pater familias qua hora fur
uenturus esset uigilaret utique et nonsi
neret perfodiri domum suam [44] ideoque
et uos estote parati quia nescitis qua

---

32 parabulam *h r*₂ her gat R O   for parabolam.

33 uideretis Q gat for uideritis.

37 —erit et aduentus filii hominis sicut enim erant in diebus, through homoeoteleuton after ita.

38 diluium *r*₂ her ℘ R for diluuium.
  + et after bibentes *b m r*₂ her.

39 diluium *r*₁ ₂ *μ* her ℘ R for diluuium.
After tulit there appears to be a break in the parchment corresponding to that on the other side of the skin.

40 and 41 adsumetur *a b d f ff g*₁ *h q r*₂ E ℘ Q R C T B A Θ O Y Z A for assumetur. Here again VO editio minor differs from the editio maior.

42 Our MS. with VO omits verse 42

duo in lecto, unus assumetur, et unus relinquetur, which appears in the Sixtine Vulgate but the Clementine vg omits it. It is found, however, in *a b f ff*. VO departs from the numbering of the A.V. and R.V., which is one verse behind to the end of the chapter. Nestle's numbering follows the A.V. and R.V., as does also the Clementine. These are followed here in preference to VO till the end of the chapter.   uigelate D for uigilate.
  —hora *ff* after qua.

44 ideoque *f* her ℘ gat E Q C T B F Θ for ideo.   nescitis qua hora *b ff h r*₂ D E Q R T O K M̄ V Hil for qua nescitis hora.

hora filius hominis uenturus est ∴ / que͞
[45] Quis nam fidelis est seruus et prudens
constituit dominus suus super famili
am suam ut det illis cibum intempore
[46] Beatus ille seruus quem cum uenerit
dn͞s eius inuenerit sic facientem [47] amen
dico uobis quoniam super omnia   115
bona sua constituet eum [48] Si autem
dixerit malus seruus ille incorde suo
moram facit dn͞s meus uenire [49] et cepe
rit percutere conseruos suos manducet
autem et bibet cum ebreis [50] ueniet dn͞s ser
ui illius indie qua nonsperat et hora
qua ignorat [51] et diuidet eum partemque
eius ponet cum hippochritis illic erit

XXV   fletus et stridor dentium ∴ [1] Tunc simile
erit regnum caelorum .x. uirginibus qu
ae accipientes lampades suas exierunt
obiam sponso et sponsae [2] quinque aute͞
exeis erant fatuae et quinque pruden
tes [3] sed quinque fatuae acceptis lampa
dibus nonsumpserunt oleum secum
[4] prudentes uero acciperunt oleum in
uassis suis cum lampadibus [5] mora͞
autem faciente sponso dormitaue
runt omnes et dormierunt [6] media h̅r
nocte clamor factus est ecce spon   116
sus uenit exite obiam ei [7] tunc surrex
erunt omnes uirgines ille et ornaue
runt lampades suas [8] fatue autem sa
pientibus dixierunt date nobis deoleo

45 quis + nam *b c h* $r_{1\,2}$ dim *ff f* R Hil.
In Ⱅ quis putas is omitted in the text but
written above the line.   —putas *a b m q*
$r_{1\,2}$ Hil.   fidelis est gat for est fidelis.
super *a ff* g_1 *h m q* her gat Iren Hil D
E ⅌ Q R C T B codd for supra.
The revised African e is missing from
this place till xxviii. 2.
49 ceperit (*r* incipiet) W for coeperit.
bibet r_2 for bibat.   ebreis for ebriis.
51 hippochritis (*r* infidelibus) gat R for
hypocritis.

XXV. 1 .x. $r_{1\,2}$ *μ* gat D E R W for decem.   obiam r_2 Q R for obuiam.
3 sumpserunt *b δ ff* g_1 *h* r_2 *μ* her gat Σ Ⱅ ⅌
D E Q R W C T B codd vg for sumserunt.
4 acciperunt her gat ⅌ D E R for acceperunt.   uassis r_2 her gat ⅌ D E R Y
for uasis.
6 h̅r gat for autem.   obiam r_2 her R
for obuiam.
7 ille *ff q* r_2 E W for illae.
8 fatue g_1 *q* W for fatuae.   dixierunt
for dixerunt.   See note on Mt. iii. 7. p. 7.

uestro quia lampades nostrae extin
guntur [9] respondens autem prudentes
dicentes nonne forte nonsuficiet nobis
et uobis ite putius adeos uendentes et
emitte uobis [10] dum autem irent emere ue
nit sponsus et quae parate erant intra
urunt cum eo adnuptias et clausa est
ianua [11] nouisimi ueniunt et relinque uir
gines dicentes dñe dñe aperi nobis [12] at ille
respondens ait amen dico uobis quod
nescio uos [13] uigilate itaque quia nescitis
diem neque horam [14] Sicut homo peregre
profeciscens uocauit seruos suos et tra
didit illis bona sua ∴ [15] Et uni dedit quin
que tallenta alii autem duo alii uero
unum uni cuice secundum opera sua
et profectus est statim [16] abit autem qui
cumque tallenta acciperet et operatus
est ineis et lucratus est alia duo qui
quinque [17] similiter et quiduo acciperet
lucratus est alia duo [18] qui autem unum
acciperet habens fodit interram et ab
scondit pecuniam dñi sui [19] post mul
tum uero temporis uenit dñs seruo
rum illorum et possuit rationem cū

117

9 respondens for responderunt. + autem $d\,\delta\,q$ dim her D Q.　nonne forte $b\,d$ $g_1\,r$ her gat (μ non ne forte) for ne forte.
　+non $b\,d\,g_1\,q\,r$ gat D E R.　suficiet for sufficiat.　putius $r_2\,\mu$ her ℘ R for potius.　ad + eos $h\,\mu\,r$.　emitte g_1 V for emite.

10 parate for paratae.　intraurunt corrected to intrauerunt.

11 nouisime for nouissime.　relinque for reliquae.

12　+ quod $b\,c$ D before nescio.

14　− enim d after sicut.　profeciscens for proficiscens.

15 tallenta r_2 for talenta.　uni cuice for unicuique.　opera sua for propriam uirtutem.　VO has an important note on this : ' Codicis autem Lichfeldensis uel Landauensis (L) proprietates paucae

sunt.　Correctiones quidem in eo quasdam forsan ex Graeco factas esse supra notauimus ; uarietates autem quae ei insunt singulares scribarum erroribus plerumque imputandae uidentur : hae tamen memorari possunt : Mt. xxv. 15 propriam uirtutem : opera sua L non uett : Mc. ix. 37 huiusmodi : cuius modi L. xv. 28 et cum iniquis ueritas deputata est L.' (715).

16 abit Q for abiit.　cumque, mistake for quinque.　tallenta r_2 her for talenta.　acciperet (also in 17 and 18) for acceperat.　alia + duo qui r (her alia .II. qui).

17　+ et $a\,c\,d\,\delta\,f\,f\!f_{1\,2}\,g_{1\,2}\,h\,q\,r\,\mu$ dim Greg D Q W H vg.

18 habens for abiens.　terram $a\,b\,f\,g_1$ $h\,\mu$ her gat E T W H O X vg for terra.

19 possuit gat r_2 her ℘ R for posuit.

eis [20] et accedens qui quinque tallenta
acciperet obtullit alia quinque tal
lenta dicens quique talenta mihitra
didisti ecce alia quinque super lucra
tus sum [21] ait illi dñs eius euge serue bo
ne et fidelis quia super paucae fuisti
fidelis super multae constituam intra
ingaudium dñitui [22] accesit alter et qui
duo talenta acciperet et ait dñe duota
lenta tradidisti mihi ecce alia duo lu
cratus sum [23] ait illi dñs eius euge ser
ue bone et fidelis quia super pauca
fuisti fidelis super multe te constituā
intra ingaudium dñi dī tui [24] accedens h·
et qui unum tallentum acciperet ait
dñe scio quia homo durus es metis ubi
nonseminas et congregas ubi non spa
rasti [25] et timens ego abui et abscondit
tallentum tuum interra ecce habes
quodtuum [26] respondens autem dñs dix
it ei seruae male et piger sciebas quia
meto ubi nonsemino et congrego ubi non
sparsi [27] oportuit ergo te committere
peccuniam meam nummularis et ue

118

---

20 tallenta (twice) r_2 her for talenta.
acciperet r_2 for acceperat. obtullit r_2
gat R for optulit. —domine. quique
slip for quinque. In the same line talenta
is spelt with two l's and with one. —et
before ecce with $a\,bf\!f\!f\,g_1\,q\,r\,r_2$ her D V E
Q R C T H V X Z codd.

21 paucae for pauca. super $a\,b\,d\!f\!f\!f$
$g_1\,h\,r$ Iren her Σ gat ℙ Q R W C T B F Θ
O V Y A for supra. O.L. apparently
made no difference between over a few
things and over many things. St. Jerome
wrote super pauca but supra multa.
multae for multa. —te.

Verses 22 and 23 are missing in r_2.

22 accesit alter et with gat for accessit
autem et. acciperet for acceperat.

23 super with $a\,b\,d\,\delta\,f\!f\!f\,g_1\,h$ Iren Greg
gat her M̄ D E Q R C vg codd for supra.
multe for multa. domini + dei with

B O R.

24 h· with gat for autem. tallentum
with r_2 her for talentum. acciperet for
acceperat. —et after es with $bf\!f\!f\,g_1\,r_2$
her Greg gat D E R W C T B codd vg.
seminas with J for seminasti. sparasti
with her for sparsisti.

25 timens +ego (r timui ergo) with
gat her D Q R dim. abui for abii. abscondit. Here the t has been partly
erased as a correction to abscondi. tallentum r_2 her for talentum. —est at end,
d and q.

26 —eius after dñs $f\,r$ her dim D.
seruae male for serue male.

27 committere with $a\,b\,c\,f\,q$ Ambr D Q
R W Θ V X Z, which St. Jerome changed
to mittere. peccuniam r_2 D R for pecuniam. nummularis ℙ Y μ dim her for
nummulariis.

niens ego recipissem utique quodmeū
est cum ussura [28] tollite itaque abeo
tallentum et date ei qui habet decim
tallenta : :· [29] Omni habenti dabitur et ha
bundabit ei autem qui nonhabet et
quod uidetur habere auferetur [30] ieci
te intenebras exteriores illic erit fle   119
tus et stridor dentium :· [31] Cum autem
uenerit filius hominis inmaiestate
sua et omnes angeli cumeo tunc sedebit
super sedem maiestatis suae [32] et congre
gabuntur ante eum omnes gentes et se
parabit eos abinuicem sicut pastor
segregat oues abhedis [33] et statuet oues
quidem adextris haedos autem asinis
tris [34] tunc dicet rex his qui adextris eius
erunt Uenite benedicti patris mei pos
sedite regnum paratum uobis aconsti
tutione mundi [35] essuriui enim et dedistis
mihi manducare sitiui et dedisti mihi
bibere hospes eram et colligistis me [36] nu
dus et operuistis me infirmus et uisitas
ti me incarcere eram et uenistis adme ∴
[37] Tunc respondebunt ei iusti dicentes
dñe quando te uidimus essurientem
et paumus sitientem et dedimus tibi
potum [38] quando autem te uidimus   120

27 recipissem with *ff h r*₂ her D ℥ gat
for recepissem.   ussura with her for usura.
28 tallentum with *r*₂ her R for talentum.   decim with *q* her K for decem.
tallenta for talenta.
   29 —enim after Omni.   habundabit
with *d r*₂ *μ* gat ℳ D C for abundabit.
—ab eo after auferetur.
   30 —et inutilem seruum. The omission
of ab eo et inutilem seruum shows how
the texts of L and *μ* agree, and how the
O.L. portions of *μ* were being corrected to
the Vulgate standard. Here both L and
μ omit ab eo, ab eo et being erased in *μ*
and in the margins and over the erasure
ab eo ∴ et inutilem. *r*₂ reads ab eo et
nequam seruum. *μ* has expuncted ne-

quam.   iecite *μ* dim her D R for eicite.
   32 hedis *g*₁ *h q* her gat E R W C B codd
for haedis.   —suis after dextris.
   34 possedite with *r*₂ her dur dim R for
possidete.   regnum paratum uobis with
f dur Q corrected to paratum uobis regnum.   After possedite there is a dot
with a line over it and two dots over the
line, and the same after regnum, and a
dot after uobis.
   35 essuriui   *r*₂ gat her D for esuriui.
   dedisti (second) *g*₁ Iren H Y for dedistis.   colligistis C R for collegistis.
   36 uisitasti Iren for uisitastis.
   37 essurientem *r*₂ gat her for esurientem.   paumus with a dot over the first
u for pauimus.

hospitem et collegimuste aut nudum
et co operumus ³⁹ aut quando te uidimus
infirmum aut in carcerem et uenimus
adte ⁴⁰ et respondens rex dicit illis amen
dico uobis quandiu fecistis uni dehis
fratri bus meis minimis mihi fecistis
⁴¹ tunc dicet his qui asenistris erunt dis
cedite ame maledicti inignem aeternā
qui praeparatus est diabulo et angelis
eius ⁴² essuriui enim et non dedistis mihi
manducare sitiui et non dedistis mihi
potum ⁴³ hospes eram et non colligistis
me nudus et non operuistis me infirm
us et incarcere et nonuissitasti me : / ndo
⁴⁴ Tunc respondebunt et ipsi dicentes qua
te uidimus essurientem aut sitientemaut
hospitem aut nudum aut infirmum uel
incarcem et non ministrauimus tibi ⁴⁵ tunc
respondebit illis dicens amen dicouobis
quandiu nonfecistis uni deminoribus
his nec mihi fecistis ⁴⁶ et ibunt hii insu
plicium aeternum iusti autem inuitam

XXVI   aeternam ∴ ¹ Et factum est cum consum
masset ihs̄ sermones hos omnes dixit
discipulis suis ² scitis quia post biduum
pascha fiet et filius hominis tradetur
ut crucificatur ³ tunc congregatisunt prin
cipes sacerdotum et seniores populi ina

121

---

38 co operumus for cooperuimus.

39 *us* in ligature in uidimus. carcerem with *a b h* B C F H Θ X Y for carcere.

40 dicit with *a b h* O for dicet. quandiu with *c ff r₂ μ* dim D ℙ R O for quamdiu. There is a gap wide enough for a letter between fratri and bus with a large dot after the fratri. *a* and *b* read fratrum.

41 —et before his with *a b d ff r₂ μ* dim Q R T Z. senistris with *r₂* ℙ for sinistris. aeternam corrected to aeternum. diabulo with *ff g₁ h* her gat ℙ R C B V Z (*r₂* sabulo) for diabolo.

42 essuriui with *r₂* gat her D for esuriui. Q has the interesting reading beire for potum here, and *r₂* bibere.

43 colligistis with ℙ mg Q R for collegistis. uissitasti for uisitastis.

44 —dn̄e after dicentes. essurientem with gat *r₂* D for esurientem. carcem for carcere.

45 quandiu with *a b c ff μ q r₂* dim ℙ D R M O for quamdiu.

46 hii with *b d f ff g₁* Σ ℙ gat D R W C T B for hi. suplicium with *f* D for supplicium.

XXVI 2 crucificatur for crucifigatur.

trium principes sacerdotum qui dece
batur caiphas ⁴et consilium fecerunt ut
ihm̄ dolo tenerent ⁵dicebant autem non
indie festo ne forte tumultus fieret inpo
pulo ∴ ⁶Cum autem essetihs inbethania
indomu simonis leprosi ⁷accessit adeum
mulier habens olbastrum unguenti prae
tiosi et effudit super capud eius recumbe
nte ipso ⁸uidentes autem discipuli indig
natisunt dicentes ut quid perditio haec
⁹potuit enim istud uenundari pretio
multo et dari pauperibus ¹⁰sciens autē
ihs̄ aitillis quid molesti estis mulieri
bonum opus operata est inme ¹¹nam
semper pauperes habebitis uobis cum
me autem nonsemper habebitis / cor
¹²Mittiens enim haec unguentum hoc in
pus meum adsepeliendum me fecit ∴
¹³amen dico uobis ubi cum que praedi
catum fuerit hoc euangelium intoto
mundo dicetur et quod haec fecit inme
moriam eius ∴ ¹⁴Tunc abiit unus deduo
decim quidicitur iudas scariothaad
principes sacerdotum ¹⁵et ait illis quid
uultis mihi dare et ego uobis eum tra
dam atilli constitueruntei trigenta ar
gent eos ¹⁶et exinde querebat oportunita

122

3 principes with $b\,g_1\,h\,q\,r_2$ gat her for principis. decebatur for dicebatur (gat uocatur). caiphas with $a\,d\,f\,f\!f\,g_1\,h\,r_2$ B E H ⊕ K M̄ O V W X Y Z vg for caiphas.

4 —et occiderent with r_2 after tenerent.

6 domu with $r_2\,\mu$ dim her D for domo.

7 olbastrum for alabastrum. unguenti $a\,b\,d\,f\!f\!f\,g_1\;q\,r$ her ⅋ E Q R T W K M̄ O X Σ 𝕃 Hil vg for ungenti. praetiosi for pretiosi. capud with $q\,r_2$ R W for caput. eius $a\,b\,c\,f\!f\!f\,h\,q\,r_{12}$ her μ E Q R ⅋mg for ipsius. recumbente ipso $a\,b\,c\,f\!f$ $q\,r_{12}$ D E O Q R μ X dim for recumbentis.

9 pretio multo with $f\!f$ gat (praetio) her D for multo.

10 bonum opus r_2 her D E ⅋ Q for opus bonum.

11 habebitis $b\,q\,r_2$ dur her gat D E Q R C T B K M M̄ O X for habetis. habebitis with $b\,f\,q\,r_2$ gat h D E Q R W B F H ⊕ K M̄ O V X for habetis.

12 mittiens with r_2. See note on Mt. iii. 7. p. 7. The i has been partly erased, correcting it to mittens. unguentum with $a\,b\,d\,f\!f\!f\,g_1\,h\,q\,r$ D ⅋ Q T W B K M̄ V X Y Z Hil for ungentum.

14 dicitur with $a\,b\,d\,f\,f\!f\,g_1\,h\,q\,r_2$ Aug gat Σ D E ⅋ Q R W C T B F ⊕ K M M̄ O V X Z dim (H 𝕃 dicetur) for dicebatur.

scariotha her, with the a partly erased (D iscariotha), for scarioth.

15 trigenta for triginta.

16 querebat $d\,f\!f\,q$ her gat D R C for quaerebat.

tem ut eum traderet ∴ [17] Prima autem
die azemorum accesserunt discipuliad
ihm̄ dicentes ubi uis paremus comedere
pascha [18] atihs̄ dixit ite inciuitatem ad
quendam et dicite ei magister dicit tem
pus meum prope est apudte facio pas
cha cum discipulis meis [19] et fecerunt dis
cipuli sicut constituit illis ihs̄ et praepa
rauerunt pascha ∴ / decim discipulissuis
[20] Uespere autem facto discubuit cumduo
[21] et manducantibus illis dixit amen dico
uobis quia unus uestrum me tradet ∴
[22] et contristatisunt nimis caeperuntsin
guli dicere numquid ego sum dn̄e ∴ [23] qui
bus ille respondens dixit qui intinguit
mecum manum inparapside hic me
tradet [24] filius quidem hominis uadit
sicut scriptum est deeo uae autem illi
perquem filius hominis tradetur bo
num erat nonnas hominem [25] respon
dens autem iudas quitraditurus eum

123

17 +die with *a b f h r*₂ *μ* dim her gat
℗ M̄ Hil D E Q W B F K codd.　azemorum *r*₂ her D ℗ K for azymorum.　—tibi
after paremus.

*There is a break here in r*₂ *at verse* 18,
and the text is missing till verse 45.

18 For quendam here *h* has the reading ad dynan from the Greek.

19 praeparauerunt E for parauerunt.

20 discubuit *a b c d h n q r* dim R for
discumbebat. gat is corrected from discumbuit to discubuit.　+suis with *a b
ff h* M̄ E W C T B F Θ K O V X Z vg.

21 manducantibus with *d h r* for edentibus. In *μ* the word edentibus is written
above the line, which shows the adoption
of the Vulgate reading.　tradet *d δ f r*
for traditurus est.　*μ* has *us* above the
line and corrects traditur to traditurus.

22 contristati + sunt D E R ℗ her gat.
a reads contristatis here as our MS. does
in xvii. 23, while *b ff f r* have contristati
with nimis or ualde.　nimis with *b h q r*
for ualde. Here again *μ* has ualde above

the line.　caeperunt for coeperunt.

23 quibus ille respondens dixit for At
ipse respondens ait.　intinguit with gat
E ℗ C Θ for intingit.

24 de eo with *a d f q* gat Θ for de illo.
—homini after autem.　tradetur with
e ff h q r Aug ℗ M̄ D E Q R W B H Θ K
V vg for traditur.　bonum erat nonnas
hominem for bonum erat ei si natus non
fuisset homo ille. There are various readings here.　R* reads non nasci ille homo
but nasci ille has been expuncted and the
Vulgate reading entered above. Aug has
bonum erat illi non nasci.　*r* bonum erat
non nasci hominem.　*μ* non nasci homini
illi, but it has been erased and over it
appears the Vulgate et si natus non fuisset homo illi. With our reading com-
pare bonum erat homini illi non nasci of
b c ff.

25 qui traditurus eum　erat *ff h r* (her
and Q with gat qui traditurus erat eum)
for qui tradidit eum. In *μ* the scribe has
changed *tu* into *di*, erased *rus*, and written

erat dixit num quid ego sum rabbiait
illi ihs tu dixisti ²⁶ ipsis autem mandu
cantibus accipitihs panem et bene
dixit acfregit et dedit discipulis suis   124
dicens accipite et manducate hoc est
corpus meum ²⁷ et accipiens calicem gra
tias egit et dedit illis dicens bibite exhoc
omnes ²⁸ hic est enim sanguis meus nobi
testamenti quipromultis effundetur
inremisionem peccatorum ²⁹ dico autem
uobis quia nonbibam amodo dehoc
geniminae uitis usque inillum diem
quo illud bibam uobiscum nouumin
regno patris mei ³⁰ et imno dicto exieru
nt inmontem oliueti ∴ ³¹ Tunc dixit ihs
discipulis suis omnes uos scandalū
patiemini inme inista nocte scriptum
est percutiam pastorem et dispergent'
ouesgregis sui ³² sed cum resurrexero prae
cedam uos ingalileam ³³ respondens au
tem petrus dixit et si omnes scandali
zati fuerint inte ego numquam scanda
lizabor ³⁴ dicit illi ihs amen dico tibi quod
inhac nocte ante quam gallus cantet   125

t over it, giving the Vulgate tradidit for the O.L. traditurus.   illi + ihs with *a b c ff h q r* μ gat dim D E Q R.

26 ipsis autem manducantibus with *d r* μ dim for caenantibus autem eis. accipit with Ᵽ Q R for accepit.   et dedit *fff h q* D for deditque.   dicens with *a fff h r q* Q R for et ait.   manducate with *b d ff h q r* R for comedite. Unlike lam our scribe has left the O.L. manducate unchanged.   μ is corrected to the Vulgate here.   Q adds quod confringitur pro secula vita.

28 Harl. 1802 has sangis for sanguis here as our MS. has in xvi. 17. nobi for noui.   *b* adds here et aeterni as our MS. does in St. Mark xiv. 24.   effundetur *b fg₁ h* her Iren Aug Cyp Σ Ᵽ D E Q R W C T B Θ K ꟿ V X vg for effunditur.   remisionem with her gat R for remissionem.

29 uobis + quia with *f r* her gat Ᵽ D E Q R μ dim.   geniminae for genimine.   in illum diem with *a h* for in diem illum.

quo Cyp Eucherius of Lyons her dim Q X for cum.

30 imno   dim lam R T for hymno. her begins with a cross here which corresponds to gat's cclxxxvi. vi.

31 dixit ihs discipulis suis for dicit illis iesus.   —enim after scriptum est. dispergent' for dispergentur.   gregis + sui with gat E.

32 sed cum for postquam autem.   galileam with *b f* her gat E Ᵽ R W C Θ K V for galilaeam.

33 dixit with *a c d h* μ gat for ait illi.

34 dicit with *b ff q* for ait.   quod with *b h q* for quia.

terme negabis ^{35} ait illi petrus etiam si
oportuerit me moritecum nontenegabo
similiter et omnes discipuli dixierunt ∴
^{36} tunc uenit ihs̄ cum illis inagnum quidi
citur gezamani et dicit discipulis suis
sedite hic donec eam illuc orare ^{37} et ad
sumpto petro et duobus filis zebedei cae
pit contristari et metus esse ^{38} tunc dicit
illis tristis est anima mea usque admor
sustinete hic et uigelate mecum ^{39} et progre
sus procedit infaciem suam orans et di
cens pater si fieri potest transeat ame
calix iste uerum tamen non sicut ego uo
lo sed sicut tuuis ^{40} et inuenit addiscipulos
quos et inuenit eos dormientes et dicit
petro sic nonpotuistis una hora uigila
re mecum ^{41} uigilate et horate ne intretis
intemtationem ∴ Sp̄s quidem prumtus

35 dixierunt. See note on Mt. iii. 7, p. 7.

36 in agnum (slip for in agrum) for in
villam. VO is wrong in giving 'in
agrum L $d\,h$ (agro)', as is also Scrivener
with ' agrum qui (pro uillam quae)'. A
glance at the word agrum in Dr. Abbott's
facsimile of r_2, and comparison with the n
in sanguinis immediately above it, will
show how such a mistake is possible :
the r and the n look so much alike.
Here a and f read in locum, H Z in villa,
Hil and r in agrum, $b\,c\,ff$ and q in praedium. μ has uillam above the line.
qui with $a\,f\,h\,r$ Hil D E R F for quae.
gezamini (her gat gethsamani) for
gethsemani.   et dicit with $a\,dff\,q\,r$ Hil
for et dixit.   sedite with r her R for sedete.   eam for uadam.   orare with $a\,b$
$dff\,h\,q$ Hil for et orem. μ has horem
with the h erased.

37 adsumpto with $a\,b\,ff\,h\,q\,r$ D E P
gat R O for assumto according to VO
editio maior and adsumto in the editio
minor.   filis for filiis.   zebedei with ff
$g_1\,h\,q$ for zebedaei.   caepit for coepit.
metus ($q\,\mu$ her gat give mestus, a
anxius) for maestus.

38 dicit with $d\,h\,r$ for ait.   mor for

mortem.   uigelate for uigilate.

39 progresus with gat for progressus.
—pusillum with a and Hil.   procedit with her D E P O X for procidit.
si fieri potest with $a\,h$ Tert Aug
and Cyp for si possibile est. The correction is reminiscent of Fr. Ronald Knox:
' Call it dog-Latin if you will : there remains a proverb which tells us that a
living dog is better than a dead lion, and
the difference between the dog-Latin of
St. Jerome and the lion-Latin of Cicero
is the difference between a living and a
dead language. I once used the words
si fieri potest to a German priest : he corrected me with the blandest of smiles to
si possibile est.'   + uis with $a\,b\,c\,g_2\,h\,r$
her D E Q R T B O X codd Hil.

40 inuenit r her has been corrected to
uenit by erasing the in, which still shows.
Hil reads et venit ad discipulos suos et
invenit eos dormientes.   + suos with
$a\,b\,df\,ff\,g_1\,h\,q$ her gat D E VP R B F O
Hil.

41 horate with C for orate.   ne with h
gat R Faustus of Riez for ut non.   prumtus with gat (d pronptus, h prumptus) for
promtus.

est caro autem infirma [42] iterum secun
do habiit et horauit dicens pater mihi   126
si nonpot est hic calix transire nisi
bibam illum fiat uoluntas tua [43] et uenit
iterum et inuenit eos dormientes erant
enim oculi eorum grauati [44] et relictis illis
iterum abiit et orauit tertio euntem ser
monem dicens   [45] Tunc uenit addiscipulos
suos et dicit illis dormite iam et requies
cite ecce adpropinquauit ora et filius
hominis tradetur inmanus peccatorum
[46] surgite eamus ecce adpropinquauit
quime tradet ∴ [47] Adhuc ipso loquente
ecce iudas unus deduodecim uenit et cum
eo turba multa cum gladis et fustibus
misi aprincipibus sacerdotum et senio
ribus populi   [48] Qui autem tradidit eum
dedit illis signum dicens quem cum que
oculatus fuero ipse est tenete eum [49] et con
festim accedens adihm̄ dixit aue rabbi
et osculatus eum [50] dixitque illi ihs̄ amice
adquod uenisti   Tunc accesserunt   127
et manus iniecerunt inihm̄ et tenuerunt
[51] Et ecce unus exhis quierant cum ihūex
tens manum et exemit gladium et percu
tiens seruum principis sacerdotum
amputauit auriculam eius [52] Tunc aitil
liihs̄ conuerte gladium tuum inlocum
suum omnes enim qui acciperint gla
dium ingladio peribunt [53] anputas quia

42 iterum + br for autem in the margin.
    habiit with her C for abiit. C often
puts the aspirate where it is not wanted
or omits it where it ought to be, as in
verse 45. horauit with C for orauit, yet
in verse 44 it is spelt correctly. pater
mihi (her pater m̄s) for pater mi.
    44 euntem for eundem.
    45 ora r_2 for hora.
r_2 resumes here after the break at verse
18 of this chapter.
    46 quime tradet a b f ff g_1 h q r Aug
her gat D E ℈ Q R W C T F ϴ K M̄ O V

Z vg for qui me tradit.
    47 gladis with r_2 R for gladiis.   misi
with r_2 W ℈ R for missi.
    48 oculatus for osculatus.
    49 aue for haue.   —est with b q r_2
after osculatus.
    50 In tenuerunt nt is in ligature with t
subscript.   —eum after tenuerunt.
    51 extens for extendens.   manum + et.
    —suum with her dim R after gladium.
    52 acciperint for acceperint.   + in
before gladio h her gat D E ℈ M̄ Q R.

nonpossum rogare patrem meum et
exibebitmihi modo plusquamxii legio
nes angelorum ⁵⁴ quomo ergo inplebunt'
scripturae quia sic oportet fieri   ⁵⁵ Inlla
hora dixit ihs̄ turbis tamqu adlatronē
uenistis cumgladis et fustibus conprae
chendere me cotidie aput uos sedebam
docens intemplo et nonme tenuistis ⁵⁶ hoc
autem totum factum est ut impleren
tur scripturae profetarum .·. discipuli
omnes relicto eo fugerunt ⁵⁷ at illi tenen
tes ihm̄ duxerunt adcaifan principem
sacerdotum ubi scribae et seniores
conuenerunt ⁵⁸ petrus autem sequeba
tur eum alonge usque inatrium prin
cipes sacerdotum et ingressus inatrio
sedebat cum ministris ut uideret finē
rei   ⁵⁹ Principes autem sacerdotum et
omne concilium querebant falsum
testimonium contra ihm̄ uteum morti
traderent ⁶⁰ et non inuenerunt eum et cum
multi falsi testes accesserent   Nouissi
me autem uenerunt duo falsi testes ⁶¹ et
dixerunt hic dixit possum distruere
templum dī et post triduum aedifica
re illud ⁶² surgens princeps sacerdotū

128

53 exibebit with *b* her dim E C T (*r* exiberet) for exhibebit.   xii *r₂* her gat D E R W T F for duodecim.

54 quomo with *ff* for quomodo.   The contraction of *r₂* is qmo with a bent line over the *m.*   inplebunt' with *r₂* for implebuntur.

55 Inlla for In illa.   tamqu for tamquam.   uenistis *a b c d ff h q r₁₂ μ* her gat D E ℱmg B for existis.   gladis with *r₂* her ℱ R for gladiis.   conpraechendere (conprechendere *r₂*) for comprehendere.   aput *a b ff h* ℱ P F O (her a͞p) for apud.

56 There is a stab in the parchment here between hoc and autem.

The St. Gall fragment n resumes here after the break at xxi. 3.

profetarum with *b ff n q r₂* her ℱ P D R O

for prophetarum.   —tunc with dim before discipuli.

57 caifan with *b d n q r₁₂ μ* her dim (*h* caifam) ℱ T for caiaphan.   conuenerunt with *g₁* her gat E R δ for conuenerant.

58 principes with *ff* for principis.   in atrio for intro. (her reads usq: in atrium principis sacerdotum et ingressus intro. *μ* has intus in atrio with in atrio expunged.)   finem + rei   *b d f* E ℱ mg T ⊖ X Z her (*a n r₁₂* exitem rei and *q* exitum rei).

59 querebant *ff n r₂* her gat for quaerebant.

60 inuenerunt + eum et.   accesserent for accessissent.

n is missing from verse 60 *to verse* 69.

61 distruere *g₁ μ* dim her gat D ℱ R for destruere.   62 —et *r₂* R before surgens.

ait illi nihil respondes adea quae is

ti testificatur aduersumte [63] ihs̄ autem

tacebat et princeps sacerdotum ait

illi adiurote perdm̄ uiuum ut dicas

nobis situ esxp̄s filius dī [64] dicit illi ihs̄

tu dixisti ∴ Uerum tamen dico uobis   129

amodo uidebitis filium hominis se

dentem addexteram uirtutis et ueni

entem innubibus caeli   [65] Tunc princeps

sacerdotum sacerdotum scidit uesti

menta sua ait blasfemauit quidad

huc egemus testibus ecce nunc audistis

tis blasfemiam [66] quid uobis uidetur

respondentes dixerunt reus est mor

tis ∴ [67] Tunc expuerunt infaciem eius et co

laphis eum caederunt alii autem pal

mas infaciem eius dederunt [68] dicentes pro

fetiza nobisxp̄e quis est quite percus

sit ∴ [69] petrus uero sedebat foris inatrio

et accessit adeum una ancella dicens

et tu cum ihū galileo eras [70] at ille nega

uit coram omnibus dicens nescio quid

dicis ∴ [71] Exeunte autem illo ianuam uidit

eum alia et ait his qui erant ibi et hic

erat cum nazareo [72] et iterum regnauit

---

62 testificatur *b*, with an *n* added between the *a* and the *t* and thus corrected
to testificantur.   testificatur aduersumte
for aduersumte testificantur.

64 ad dexteram with *a b f* her ℙ mg R
Eucherius of Lyons (*q* ad dextram) for a
dextris.   μ erases the *am* and writes over it *is*.

65 sacerdotum is written twice.   ait
for dicens.   blasfemauit with *q r₂* dim
her D ℙ R for blasphemauit.   audististis
slip for audistis.   blasfemiam with *r₂*
her D ℙ Q R T for blasphemiam.

66 *d is missing till* xxvii. 2.
— at illi after uidetur.

67 caederunt for ceciderunt.   eius
(second) with *ff h q r₂* gat her D E R vg
for ei.

68 profetiza with *b ff r₁₂* Σ her D R O
for prophetiza.

n resumes after the break at verse 60.

69 ancella with dim D ℙ R (*n* anchilla)
for ancilla.   galileo with *f ff g₁ h n r* gat
her D E ℙ W C T ϴ K O for galilaeo.

71 —ihū after cum (her —cum Iesu).
nazareo with *ff* gat for nazareno.

72 regnauit for negauit with part of the
r erased and two dots placed over the *n*
for correction.   This reading is peculiar
to our MS.   The Welsh verb to curse is
rhegi.   In verse 74 the Welsh for 'then
began he to curse and to swear' is
'Yna y dechreuodd efe *regu* a thyngu'. Is
it possible that it had anything to do
with this? There is here something that
calls for an explanation.   The Irish scribe
of the C.C.C. MS. at Oxford wrote above
this denial *cum iuramento* 'By God, bad
is the word of his black oath, and bad is

cum iuramento dicens quia nonno   130
ui hominem [73] et post pussillum acces
serunt quistabant et dixerunt petro
uere tu exillis es nam et loquella tua
manifestumte facit ∴ [74] Tunc caepit de
testari et iurare quia nonnouissent
hominem et continuo gallus cantauit
[75] et recordatus est petrus uerbi ihū quod
dixerat prius quam gallus cantetter
me negauis et egressus foras amaris

XXVII   sime fleuit ∴ [1] Mane autem facto consi
lium feeerunt omnes principes sacer
dotum et omnes populiaduersus ihm̄
ut morti traderent [2] et uinctum addux
erunt eum et tradiderunt pontio pila
to praesidi [3] Tunc uidit iudas qui eum
tradidit quia damnatus est pene
tentia ductus retulit trigenta argen
teos principibus sacerdotum et seni
oribus [4] dicens peccaui tradens
sanguinem iustum Atilli dixerunt   131
quid adnos tu uideris [5] et proiectis se

himself, and we do not say which is the
worse of them to-day; sudet qui legat ',
or to give it in its original form : ' Dar
Dia is olc a briathar dub-luigi, 7 is olc é
fein, 7 ni ebrem ni as mo d'ulc inna sein
indiu, s.q.l.' Truly there is something in
regnauit that wants ' a swatting-out ', for
it is a case of 'sudet qui legat'. iuramento + dicens *dffh r* her D Q (*r₂* diciens).

73 pussillum with gat her D ℣ for pusillum. —et with *aff h n q r₂* D Y after
uere.

74 caepit for coepit. *n is missing
from* xxvi. 74 *to* xxvii. 62. nouissent
with the second *n* marked for omission.

75 negauis with F O for negabis.
amarissime fleuit for plorauit amare.
Our reading is supported by *μ ff₁ r₂* dur
dim Q (.ae). Hereford reads fleuit amarissime, *b* amarissime plorauit, *g₁* IL Harl.
1802 vg fleuit amare.

XXVII 1 feeerunt slip for fecerunt *a c
f r₂* gat (interlined) Q R B instead of in-

ierunt. *μ* erases fac and substitutes in.
omnes with her for seniores. —eum
after ut.

2 *dis resumed after the break at* xxvi. 66.

3 uidit for uidens. quia with *a b c f
ff g₁ h r₂ μ* Aug gat dim her Σ for quod.

damnatus est with *b c ff g₁ q μ* her Aug
Hil gat dim D R C B X. St. Jerome
changed est to esset in order to satisfy
Latin idiom. *a*, however, has ess***.
penetentia for paenitentia. retulit
with *h q μ* her D E ℣ Q W C F H Θ K
M̄ V Y Σ vg for rettulit. trigenta with
g₁ ℣ (her xxx) for triginta.

5 After proiectis, – argenteis in templo recessit et abiens laqueo, before se
suspendit. I have found several times
that where there is something wrong with
our text there is also difficulty in connexion with the text of a closely related
member of the same textual family, where
the scribe had to practise ' sudet qui
legat '. For what is omitted here *r₂*

suspendit ∴ ⁶Tunc principes sacerdo
tum acceptis argenteis dixerunt non
licet eos mittere incorban quia prae
tium sanguinis est ∴ ⁷Consilio autemini
tio emerunt exillis agrum figuli inse
pulturam perigrinorum ⁸propter hoc
uocatus est ager ille achel demach id
est ager sanguinis usque inodiernum
diem ⁹Tunc inpletum est quoddictum
est perheremiam profetam dicentem
et acceperunt tringenta argenteos preti
um adpraetiati quem adpraetiauerunt
filii israhel ¹⁰et dederunt eos inagrum
figuli sicut constituit mihi dn̄s / inter
¹¹IHS̄ autem stetit ante praesidem et
rogauit eum praesis dicens tues
rex iudeorum dicit ei ihs̄ tu dicis ¹²et cum
accussaretur aprincipibus sacerdotū
et senioribus nihil respondit ∴ ¹³dicit
illi pilatus non audis quanta aduer
sumte dicunt testimonia ¹⁴et non res
pondit ei adullum uerbum ita utmi
raretur praesis uechementer ∴ ¹⁵Per

132

writes : ' arcadgabuthc· intem plo secessit et abit et laqueose s:pendit '. This represents argenteis in templo secessit or a portion of the vg. Et proiectis argenteis in templo, recessit : et abiens laqueo se suspendit.

6 +tunc with *b cf ff h μ r*₁ ₂ dim Q R. This is expuncted in *μ* to meet the Vulgate standard. —autem with *b c f ff r*₁ ₂ *μ* dim R after principes. eos mittere with *fff h r μ* her D Q R vg for mittere eos. corban with *f g*₁ *q r*₂ (*r h* corbam) gat D 𝔓 R for corbanan. praetium with *a b d f r* (her p̄tium) E 𝔓 C F M̄ O X Y for pretium.

7 initio with R (her accepto) for inito. Hereford's *r* in agrum here looks remarkably like an *n*. perigrinorum (the *r* here is different) *r*₂ *μ* dim D 𝔓 for peregrinorum.

8 +id est (*q r*₂ her gat quod est) T. odiernum with *r*₂ T for hodiernum.

9 – et before tunc with *a b g*₁ *q r*₁ ₂ her gat Σ D E 𝔓 Q R W C T B F K M V X Z.

inpletum with *g*₁ *r*₂ her Σ D 𝔓 gat R for impletum. heremiam with *r*₂ her D R for hieremiam. profetam *ff q* her D 𝔓 R O for prophetam. tringenta (*r*₂ her xxx) 𝔓 for triginta. adpraetiati *b d f* 𝔓 R C B F M̄ O for adpretiati. adpraetiauerunt for adpretiauerunt. filii *g*₁ *h* D 𝔓mg Q Aug dim her (Σ fili) for a filiis.

11 praesis *h* her E R for praeses. iudeorum (her iudeor̄) *ff r*₂ 𝔓 W for iudaeorum.

12 accussaretur *b q* her gat E 𝔓 Y for accusaretur.

13 –tunc before dicit. dicunt *b q r*₂ Aug (gat interlined) her Σ vg E R C T W B Θ K M̄ O V Z for dicant.

14 praesis *d* R for praeses. uechementer (her uechimenter) for uehementer.

H

diem autem sollempnem consuerat
praesis dimittere populo unum uinc
tum quem uoluissent ¹⁶ habebant autem
tunc uinctum quem uoluissent insignē
qui dicebatur barabbas ¹⁷ congregatis
ergo illis dixit pilatus quem uultis demit
tam uobis barabban an ihm̄ qui dicit'
xp̄s ¹⁸ sciebat enim quod per inuidiam
tradidissent eum ¹⁹ Sedente autem illo pro
tribunali missit adillum uxor eius di
cens nihil sit tibi et iusto illi multa enī
passa sum hodie peruisum per illum
²⁰ Principes autem sacerdotum et senio
res persuasserunt ut peterent bara
ban ihm̄ uero perderent ²¹ respondens
autem praesis ait illis quem uultis
uobis deduobus demitti at illi dixer
unt barabban ∴ ²² Dixit illis pilatus quid
igitur faciam deihū qui dicitur xp̄s di
cunt omnes crucifigatur ²³ ait illis prae
sis quid enim mali fecit at illi magis
clamabant dicentes crucifigatur ∴ ²⁴ Uidens
autem pilatus quia nihil proficeret sed
magis tumultus fieret accepta aqua
lauit manus coram populo dicens inno
cens egosum sanguine iusti huus uos ui
deretis ²⁵ et respondens omnis populus di
xit sanguis huius super nos et super
filios nostros ²⁶ Tunc dimissit illis bara
ban ihm̄ autem flagillatum tradditeis

133

15 sollempnem *r*₂ her D R W Θ for sollemnem.   consuerat *r*₂ her D Ƥ Q T for consueuerat.   praesis *d h r*₂ for praeses.
16 habebant *a b c d f ff h q r*₁ ₂ μ gat dim her E R Θ M for habebat.   +quem uoluissent. This repetition from the previous verse is an error.
17 demittam O for dimittam.   dicit' =dicitur.
19 missit gat her D R for misit.   +sit *a b ff*₁ ₂ *h q r*₂ μ her gat dim Hil.   per illum for propter eum.
20 persuasserunt D Ƥ R for persuase-

runt.   —populis *r*₂.   baraban *h r*₂ for barabban.
21 praesis *h r*₁ ₂ for praeses.   demitti Z for dimitti.   22 Dixit for Dicit.
23 praesis *h* (*r*₂.p̄ssis) her for praeses.
24 — a before sanguine (*r*₂ assanguine). C has ha for a here.   huus for huius. uideretis Ƥ O for uideritis.
25 omnis *d h r* R for uniuersus.   huius *d f* T (*r*₂ has ɘ) for eius.
26 dimissit gat *r*₂ D Ƥ Y for dimisit. baraban for barabban.   flagillatum Σ her D Ƥ R for flagellatum.

ut crucifigeretur ^{27} Tunc milites praesi
dis suscipientes ihm̄ inpraetorio con
gregauerunt adeum uniuersam coor
tem ^{28} et exeuntes eum calamidem coccine
am circum dederunt ei ^{29} et plectentes co
ronam despinis possuerunt super   134
caput eius et arundinem indexteram
eius et genu flexo ante eum inludeba
nt dicentes haue rex iudeorum ∴ / dinē
^{30} Et expuentes ineum acciperunt arun
et percutiebant caput eius ^{31} et postquā
inlusserunt ei exuerunt eum calamidē
et induerunt eum uestimentis eius et in
duxerunt eum ut crucifigeretur ^{32} Exeun
tes autem inuenerunt hominem cireniū
uenientem obuiam sibi nomine simonē
hunc angarizauerunt ut tolleret cru
cem eius ^{33} et uenerunt inlocum qui dici
tur golgotha quod est caluariae locus
nominatus ^{34} et dederunt ei uinum bibere
cum felle mixtum et cum gustasset no
luit bibere ^{35} Postquam autem crucifix
erunt eum diuisserunt uestimenta eius
sortem mittentes ^{36} et sedentes seruabant
eum ^{37} et inpossuerunt super caput eius
hic est ihs̄xp̄s rex iudeorum ^{38} tunc   135
crucifixerunt cum duos latrones un

---

27 coortem (r_2 her chortem) for cohortem.

28 exeuntes *h* her gat D Q R T V for
exuentes.   calamidem dim μ her D R
for clamydem.

29 possuerunt ℱ her gat for posuerunt.
arundinem *ff h* $r_{1\,2}$ W T R Θ O for harundinem.   dexteram *b f ff h* her D Q R
for dextera.   iudeorum *q* r_2 her D R W C
for iudaeorum.

30 acciperunt her gat D E ℱ for acceperunt.   arundinem *ff h* r_2 her ℱ R T W
Θ O for harundinem.

31 inlusserunt gat D R for inluserunt.
calamidem r_2 μ dim her D for clamyde.   induxerunt for duxerunt.   cruci-

figeretur r_2 dim her Q R for crucifigerent.

32 cirenium (her cirinium) for cyre-
neum.   + uenientem obuiam sibi *a b c d*
ff g_2 *h* μ dim gat (r_2 obiam) her D E ℱmg
R B O X Y.   angarizauerunt her $r_{1\,2}$
dim gat (sz) D Q R for angariauerunt.

33 + nominatus *ff*$_1$ R.

35 diuisserunt her gat D for diuiserunt.

37 inpossuerunt gat (her r̄t = runt)
for inposuerunt.   −causam ipsius scri-
ptam *d* after eius.   + xp̄s r_2.   iudeorum
q r_2 D ℱ R W C her for iudaeorum.

38 crucifixerunt *c g*$_1$ *h q* $r_{1\,2}$ μ dim D
ℱ R F for crucifixi sunt.   eum corrected
to cum.   −eo immediately following.
duos *c* $r_{1\,2}$ μ dim E ℱ Q R for duo.

us adextris et hunus asinistris [39] prae
ter euntes autem blasfemabant eum
mouentes capita sua [40] et dicentes ua qui
distruebas templum et intriduo illud
reaedificabas salua te ipsum sifilius
dī es discende decruce [41] similiter et prin
cipes sacerdotum inludentes cum scri
bis et senioribus dicentes [42] alios saluos
fecit se ipsum non potest saluum
facere si rex israhel est discendat
nunc decruce et credimus ei [43] confidet
indō et nunc liberet eum si uult dixit
enim quia dī filius sum [44] Id ipsum hr
et latrones qui crucifixerant cum eo
Iuproperabant ei et post quam cru
cifixerunt [45] asexta autem hora tene
brae factae sunt super uniuersam
terram usque adhoram nonam [46] et
circa horam nonam clamauit ihs uoce   136
magna dicens heli heli lamasabatha
hoc est ds meus ds meus ut quid me de
reliquisti [47] Quidam autem illic stantes
et audientes dicebant heliam uocat iste
[48] et continuo currens unus exeis acceptam
spungeam impleuit acaeto et inpossuit
arundini et dabat ei bibere [49] caeteri ue
ro dicebant sine uideamus an uidi

38 hunus for unus in the second place.

39 blasfemabant $q\,r_{1\,2}$ dim her D Ⰶ R T for blasphemabant.

40 +ua $a\,b\,d\,ff\,h\,q\,r_{1\,2}$ D Q R her gat B (vg Vah). distruebas gat (corrected to Vulgate) for distruit. reaedificabas $b\,d\,ff\,h$ Ⰶ mg E Q R gat (reaedificabas with uel cat above cabas) for reaedificat. μ expuncts *ebas* and substitutes *it*. te ipsum r_2 gat her D Q R for temet ipsum. discende r_2 D E Ⰶ R gat her for descende.

41 dicentes $d\,g_{1\,2}$ Aug her Ⰶ mg D Q R C T B H Θ Y A for dicebant.

42 discendat $r_2\,\mu$ gat dim her Ⰶ P D R O for descendat.

43 confidet (her gat confidat) $a\,g_1\,h$ $r_{1\,2}$ Σ Ⰶ M D R C F T H O V Y Z A for

confidit.   + et r_2 her Q R Σ after deo.
   nunc liberet Q R her for liberet nunc.
   —eum after uult.

44 hr gat for autem.   crucifixerant $r_{1\,2}$ for crucifixi erant.   + et post quam crucifixerunt $a\,b\,c$ Q R after ei.

46 lamasabatha for lema sabacthani. me dereliquisti $a\,b\,c\,d\,f\,ff_{1\,2}\,h\,q$ Iren Tert Aug Hil her gat $r_2\,\mu$ dim E R T J Σ for dereliquisti me.

48 spungeam Ⰶ P for spongiam. μ corrects *u* to *o* and *i* to *e*. acaeto for aceto. inpossuit r_2 her Ⰶ P gat R for inposuit. arundini vg for harundini.

49 caeteri $c\,ff\,\mu$ her dim D R I for ceteri. an + uidiamus an

amus anueniet helias liberans eum
alius autem accepta lancea pupun
git latus eius et exit aqua et sanguis
⁵⁰ ihs̄ autem iterum clamauit uoce mag
na emissit sp̄m ⁵¹ Et ecce uelum templi
scisum est induas partes asummo us
que deorsum et terra mota est et petrae
scisae sunt ⁵² et monumenta aperta su
nt et multa corpora sc̄orum quidormi
erunt surrexerunt ⁵³ et euntes demonu
mentis post resurrectionem eius uene
runt insc̄am ciuitatem et apparunt
multis ∴ ⁵⁴ Centorio h· et quicum eo erant
custodientes ihm̄ uiso terrae motu et his
quae fiebant timuerunt ualde dicentes
uere dī filius erat iste ⁵⁵ erant autem ibi
multae uidentes alonge quae sequtae
erant ihm̄ agalilea ministrantes ei ⁵⁶ inter
quas erat maria magdalene et maria
iacobi et ioseph mater filiorumzebedei
⁵⁷ Cum autem sero factum esset uenit qui
dam homo diues abarimathia nomine
ioseph qui et ipse erat discipulus ihū ⁵⁸ hic
accessit adpilatum et petiuit corpus ihū
Tunc pilatus iusit dari corpus ⁵⁹ et cum ac

137

49 ueniet for ueniat. After liberans eum : +alius autem accepta lancea pupungit latus eius et exit aqua et sanguis (Q sangis) *d* gat *r₂* μ D E ℈P mg Q R dim Harl. 1023 petroc Berne. It is absent from *a b f q* and other O.L. texts as well as from lam and Harl. 1802. Transcriptional evidence is in its favour, as it is found in Codex ℵ, B, and the best Greek MSS. The words are expuncted in μ. Intrinsical evidence is against it as an assimilation from St. John. Streeter says it is easily explainable as an attempt at harmonizing Matthew and John.

50 clamauit δ for clamans. emissit μ dim her gat D R for emisit.

51 scisum *r₂* μ dim gat her E ℈P R Y for scissum. scisae gat her E ℈P R for scissae.

52 sc̄orum for sanctorum. dormierunt for dormierant.

53 euntes for exeuntes. apparunt for apparuerunt.

54 centorio *r₂* μ dim her for centurio. h· for autem.

55 —mulieres *b* (not margin) after ibi. + uidentes *a b c d f ff h q r₂* μ dim D E R. sequtae her for secutae. galilea *a f g₁ h q* her gat D E ℈P R W C Θ K O V for galilaea (*a* cana galilea).

56 —et mater her after mater. zebedei *a f ff g₁ q r* μ C E ℈P R W for zebedaei.

57 autem sero *b f g₂ h r₁₂* her D E Q R C T for sero autem. erat discipulus *ff* her dim for discipulus erat.

58 petiuit (her *r₂* petit) for petiit. iusit *r₂* her ℈P for iussit. dari *f h r₁₂* μ her dim gat D E Q R for reddi.

r₂ ends here in St. Matthew.

59 et cum accepisset ioseph corpus ihū, μ, for et accepto corpore ioseph.

cipisset ioseph corpus ihū inuoluit illud
insindone mundo [60] et possuit eum inmo
numento suo nouo quod exciderat inpe
tra et aduoluit saxum magnum adhos
tium monumenti et discessit [61] erat autem
ibimaria magdalena et altera maria
sedentes contra sepulchrum [62] Altera   138
autem die quae est post parasceuen conuene
runt principes sacerdotum et farissei
adpilatum [63] dicentes domine rememora
ti sumus quod seductor ille dixit adhuc
uiuens post tertium diem resurgam
[64] iube ergo custodiri sepulchrum usque
inhodiernum diem ne forte uenient dis
cipuli oius et furentur eum et dicant sur
rexit amortuis et erit nouissimus error
peior priori [65] ait illis pilatus habetis
milites ite custodite sicut scitis [66] illi autem
abeuntes munierunt sepulchrum signan
tes lapidem cum custodibus ∴ / inprima
XXVIII [1] Uespere autem sabbati quae lucescit
sabbati uenit maria magdalenae et al
tera maria uidere sepulchrum [2] et ecce
terrae motus factus est magnus angelus
enim dñi discendit decaelo et accedens
reuoluit lapidem et sedebat super eum
[3] Erat autem aspectus eius sicut ful   139

59 mundo *q r* gat for munda.
60 possuit her gat ℈ R O for posuit.
eum *b f ff h q r* Q for illud.   hostium
her D ℈ C T O (*h* expuncted in *μ*) for
ostium.   discessit δ *h r* (expuncted in *μ*
where abiit appears above the line) for abiit.
61 magdalena (her magdalenae) *b q r*
μ dim R for magdalene.
Line 8. I doubt whether this line is in
the same hand.
62 farissei for pharisaei.   *n resumes
after the break at* xxvi. 74.
63 rememorati for recordati.   quod
b f ff h n q r μ dim E ℈ mg Q R Z for quia.
tertium diem *b f ff h n q r* dim gat ℈ mg
E R Q Z for tres dies.
64 hodiernum diem for diem tertium.

uenient for ueniant.   —plebi (*a* pleui)
after dicant.   priori *a b f q r* DB ϴ for
priore.
65 This verse is missing from *n*.
milites *h r μ* dim gat D Q R for custo-
diam.
XXVIII. Hereford begins this chapter
with a cross and a large U.   gat has the
large U and the number ccclii. i.
1 magdalenae *a ff h* her dim *μ* gat D
E ℈ C B ϴ K M̄ V Y Z for magdalene.
2 *e resumes with this verse after the
break at* xxiv. 26.   discendit *μ* her dim
gat D ℈ Q R for descendit.
n is missing from verse 3 *to verse* 8.
3 fulgor *ff g₁ h q* dim gat her D E ℈
Q R C for fulgur.

gor et uestimenta eius candida sicut
nix [4]praetimore autem eius exteritisu
nt custodes et factisunt uelud mor
tui [5]respondens autem angelus dixit
mulieribus nolite timere uos scio enim
quod ihm̄xp̄m qui crucifixus est qui
retis [6]non est hic surrexit enim sicut di
xit uenite et uidete locum ubi possitus
erat dn̄s [7]et cito euntes dicite discipulis
eius quia surrexit amortuis et ecce
praecedet uos ingalileam ibi eum uide
bitis ecce dixi uobis [8]et exierunt cito demo
numento cumtimore et gaudio magno
currentes nuntiare discipulis eius [9]et
ecce ihū occurit illis dicens habetae
Ille autem accesserunt et tenuerunt pe
des eius et adoraunt eum [10]tunc ait il
lis ih̄s nolite timere sed ite nuntiate
fratribus meis ut eant ingalileam
ibi me uidebunt [11]quae abiissent ecce
quidam decustodibus uenerunt inciui
tatem et nuntiauerunt principibus sa
cerdotum omnia quae facta fuerant
[12]Et congregati cum senioribus consilio
accepto pecuniam copiosam dederunt
militibus [13]dicentes dicite quia discipuli
eius nocte uenerunt et furatisunt eum
nobis dormientibus [14]et si hoc auditum
fuerit apraeside nos suadebimus ei et se

140

---

3 uestimenta *a b c f ff g*₁ ₂ *h q r* Aug gat
dim D E ℙ R T H K M̄ V Z for uestimentum.   +candida *a b ff ff h q* D E ℙmg.

4 exteriti R Y for exterriti.   uelud
R W B for uelut.

5 + xp̄m E gat.   quiretis corrected to
queritis for quaeritis.

6 uenite et uidete *a b c e ff ff*₁ ₂ *h r* Aug
her μ gat Σ D E Q R W C T F H ⊖ K M̄
X for uenite uidete.   possitus μ dim
her gat D ℙ R for positus.

7   + a mortuis *c f ff g*₂ *q* gat D Q R.
praecedet *h* her T H ⊖ for praecedit.
galileam *ff ff g*₁ *q r* her gat D E ℙ R W C

K O Z for galilaeam.   ecce dixi *a b c a c*
*ff*₁ ₂ *h*(dixi) Aug her gat E C R for ecce
praedixi.

8 gaudio magno *a b d e ff ff g*₁ *h n q r*
gat Aug (her −magno) D Σ Q R W C T
B ⊖ K M̄ O V X Z for magno gaudio.

9 ihū for iesus.   occurit *a q* (δ has also
obuiauit) for occurrit.   habetae (her and
gat auete) for hauete.   ille *q* R W for
illae.   adoraunt for adorauerunt.

10 timere + sed gat D E R.   galileam
for galilaeam.

11 −cum after quae.   abiissent *c* her
D for abissent.

curos uos faciemus [15] at illi accepta pecu
nia fecerunt sicut erant instructi et deful
gatum est uerbum istud aput iudeos us
que inhodiernum diem ∴ / ingalileam in
[16] UNdecim autem discipuli eius abierunt
montem ubi constituerat illis ihs̄ ∴ [17] et uiden
tes eum eum adorauerunt quidam autē
dubitauerunt [18] et accedens ihs̄ locutus est
eis dicens data est mihi omnis potestas
incaelo et interra [19] euntes ergo nunc do
cete omnes gentes babtizan   141
tes eos innomine patris et fili
et spu scī [20] docentes eos obscr
uare omnia quae cum que
mandaui uobis et ecce ego uo
bis cum sum omnibus dieb:
usque adconsummationem
saeculi finit . finit . . .

15 instructi μ dim her gat for docti. de-
fulgatum for diuulgatum.   aput *a b ff g₁ n*
her ℱ W T for apud.   iudeos *ff n q* her
D ℱ R W for iudaeos.

*The text of r in St. Matthew ends with
this verse.*

16 Capital UN is in ligature as the
initial letters of the line.   + eius μ dim
gat D E R Hil.   galileam *a f ff₂ g₁ h l n q*
her gat D ℱ R W C K O V for galilaeam.

17 eum has been written twice.

19 ergo + nunc *a* (*n m* Hil   euntes

nunc) gat D E Q R.   Nunc is O.L.
(though *f* and *ff* have ergo) and has the
support of the Celtic group and the Con-
fession of St. Patrick.   It is present in
lam but not in Harl. 1802.   babtizantes
μ her dim D ℱ R T (gat babtiszantes) for
baptizantes.   fili *a b d e f ff n q* E F Y Σ
for filii.   sp̄u her X Y = spiritu, for
spiritus.   scī for sancti.

20 obseruare (*h* obserbare) gat her D
E ℱ Q R for seruare.   dieb: gat for
diebus.   + finit finit ℱ R.

ST. MARK

INITIUME   143
UANG[E]LII
IHUXRIF[I]LIID[E]I
² SICUTSCRIP

tum est inessaia profeta ecce mitto ange   144
lum meum ante faciem tuam qui praepa
rabit uiam tuam ³ uox clamantis indeser
to parate uiam dñi rectas facite semitas eius
⁴ fuit iohannis indeserto babtizans et pradi
cans babtismum poenitentiae inremisionem
peccatorum ⁵ et egrediebatur adillum omnis
iudeae regio et hyrusolimitae uniuersi et bab
tizabantur abillo iniordane flumine confi
tentes peccata sua ⁶ et erat iohannis uestitus
piliscamelli et zona pellicia circa lumbos
eius et lucustas et mel siluestre aedebat et
praedicat dicens ⁷ uenit fortior me post me
cuius nonsum dignus procumbens soluere
corrigiam calciamentorum eius ⁸ ego babtizaui
uos aqua ille uero babtizabit uos ∴ / zareth
⁹ et factum est indiebus illis uenit ihs̄ ana
galilae et babtizatus est iniordane abiohan
ne ¹⁰ et statim ascendens deaqua uidit aper

The collation in St. Mark is with the
Clementine Vulgate.

I 2 essaia r_2 her for Isaia.   profeta q
her D ℙ mg O for propheta.   —ego a b
d f ff h q t Iren Σ VO.   —ante te d h her.

4 iohannis $r_{1\,2}$ her gat D E O R Σ for
Ioannes. babtizans for baptizans. pra-
dicans for praedicans.   babtismum r_2
her gat D ℙ R T for baptismum.   remisionem for remissionem.

5 adillum b d f ff h q r_2 Σ VO for ad
eum. iudeae ff q t D ℙ R C B K V Σ for
Iudaeae. hyrusolimitae for Ierosoly-
mitae. babtizabantur for baptizabantur.
iordane a f q r_2 Σ VO for Iordanis.

6 iohannis her r_2 gat deer dim D E R
Σ for Ioannes. camelli a d ff t her gat D

ℙ Q R Σ for cameli.   pellicia f h q her
gat Σ VO for pellicea.   lucustas for
locustas.   aedebat d t D C G for edebat.
praedicat for predicabat.

q is missing in verses 7 to 22.

7 calciamentorum b d f ff r_2 her gat VO
for calceamentorum.

8 babtizaui r_2 D ℙ R for baptizavi.
babtizabit h r t dim D ℙ R for baptizabit. —Spiritu sancto.

9 galilae b gat for Galilaeae. babtizatus for baptizatus. iniordane abio-
hanne her : Ord. r_2 t Σ VO for a Ioanne in
Iordane.

10 apertos caelos b d f ff h r_2 t her gat
Σ VO for c. a.

tos caelos et spm tamquam columbam dis
cendentem et manentem inipso [11] et uox facta   145
est adeum decaelis tues filius meus dilectus
inte conplacui [12] et statim sps expellit eū
[13] indeserto quadragenta diebus et quadra
ginta noctibus et temptabatur asatana
Erat quae cumbestis et angeli ministraba
nt ei [14] Post quam autem traditus est io
hannis incarcerem uenit ihs ingalileam prae
dicans euangelium regni dī [15] et dicens quoniam
inpletum est tempus et propinquauit regnū
dī paenitemini et credite euangelio [16] et praeteri
ens secus mare galilac uidit simonem et andriā
fratrem eius mittentes retia inmari erant
enim piscatores [17] Et dixit eis ihs uenite post
me et faciam uos fieri piscatores hominum
[18] et protinus relictis retibus secutisunt eum
[19] Et progresus inde pussillum uidit iacobum
zebedei et iohannem fratrem eius et ipsos in
naui conponentes retia [20] et statim conuoca
uit illos et relicto patre suo zebedeo innaui
cum mercinaris secutisunt eum [21] Et egrediun   146
tur cafarnaum et statim sabbatis insinago
gam docebat eos [22] Et stupebant super doctri

---

10 discendentem r_2 gat D E ℈ R for descendentem.

11 +adeum Q after facta est.   conplacui $dffht$ her D E ℈ P Q R gat C T codd for complacui.

12 expellit hr_2 her deer dim ℥ (gat emissit) for expulit.   — in desertum.

13 —et erat.   quadragenta for quadraginta.   temptabatur $abdff ilr_2$ her gat D E ℈ R codd for tentabatur.
quae for que.   bestis ℈ R for bestiis.   ei $abdfffr_2$ dur gat D E R CT M̄ for illi.

14 iohannis hr_2 her gat D E R G ℥ for Ioannes.   +incarcerem after iohannis.   galileam $dfffr$ dim deer gat her E ℈ R codd for Galilaeam.

15 inpletumfr_2 gat D E ℈ R C T (her conpletum) for impletum.   propinquauit for appropinquavit.   paenitemini dft her for poenitemini.

16 galilae for Galilaeae.   andriam for Andream.   inmari r for in mare.

19 progresus her gat ℈ for progressus.   pussillum her r_2 gat ℈ for pusillum.   zebedei $dffrt$ E ℈ R codd her gat for Zebedaei.   iohannem$fffr_{12}th$ gat her ℥ VO for Ioannem.   in naui conponentes retia Ord. htr her gat VO for c. r. i. n.

20 conuocauit t for vocavit.   zebedeo $drff$ codd for zebedaeo.   mercinaris r_2 gat R for mercenariis.

21 egrediuntur her for ingrediuntur.   cafarnaum adt her B ℥ for Capharnaum.   —ingressus after sabbatis.
verses 1 to 20 of e are missing.   *q resumes here.*·
sinagogam r_2 her dim deer dur ℈ P Q R W for synagogam.

22 *a is missing in verses 22 to 34.*

nam erat enim docens eos quasi potestatē
habens et non sicut scribae [23] Et erat insina
goga eorum homo inspu inmundo et excla
mauit [24] dicens quid nobis et tibi ihs nazarene
uenisti perdere nos scio quiasis scis dī [25] et
comminatus est ei ihs dicens obmotesce et exi
dehomine [26] et discerpenseum sps inmundus
et exclamans uoce magna exiit abeo [27] et mi
ratisunt omnes ita ut conquirerent eum in
terse dicentes quid nam est hoc quae doctri
na haec noua est quia inpotestate et spiri
tibus inmundis imperat et obediunt ei [28] et pro
cessit rumoreus statim inomnem regionemga
lilae [29] Et protinus egredientes desinagoga ue
nerunt indomum semonis et andriae cum iaco
bo et iohanne [30] discumbebant autem socrus si
monis febricitans et statim dicunt ei deilla
[31] et accidens laeuauit eam et adprachensa ma   147
nu eius et continuo dimissit febris et minis
trabat eis [32] uespere autem facto cum occidis
set sol adferebant adeum omnes male
habentes uaris langoribus et demoniacos
[33] et omnis ciuitas erat congrigata adianuam
[34] et curauit multos quiuexabantur uaris lan

---

22 doctrinam *d e f h r₂ t* her dur D ℈
Q R codd for doctrina.   —eius (her has
an ꝝ for eius ; see note Mt. xxvii. 25).

23 sinagoga *b d r₂* her dim deer E ℈ R
for synagoga.   inmundo *dff h r₂* gat her
Σ VO for immundo.

24 ihs *ff* for iesu.   quia *r₂* her dur
D Q W for qui.   scis mistake for sanctus
(her scs dī).

25 obmotesce for Obmutesce.

26 inmundus *dfr₂* gat VO for immundus.

27 + eum after conquirerent.   quae *b
h q* Σ VO for quaenam.   + est *r₂* her
D E ℈ after noua.   et *d e ff r* her VO
for etiam.   inmundis *dfffq r₁₂* gat VO
for immundis.

28 rumoreus for rumor eius.   galilae
gat for Galilaeae.

29 sinagoga *r₂* her gat E ℈ R for
synagoga.   semonis for Simonis.   andriae *r₂* D for Andreae.   iohanne *e f q r*
gat VO for Iohanne.

30 discumbebant *r* gat, corrected to
discumbebat for decumbebat.

31 accidens O for accedens.   laeuauit
(Σ leuauit) for elevavit.   + et after eam.
adprachensa gat for apprehensa.
dimissit gat D ℈ for dimisit.   — eam.

32 adferebant *d e ff h l r* gat deer dim
her D E ℈ R for afferebant.   + uaris
langoribus *r* O (*d ff* her .iis .guo) after
habentes.   demoniacos for daemonia
habentes.

33 et omnis ciuitas erat *ff* Domnach for
e. e. o. c.   congrigata for congregata.

34 uaris *r₂* gat her R for variis.   langoribus *r₂* gat ℈ R H T V for languoribus.

goribus et demonia multa ieciebat / eum
Et nonsinebat loquiea quoniam sciebant
[35] Et deluculo ualde surgens et egresus abit
indesertum locum ibique orabat [36] et consecu
tus est eum simon et qui cum illo erant [37] et
cum inuenissent eum dixerunt ei quia ergo
omnes qua erunt te [38] et ait illis ihs eamus in
proximos uicos et ciuitates ut et ibi praedi
cem adhoc enim ueni [39] et erat praedicans insi
nagogis eorum et omnigalileae et demonia ieie
ciens [40] Et uenit adeum leprosus depraecans
eum et genu flexo dixit siuis potes me munda
re [41] ihs autem misertus eius extendit manum
suam et tangens eum ait illi mundare [42] et cum   148
dixiset statim discesit abeo lepra mundatus
est [43] et cominatus est ei statim et iecit illum [44] et
dicit ei uide nemini dixeris seduade ostende
te principisacerdotum et offer proemunda
tione tua quae pracipit moyses intestimoniū
illis [45] at ille egresus coepit praedicare et diffa
mare sermonem ita ut noniam possit mani
feste inciuitatem introire sed foris indeser
tis locis esse et conueniebant adeum undique

II   [1] Iterum introit cafarnaum post dies [2] et audi
tum est quod indomo esset et conuenerunt
multi adeum ita utnoncaperet domus neque

34 demonia for daemonia.   ieciebat r_2
her D for eiiciebat.   loquiea $h\,r_2$ VO for
ea loqui.

35 deluculo $b\,d\,l\,\mu$ her gat$_{mg}$ deer dim
D ℙ G O Z for diluculo (a prima luce, δ
mane).   + et a E Q R Σ.   egresus for
egressus.   abit for abiit.

36 consecutus l ℙmg her* for prosecu-
tus.

37 + ergo after quia.   VO gives
' qua∠erunt L (quacherunt ?) L*.' It is in
the same line and the space is not enough
for ch.   38 + ihs after illis.

39 sinagogis μ her deer gat E ℙ R
W for synagogis.   galileae for galilaea.
demonia $f\!\!f\,q$ her D ℙ O W for daemonia.   ieieciens for eiiciens.

40 depraecans $b\,d\,h\,r$ her D ℙ C G H

M̄ O X Y for deprecans.   —ei $f\,h\,r_2$ gat
her VO after dixit.   41 —Volo after illi.

42 dixiset for dixisset.   discesit for
discessit.   — et r_2 after lepra.

43 cominatus O for comminatus.
statim et $d\!f\!\!f$ her dur gat D E Q R C T B
M̄ for statimque.   iecit D for eiecit.

44 pracipit for praecepit.

45 egresus her gat for egressus.
noniam her (joined as here) dur μ for iam
non.   possit $d\,q$ D ℙ Q M̄ O for posset.
inciuitatem introire $d\,e\,f\,h\,q\,r_2$ VO for
introire in civitatem.   esse $d\!f\!\!f\,h\,q\,r_2$ gat
her VO for esset.

II 1 —Et before iterum.   introit for
intravit.   cafarnaum d for Capharnaum.

2 + adeum after multi.   + domus e
her gat D E Q after caperet.

adianuam et loquebatur eis uerbum ³ et uene
runt adeum offerentes paraliticum quia qua
tuor portabatur ⁴ et cumnonpossent offerre
eum illi praeturba nudauerunt tectum ubi er
at et pate facientes submiserunt grauattum
inquo paraliticus iacuerat ⁵ cumuidisset au
tem ihs̄ fidem illorum dixit paralitico filii di
mittentur tibi peccata tua ⁶ erant autem illic   149
quidam describis sedentes et cogitantes incordi
bus suis ⁷ quid hic sic locitur blasfemat quis
potest dimittere peccata nisisolus ds̄ ⁸ quo sta
tim cognito ihs̄ spū sc̄o quia sic cogitarent in
tra se dicit illis quid ista cogitatis incordibus
uestris ⁹ quid est facilius dicere paralitico di
mittuntur tibi peccata tua aut dicere surge
et ambula tolle grauatum tuum indomumtuā
¹⁰ ut autem sciatis quia potestatem habet filius
hominis interra dimittendi peccata ait para
litico ¹¹ tibi dico surge et tolle grauatum tuum
et uade indomum tuam ¹² et statim ille surrexit
et sublato grauatto abit coram omnibus ita
ut mirarentur omnes et honorificarent dm̄ di
centes quia numquam sic uidimus / turba
¹³ Et egresus est rursus admare omnis que
ueniebat adeum et docebat eos ¹⁴ et cum praeteri
ret uidit leuin alfei sedentem adtiloneum et

3 offerentes for ferentes. paraliticum r_2
her gat D E ℱ R H W Y for paralyticum.

4 grauattum for grabatum.   paraliticus r_2 her gat D ℱ R W Y for paralyticus.
iacuerat for iacebat.

5 cumuidisset autem $a\,b\,d\,f\,h\,q\,r_{1\,2}$ her
gat W for c. a. v.   dixit e D for ait.
paralitico gat D E ℱ R Y r_2 (her paralico)
for paralytico.   filii r_2 Q R A G ℱ for
fili.   dimittentur gat for dimittuntur.

7 locitur for loquitur.   blasfemat q
r_2 her D ℱ R M̄ for blasphemat.

8 sc̄o $h\,r_2$ gat E W her for suo.

9 paralitico r_2 her gat D E ℱ R H W
Y for paralytico.   + tua $b\,f\,ff\,q\,r_2$ her
gat D E ℱmg Q R after peccata.   aut
$a\,b\,d\,e\,f\,ff\,g_2\,l\,q$ her gat dur E ℱmg Q C T
for an : aut is O.L. corrected by St.

Jerome to an. surge et ambula tolle
grauatum tuum for s. t. grabatum t. e. a.
+ indomumtuā $a\,b\,d\,e\,ff\,q$ her Q B.

10 potestatem habet filius hominis $a\,b$
$e\,f\,h\,q\,r_2$ Aug her gat VO for F. h. h. p.
paralitico r_2 her gat D ℱ R Y for paralytico.

11 + et d E Q R M M̄ gat her after
surge.   grauatum C T Y for grabatum.

12 ille surrexit $f\,h\,l\,\mu\,r_2$ her gat deer
codd for s. i.   grauatto r_2 for grabato.
abit for abiit.

13 egresus h her gat for egressus.

14 leuin $f\,h\,l$ her r_2 VO for Levi. A
number of O.L. MSS., $a\,b\,c\,d\,e\,ff\,r$, have
iacobum here, but q has leui.   alfei $b\,q$
$r_{1\,2}$ ℱ D T for Alphaei.   tiloneum her
for telonium.

ait illi sequere me et surgens secutus est eum
[15] et factum est cum accumberet indomo illius   150
multi puplicani et peccatores simul discum
bebant cum ihū et discipulis eius erant enim
multi qui et sequebantur eum [16] et scribae et fa
rissei uidentes quia manducaret cum peccato
ribus et puplicanis dicebant discipulis eius
quare cum puplicanis et peccatoribus mandu
cat et bibit magister uester [17] Hoc audito ihs̄
ait illis nonnecesse habent sani medico sed q.
male habent nonueni uocare iustos sedpec
catores [18] et erant discipuli iohannis et fari
ssei ieiunantes et ueniunt et dicunt ci qua
re discipuli iohannis et farisseorum ieiun
ant tui autem discipuli nonieiunant [19] et ait
illis ihs̄ numquid possunt filii nuptiarum
quam diu sponsus cum illis est iunare quan
to tempore habent secum sponsum nonpos
sunt ieiunare [20] uenient autem dies cum aufe
retur abipsis sponsus et tunc ieiunabunt
inillis diebus [21] nemo enim adsumentum panni
rudis adsuit uesti ueteri alioquin aufert   151
et supplimentum nouum aueteri et maior scis
sura fit [22] et nemo mittit uinum nouellum inu
teres ueteres alioquin disrumpit uinum ute
res et uinum effundetur et uteres peribunt
seduinum nouum inuteres nouos mittidebat
[23] Et factum est iterum cum sabbatis abula
ret ihs̄ persata discipuli eius caeperunt

15 puplicani *q* her gat D ℈ R for publicani.

16 farissei r_2 for Pharisaei. peccatoribus et puplicanis her gat Q : Ord. *h q* for
pub. et p.   puplicanis *q* r_2 her for u-
blicanis.

i begins here.

17 q. for qui.   —enim *i* after non.

18 iohannis (twice) *a b d e ff h q* r_2 gat
Aug her VO for Ioannis.   farissei r_2 D
for Pharisaei.   ei *a b* H for illi.   farisseorum r_2 for Pharisaeorum.

19 iunare for ieiunare.

20 ipsis·for eis.

21 +enim gat dur r_2 D E ℈mg Q R
after nemo. adsumentum *d ff h i q μ r₁₂*
deer her Σ VO for assumentum.   adsuit
b d e ff h i q r₂ her gat Σ VO for assuit.
uesti for vestimento.   +et after aufert. supplimentum for supplementum.

22 nouellum *d δ ff h l t* gat Σ VO for
novum.   disrumpit *c ff q* dur Q B for
dirumpet.   uteres (four times) for utres.
debat for debet.

23 —Dominus *a b e h q r₂ t* gat Σ VO.
abularet for ambularet.   +ihs̄ r_2 dur D
℈ Q R after abularet.   —et after suta.
caeperunt for coeperunt. VO is wrong

praegredi et uellere spicas [24] farissei autem
dicebant ei ecce quid faciunt discipuli tui
sabbatis quod nonlicet [25] et ait illis numquā
legistis quid fecit dauid quando necessitatē
habuit et essuit ipse et qui cum eo erant
[26] quomodo intrauit indomum dī sub abiath
ar principe sacerdotum et panes propos
sitionis manducauit quos nonlicebat man
ducare nisi solis sacerdotibus et dedit eis
qui cum erant [27] Et dicebat eis sabbatum
propter hominem factum est et non homo
propter sabbatum [28] itaque dн̄s est filius

III   hominis etiam sabbati [1] Et introiuit iterum   152
sinagogam et erat ibi homo habens manum
aridam [2] et obseruabant eum sisabbatis cu
raret ut accussarent illum [3] et ait homini ha
benti manum aridam surge inmedium [4] et dicit
eis licet sabbatis benefacere an male animā
saluam facere an perdere at illi tacebant [5] et
circum speciens eos cum ira contristatus su
percecitatem cordis eorum dicit homini exten
de manum tuam et extendit et restituta est
ei manus illius [6] Exeuntes autem farissei cū
herodianis consilium faciebant aduersus
quomodo eum perderent [7] et ihs̄ cum discipulis
suis secessit admare et multa turba agalilea
et aiudea secuta est eum [8] et abhierusolimis et
abedumea et trans iordanen et qui circa tirū
et sidonem multitudo magna audientes quae

---

in giving ceperunt for L W here as the e
has the hook.

23 praegredi h her Σ VO for progredi.

24 farissei r_2 for Pharisaei. +disci-
puli tui a b c d f i q r t her gat codd.

25 fecit a Iren dur for fecerit.   essuit
for esuriit.

26 intrauit b c q r_2 μ Q for introivit.
propossitionis for propositionis.   +solis
b c e ff fl q r_2 t Iren her gat D Q R ℙ G M̄
after nisi.   —eo after cum.

III 1 sinagogam her gat r_2 ℙ Q for
in synagogam.

2 accussarent d q r D ℙ R for accusarent.

5 cecitatem a e l q gat deer (d emortua)
codd for caecitate.   +ei after est.   illius
gat Q R O T V X Z for illi.

6 farissei for Pharisaei.   —statim
after farissei a ff q r her gat G R M̄.
—eum after aduersus.

7 et ihs̄ h l r_2 gat her VO for Iesus
autem.   galilea f ff q r her DE ℙ codd
for Galilaea.   +a before iudea, q Q.
iudea for Iudaea.

8 hierusolimis her gat D ℙ R M̄ for
Ierosolymis.   edumea for Idumaea.
iordanen for Iordanem.   tirū her ℙ T
for Tyrum.

faciebat uenerunt adeum ⁹ et dixit discipulis
suis ut innauicula sibi deseruiret propter
turbam ne conprimerent eum ¹⁰ multos enim
sanabat ita ut inruerunt ineum ut illum tan   153
garent quot quot habebant plagas ¹¹ et sp̄s in
mundi cum illum uidebant procidebant ei et
clamabant dicentes ¹² tues filius dī et uechimen
ter comminabatur eis manifestarent illum
¹³ Et ascendens in montem uocauit adse quos
uoluit ipse et uenerunt adeum ¹⁴ et fecit ut
essent duodecim cum illo et ut mitteret eos
praedicare euangelium ¹⁵ et dedit illis potes
tatem curandi imfirmitates et ieciendi demo
nia et ut circum euntes praedicarent euange
lium ¹⁶ et inpossuit simoni nomen petrum ¹⁷ et
iacobum zebedei et iohannem fratrem iaco
bi et inpossuit eis nomina barnarches quod
est filii tonitrui ¹⁸ et andriam et pilippum et
tholomeum et matheum et thomam et iaco
bum alphi et thaddeum et simonem canna
neum ¹⁹ et iudam scarioh qui tradidit illum
²⁰ et ueniunt addomum et conuenit iterum tur
ba ita ut nonpossent neque panem man
ducare ²¹ et cum audissent sui exrunt tenere eum 154
dicebant enim quoniam infurorem uersusest

9 +in before nauicula *a d h i l r* her
deer Σ D E ℗ R C T codd. conprimerent
for comprimerent.

10 inruerunt *d r₂* gat for irruerent.
tangarent *a r₂* for tangerent.

11 inmundi *a ff q r₂* her gat Σ VO for
immundi.

12 uechimenter D *r₂* for vehementer.
— ne *d*.

14 +euangelium *d e f ff₁ n q r₁₂ t* ℗ G
Θ M̄ O X Y Domnach. St. Jerome
omitted the O.L. addition evangelium.

15 imfirmitates gat for infirmitates.
ieciendi D her (corrector) for eiiciendi.
demonia *ff q r₂* her D ℗ O W for daemonia. + et ut circum euntes praedicarent euangelium *c e* her gat mg T Q (*a*
et circumirent praedicantes evangelium).

16 inpossuit *r₂* gat her ℗ R for impo-

suit. petrum *a eff q r₂* dur gat Q for Petrus.

17 zebedei *a e ff q r t* her D E ℗ Q R fo
Zebedaei. iohannem *ff q r₂* gat VO for
Ioannem. inpossuit *r₂* gat ℗ R for imposuit. barnarches for Boanerges. *d*
and *r* read boanges while her and *r₂* give
bonarges.

18 andriam *r₂* for Andream. pilippum for Philippum. tholomeum for
Bartholomaeum. matheum gat her *r₂*
E ℗ R T Σ for Matthaeum.
The fragment t ends here.
alphi for Alphaei. thaddeum *h l* VO (*k*
her thatheum) for Thaddaeum. can-
naneum *r₂* D ℗ M̄ R for Cananaeum.

19 scarioh (her scarioth) for Iscariotem. — et after qui *h i q r₁₂* gat μ dur
deer D E ℗ Q R C T O W Z.

21 exrunt for exierunt.

[22] Et scribae qui abhirusolimis discenderunt
dicebant bel zephbhabet et quia inprincipe
demoniorum iecit demonia / modo pot est
[23] Et conuocatis eis inparabulis dicebat eis quo
satanas sataniecere [24] et siregnum inse diuda
tur nonpoterit stare regnum illud [25] et sidomus
super semet ipsam dispertiatur nonpoterit
domus illa stare [26] et satanas consurrexit in
semet ipsum dispertitus est et nonpotest sta
re sed finem habet [27] nemo potest uassa fortis
ingresus indomum diripere nisiprius fortem
alliget et tunc domum eius diripiet / tur
[28] Amendicouobis quoniam omnia dimitten
filis hominum peccata et blasfemiae quibus
blasfemauerint [29] qui autem blasfemauerit in
spm scm nonhabebit inse remisionem inaeter
num sed reus erit aeterni dilicti [30] quoniam dic
cebant spm inmundum habet [31] Et ueniunt
matereius et fratres et foris stantes miserunt   155
adeum uocantes eum [32] et sedebant circa eum
turbae et dicunt ei ecce mater tua et fratres
tui foris quaerunt te uidere [33] et respondens
eis ait quae est mater mea et fratres mei
[34] et circum spiciens eos qui incircuitu eius sede
bant ait ecce mater mea et fratres mei [35] qui
enim fecerit uoluntatem di hic frater meus

22 hirusolimis r_2 R for Ierosolymis.
discenderunt for descenderant.   - quoniam. bel zephb for Beelzebub. demoniorum ﬀ r_2 her dur D Q T W for daemoniorum.   iecit D her for eiicit.   demonia ﬀ q r_2 D ƷP W Y her for daemonia.

23 parabulis r_2 gat her R C for parabolis. eis ﬀ dur gat Q R for illis.
satan l for Satanam. iecere D for eiicere.
r_2 is missing from iii. 23 to iv. 19.

24 diudatur for dividatur.   poterit i
her gat D E R for potest. stare regnum
illud a ﬀﬀq her gat dur Q Σ VO for r. i. s.

25 poterit a h i n her dur deer gat Σ
VO for potest.

26 —si D but .is, presumably as a correction for si, is written above the line.
consurrexit for consurrexerit.

potest c d f ﬀ h q r her gat VO (her pote-
stare) for poterit.

27 uassa D E ƷP R gat for vasa.   ingresus her R gat for ingressus.

28 filis for filiis.   blasfemiae q r her
D ƷP C T for blasphemiae.   blasfemauerint D ƷP for blasphemaverint (and
blasfemauerit in verse 29).

29 +inse her after habebit.   remisionem her gat R Y for remissionem.
dilicti D for delicti.

30 dic⸝cebant for dicebant.   inmundum her gat VO for immundum.
i is missing till iv. 4.

31 t in miserunt is subscript.

32 sedebant f ﬀf q r for sedebat.
turbae e f ﬀf q r her for turba.   +uidere
e after te.

et soror mea et mater est / ta est adeum

IV   ¹ Et iterum caepit docere admare et congriga
turba multa ita ut innauem ascenderat in
mari et omnis turba circa mare super terrā
erat ² docebat eos inparabulis multa et dice
bat illis indoctrina sua ³ audite ecce semina
ns adseminandum ⁴ et factum est dum semi
naret aliud cicidit circa uiam et uenerunt
uolucres et comederunt illud ⁵ aliud uero
cicidit super petrosa ubi nonhabuit ter
ram multam et statim exortum quoniam
nonhabebat altitudinem terrae ⁶ et quando
exortus est solextuauit et eoquod nonhabuit   156
radicem exurauit ⁷ et aliud cicidit inspinas et
ascenderunt spinae et subfocauerunt illud et
nondedit fructum ⁸ et aliud cicidit interram bo
nam et dabat fructum ascendentem et crescen
tem et adferebat unum tringenta et unum sex
agenta et unum centum ⁹ et dicebat quihabet au
res audiendi audiet ¹⁰ et cum esset singularis inter
rogauerunt eum hii qui cumeo erant cum duo
decim parabulas ¹¹ et dicebat eis uobis datum est
nosse misterium regni dī Illis autem quiforis
sunt inparabulis omnia fiunt ¹² ut uidentes ui
deant et nonuideant et audientes audiant et
non intellegant ne quando conuertantur et dimi

IV 1 caepit for coepit.   congrigata
for congregata.   in nauem *bfffhq* her
VO for navim.   ascenderat for ascendens.
—sederet.

2 —et before docebat.   parabulis her
gat D R G (*d* parauolis) for parabolis.

3 —exiit after ecce.

4 +factum est after et, Q.   seminaret
her for seminat.   *i resumes.*   —caeli
efh gat VO after uolucres.

4 and 5 cicidit her gat D R for cecidit.

5 —est after exortum.

6 extuauit (her aestuauit) for exaestu-
avit.   habuit for habebat.   exurauit
for exaruit.

7 cicidit D gat for cecidit.   subfocauerunt (her suffucauerunt) for suffocaverunt.   St. Jerome altered the word

to offocauerunt (M Σ) to represent St.
Mark's different Greek word.   nondedit
fructum for f. n. d.

8. cicidit D gat her for cecidit.   *e is
missing till verse* 10.   adferebat *hlμ*
her gat dim deer D E ℈ R Σ codd for
afferebat.   tringenta +et for triginta.
sexagenta ℈ Y for sexaginta.

9 audiet for audiat.

10 hii her gat Σ D E ℈ R C T Θ W Z
for hi.   erant +cum.   parabulas for
parabolam.

11 misterium *lr* her gat deer D E ℈ C
O W Y for mysterium.   parabulis her
gat R G for parabolis.

12 intellegant *abdfffhq* Σ her gat
VO for intelligant.   dimittentur for
dimittantur.

ttentur eis peccata [13] et ait illis nescitis parabu
lam hanc et quomodo omnes parabulas cog
noscetis [14] Quiseminat uerbum seminat [15] hii sunt
autem qui circa uiam ubi seminatur uerbum et
cum audierunt confestim uenit satanas et aufe
ret uerbum quod seminatum est in corda eorū
[16] et hiisunt qui similiter qui super petrosa semi   157
nantur qui cum audi[e]rint uerbum s[ta]tim [cum
gaudio accipiunt illud [17] et nonhabent [rad]icem
inse sed temporales s[unt] deinde orta tribula
tione et persecutione prop[ter u]erbu[m conf]estī
scandalizantur [18] et alii sunt qui inspinis sem[i
nantur hii sunt qui uerbum audiunt [19] et erum
pnae saecul[i] et deceptio diuitiarum et ci[rca] reli
qua concupiscentiae introeuntes suffocant uer
bum et sine fructu efficiuntur [20] et hii sunt quisu
pra terram bonam seminatisunt hi sunt qu[iue]r
bum audiunt et suscipiunt et fructi[f]icant [u]num
xxx et unum lx et unum [21] Et d[ic]ebat illis num
quid uenit lucerna ut submodio poniatur aut
sublecto nonne ut supra cantellabrum pona
tur [22] Non est enim aliquid absconditum quod
nonifestetur nec factum est ocultum sed ut
inpalam ueniat [23] siquis habet aures [au]d[ien
di] audiat [24] Et dicebatillis uidet[e q]uid audia
tis inqua mensura mensi fueritis remittetur
uobis et adiecitur uobis [25] Qui enim habet da   158

13 parabulam her gat Σ D Ᵽ R G for
parabolam.   parabulas her gat Σ O Ᵽ R
G for parabolas.

15 hii *r* D E Ᵽ C T G O Z W Σ for hi.
sunt autem for a. s.   audierunt for
audierint.   auferet *c d ff q r* dur Ᵽ K M̄
O Z for aufert.   in corda *d ff h μ* Σ (her in
corde) VO for in cordibus.

16 hii *r* her gat D E Ᵽ R C T G O W
Σ for hi.   sunt + qui.

a is missing 17-26.

18 hii her gat D E Ᵽ R C T O W Σ
for hi.

19 erumpnae gat (her erumpna) for
aerumnae.   *r₂ resumes from* iii. 23.
efficiuntur *b ff q* dur D E C T gat codd for
efficitur.

20 hii *ff r₂* dur her gat D E Ᵽ R C W
O for hi.   supra *h i q* her gat E Q R C T
B K V Z for super.   + hi sunt after sunt
D Ᵽmg Q R.   uerbum audiunt for a. u.
xxx *b e r₂* D R W for triginta. xxx + et.
lx *b e* D R V W for sexaginta.   — centum (her centissimum).

21 poniatur for ponatur.   See p. 7.
supra *b r₁ ₂* her gat D E Ᵽ Q R Θ M̄ X
for super.   cantellabrum *ff* for candelabrum.

22 nonifestetur *i q* (*ff* ut manifestetur)
for non manifestetur.   ocultum *r₂* for
occultum.

24 remittetur *r* dur for remetietur.
adiecitur for adicietur.

bitur illi et quinonhabet etiam quodhabetau
feretur abeo [26] Et dicebat sic est regnum dīqu
em admodum si homo iectat semen interram
[27] et dormiat et exsurgat nocte ac die et semen
germinet et increscat dum nescit ille [28] ultro enim
terra fructificat primum herbam deinde spi
cam deinde plenum frumentum inspica [29] et cum
se produxerit frutus statim falcem quoniam
adest messis [30] Et dicebant cui adsimulauimus
regnum dī aut cui parabulae conpauimus illud
[31] sic est enim sicut granum sinapis quod cum se
minatum fuerit interra [32] et cum seminatum fue
rit ascendit et fit maior omnibus oleribus et fa
cit ramos magnos ita ut sint subumbra eius
auoo oaeli habitare [33] Et talibus multis para
bulis loquaebatur eis uerbum prout poterant
audire [34] sine parabula autem nonloquebatur
eis Seorsum autem discipulis suis disserebat
omnia [35] Et ait illis in illa die cumsero esset
factum transeamus contra [36] et dimittentes tur   159
bam adsumunt eum ita ut erat innaui et aliae
naues erant cum illo [37] et facta est procellamag
na uenti et fluctus mit tebat innauem ita ut
inpleretur nauis [38] et erat ipse inpuppinauis

---

26 *a resumes from* iv. 17 *but very little of it remains till* v. 19.

iectat E Q (gat mg iactat) for iaciat. semen *b f ff q r* her Q G for sementem.
27 ac *h* E gat for et.
29 +se after cum *h μ r₂* gat VO. frutus for fructus. —mittit (her mittat) after statim.
30 dicebant (the *n* has a dot above it for correction) for dicebat. adsimula-uimus *r₂* for assimilabimus. parabulae *r₂* gat *μ* D ℱ R Σ for parabolae. conpauimus for comparabimus.
31 +sic est enim before sicut (her sic est sicut: dur Q sic est ut). —minus est omnibus seminibus quae sunt in terra, after the first in terra. Our scribe has been severely criticized by Dr. Scrivener for his carelessness in having so many homoeoteleuta. The editor of gat has no verse 32

marked and nothing to show any omission from the text. In verse 31 we have in terra ascendit but between the first terra and ascendit vg reads minus est omnibus seminibus quae sunt in terra. 32 Et cum seminatum fuerit. Much that our scribe has missed is missing also from other Celtic MSS.

32 maior*de* for maius. sint for possint.
33 parabulis her gat *r₂* D R G Σ for parabolis. loquaebatur for loquebatur.
34 parabula *r₂* her D R G Σ for parabola.
36 adsumunt *l h r₂* deer her for assumunt.
37 innauem *e ff h i l q r μ* gat (her in naui) VO for in navim. inpleretur *a f ff h r₂* gat her D ℱ M Σ for impleretur.
38 +nauis after puppi her *r₂* (*e* in priora super puluinum).

supra ceruical dormiens et excitant eum et di
cunt ei magister nonadte pertinet quia perimus
[39] et exsurgens comminatus est uento et dixit ma
ritace et omotesce et cessauit uentus et factaest
trancillitas magna [40] et ait illis quidtimidi estis
nec dum habetis fidem et timuerunt magno ti
more et dicebant adalter utrum quis putas

V   est iste quia et uentus et mare obediunt ei [1] et
ueniunt trans fretum maris inregionem ge
rasenorum [2] et exeunti ei denaui statim occur
rit ei demonumentis homo inspu inmundo [3] qui
domicilium habebat inmonumentis et nque
catenis iam quisquam eum poterat ligare
[4] quoniam sepe conpedibus et catenis uinc
tus disruptas catenas et conpedes commi
nuisset et nemo eum poterat domare [5] et sem   160
per innocte ac die inmonumentis et inmonti
bus erat clamans et concidens se lapidibus
[6] Uidiens autem ihm alonge cocurrit et adora
uit eum [7] et clamans uoce magna dicit quidmi
hi et tibiihs filii di summi adiurote perdm ne
me torqueas [8] dicebat enim illi ihs exiisps in
munde abhomine [9] et interrogabat eum quod
tibi nomen est et dicit ei legio mihi nomen est
quia multi sumus [10] depraecabatur eum multu
ne se expelleret extra regionem [11] erat autem ibi
circa montem grex porcorum magnus pascens
[12] et depraecabantur eum sps dicentes mitte nos

38 ei *b f* her gat r_2 VO for illi.

39 tace + et *b* her gat A F T. omotesce
for obmutesce.   trancillitas r_2 for
tranquillitas.

40 magno timore *h i l q* μ her VO for t. m.
V 1 ueniunt dur Q for venerunt.

2 + ei after occurrit *f q* r_2 her gat Σ
VO. inmundo *a d f ff h q* r_2 her gat Σ
VO for immundo.

3 qui has *i* subscript. nque for neque
(r_2 nece). eum poterat (her eum potunt)
for p. e.

4 sepe *f* μ r_2 her deer gat D ℱ Q R W
Y for saepe. conpedibus *b d l* μ her dim
D Q G Θ O Z Σ for compedibus. dis-
ruptas for dirupisset. conpedes *b h l* μ

her gat D ℱ R G Θ M̄ O for compedes.
eum poterat for p. e.

5 innocte ac die *f h* (her per nocte ac
die) gat (− in) for die ac nocte.

6 Uidiens for Videns. cocurrit for
cucurrit.

7 dicit for dixit. ihs for Iesu. filii
r_2 her gat D Q R C T A for Fili. summi
c f ff h i q $r_{1\,2}$ her VO (*d* excelsi) for altissimi.

8 + ihs after illi *d ff r* her gat ℱmg.
exii r_2 gat for exi. inmunde *a f h q* r_1
her gat VO for immunde.

10 − et. (and 12) depraecabatur *f h*
E ℱ R H D Y Z for deprecabatur.

inporcosut ineos introeamus [13] et concessit eis
statim ihs et exeuntes sps inmundi intraueru
nt inporcos et magno inpetu grex praecipitatus
est inmare adduo milia et soffocatisunt inma
[14] qui autem pascebant eos fugerunt et nuntiaue
runt inciuitate et agros et gresisunt uidere fac
ti quid esset [15] et ueniunt adihm et uident illum
qui ademonio uexabatur sedentem uestitum   161
et sanae mentis et timuerunt [16] et narrauerunt
illis qui uiderant qualiter factum est et deeo
qui demonium habuerat et deporcis [17] et rogare
eum coeperunt ut discedereret afinibus eorum
[18] Cum que ascenderet innauem coepit illum de
praecari qui demonio uexatus fuerat ut es
set cum illo [19] ot non admissit eum sed ait illi
uade indomum tuam adtuos et adnuntia il
lis quanta tibi dns fecerit et missertus sittui
[20] et abiit et coepit praedicare indecapilli quan
ta sibi fecisset ihs et omnes mirabantur / fre
[21] Et cum trans cendisset innaui rursus trans
tum conuenit turba multa adillum et erat
circa mare [22] et uenit quidam dearchi sinagogis
nomin iarus et uidens eum procedit adpedes
eius [23] et depraecabatur eum multum dicens
quoniam filia mea inextremis est ueni inpo
ne manus super eam ut salua sit et uiuat

13 inmundi *af ff h q r* her gat Σ for
immunди.   intrauerunt *b d* for introie-
runt.   inpetu *ff* C T O for impetu.
milia for millia.   soffocati sunt (her
suffucatus $\div$) for suffocati sunt.   inma
for in mari.
    14 inciuitate *b d r₂* dur ℘mg C T Σ F
for in civitatem.   —in before agros.
gresi for egressi.   +facti *h i* after uidere.
    --factum after esset.
    15 demonio *ff q r₂ μ* D ℘ W for daemonio.
    16 factum est *q* D for factum esset.
—ei *r* D.   +et deeo.   demonium *q r₂*
D ℘ O W for daemonium.
    17 eum coeperunt *r₂* gat her VO for c. e.
    discedereret for discederet.   afinibus
e f ff r₁ ₂ her gat for de finibus.
    18 innauem *f i h* her gat dur Q R C *ff*

(—in) for navim.   depraecari *b d i l q r* E
℘ R B O Y Z for deprecari.   demonio
d ff (+a) *q r* her ℘ for a daemonio.
    19 admissit D ℘ gat (her adsumpsit)
for admisit.   adnuntia *d ff q h r₂* her gat Σ
VO for annuntia.   missertus D *r₂* gat
for misertus.
    20 decapilli for Decapoli.
    21 —Iesus after transcendisset *h*.   rursus
f h i q her VO for rursum.   illum *b ff h*
r₁ ₂ gat VO for eum.
    22 archi sinagogis for archisynagogis.
    nomin for nomine.   iarus *r₂* (her
iarius) for Iairus.   procedit *r₂* dur D ℘
Q R X* (her procedens) for procidit.
    23 depraecabatur her E R B O Y Z for
deprecabatur.   inpone for impone.
manus *a* her gat VO for manum.   (her

²⁴ et abiit cum et sequebatur eum turba multa
et conprimebant illum ²⁵ et mulier quae erat   162
inprofluio sanguinis annis duodecim ²⁶ fue
rat multa perpessa aconpluribus medicis
et erogauerat omnia sua quicquam profice
rat sed magis deterius habebat ²⁷ cum audis
set deihū uenit inturba retro et tetigit uesti
mentum eius ²⁸ dicebat enim intra se quia si
uel uestimentum eius tetigero saluaro ²⁹ et con
festim siccatus est fonsanguinis illius et sen
sit corpore quod sanata esset aplaga ³⁰ et sta
tim ihs̄ cognoscens insemet ipso uirtutem q:·
exierat deeo conuersus adturbam ait quis
stetigit uestimenta mea ³¹ et dicebant ei discipu
li illius uides turbam conpraementemte et di
cis quis me tetigit ³² et circum spiciebat uidere
eam quae hoc fecerat ³³ mulier autem timens et
tremiens sciens quod factum esset inse uenitet
procedit ante eum et dixit ei omnem ueritatem ³⁴ il
le autem dixit ei filia fidestua te saluuam fecit
uade inpace et esto sana aplaga tua ³⁵ adhuc
eo loquente ueniunt abarchi sinagogo dicen   163
tes quia filia tua mortua est quid ultra uex
as magistrum ³⁶ ihs̄ autem uerbo quoddicebat'
audito ait archi sinagogo nolitimere tantum
modo crede ³⁷ et non admissit quem quam sequi

ut salua sit et uiuat : *ff* ut salba sit et
uibet : *e* filiola mea nouissime habet ueni
et tange eam ut uiuet.)

24. —illo after cum.   conprimebant
a b d e ff l μ q r her gat deer dim D Æ
codd for comprimebant.   illum *b d e f q*
r₂ VO for eum.

25 profluio her D Æ T Y for profluvio.

26 —et *b*.   conpluribus *h i q r₂ μ* her
dim E Æ Σ codd for compluribus.   —nec
after sua.   quicquam *b d i r₂* gat VO for
quidquam.   proficerat *r₂ μ* her deer gat
D E Æ R codd for profecerat.

28 +intra se *a d ff i q r* dur Q her.
saluaro (*e* salbabor) for salva ero.

29 fonsanguinis for fons sanguinis.
illius for eius.   quod for quia.

30 cognoscens insemet ipso *f h l r₂* her

gat *μ* VO for in semet ipso cognoscens.
q :· *r* gat for quae.   deeo *f h* her Σ VO
for de illo.   ait *d f ff q* her for aiebat.
quis *⌀* stetigit for quis tetigit.

31 illius *di* Æpmg Q R C T K V Z for
sui.   *r₂ is now missing till* vi. 13.
conpraementem E for comprimentem.

33 autem *a f h i r* her VO for vero.
tremiens for tremens.   See p. 7.   procedit *μ* her dur dim D Æ Q R for procidit.

34 saluuam for salvam.

35 abarchi sinagogo her gat for ab
archisynagogo.

36 uerbo quoddicebat' audito *h l μ* gat
her VO for audito verbo quod dicebatur.
archi sinagogo her for archisynagogo.

37 admissit D Æ her gat for admisit.
sequi se *a b ff i q r* gat VO for se

se nisi petrum et iacobum et iohannem fratrē
iacobi [38] et ueniunt indomum archi sinagogi et ui
dit tumultum et flentes ethieiulantes multum
[39] et ingresus ait eis quid turbamini et ploratis pu
ella nonest mortua sed dormit [40] et inridebant
eum ipse uero iectis omnibus adsumpsit pa
trem et matrem puellae et quisecum erant et in
greditur ubierat puella iacens [41] et tenens manū
puellae ait illi tabitha comi quod est intibi di
co surge [42] et confestim surrexit puella et ambula
bat erat autem annorumxii et obstupuerunt
omnes stupore maximo [43] et praecipit illis uehi
menter utnemo id sciret et dixit dari illi mandu

VI   care [1] et egresus inde abit inpatriam suam et se
quaebantur illum discipuli eius [2] et facto sab
bato caepit insinagoga docere et multi audien   164
tes admirabantur indoctrna eius dicentes unde
huic haec omnia quae est sapientia quae data
est illi et uirtutestales quae permanus eius ef
ficiuntur [3] nonne iste est filius fabri et mari
ae frater iacobi et ioseph et iudae et simonis
nonne sorores hic nobis cum sunt et scanda
lizabantur inillo [4] et dicebat illis ihs quianon
est profeta sine honore nisi inpatria sua
et incognatione sua et indomo sua [5] et nonpo

---

sequi. iohannem *befffqr* her gat VO
for Ioannem.

  38 archi sinagogi her for archisynagogi.
    uidit *fffhl* gat E Q codd for videt.
    ethieiulantes gat (*e* ululantes : Σ heiu-
lantes) for et eiulantes.

  39 ingresus her gat R for ingressus.
eis *fh* gat VO for illis.

  40 inridebant *aefffhr* her Σ VO (*bq*
deridebant) for irridebant.   iectis *h* D
her for eiectis.   adsumpsit *a* D ℘ her
G ϴ T Z for assumit.   erat puella *abef*
hq her gat VO for p. e.

  41 tabitha comi her gat D Q (*e* tabea
acultha cumhi) for talitha cumi.   intibi
dico for interpretatum Puella tibi dico.
After *in* the letters *terpretatum* with the
word Puella have been omitted.

  42 xii *abefff* D E R W gat for duo-

decim.   + omnes *d* her gat.   maximo
h gat Σ for magno. St. Jerome changed
the O.L. magno to maximo. See Turner's
note on this in *The Vulgate Gospels*, p. 92.

  43 praecipit her dur ℘ Q R for praecepit.   uehimenter *h* gat for vehementer.

  VI 1 egresus *h* gat for egressus. abit
for abiit.   sequaebantur E for sequebantur.   illum for eum.   eius gat for sui.

  Verses 2 to 26 are missing in Σ.

  2 caepit for coepit. sinagoga her gat ℘
M' for synagoga. doctrna for doctrina, cf.
regna iusti Mt. xii. 42.   —et before quae.

  3 iste her gat for hic.   filius fabri et
mariae *r₂* dur for faber, filius Mariae.
—et after the second nonne *b* Q R gat.
—eius after sorores R.

  4 profeta *eff qr* D ℘ for propheta.
in cognatione sua et in domo sua *f* her

terat ibi uirtutem multam facere nisi pau
cos imfirmos inpossitis manibus curauit ⁶ et
mirabatur propter incredulitatem eorum et
circum ibat castella incircuitu dodcens / da
⁷ Et conuocauit xii et coepit eos mittere binos et
bat eis potestatem spūm inmundorum ⁸ et prae
cipit eis ne quid tollerent inuia nisi uirgamtan
tum nonperam nonpanem neque inzonaaes
⁹ sed calciatus scandalis et ne induerentur dua
bus tonicis ¹⁰ Et dicebat eis quo cum que intro
ieritis indomum illic manete donec exeatis inde   165
¹¹ Et quicumque locus nonreciperint uos nec
audierint uos exeuntes inde excutite puluerem
depedibus uestris intestimonium illis / rent
¹² Exeuntes pradicabant ut poenitentiam age
¹³ et demonia multa ieciebant et unguebant oleo
multos egros et sanabant ¹⁴ Et audiuit hiro
dis rex manifestum est enim factum nomen eius
et dicebat quia iohannis babtiza surrexit a
mortuis et propter ea operantur uirtutes inil

VO (*h* domu : *q* genero) for in domo sua et in cognatione sua.

5 multam *f i q* D E M (*a* nullum) for ullam. imfirmos for infirmos. inpossitis her gat D E ℞ R for impositis.

6 circum ibat her gat VO for circuibat.

dodcens for docens. This slip of the pen seems to show that *c* before *e* was pronounced as in the ecclesiastical pronunciation of Latin.

7 conuocauit *f h l μ* her gat for vocavit. xii *a b e r* gat D E R W for duodecim. eis *e f i* gat ℞ Q R for illis. spūm Y for spirituum. inmundorum *ff q* her gat VO for immundorum.

8 praecipit her dur ℞ P Q R for praecepit.

9 calciatus *h* (*e* calciatos soleas : *ff* + galliculas) for calceatos. scandalis for sandallis. The letter *c* has been erased between the *s* and the *a* as in the case of *h* and dur. tonicis her gat ℞ D V for tunicis.

The text of e practically ends here with sed calciatos soleas neque uestire duas tunicas . . . Then there is a blank again

till xii. 37 *and but a few words in* 37–40. *Another blank follows till* xiii. 2 *with the text of verses* 2 *and* 3 *in part.* xiii. 4–23 *is missing, and there remain but fragments of* 24 *to* 36. *All the rest of St. Mark is missing in* e.

11 + locus after quicumque. reciperint her gat D E ℞ for receperint.

12 −et before exeuntes *q* her gat D E ℞ H. pradicabant with a minute *e* inside the first *a* for praedicabant.

13 demonia *ff q μ* her dim D ℞ W for daemonia. ieciebant D for eiiciebant. unguebant *f l μ* her gat D R codd for ungebant. egros ℞mg gat R T O W for aegros.

r₂ resumes from v. 31.

14 hirodis rex her dim : Ord. *f i* gat *r₂* for rex Herodes. est enim factum *f* for enim factum est. *us* is in ligature in eius. iohannis *ff h r₁ ₂* her gat D R B O for Ioannes. babtiza D for Baptista. surrexit *b* her gat *μ r₂* D E Q W for resurrexit. operantur uirtutes *b f l μ* her E Q R T codd for v. o.

lo ¹⁵ alii autem dicebant quia helias est alii ue
ro dicebant profeta est quasi unus ex profe
tis ¹⁶ Quo audito hirodis ait quem ego iohan
nem hic amortuis surrexit ¹⁷ Ipse autem hiro
dis missit actenuit iohannem et uinxit eum
incarcere propter hirodiadem uxorem phi
lipi fratris sui quia duxerat eam/ habere
¹⁸ Dicebat enim iohannis hirodi nonlicet tibi
eam uxorem fratris tui ¹⁹ hirodiadis autemin
sidiabatur illi et uolebat occidere eum nec
poterat ²⁰ hirodis enim metuebat iohannem
sciens eum uirum scm et custodiebat eum et
audito eo quod multa faciebat et libenter eum
audiebat ²¹ et cum dies oportunus accedisset
hirodis natalis sui caenam fecit principib:
et tribunis et primis galiliae ²² cumque introis
set filia ipsius hirodiadis et saltasset et pl
acuisset hirodi simul et recumbentibus rex
ait puellae peteame quod uis et dabotibi ²³ et iu
rauit illi multa quia quic quid petieris dabo
tibi licet demedium regnimei ²⁴ quae cum exisset
dixit matrisuae quidpetam et illa dixit capud
iohannis babtiste ²⁵ cumque introisset statim cū
festinatione adlegem petiuit dicens uolo utpro

166

15 helias *a b d f ff* her gat *i r₂* VO for Elias. —Quia profeta *q* D ℈ R for propheta. profetis *d q r₁ ₂* D ℈ for prophetis.
16 hirodis *r₂* for Herodes. —decollaui after ego. iohannem *r₂* her gat D ℈ Q G H Θ K for Ioannem. surrexit *b d q* D Q for resurrexit.
17 autem for enim, after Ipse. hirodis her for Herodes (*ff* herodis). missit gat D ℈ for misit. iohannem *c ff i q r* dim gat D E ℈ Q R C codd for Ioannem. hirodiadem for Herodiadem. philipi *r₂* for Philippi.
18 iohannis *μ r₂* her D E R for Ioannes. hirodi for Herodi. habere + eam.
19 hirodiadis for Herodias.
20 hirodis her for Herodes. iohannem *fff q* her D E ℈ Q R codd for Ioannem. —iustum et after uirum. + quod

after eo her.
21 oportunus *fff h* her gat for oportunus. accedisset *q r₂* her E Q B for accidisset. hirodis *r₂* for Herodes. caenam for coenam. principib: for principibus. *r₂* and gat have the same contraction here. galiliae *r* D W her for Galilaeae.
22 hirodiadis *r₂* for Herodiadis. hirodi *r₂* for Herodi. simul et for simulque.
23 +multa after illi *d ff i q* gat Q R. quic quid *r₂* for quidquid. demedium *r₂* E R T for dimidium.
24 capud *r₂* E R W Y for caput. iohannis babtiste *d r₂* for Ioannis Baptistae.
25 adlegem, slip for ad regem. An attempt has been made to erase the lower part of the *l*.

tinus des mihi indisco capud iohannis babtis
te ²⁶ et contristatus est rex propter iurandum et
propter simul recumbentes noluit contristare
eam ²⁷ sed sibi miso confestim speculatore prae
cipit adferri capud eius indisco et deolauiteū
in carcere ²⁸ et adtullit capud eius indisco et de
dit illud puellae et puella dedit matri suae   167
²⁹ quo audito discipuli eius uenerunt et tulle
runt corpus eius et possuerunt illud inmo
numento ³⁰ Et conuenientes apostoli adihm̄
renuntiauerunt illi omnia quae egerunt et do
cuerunt ³¹ Et ait illis uenite seorsum in desertū
locum et reciescite pussillum erant enim qui
uenebant et rediebant multi et nec manducandi
spatium habebant ³² Et ascendentes innauiabi
erunt indesertum locum seorsum ³³ et uiderunt
eos abeuntes et cognuerunt multi et pedestres
et deomnibus cucurrerunt illuc et praeuenerunt
eos ³⁴ exiens uidit turbam multam ihs̄ et misser
tus est super eos qui erat sicut oues nonhaben
tes pastorem et caepit docere illos multa ³⁵ et cū
iam hora multa fieret accesserunt discipuliei
us dicentes Desertus est locus hic et iam prae
teriit hora ³⁶ dimitte illos ut euntes inproximos
uillas et uicos emant sibi cibos quos mandu

25 capud for caput.   iohannis babtiste
for Ioannis Baptistae.

26 iurandum gat (*b* iuramentum) for
iusiurandum.   recumbentes *b f h r*₂ gat
Σ VO for discumbentes.   contristare eam
(*a* eam spernere) for e. c.

27 sed + sibi.   miso *r*₂ her E R for
misso.   + confestim *f q* R ⊖ her (gat
statim).   speculatore *a b ffi* her gat *r*₂
Σ VO for spiculatore.   praecipit *r*₂ ℙ Q
R for praecepit.   adferri *a ff δ* her gat
VO for afferi.   capud *r*₂ R W Y for caput.
    deolauit for decollavit.

28 adtullit *r*₂ gat for attulit.   capud
d q E R Y *r*₂ for caput.

29 tullerunt *r*₂ R gat for tulerunt.
possuerunt *r*₂ gat ℙ R for posuerunt.

30 illi for ei.   egerunt for egerant.
docuerunt *a ff* G for docuerant.

31 reciescite for requiescite.   pussillum
*r*₂ D ℙ R for pusillum.   uenebant for
veniebant.   rediebant *d q r*₂ gat Σ VO
for redibant.   manducandi spatium *b J*
*ff q r*₂ her gat Σ VO for s. m.

32 innaui *a d f ff h i r*₂ her gat VO for
in navim.

33 cognuerunt for cognouerunt.
pedestres + et.   — ciuitatibus after omnibus.   cucurrerunt for concurrerunt.

34 — et before exiens, *r*₂ ℙ.   missertus gat D ℙ *r*₂ (*i q* condoluit) for misertus.   qui *a b d h* E R Q G for quia.
erat for erant.   caepit for coepit.
docere illos *b d f i q r*₂ Σ VO for i. d.

35 praeteriit hora for h. p.

36 inproximos *q* for in proximas.
manducarent for manducent.

carent [37] et respondens ait illis date illis
manducare et dixerunt ei euntes emamus   168
denaris ducentis panes et dabimus eis man
ducare [38] et dicit eis quot panes habetis ite
et uidete et cum cognouissent dicunt ei quin
que panes et duos pisces [39] et praecipit illis
ut accumbent omnes saecundum contuber
nia superuiride fenum [40] et discumbuerunt
persingulas arias percentenos et perquin
quagenos [41] et acceptis quinque panibus et duo
bus piscibus intuens incaelum benedixit et
fregit panes et discipulissuis ut ponerentan
te eos et duos pisces diuissit omnibus [42] et man
ducauerunt omnes et saturatisunt [43] et sustu
llerunt reliquias frgmentorum duodecim co
finos plenos et depiscibus [44] erant autem qui
manducauerunt quinque milia uirorum / na
[45] Et statim cogit suos discipulos ascendere in
uem ut praecederent eum trans fretum adbe
zaidam dum ipse dimitteret populum / re
[46] Et cum dimissiset eos abiit inmontem ora
[47] Et cum sero esset erat nauis inmedio ma   169
ri et ipse solus interra [48] et uidens eos labora
ntes inremigando erat enim uentus contrari
us eis et circa quartam uigiliam noctis uenit
adeos aubulans super mare et uolebat prae
terire eos [49] at illi ut uiderunt eum ambulantē

37 —uos *a h i r₂* gat dur D ℙ Q R codd.
denaris ducentis Ord. *a b f i l q r* gat
VO for ducentis denariis. eis for illis.
38 +ei after dicunt *b f ff i q* gat E Q.
+panes *a d f ff i q r₂* her gat D ℙ Q.
39 praecipit *r₂* dur ℙ Q R F Y for
praecepit. accumbent for accumbere
facerent. saecundum for secundum.
fenum *ff q* R W K Z for foenum.
40 discumbuerunt gat for discubue-
runt. persingulas arias (her per singulas
areas : *q* areas et areas : gat per partes) for
in partes. See p. xxxvi. Here her and
Teilo = Chad are together against all the
rest. perquinquagenos for quinquagenos.
41 —dedit *h*. diuissit gat *r₂* D for

divisit.
43 sustullerunt gat for sustulerunt.
frgmentorum *r₂* (her framentorum) for
fragmentorum. cofinos *d r₁ ₂* ℙ R for
cophinos.
44 milia *a b f ff h q r₂* Σ her VO for
millia.
45 cogit *r₂* R for coegit. suos discipulos for d. s. +in before nauem *d f*
ℙ Q gat. nauem (na will be found two
lines above : this line begins with uem)
d f i q r₁₂ gat Q R Σ VO for nauim.
bezaidam (*b* bedsaida) for Bethsaidam.
46 dimissiset for dimisisset.
48 aubulans for ambulans. super for
supra, and in 49.

super mare putauerunt fantasma esse et ex
clamauerunt [50] omnes qui eum uiderunt et con
turbatisunt et statim locutus est cum eis et
dixit illis confidete egosum nolite timere / tus
[51] Et ascendit ad illos innauem et cessauit uen
et plus magis intrase stupebant [52] non enim in
tellexerunt depanibus erat autem cor illorū
obcecatum [53] et cum trans fretassent peruener
unt interram genizareth et adplicuerunt [54] cum
que egressent denaui continuo cognuerunt eum
[55] et percurrentes uniuersam regionem illam
coeperunt ingrauattis eos quise male abe
bant circum ferre ubi audiebant eum esse
[56] et quocumque introibat inuicos uel inuillas
aut inciuitates inplateis ponebant infir   170
mos et depraecabantur eum ut uel fimbriā
uestimenti eius tangerent et quot quot tange

VII   bant eum salui fiebant   [1] Et cumueniunt ad
farissei et quidam describuis uenientes abhi
rusolimis [2] et cumuidissent quosdam exdisci
pulis eius commonibus manibus idest nonlo
tis manducare panes uitu perauferunt [3] fari
ssei enim et omnes iudei nisi crebro labentma
nus suas nonmanducant tenentes tradition
em seniorum [4] et aforo nisi babtizentur nonco
medunt et alia multa sunt quaetradita sunt

49 fantasma *b d h q r*₁ ₂ her gat dim μ Σ D E ℈ R codd for phantasma.

50 qui her R for enim.   eum uiderunt *h l* μ her Σ VO for v. e.   illis for eis.   confidete *d ff q* ℈ R G H X for confidite.

51 innauem *d f ff h i q r* her gat Σ VO for in navim.

52 autem *r* for enim, after erat. illorum *a b f ff i r*₂ Σ gat VO for eorum. obcecatum *f r*₂ gat ℈ P W O Y for obcaecatum.

53 peruenerunt *d h r* her VO for venerunt.   genizareth for Genesareth.   adplicuerunt *f h r*₂ gat VO for applicuerunt.

54 egressent (gat egresissent) for egressi essent.   cognuerunt for cognoverunt.

55 grauattis *r*₂ (*ff* grauatis) for grabatis.   abebant C for habebant.

56 + in before ciuitates.   depraecabantur *d h* her E R codd for deprecabantur.

VII I cumueniunt for conveniunt. —eum after ad.   farissei *r*₂ for Pharisaei.   scribuis for scribis.   hirusolimis *r*₂ R for Ierosolymis.

2 commonibus *r*₂ her D Q for communibus.   uitu perauferunt (two words) for vituperaverunt.

3 farissei *r*₂ for Pharisaei.   iudei *q r*₂ ℈ P R C W for Iudaei.   labent *l h* C O T X Z (dur Q lauent) for laverint.   + suas after manus.

4 babtizentur *r*₂ μ dim D ℈ P R C for baptizentur.

illis seruare babtismata calicum et urceorū
et eramentorum et lectorum [5] Et interrogaba
nt eum farissei et scribae dicentes quare dis
cipuli tui nonambulant iuxtatradionem seni
orum sed commonibus manducant manibus
panem [6] at ille respondens dixit eis beneprofe
tauit eseias deuobis chippocritis sicut scriptū
est populus hic labis me honorat cor autem
eorum longe est ame [7] inuanum autem me co   171
lunt docentes doctrinas et praeeepta homin
um [8] relinquentes enim mandatum dī tenentes
traditionem hominum babtismata ureeorū
et calicum et alia similia hiis facitis multa
[9] et dicebat illis beneinritum facitis praeceptum
dī uti traditionem uestram seruetis [10] moyses
enim dixit honora patrem tuum et matremtua
et quimaledixerit patri aut matri morte mori
atur [11] uos autem dicitis sidixerit homo patri
aut matri coruan quod est donum quod cum
que exemetibiproderit [12] et ultra nondimittetis
eum quicquam facere patri suo aut matri[13]re
scinditis uerbum dī pertraditionem uestram
quam tradidistis et similia uestro huius modi
multa facitis [14] et uocans iterum turbam dice
bat illis audite me omnes et intellegite [15] nihil

---

4 babtismata D ℘ gat R C for baptismata.   eramentorum ℘ C W Y for
aeramentorum.

5 farissei r_2 for Pharisaei.   +dicentes
a d ff i r her Q R Θ X after scribae.
tradionem r_2 for traditionem.   commonibus r_2 her dim D Q for communibus.
manducant manibus *f* Σ for manibus
manducant.

6 profetauit *d q* $r_{1\,2}$ D ℘ R O for pro-
phetavit.   eseias *a b ff r* Σ for Isaias.
chippocritis for hypocritis.   Q has
chipochritae in xii. 15.   *d* begins the
word with a Greek letter.   *a* has another
word, simulatoribus. Cf. the Charan of
Acts vii. 2 with the Haran of Genesis and
see p. liv.   labis r_2 her ℘ R for labiis.

7 praeeepta for praecepta.   Slip of
the pen.

8 tenentes *a d q* r_2 her gat dur D ℘mg
Q R Θ X Z for tenetis.   babtismata r_2
gat C ℘ for baptismata.   ureeorum,
slip for urceorum.   hiis her C for his.

9 inritum *a d f h i l μ q* r_2 her gat dim
D ℘ R G O Z for irritum.   uti for ut.

10 aut *b d ff h i q* Σ (*a* et) for vel.

11 coruan *q* (*a* donum) for corban.
exemetibiproderit :   exeme for ex me
(*a* a me).   proderit *d f i q* r_2 her gat
℘mg R B for profuerit.

12 dimittetis r_2 Q T for dimittitis.
quicquam *b f ff i q r* gat for quidquam.

13 *The fragments n begin with this verse.*
rescinditis (*a* spernentes) for rescin-
dentes.   +uestro after similia.   *di* in
huius modi is in ligature with *i* subscript.

14 uocans her for advocans.   intelle-
gite *a b d f h μ n* $r_{1\,2}$ her VO for intellegite.

est extra hominem introiens ineum quodpos
set eum coincinare sed quae dehomine pro
cebant hominem illa sunt quae comonicant
coinent [16] siquis habet aures audiendi audiat   172
[17] Et cum introisset indomum aturba interro
gabant eum discipuli eius parabulam [18] et ait
illis sic et uosprudentes estis nonintellegitis
quia omne extrin secus introiens inhominē
nonpotest eum coincinare commonicare [19] quo
niam nonintrauit incor eius sed inuentrem
et secessum exiit purgans omnes escas [20] dicebat
autem quoniam quae dehomine exeunt illaco
incinant homin [21] abintus enim decorde homin
um cogitationes malae procedunt adulteria
fornicationes homicidia [22] furta auaritiae neci
tiae dolos inpudicitia oculus malus blasfemi
ae superbia stultitia [23] omnia haec mala abin
tus procedunt et commonicant hominem [24] et in
de surgens abit infinestiri et sidonis et ingre
sus domum neminem uoluit scire et nonpo
tuit latere [25] mulier ‖ statim ut audiuit abeo cu
ius habet filia sp̄m inmundum intrauit et ꝑ
cidit adpedes eius [26] erat enim mulier gentilis

15 posset *ff* dim Q T for possit.   coincinare *b f l q r*₂ (*d* communicare) for co-
inquinare.   procebant for procedunt.
+ hominem.   comonicant coinent for
communicant hominem.   coinent is for
coinquinent (*r*₂ coincinare : *a b d* coinquinant). Our text is confused here. Cf.
verse 18.

17 parabulam her gat *r*₂ D R G (*a*
similitudinem) for parabolam.

18 prudentes her for imprudentes.
intellegitis *a b d ff h i* her Σ VO for intelligitis.   coincinare commonicare for communicare (her commonicare : *q* coinqui-
nare : *r*₂ coincinare).   Here we have
another conflation.

19 quoniam gat D Q for quia.   intrauit
dur gat (her introiuit) for intrat.   inuentrem et secessum exiit Ord. *b d f ff q r*₂
her VO gat (+ in after et) for in ventrem
vadit et in secessum exit.

20 coincinant (her and gat coinqui-

nant: dur quoinquinant) for communicant.
homin (*r*₂ hominū) for hominem.

21 cogitationes malae her : Ord. *a b d f*
ff h i gat VO for m. c.

22 auaritiae here is the Vulgate reading, being a correction of the O.L.
auaritia to correspond with the Greek
plural.   necitiae for nequitiae.   dolos
for dolus.   inpudicitia *a c d f ff h i q r μ*
VO for impudicitiae.   blasfemiae *r*₂ dur
Q for blasphemia.   VO has ' superuia L
for superbia ' here, but the *b* is plain
enough and there is no suggestion of *u*.

23 commonicant (*a q* coinquinant) her
D Q *r*₂ for communicant.

24 abit for abiit.   tiri ℔ R T for
Tyri.   ingressus her gat for ingressus.

25 ‖ (*r*₂ with a cross stroke) for enim.
abeo for de eo.   habet filia for filia habebat.   inmundum *a d f ff n q r*₂ her gat Σ VO
for immundum.   procidit (ꝑ with the back-
ward and downward tail representing pro).

sero poecisa genere Et rogabat eum ut de   173
monium ieceret defilia eius [27] qui dixit illi sine
prius saturari filios nonest enim bonum
sumere panem filiorum et mittere canibus
[28] at illa respondit et dicit ei utique dñe nam
et catulli submensa comedunt demicis puero
rum [29] et ait illi propter hunc sermonem uade
exit demonium defilia tua [30] et cum abisset ad
domum suam inuenit puellam iacentem su
pra lectum et demonium exisset [31] Et iterū
exiens definibus tiri uenit persidonem ad
mare galiliae intermedios fines decapulis
[32] et adducunt ei surdum et mutum et deprac
cabantur eum ut inponet illi manum [33] et ad
prahendens eum deturba eorum misit di
gitos suos inauriculas eius et expuenste
tigit linguam eius [34] et suspiciens incaelumin
gemuit et ait illi effeta quod est adaperire
[35] et statim apertae sunt aures eius solutū
est uinculum linguae eius et loquebatur
recte [36] et precipit illis ne cui dicerent / gisplus   174
Quanto autem eis praecipiebat tanto ma
praedicabant [37] et eo amplius admirabantur
dicentes Bene omnia facit et surdos facit au
VIII   dire et mutos loqui   [1] inillis diebus iterum cum
turba multa esset et nec haberent quodma

---

26 sero poecisa for Syrophoenissa.
demonium q r_2 D ℈ R O W Y for daemonium.   ieceret D for eiiceret.
  28 dicit *a h* her VO for dixit. ei *b d ff q*
h her VO for illi.   catulli (her dur Q
catuli) for catelli.
  Σ *is missing till* xiii. 29 *with the
exception of some fragments.*
  submensa comedunt *f h r_2* VO for c.s.m.
  Reims renders 'for the whelps also
eat under the table of the crumbs of the
children'.
  29 exit for exiit.   demonium *ff q r_2*
D ℈ R W for daemonium.   defilia *b d f*
i r_2 her VO for a filia.
  30 abisset for abiisset.   +ad before
domum dur Q.   demonium *ff q* D ℈ R r_2

W Z for daemonium.   exisset for exiisse.
  31 tiri her ℈ R T W for Tyri. galiliae
r_2 for Galilaeae.   decapulis for Decapo-
leos.
  32 depraecabantur *b d ff* her ℈ R C G O
for deprecabantur.   inponet for imponat.
  33 adprahendens   for   apprehendens.
eorum for seorsum.
  34 effeta *b $r_{1\,2}$ μ* her dim D T codd for
ephpheta.
  35 —et after aures eius.
  36 precipit D r_2 for praecepit.
  37 facit (twice) gat dur Q R (her 1
fecit : 2 facit) for fecit.
  VIII 1 inillis diebus *h l μ r* gat her
VO for i. d. i.   +et *a b df* after esset.

nducarent conuocatis discipulis ait [2] misse
rior super turbam quia etiam triduo susti
nent me nec habent quod manducent [3] et side
missero eos ieiunos indomum suam deficient
inuia quidam enim exeis delonge uenerunt
[4] et responderunt ei discipuli sui unde ipsos
poterit quis hic saturare panibus insolitu
dine [5] et interrogauit eos quot panes habetis
quidixerunt septem [6] et praecipit turbae dis
cumbere super terram et accipiens septem
panes gratias agiens fregit dedit que discipu
lis suis ut adponerent et adpossuerunt
turbae [7] et habebant pisciculos paucos et
ipsos benedixit et iusit adponi illis [8] et man
ducauerunt et saturatisunt et sustulleru   175
nt quod super erat defragmentis septem
sportas plenas [9] erant autem quimanduca
uerunt quassi quattuor milia hominum et
dimisit eos [10] et statim ascendens innauem cum
discipulis suis uenit inpartes dalmanutha
[11] Et exierunt farisei adeum et coeperunt con
quirere cumeo querentes abillo signum decae
lo temptantes eum [12] et ingemescens spū scō ait
Quid generatio ista querit signum amen dico

1 —illis R after ait.

2 misserior D r_2 for misereor.   etiam
for ecce iam.

3 demissero for dimisero.

4 ipsos for illos.   poterit quis $h l \mu r_2$
her gat VO for quis poterit.

6 praecipit r_2 dur ℈ Q R Y for praecepit.   agiens for agens. See p. 7.
dedit que for et dabat.   adponerent her
for apponerent.   adpossuerunt r_2 ℈ R
gat for apposuerunt.

7 iusit her ℈ Y for iussit.   adponi
$b d f h r_2$ gat VO for apponi.   + illis.

8 k in St. Mark begins with this verse.
sustullerunt r_2 gat R for sustulerunt.
super erat (her super fuerat: b supera-
berat: ff superauit) for superaverat.
The scribe of q also had a difficulty with
this verse, for he wrote supe rauerauerat,
but uera is marked for correction, giving

superauerat.   + plenas i r her ℈Pmg Q R
after sportas.

9 manducauerunt $a c f h i l q r_{12}$ her
gat dur VO for manducaverant. The
editor of gat should have placed his ' 9 '
after sportas instead of after eos.   quassi
for quasi.   quattuor $a b f f k q$ VO for
quatuor.   milia $a b d f f f k q r_{12}$ her Q
VO for millia.   + hominum $a b f f i q$ Q
after milia.

10 in nauem $b d f f f h i$ her Q G K for
navim.

11 farisei D ℈ for Pharisaei.   +
adeum her Q.   querentes ff q gat her D
for quaerentes.   temptantes $a b d f f i l r_{12}$
μ her gat D ℈ R C codd for tentantes.

12 ingemescens for ingemiscens. + scō
after spū ($a f f f h q$ suo).   querit signum
Ord. $d f f h i$ her gat r_2 VO for signum
quaerit.

uobis nondabitur generationi isti signum [13] et
demittiens eos ascendens iterum nauem abit
trans fretum [14] et oblitisunt discipuli eius su
mire panes et nisi unum panem nonhabe
bant secum innaui [15] et praeciebat eis dicens
uidete et cauete afirmento fariseorum et he
rodis [16] Et cogitabant adalter utrum dicen
tes quia panes nonhabemus [17] quo cognito
ihs̄ ait illis quid cogitatis incordibus ues
tris quia panem nonhabetis nondum cog
noscetis nec intellegitis caecatum adhuc ha   176
betis cor uestrum [18] oculos habentes nonui
dentes et aures habentes non audientes nec
recordamini [19] quando quinque panes fregi in
quinque milia hominum et quot cofinos frag
mentorum plenos sustulistis dicunt ei duode
cim [20] quando et septem panes inquatuor milia
hominum quot dispossitas fragmentorum
tulistis et dicunt ei septem [21] et dicebat eis quo
modo nondum intellegitis / et rogant eum
[22] Et uenerunt bethzaida et adducunt ei caecū
ut illum tangeret [23] et adpraehensa manu eius
ceci deflens eduxit eum extrauicum et expuuns
inoculos eius inpossitis manibus suis inter

12 non Q for si before dabitur.

13 demittiens for dimittens.   VO is
wrong in giving 'dimittiens LR' here.
    ascendens *fffh q μ r₂* (-iens) VO for
ascendit.   nauem *b d f i q r* gat 𝔓 codd
for navim.   abit for et abiit.

14 +discipuli eius after sunt *r d*
(−eius) her R Q Θ M.   sumire panes
Ord. *a d ff h r* her VO for panes sumere.

15 praeciebat corrected to praecipiebat by a stroke over the *ie* with two dots
above the stroke and one beneath it. The
margin contains the same stroke with *pi*
beneath the line.   firmento for fermento.
    fariseorum *q* for Pharisaeorum.   −fer-
mento (second).

17 ihs̄ ait illis *a d f ff h q* her VO for
a. i. I.   +in cordibus uestris after cogitatis *a b d ff i q*.   panem T for panes.
cognoscetis *r₂* Q R for cognoscitis.   intellegitis *a b d ff h r₂* dur gat Q VO for in-

telligitis.   caecatum adhuc for a. c.

18 uidentes her Q for videtis.   audientes Q for auditis.

19 milia *a b d f ff h k q r₂* Q G her VO
for millia.   + hominum after milia
a b c ff l q Q G.   +et *d f h l μ* dim.
cofinos *d q r* (*a* corbes) T F for cophinos.

20 milia *a d f ff h k q r* W her VO for
millia.   + hominum after milia *ff q r*.
dispossitas for sportas.

21 intellegitis *a f h k* her for intelligitis.

22 uenerunt *a b ff q* for ueniunt.
bethzaida D for Bethsaidam   (*a* in
Bethania : *b* Betsaidam and bethaniam :
d uethaniam : *f ff* bethania : *q* bethanian).
    rogant D B for rogabant.

23 adpraehensa *a k* B Z for apprehensa.
+ eius after manu.   ceci gat for caeci.
+ deflens after ceci.   expuuns for expuens.
inpossitis *r* her gat D 𝔓 R for impositis.

rogauit eum sialiquid uideret [24] et aspiciens
uideo homines uelud arbores ambulantes [25] et
iterum inpossuit manus super oculos eius
et coepit uidere et restitus est ita ut uideret
clare omnia [26] et misit illum indomum suam
dicens uade indomum tuam et si inuicum
introieris nemini dixeris / cessariae philippi   **177**
[27] Et egresus est ihs et discipuli eius incastella
et inuia interrogabat discipulos suos dicens
eis quem me dicunt esse homines [28] quirespon
derunt illi dicentes iohannem babtistam alii
heliam alii uero quassi unum deprofetis [29] tunc
dicit illis uos uero quem me dicitis esse / na
Respondens petrus ait tues xps [30] et commi
tus eis ne cui dicerent deillo [31] et coepit docere
illos quoniam oportet filium hominis mul
ta pati et reprobari asenioribus et asum
mis sacerdotibus et scribis et occidi post tres
dies resurgere [32] et palam uerbum loquebat'
Et adprehendens eum petrus coepit incre
pare eum [33] qui conuersus et uidens discipulos
suos comminatus est petro dicens uade retro
me satenas quoniam nonsapis quae di sunt
sed quae sunt hominum / eis si quis uult
[34] Et conuocata turba cum discipulissuisdixit
post me sequi abneget se ipsum et tollat cru
cem suam et sequatur me [35] qui enim uoluerit   **178**
animam suam saluam facere perdet eam
qui autem perdiderit animam suam propter

23 aliquid *b ff q r* her gat VO for quid.
24 —ait before uideo.   uelud *r₂* ϴW
for uelut.

25 et *b k r* her for deinde.   inpossuit
r₂ her gat ℙ R for imposuit.   restitus *ff*
for restitutus.   uideret clare *a b d ff l q r*
her gat VO for c. v.

27 egresus gat for egressus.   cessariae
D R for Caesareae.

28 iohannem *fff h q r₁.₂* her gat VO
for Ioannem.   babtistam her *r₂* ℙ for Baptistam.   heliam *d f ff h i q r₂* her gat VO
for Eliam.   quassi gat for quasi.   profetis *k q r₂* D ℙ R O for prophetis.

29 dicitis esse *a b d f i k h q r₂* her VO
for e. d.   —ei D after ait.

30 —est R after comminatus.

31 illos *b d ff h i r₂* her for eos.   multa
pati *a d f ff h i k q r₂* her VO for p. m.
—et after occidi.

32 loquebat' for loquebatur.   adprehendens *a f* gat VO for apprehendens.

33 satenas for satana.

34 +post before me *b d f ff i k q* her
gat dim dur VO.   abneget *a ff i n q* (*k*
neget) Aug her Q for deneget.   se ipsum
a d h n μ r₂ her gat Q VO for semet-
ipsum.

me et propter euangelium saluam eam faciet
[36] quid enim proderit homini silucreatur mun
dum totum et detrimentum faciat animae su
ae [37] aut quid dabit homo commotationem pro
anima sua [38] Qui enim me confussus fuerit
et mea uerba ingeneratione ista adultera et
peccatrice et filius hominis confudet eumcū
uenerit ingloria patris sui cum angelis scīs

IX   [1] Et dicebat illis amen dicouobis quia sunt
quidam dehic stantibus quinongustabunt
mortem donec uidiant regnum dī ueniens inui
rtute sua [2] et post dies sex adsumpsit ihs pe
trum et iacobum et iohannem et ducit illos in
montem excelsum seorsum solus et trans fi
guratus est coram ipsis [3] et uestimenta eius
factas splendentia candida nimis uelud nix
qualia fullo super terram nonpot est candi
da facere [4] et aparuit illis helias cum moise   179
et erant loquentes cum ihū [5] et ait petrus ra
bbi bonum est hic esse et faciamus trea ta
bernacula tibi unum et moysi unum et heliae
unum [6] non enim sciebat quiddiceret erant ti

35 + propter after et *d ff k q* VO (*a* gat
mg causa).   eam faciet Ord. *h l r₂* gat
μ VO (*a* saluabit) for f. e.

36 lucreatur for lucretur.   faciat animae suae *b f ff h*(-et) *r* her gat VO for
a. s. f.   (*a* iacturatus fuerit animam
suam).

37 commotationem *r₂* her D ℈ R for
commutationis.

38 confussus her dim gat D R for con-
fusus.   mea uerba *a b d f i n r₂* her gat VO
for v. m.   confudet her for confundetur.

IX The numbering of the verses in ch.
IX is confusing, VO's IX.1 being VIII. 39
of the Clementine Vulgate, which is one
verse behind in the numbering throughout
the chapter. VO follows the numbering
of the English Bible taken from the edition
of Stephanus (A.D. 1555). The paragraph
begins, as with the R.V., at verse 2 in VO's
ditions. VO with the numbering of the
English Bible is followed here.

1 uidiant *r₂* for videant.   + sua Q

after virtute.

2 adsumpsit *a b d ff h k r₂* her gat D ℈
Q R G Z for assumit.   iohannem *b f ff l*
μ q r₁ ₂ her gat VO for Ioannem.   solus
a d ff k l n μ q her gat dur dim D ℈ P Q R
C T codd for solos.

3 factas (—unt) (*r₂* factast) for facta
sunt.   —et after splendida *d f* gat her
r₂ VO.   uelud VO (her sicut : *a* tanquam) for velut.   super terram nonpot
est Ord. *f ff h k r₂* VO for non potest super
terram.   her shows us how these divi-
sions of words came into being, for it
reads nonpot ÷.

4 aparuit for apparuit.   helias *a b d f*
ff h k n q r₂ her gat VO for Elias.   moise
for Moyse.

5 et ait petrus her Q for et respondens
Petrus ait Iesu.   —nos after est.   trea
r₂ her G for tria.   heliae *a b d f ff k n*
her gat VO for Eliae.

6 —enim *d* after erant.

more exterriti [7] et facta est nubs obumbrans
eos et uenit uox denube dicens hic filius
meus carissimus audite illum [8] et statim cir
cum specientes neminem amplius uiderunt
nisi ihm̄ tantum secum [9] et discendentibus
illis demonte praecipit illis ne cui quae ui
dissent narrarent nisi cum fillius hominis
amortuis resurrexerit / tes quid esset cuma
[10] Et uerbum continuerunt apudse conquiren
mortuis resurrexerit / nt farissei et scribae
[11] Et interrogabant eum dicentes qui enim dicu
quia heliam oportet uenire primum [12] qui res
pondens ait illis helias cum uenerit primo
restituet omnia et quomodo scribtum est in
filium hominis ut multa patiatur et contemp
natur [13] sed dicouobis quia et helias uenit et fe   180
cerunt illi quae cumque uoluerunt sicut scrip
tum est deeo / magnam circa eos et scribas con
[14] Et ueniens addiscipulos suos uidit turbam
quirentes cum illis [15] et confestim omnis popu
lus uidens eum stupe factus est expauerunt
et adcurrentes ei salutabant eum [16] et interroga
bat eos quid interuos conquiritis / ter adtulli
[17] Et respondens unus deturba dixit magis
filium meum adte habentem spm̄ inmundum
[18] qui cum que eum adpraehenderit adlidit eum
et spumat et stridet dentibus et arescit et dixi
discipulis tuis ut iecerent illum et nonpotue

7 nubs *a b d ff n r₂* her gat D Ɖmg T G
for nubes.   – est (sec.).

8 specientes for spicientes.

9 discendentibus *r₂* her gat Σ D Ɖ K
for descendentibus.   praecipit *r₂* dur
Ɖ Q R for praecepıt.   ne cui quae *a b d f
ff k n q r₁ ₂* gat for ne cuiquam quae.
fillius for Filius.

11 qui enim for quid ergo.   farissei
for Pharisaei.   heliam *b d f ff h q r₁ ₂* her
gat for Eliam.

12 helias *a b d ff h k q r₁ ₂* her gat VO
for Elias.   scribtum for scriptum.   con-
tempnatur *r₂* her gat D Ɖ codd for con-
temnatur.

13 helias *a b f ff h k q r₂* her gat VO for
Elias.

15 eum *a f q h r₂* her gat for Iesum.
—et after est.   adcurrentes *f* her R
for accurrentes.   + ei after adcurrentes.

16 interrogabat for interrogavit.

17 adtulli gat for attuli.   inmundum
a b q r₂ gat D Ɖ Q R VO for mutum.

18 qui cum que for qui ubicumque.
adpraehenderit *d k r* Ɖ R codd for appre-
henderit.   adlidit *h q r₂* (her elidit) codd
for allidit.   eum *b k q r₁ ₂ h* her gat VO
for illum.   iecerent her D for eiicerent.

Nine lines of q and ff are missing here.

runt [19] qui respondens eis dixit ogeneratio ma
la incredula quan diu apud uos ero quan
diu uos patiar adferte illum adme [20] et adtul
lerunt eum et cum uidisset eum statim sp̄s
conturbauit eum et elisus interra uolutaba
tur spumans [21] et interrogauit patrem eius quan
tum temporis est exquo hoc ei accdit et ille ait
abinfantia [22] et frequenter eum et inignem et   181
quas missit ut eum perderet sed quidpotes
adiuua nos et miserere nostri [23] ihs̄ autem ait
illi sipotes credere omnia possebilia cred
enti [24] et continuo exclamans pater pueri cum
lacrimis aiebat credo adiuua incredulita
tem meam [25] Et cumuideret ihs̄ currentem tur
bam comminatus est spiritui inmundo dicens
illi surde et mute sp̄s ego tibi praecipio exi a
beo et amplius ne introias ineum [26] et clamans
et multum discerpens eum exiit ab eo et fac
tus est sicut mortuus ita ut multi dicerent
quia mortuus est [27] ihs̄ autem tenens manum
eius eleuauit illum et surrexit [28] et cum introis
set domum discipuli eius secreto interroga
bant eum quare nos nonpotuimus iecere eū
[29] et dixit illis ihs̄ hoc genus innullo potest exi
re nisi inoratione et ieiunio / et neuolebat
[30] Et inde profecti preter grediebantur galileā
quem quam scire [31] docebat autem discipulos

19 + mala after generatio.   quan diu
(twice) for quamdiu.   adferte *b d f h k q*
*r*₁ ₂ her gat D ℘ C T codd for afferte.

20 adtullerunt *r*₂ gat E for attulerunt.
eum (3rd) *b d h k r*₂ her gat for illum.
interra *d i l* her gat Q R T codd for in
terram.

21 hoc ei accdit for ei hoc accidit.
Inside the second *c* in accdit there is a
minute *e* as a correction to accedit for accidit, with gat.   et for At.

22 + et after eum *f* gat.   et quas for
et in aquas.   missit her gat D for misit.
—si after sed.   + et after nos *f* her.
miserere *q* for misertus.
ff wants verses 23 *and* 24.

23 possebilia for possibilia. sunt—.

24 lacrimis *a b d f q r*₂ her gat for lacrimis.   —Domine after credo *d i k l r*₂
gat dim VO.

25 currentem dur for concurrentem.
inmundo *f ff q r*₂ her gat VO for immundo.
ego tibi praecipio *d f ff q r*₂ her gat
(—ego) VO for e. p. t.   introias *r*₂ for
introeas.

26 clamans *f q* gat VO for exclamans.

27 illum *d h r*₂ VO for eum.
ff is wanting in 7 *lines here.*

28 —in before domum gat R.   iecere
*r*₂ for eiicere.

29 + ihs̄ after illis *b* her gat mg D Q.

30 preter gat D H for praeter.   galileam *f ff k l q* her ℘ R C codd for galilaeam.   et ne for nec.

suos et dicebat illis quoniam filius hominis   182
tradetur inmanus hominum et occident eum
et occisus tertia die resurget³² at illi ignoraba
nt uerbum et timebant eum interrogare / nt
³³ Et uenerunt cafarnauum qui cum domiesse
interrogabat eos quid inuia tractabatis / pu
³⁴ At illi tacebant siquidem interse inuia dis
tauerunt quis esset illorum maior ³⁵ et resid
ens uocauit xii et ait illis siquis uult primū
esse fiat omnium nouissimus et omnium mi
nister ³⁶ et accipiens puerum statuit eum in
medio eorum quem cum plexus esset aitil
lis ³⁷ quis quis unum excuius modi pueris re
reciperit innomine meo merecipit et quicum
que me susciperit nonme suscipit sed eum
qui me misit ³⁸ Respondit illi iohannis dice
ns magister uidimus quendam innomine tuo
iecientem demonia quinonsequitur nos et
proibuimus eum ³⁹ ihs̄ autem ait nolite pro
hibere eum nemo est enim quifacit uirtutē
meo et posit cito male loqui deme ⁴⁰ qui enī   183
non est aduersus uos prouobis est ⁴¹ quisquis
enim potum dederit uobis calicem aquae in
nomine meo quiaxp̄i estis amendicouobis
nonperdet mercidem suam / pussillis cred
⁴² Et quic quis scandalizauerit unum exhis
entibus inme bonum est ei magis si circum

Some lines of ff are missing here.

32 eum interrogare *a b d f h r₂* her VO
for i. e.

33 cafarnauum for Capharnaum.

34 interse inuia *c ff h μ r₂* her for in via
inter se.   *ff resumes with interse.*
disputauerunt Q R C T M̄ O for disputa-
verant.   quis esset illorum maior *b r₂* her
VO for quis eorum maior esset.

35 xii *b f k* gat D R W for duodecim.
primū for primus.   fiat *b ff q* for erit.

36 plexus (*a +* in sinu sumsisset eum)
for complexus.

37 excuius modi for ex huiusmodi.
This reading is apparently peculiar to our
MS. See p. 85.   (smodi is all that re-
mains in *r.*)   re⸮reciperit (her reciperit)

for receperit.   susciperit Æ R B Y for
susceperit.   me misit *k* her VO Ord.
b d ff q r₂ for misit me.

38 iohannis *r* her gat D R X Y for
Ioannes.   quendam *a b f ff k q r₂* Aug.
VO for quemdam.   iecientem her D for
eiicientem.   demonia *q r₂ μ* her dim Aug
D Æ W for daemonia.   proibuimus *b r₂*
C X Z for prohibuimus.

39 facit her D Æ Q W B H for faciat.
—in nomine.   posit her G for possit.

40 aduersus *a d f ff k q r₂* for adversum.

41 mercidem *r₂* gat her R for mercedem.

42 quic quis for quisquis.   pussillis *r₂*
her gat D Æ R M̄ for pusillis.

daretur mola assinaria collo eius et inma
re mitteretur [43] Et si scandalizauerit te ma
nus tua abscide eam bonum est tibi debi
lem introre inuitam quam duas manus
habentem ire ingechenam [44] ignis nonextintin
guitur [45] et sipestuus scandalizauerit te am
puta illum bonum est tibi cludem introire
inuitam aeternam quam duos pedes ha
bentem mitti ingechenam ignis inextinguibi
lis [46] Ubiuermis eorum nonmoritur et ignis
nonextingur [47] quodsioculustuus scandaliza
tte iece eum bonum est tibi luscum introi
re inregnum dī quam duos oculos haben
tem ingehennam ignis [48] ubi uermis eorumnon   184
moritur et ignis nonextinguitur [49] omnis igni
sallietur et omnis uictima sallietur / rit
[50] Bonum est sal quodsisal insulsum fue
inquo illud condietis habete inuobis salem
et pacem habete interuos / tra iordanen et

X   [1] Et inde exsurgens uenit infines iudeae ul
conuenerunt iterum turbae adeum et sicut
consuerat iterum docebat eos [2] et accidentes fa
rissei interrogabant eum silicet uiro uxorem
dimittere temptantes eum [3] at ille respondens
dixit eis quiduobis precipit moises [4] permissit

---

42 assinaria for asinaria.

43 eam *k* her ℞mg for illam.   introre for introire.   gechenam r_2 for
gehennam.   — in ignem inextingui-
bilem :

44 —ubi vermis eorum non moritur, et.
extintinguitur for extinguitur.

45 scandalizauerit te for te scandalizat.
cludem for claudum.   gechenam r_2
for gehennam.

46 extingur for extinguitur.

47 iece D for eiice.   — mitti *d*.

49 —enim after omnis (*a* omnis hostia).
igni *q* gat B for igne.   sallietur *h q* r_2
her VO for salietur.   —sale r_2 her gat
after uictima.   sallietur *h q* r_2 for salietur.

50 salem *a c d f ff i l q* μ dim gat dur
℞mg Q R C T codd for sal.   (*k* set si

sals fatum. fatum fuer.   in quod illut
condistis habetis in uobis panem.   paca
ti estote in illa uicem.)

X 1 exsurgens *f ff h* her VO for exurgens.   iudeae *b f i q r* gat ℞ R C codd
for Iudaeae.   iordanen *b d f h k* her gat
VO for Iordanem.   conuenerunt for conveniunt.   consuerat *d* r_2 her D ℞ Q R O
for consueverat.   eos *d f q* her ℞mg
Q R G for illos.

2 accidentes gat M̄ (her accendentes)
for accedentes.   farissei r_2 for Pharisaei.
temptantes *a b d q* $r_{1\ 2}$ gat D ℞ Q
R C codd for tentantes.

3 precipit r_2 for praecepit.   moises
her for moyses.

4 —Qui dixerunt Moyses her R.   permissit r_2 gat ℞ R for permisit.

libelum repudi scribere et dimittere [5] quibus
respondens ihs ait adduritiam cordis ues
tri scripsit uobis praeceptum istud [6] abini
tio autem masculum et feminam fecit ds
et dixit [7] propter hoc relinquet patrem et ma
trem et adherebit uxorisuae [8] et erunt duo
incarne una itaque nonsunt duo sed una
caro [9] quodergo ds coniuncxit homo nonseparet
[10] et indomu itrum discipuli eius deeodem   185
interrogauerunt / suam et aliam duxerit ad
[11] Et dicit illis quicumque dimiserit uxorem
ulterium comittit super eam [12] et siuxor dimis
serit uirumsuum et alii nubs erit mechatur
[13] Et offerebant illi paruulos ut tangeret il
los discipuli autem comminabantur offeren
tibus [14] quos cumuideret ihs indigne tulit et ait
illis sinite paruulos uenire adme et ne pro
ibueritis eos talium est enim regnum cae
lorum [15] amendicouobis quisque nonrecipe
rit regnum di uelud paruus nonintrabit
inillud [16] et conplexans eos et inponens man
um super illos benedicebat eos / quidam
[17] Et cum egresus esset inuiam procurrens
ingenu flexo ante eum rogabat eum dicens
magister bone quid faciam ut habeam ui

4 libelum for libellum.   repudi $k\,r_2$
gat (δ has recessionis in addition) for
repudii.

6 −creaturae $b\,dff\,q$ her after autem.
−eos after fecit $a\,b\,d\,ff\,k\,r$.   +et
dixit after Deus $b\,c\,dff\,q\,r$ codd.

7 −homo after relinquet.   −suum
after patrem d gat V W.   adherebit
$dff\,l\,q$ her μ dim gat D Œ P Q R C T codd
for adhaerebit.   uxorisuae $a\,f\,r$ her gat
Œ Pmg Q R M for ad uxorem suam.

8 Here the scribe of k has written dno
(domino) for duo as our scribe did in Mt.
x. 29.   −iam fff D after itaque.

9 coniuncxit $a\,b$ Œ Pmg R codd for con-
iunxit.

10 indomu r_2 D Q V for in domo.
itrum for iterum.   −eum after interrogauerunt $k\,r_2$ (her has a stab here).

11 dicit $h\,k\,μ$ her gat VO for ait.
comittit gat for committit.

12 dimisserit for dimiserit.   nubs erit
ff her (q gat nubserit) for nupserit.
mechatur r_2 VO for moechatur.

14 proibueritis r_2 for prohibueritis.
est enim for enim est.   caelorum gat
(k clŏm) for Dei.

15 quisque $b\,dff$ dur gat D Œ P Q R C T
codd for Quisquis.   reciperit gat D Œ P R
for receperit.   uelud gat VO (a tanquam: fq secut) for velut.   paruus (a
infans : $b\,q$ puer : C parbolus : her par-
uulū) for paruulus.

16 conplexans $h\,l\,μ$ her gat dim Œ P R C
T Θ O for complexans.   manum for manus.

17 egresus her gat for egressus.   +in
before genu.   +dicens.   ut habeam uitam
aeternam for ut vitam aeternam percipiam.

tam aeternam ¹⁸ ihs autem dicit ei quidme dicis
bonum nemo bonus nisi unus ds ¹⁹ praecepta
nosti nefuroris nefalsum testimonium
dicas honora patrem tuum et matrem tuam   186
²⁰ et ille respondens ait illi magister omnia haec
obseruaui aiuuentute mea / tibi de est uade
²¹ ihs autem intuitus est eum et dixit illi unum
quae cum que habes uende et dapauperib:
et habebis thesaurum incaelo et uenisequere
²² Quicontristatus inuerbo hoc abit merens
erat habens possessiones multas ²³ et circum
spiciens ihs ait discipulissuis quam dificile
²⁴ est confidestes inpecunis regnum dī introirc
²⁵ facilius est camellum performomen acus trans
irc quam diuitem inregnum dī ²⁶ quimagis admi
rabantur dicentes adsemet ipsos et quis pot
est saluus fieri ²⁷ et intuens illos ihs ait apudho
mines quidem inpossibile est sed nonapuddm
omnia enim possibilia sunt apudm ²⁸ et cepitpe
trus ei dicere Ecce nos dimisimus omnia et se
cuti sumus te ²⁹ respondit ihs ait amendicouob
is nemo est quireliquerit domum aut fratr
es aut sorores aut matrem aut patrem aut
filios aut agros propter me et propter euan   187

---

18 dicit her for dixit.

19 —ne adulteres ne occidas.   furoris
for fureris.   dicas for dixeris.   —ne
fraudem faceris her.   + tuam afteɪ
matrem $a\,b\,d\,f\,q\,r_2$ her D R gat.

20 et for At.   omnia haec $b\,d\,h\,q\,r_2\,\mu$
dur dim her D ℞ Q R O V Z for h. o.

21 + est after intuitus her.   —dilexit
eum (b + osculatus est eum : illum) D X.
illi $a\,b\,d\,f\!f\!f\!h\,k$ gat her VO for ei.   pau-
perib: for pauperibus.   —me after se-
quere.

22 + hoc after inuerbo ($f\!f$ in hoc uerbo)
her.   abit k for abiit.   merens l her
gat D ℞ R C W M̄' O Z ($a\,f\!f\!q$ tristis : b
tristes) for moerens.   —enim after erat.

possessiones multas $h\,l\,r_2\,\mu$ VO (a magnam pecuniam : b + agros : $f\,q$ diuitias
multas) for m. p.

23 dificile gat M̄' R (her dicile) for

difficile.   —qui pecunias habent in regnum Dei introibunt.

24 —Discipuli autem obstupescebant in
verbis eius.   At Iesus rursus respondens
ait illis Filioli quam difficile through
homoeoteleuton.   This omission occurs
also in r_2.   confidestes a for confidentes.

pecunis her ℞ R for pecuniis.   —in
before regnum q her C T K X Z.

25 camellum $b\,d\,f\!f\,k\,r_2$ her dim gat
μ D ℞ R O for camelum.   foromen for
foramen.   —intrare after diuitem $f\!f$.

27 + quidem a her Q.   inpossibile
$a\,b\,f\!f\,h\,k\,q\,r_2$ her gat for impossibile.
apudm̄, with a small d inserted above the
line, for apud Deum.

28 cepit r_2 VO for coepit.   petrus ei
foɪ e. P.

29 respondit k for Respondens.   aut ma-
em aut patrem $b\,f\,h\,q$ VO for aut p. aut m.

gelium [30] quinon accipiet centies tantum nunc
intempore hoc domus et fratres et sorores
et matres et filios et agros cumpersecutionib:
et insaeculo futuro uitam aeternam / simi pri
[31] Multi autem erunt primi nouissimi et nouis
mi [32] erant autem inuia ascendentes inhirusoli
ma et praedicabat illis ihs et stubebant adsu
mens iterum illos duodecim caepit illis dicere
quae essent ei futura [33] quia ecce ascendimus
inhirusolima et filius hominis tradetur prin
cipissacerdotum et scribis et senioribus et dam
nabunt multi eum et tradent eum gentibus [34] et in
ludent ei et conpuent eum et flagillabunt eum
et interficient eum et tertia die resurget / bedeidi
[35] Et accedunt adillum iacob et iohannis filiize
centes magister uolinius ut quodcumque petieri
mus facias nobis [36] at ille dixit eis quiduultis ut
faciem uobis [37] et dixerunt danobis ut unus add
exteram tuam et alius adsinistram tuam sed
eamus ingloria tua [38] ihs autem ait eis nesci   188
tis quid petatis potestis bibere calicem quē
ego babtizari [39] at illi dixerunt ei possumus
ihs autem ait eis calicem quidem quem ego
bibo bibetis et babtismum quo ego babtizor
babtizamini [40] sedere autem addexteram uel
adsinistram meam nonest mecum dare uo

---

30 accipiet *a q* gat *r*₂ Q T G for accipiat.   domus *h* gat (*b* domum) for
domos.

32 inhirusolima for Ierosolymam.
praedicabat for praecedebat.   illis *a* gat
for illos.   stubebant for stupebant.   —et
sequentes timebant et after stupebant.
adsumens *b f ff h q r*₂ her VO for assumens.
    + illos *ff*.   futura (*q* gat uentura) for
eventura.

33 inhirusolima for Ierosolymam.
principis her for principibus (*a* pontifi-
cibus sacerdotum: *b* summis).   multi
eum for eum morte.

34 inludent *a b f ff h q r*₂ her VO for
illudent.   conpuent (her consputent) for
conspuent.   flagillabunt *r* her D R for

flagellabunt.

35 illum *b d r* C T B K O V Z for eum.
    iacob *r*₂ X for Iacobus.   iohannis *r*₂
her gat D ℈ P R O for Ioannes.   zebedei
i l q r her D ℈ P R C H O M̄ Z for Zebedaei.   uolinius for volumus.

36 faciem for faciam.

38 —bibo aut baptismo quo ego baptizor, after quem ego.   (her baphtismo.)
    babtizari for baptizari.

39 babtismum *r*₁ ₂ μ ℈ C Y for baptismo.   babtizor for baptizor.   babtizamini her dur for baptizabimini.

40 —meam after dexteram *d r*₂ X.
+ meam after sinistram.   mecum *r*₁ ₂
dur Q for meum.

bis sed quibus paratum est / iacobo et ioh
⁴¹ Et audientes decim coeperunt indiginari de
anne ⁴² ihs̄ autem uocans eos ait illis scitis qui
hi quiuidentur principari gentibus dominen
tur eis et principes eorum potestatem habe
nt ipsorum ⁴³ nonita est autem inuobis sedq.
cum que uoluerit fieri maior erit uester mi
nister ⁴⁴ quicumque autem uoluerit inuobis pri
mus esse erit omnium seruus / retur ei sed
⁴⁵ Nam et filius hominis nonuenit ut ministra
ut ministraret et daret animam suam redem
ptionem promultis / richo et discipuli eius et
⁴⁰ Et uenerunt hiericho et proficiscente eo dehe
plurima multitudo filius timei cuiusdam   189
bartimeus caecus sedebat iuxta uiam men
dicans ⁴⁷ quicum audisset quia ihs̄ nazarenus
est caepit clamare et dicere filii dauid ihs̄ mis
serere mei ⁴⁸ et comminabantur illi multi ut ta
ceret at ille multo magis clamabat filii dauid
misserere mei ⁴⁹ et stans ihs̄ praecipit illum uo
cari et uocant caecum dicentes ei anima equior
esto surge uocat te ⁵⁰ quiproiecto uestimentosuo
exiliens uenit adeum ⁵¹ et respondens illi ihs̄ dix
it quiduis tibi faciam caecus autem dixit ei ra
bbi ut uideam ⁵² ihs̄ autem ait illi uade fides
tua te saluum fecit et confestim uidit et sequ
ebatur eum inuia   thaniae admontem oliue

41 decim for decem.   indiginari *d r₂*
(*a* inuitus habere) for indignari.   iohanne *d f k h r₂* her gat VO for Ioanne.

42 qui has a minute *a* under the *i* as a
correction to quia.   dominentur for
dominantur.

43 q.⟋cum que for quicumque.

44 —et before quicumque with *f r*.
+ autem before uoluerit *f*.

46 uenerunt *f* Q her for veniunt.   hiericho *d h* her dur gat VO for Iericho.
hericho *r₂* Q R for Iericho.   discipuli for
discipulis.   multitudo for multitudine.
timei *f l* her dim gat Q R W Z for Timaei.
+ cuiusdam her Q.   bartimeus for Bar-
timaeus.

47 filii dauid ihs̄ Ord. *r₂* her VO for

Iesu Fili David.   filii (and 48) her gat Ᵽ
Q R A for fili.   ihs̄ *ff* for Iesu.   misserere
(and 48) *r₂* her gat D Ᵽ for miserere.

48 illi for ei.

49 praecipit *r₂* Ᵽ dur Q R for praecepit.

51 illi ihs̄ dixit *d q r₂* gat Ᵽ R C T
codd for I. d. i.   uis tibi *k q r₂* her gat
VO for tibi vis.   rabbi *d ff* (dm̄e rabbi)
k q her VO for Rabboni.

52 After inuia there is a space for the
insertion of the mark for the carry-up,
but it was not inserted. After the *be*
which concludes the line below there
follows *thaniae*, while the *olive* at the
end of the line has its *ti* carried down
to the beginning of the next line but one.

XI   [1] Et cum adpropinquarent hierusolimae et be
ti mittit duos exdiscipulis suis [2] et ait illis ite in
castellum quod contrauos est et statim intro
euntes illuc inuenietis pullum asinae ligatum
super quem adhuc nemo hominum sedit sol
uite illum et adducite [3] et siquisuobis dixerit
quidfacitis hoc dicite quia dño necessariusest   190
et continuo dimittet / te ianua foris inbiuio
[4] Et abeuntes inuenerunt pullum ligatum an
et soluunt eum [5] et quidam deillic stantibusdi
cebant illis quidfacitis soluentes pullum [6] qui
dixerunt eis sicut preciper illis ihs̄ et dimisse
runt eis [7] et duxerunt pullum adihm̄ et inponu
nt illi uestimenta sua et sedit super eum [8] mul
ti autem uestimenta sua strauerunt inuia ali
autem frindones caedebant dearboribus et st
ernebant inuia / dicentes os anna [10] benedictus
[9] Et quipreibant et quisequebantur clamabant
quiuenit innomine dñi benedictus quoduenit
regnum patris nostri dauid os anna inexcelsis
[11] Et introiuit inhirusolimam intemplum et cir
cum spectis omnibus cum iam uespera esset
hora exiuit inbethaniam cum xii discipulissuis
[12] et alia die cum exirent abethania esuriit [13] cum
que uidisset alonge ficum habentem folia ue
nit uidere siquid forte inueneret inea et cum
uenisset adeam nihil inuenit praeter folia   191
nonenim erat tempus ficorum [14] et respondens

XI [1] adpropinquarent *f r μ* her VO for appropinquarent.   hierusolimae her gat ℙ R for Ierosolymae.   oliueti *b d f ff q r* her gat for Olivarum.

[2] +asinae *a b r θ* after pullum.   adhuc nemo *r* her gat codd for n. a.

[3] +hoc *q* her gat Q.   −illum before dimittet.   −huc after dimittet *d*.

[4] ianua *r* for ianuam.

[6] preciper for praeceperat. dimisserunt *r₂* gat D ℙ for dimiserunt.

[7] inponunt *d ff* her VO for imponunt.

[8] ali for alii.   frindones (*k* frondia) for frondes.

[9] preibant *ff r₂* D for praeibant.   os

anna *f r* gat (*k* ossana : her ossanna) for Hosanna.

[10] The 'carry-up' here makes '10' appear before '9', but after 'clamabant' read 'dicentes' in the line above and after 'benedictus' read 'quiuenit' in the line below.   benedictus *a f k q* her gat for benedictum.   (her dd̄ for David.)   os anna *f* gat for Hosanna.

[11] inhirusolimam for Ierosolymam. exiuit *b h* her VO for exiit.   xii *b k r₂* gat D R for duodecim.   + discipulissuis *b r* Q her gat.

[13] + uidere *d ff r* gat her Q after uenit. inueneret for inueniret.

dixit ei iam non amplius inaeternum quisquā
exte fructus manducet et audiebant discipu
li eius [15] et ueniunt hierusolimam et cum intro
isset templum caepit iecere uendentes et emen
tes intemplo et mensas nummulariorum et ca
thedras uendentium columbas euertit [16] et non
sinebat ut quisquam uas trans ferret per
templum [17] et docebat dicens illis nonne scrip
tum est quia domus mea domus orationis
uocabitur omnibus gentibus uos autem fe
cistis eam speluncam latronum / querebant
[18] Quo audito principes sacerdotum et scribae
quomodo eum perderent timebant enim eum
quoniam uniuersaturba admirabatur super
doctrinam eius / aridam factam aradicibus
[19] Ette [20] et cummane transiret uiderunt ficum
[21] et redatus petrus dicit ei rabbi ecce ficus cui
male dixisti aruit [22] Et respondens ihs ait illis
habete fidem dī [23] amendicouobis quia quicū   192
que dixit huic monti tollere et mittere inma
re et non hessitauerit in corde suo sed credi
derit quia quodcumque dixerit fiat fiat ei ∴
[24] Propterea dico uobis omnia quae cum que
orantes petetis credite quia accipietis et ueni
et uobis [25] Et cum stabitis adorandum dem
ittite siquid habetis aduersus aliquem
ut et pater uester quiincaelis est demittet
uobis peccata uestra / bularet intemplo
[27] Et ueniunt rursus hirusulimam et cum am

14 quisquam exte fructus Ord. *ff* (her inte) R G for ex te fructum quisquam.

15 hierusolimam her gat ℈ℙ for Ierosolymam. —in before templum. iecere for eiicere. nummulariorum *b d ff h q r*$_2$ gat her VO for numulariorum.

16 uas trans ferret Ord. *h r*$_2$ her D ℈ℙ Q C T codd for transferret uas.

17 illis *d ff k q* for eis.

18 querebant her gat for quaerebant. doctrinam *r*$_{1\ 2}$ her gat dur D ℈ℙmg Q R codd for doctrinam.

19 Et and te are the first and last syllables of verse 19. —cum vespera facta

esset, egrediebatur de civitate.

20 transiret *ff q r* G M̄ for transirent.

21 redatus for recordatus. dicit for dixit.

23 dixit for dixerit. hessitauerit her μ D ℈ℙ gat (*a* dubitauerit) for haesitauerit. fiat (second) for fiet.

24 petetis M̄ for petitis. et ueniet her D ℈ℙ Q codd for evenient.

25 demitte V for dimittite. demittet for dimittat.

26 —Quod si vos non dimiseritis : nec Pater vester, qui in caelis est, dimittet vobis peccata vestra *k l r*$_2$.

27 hirusulimam for Ierosolymam.

accedunt adeum summi sacerdotes et scribae
et seniores ²⁸ et dicunt illi inqua potestate
haec facis et quis tibi dedit hanc potesta
tem ut ista facias ²⁹ ihs̄ autem respondensait
illis interrogabouos et ego unum uerbum
et respondite mihi ut dicamuobis inqua po
testate haec facio ³⁰ babtismum iohannis de
caelo erat an exhominibus respondite mihi
³¹ at illi cogitabant secum dicentes sidixerimus
decaelo dicet ergouobis quare non[cred]id[istis]   193
ei ³² sidicemus exhominibus timemus popul[um]
omnes enim habeb[a]nt iohann[em]quia [uere]
profeta esset ³³ et respondentes dixerunt ihū
nescimus respondens ihs̄ ait illis neque ego
dicouobis inqua potestate haec faciam / tina

XII   ¹ Et caepit illis inparabulis loqui uiniam pas
uit homo et circumdedit sepem et fodit lacum
et edificauit turrem et locauit eam agriculis
et perigre profectus est ² et misit adagriculas in
tempore seruu[m] ut abag[ricu]lis acciper[et]defr
uctu uiniae ³ qui adprachensum eum cederunt
et dimisserunt eum uacuum ⁴ et iterum misit ad
illos alium seruum et illum in capite uulneraue
runt ⁵ et illum occiderunt et plures alios quos
dam cedentes alios uero occidentes ⁶ adhuc ergo

---

28 illi *b ff h q r* her gat VO for ei.
tibi dedit *a b c f h l μ* her gat VO for d. t.

29 respondite *k l r₂* R C T codd for respondete.   facio *b d ff q* her D codd for faciam.

30 babtismum her D C (*a r* baptisma) for Baptismus.   iohannis *a b f ff h q r₁ ₂* her gat VO for Ioannis.   respondite *r₂ h* her R C T codd for respondete.
ergouobis quare for Quare ergo.

32 dicemus *c k h r₂* VO for dixerimus.
iohannem *ff q r₂* gat her VO for Ioannem.   profeta *d k q* D ℈ O for propheta.

33 dixerunt *a b c d f i k r₂* D ℈ Q R C T her gat dur codd for dicunt.   —et after nescimus *d h r₂* her gat VO.

XII 1 parabulis *r₂* gat D R for parabolis.   uiniam *r₂* D R for vineam.
edificauit *r₂* gat W for aedificauit.

turrem *a b d ff h k q r₂* her gat VO for turrim.   agriculis *r₂* R (*a* vinitoribus: *b q* ff colonis: *k* rusticis) for agricolis.
perigre for peregre.

2 agriculas for agricolas.   agriculis *r₂* gat R Y for agricolis.   uiniae *r₂* D R for uineae.

3 adprachensum *d l* R C ℈ her codd for apprehensum.   cederunt *r₂* R T M̄ Y for ceciderunt.   dimisserunt *r₂* gat her D ℈ P for dimiserunt.   VO gives 'misserunt L' but the *d* is quite plain and the *i* faint. The mistake is Scrivener's.   + eum *a ff r* gat D.

4 —et contumeliis affecerunt.   ⁵ —Et rursum alium misit (*a* et iniuriose tractauerunt).

f is missing till xiii. 33.

5 cedentes *r₂* gat D ℈ codd for caedentes.

unum habens filium carissimum et illum mi
sit adeos nouissimum dicens quia uerebun
tur filiummeum [7] coloniautem dixerunt adin
uicem hic eres uenit occidamus eum et nostra
erit hereditas [8] et adprahentes eum occide   194
runt et iecerunt extrauineam [9] quidergo faciat
dñs uiniae ueniet perdet colonos et dabit ui
neam alis [10] nec scripturam hanc legistis la
pis quem reprobauerunt aedificantes hicfa
ctus est incaput anguli [11] adño factus est iste
et est mirabile inoculis nostris / cognuerunt
[12] Et querebant eum tenere timuerunt turbam
enim quoniam adeos parabulam hanc dixe
rat et relicto eo abierunt [13] et mittunt adeumqu
os dam et farisaeis et hirudianis ut eum cape
rent inuerbo [14] quiuenientes dicunt ei magister
scimus quoniam uerax es et non curas quem
quam nec enim uides infaciem hominum sed
inueritate uiam dī doces dic ergo nobis licetda
ri tributum cessari an non dabimus [15] quisciens
uersutias eorum ait illis quidme temptatis
adferte mihi denarium ut uidiam [16] at illi obtu
llerunt ei et ait illis cuius est imago haec et in
scriptio dicunt illi cessaris [17] respondens autē
ihs dixit illis reddite ergo quae sunt cessaris   195

6 carissimum (*a q* dilectum) *b d h r*₂
gat her VO for charissimum.   uerebuntur
b d i µ r gat dur Q R codd for revere-
buntur.

   7 —est after hic.   eres *r* for heres.
uenit for venite.

   8 adprahentes for apprehendentes.
iecerunt her for eiecerunt.

   9 faciat *r*₂ for faciet.   uiniae D for
vineae.   —et after ueniet.   alis ℙ for
aliis.

   10 lapis for Lapidem.

   11 factus *a b d ff q* her gat ℙ R Y for
factum.   iste *d* (*q* -ae) for istud.

   12 querebant *ff µ* gat D for quaerebant.
—et before timuerunt her *r*₂.   cognuerunt *r* for cognoverunt.   parabulam
*r*₂ gat her D R (*d* parauolam) for parabolam.   dixerat *r*₂ her D ℙ X for dixerit.

   13 et for ex.   farisaeis *k* gat her for
Pharisaeis.   hirudianis for Herodianis.

   14 quoniam *b i h r µ* gat D R T codd
for quia.   + dic ergo nobis after doces
a b c d ff q r her gat D Q T.   cessari her
gat *r*₂ D ℙ R for Caesari.

   15 uersutias *ff q* Q for versutiam.
eorum *ff r*₂ her gat for illorum.   temptatis *a b d ff h r* her gat D ℙ Q R codd
for tentatis.   (Q has here chipocritae as
our MS. has it in vii. 6.)   adferte *a b d*
*ff k h q r*₂ her gat VO for afferte.   uidiam
for uideam.

   16 obtullerunt gat (her obluterit) for
attulerunt.   illi *a ff h k q r* for ei.   cessaris *r*₂ D ℙ for Caesaris.

   17 ergo *ff q r* gat her D Q C T for igitur.   cessaris for Caesaris.

cessari et quae dī dō et mirabantur super eū
[18] et uenerunt adeum saducei quidicunt resur
rectionem non esse et interrogabant eum dicen
tes [19] magister moises scripsit nobis ut si cuius
frater mortuus fuerit et demiserit uxorem et
et filios nonrelinquerit accipiat frater eius ux
orem ipsius et resuscitet semen fratrisuo [20] sep
tem ergo fratres fuerat apud nos et primus
accipit uxorem et mortuus est nonrelicto semi
ne [21] et secundus accipit eam et mortuus est et
nec iste reliquit semen et tertius similiter / li
[22] Et acciperunt eam similiter septem et nonre
querunt semen nouissima autem omniumde
functa est mulier [23] inresurrectione ergo cumre
surrexerint cuius dehis erit uxor septem enī
habuerunt eam uxorem [24] et respondens ihs̄
ait illis nonne ideo erratis nescientes scrip
turas neque uirtutem dī [25] cum enim amortuis
resurrexerint neque nubunt neque nuben
tur   sederunt sicut angeli incaelis   196
[26] demortuis autem quodresurgant nonlegis
tis inlibro moisi super rubum quomodo dix
erit illi ds̄ inquiens egosum ds̄ abracham et
ds̄ issac et iacob [27] non est mortorum seduiuorū
uos ergo multum erratis [28] et accessit unus ex
scribis qui audierat illos conquirentes et ui
dens quoniam bene illis responderit interro

17 cessari r_2 gat (her cesari) for
Caesari. —sunt before dei, gat. eū
for eo.

18 saducei r_2 D W for Sadducaei.

19 moises her T for Moyses. scripsit
nobis $a k q$ D T for n. s. demiserit for
dimiserit. et⁄et for et.

19 relinquerit r_2 her gat D ℘ codd for
reliquerit.

20 fuerat (her fuerunt) for erant.
+apud nos after fuerat a (aput) $b \text{ff} q r$
her gat D ℘ Q. accipit her dur ℘ Q
B G Y for accepit.

21 accipit r_2 her ℘ Q B G Y for accepit.

22 acciperunt r_2 gat her D ℘ H Y for
acceperunt. +autem after nouissima
q G W. —et before mulier r_2 dim k D

℘ Q R codd.

24 nescientes a her Q W for non scientes.

25 nubunt $a b d \text{ff} i k q r$ codd for nubent. After nubentur there is a space
large enough for about ten letters. (a
gat + tanquam.) sederunt = sed erunt
$b d$ her gat ℘mg Q T W for sed sunt.

26 moisi her W for Moysi. abracham her R. The letter c has been erased
here as a correction to the Vulgate. In
gat also the c is erased. issac r_2 D for
Isaac. —deus before iacob.

27 —deus before mortorum. mortorum for mortuorum.

28 ex for de.

gauit eum dicens quod est primum omniumma
ndatum [29] ihs autem respondit ei quia primum
omnium mandatum est audi israhel dns ds
tuus ds unus est [30] et dileges dnm dm tuum ex
toto corde tuo et extota anima tua et extota
mente tua et extota uirtute tua hoc est pri
mum mandatum [31] secundum autem simile illi
dileges proximum tuum tamquam te ipsum
maius horum aliud mandatum nonest / isti
[32] Et ait illi scrba bene magister inuiritate dix
quia unus est et nonest alius praeter eum
[33] et ut diligatur extoto corde et toto intellectu
et extota anima et extota fortitudine et dilege   197
re proximum tamquam se ipsum maius est
omnibus holocausto matibus et sacrificis [34] ihs
autem uidiens quod sapienter respondisset
dixit illi nones longe aregno di / spondiensihs
Et nemo iam audebat eum interrogare ∴ [35] Et re
dicebat intemplo quomodo dicunt scribae
xpm filium esse dauid [36] ipse enim dauid dicit
inspusco dixit dns dno meo sede adextris me
is donec ponam inimicos tuos scabellum pedu
tuorum [37] ipse ergo dauid dicit dnm et unde est
filius eius et multa turba eum libenter audiebat
[38] Et dicebat eis indoctrna sua cauete ascribis
quiuolunt instolis ambulare et salutari in
foro [39] et inprimis cathedris sedere insinagogis
et primos discubitos incenis / tu prolixae ora
[40] Qui deuorant domus uiduarum subobten

---

28 +dicens after eum *b d* her Q.   est
b d k q her gat D M̄ for esset.

29 israhel her gat *r* VO for Israel.

30 and 31 dileges *r₂* ℙ Y for diliges.

31 —est after simile.

32 scrba slip for scriba.   uiritate for
veritate.   —Deus after est *h k l r₂* VO.

33 —ex before toto intel.   dilegere
gat *r₂* D ℙ R Y for diligere.   holocausto
matibus *r₂* dur Q R (her holochaustoma-
tibus) for holocautomatibus.   sacrificis
gat *r₂* R (*a* hostiarum) for sacrificiis.

34 uidiens.   The second *i* has been
erased.   See p. 7.

35 respondiens.   Here again the *i* has
been erased.   See p. 7.   —docens after
dicebat.

37 —eum after dicit.   audiebat (with
at in ligature) *a d ff q* her codd for audivit.

38 doctrna for doctrina.

39 sinagogis *r₂* her gat ℙmg R W Y
for synagogis.   discubitos (her discum-
bitos) *a b ff μ q r₂* dim D ℙ Q codd for
discubitus.   cenis *a e h* gat her codd for
coenis.

40 domus (*k* domo : *b* panem) *e ff h r*
gat dur dim D R for domos.

tionis hii accipiunt prolixius iudicium [41] et se
dens ihs contragazophilacium aspiciebat
quomodo turba iactaret et aes agozofilaciū
et multi diuites iactabant multa [42] cum ue   198
nisset autem una uidua paupercula misit
aera duo minuta quod est quadrans [43] et con
uocans discipulos suos ait illis amendico
uobis quoniam uidua haec pauperculapl
us omnibus misit quimiserunt ingaio filaci
um [44] omnes enim quod habundabant illis
misserunt haec uero depenuria sua omnia
quae habuit missit totum uictum suum / ex

XIII   [1] Et cum egrederetur detemplo ait illi unus
discipulis suis magister aspice quales lapides
et quales structum templi [2] et respondens ihs
ait illi uides has magnas aedificationes nonre
linquetur lapis super lapidem quinondistru
atur [3] Et cum sederet inmonte oliueti contra
templum interrogabant eum seperatim petrus
et iacobus et iohannis et andreas [4] dic nobis
quando ista fiat et quod signum erit quan
do haec omnia incipient consummari [5] et re
spondens ihs cepit dicere illis uidete autem
ne quis uos seducat [6] multi enim uenient inno   199
mine meo dicentes quia egosum et multos se
ducent [7] cum autem audieritis bella et opinion
is bellarum ne timueritis oportet enim fieri

40 hii r_2 her gat codd for hi.   accipiunt
r_2 D ℈P R G𝔐 for accipient.

41 gazophilacium (twice) *ff h* codd for
gazophylacium.   The first is spelt with
ph and the second with an *f* and an *o*
before the *z*.   + et before aes.   a for in.

42 una uidua paupercula her gat Ord.
μ W for vidua una pauper.   paupercula
r_2 D Q Θ for pauper.   + aera after misit
her dur *b d* R ℈Pmg.

43 paupercula *ff* her gat r_2 D Q Θ for
pauper.   ingaio filacium for in gazophylacium.

44 —ex eo after enim.   habundabant
r for abundabat.   misserunt D ℈P gat for
miserunt.   missit D ℈P gat for misit.

XIII 1 structum for structurae.   +

templi *b d ff l q r* gat (her et qualis fru-
ctura ÷ templi) Q codd.

2 —omnes after has *a d* r_2 her gat.
distruatur gat r_2 D for destruatur.

3 oliueti *a b d ff n q r* G for Olivarum.
seperatim gat codd for separatim.
iohannis her gat r_2 D R X for Ioannes.

4 fiat for fient.

5 cepit r_2 W for coepit.   + autem
after uidete.

7 autem audieritis *a b d ff n q* (her cum
autem uideritis bella et opinione bellorum)
D R for audieritis autem.   opinionis for
opiniones.   bellarum (*a* praeliorum : *ff*
q proeliorum) for bellorum.   —haec
after enim *a d n q* her VO.

sed nondum est finis⁸ exsurget autem gens su
per gentem et regnum super regnum et erunt
terrae motus perloca et fames initium dolo
rum haec ∴ / uos inconcilis et sinagogis uapu
⁹ Uidete autem uos metipsos tradent enim
labitis et ante praesides et reges stabitis
propter me intestimonium illis / praedica
¹⁰ Et inomnes gentes primum autem oportet
ri euauangelium / cogitare quiloquamini sed
¹¹ Et cum duxerint uos tradentes nolite prae
quoddatum uobis fuerit inilla hora id loque
mini non enim eritis uos loquentes sed spsscs
quiloquitur inuobis ¹²tradet autem frater fra
trem inmortem et pater filium et consurgent
filii inparentes et morte adficient eos ¹³ et eritis
odio omnibus propter nomenmeum quiautem
sustinuerit usque infinem hic saluus erit ∴   200
¹⁴ Cum auem uideretis abominationem desola
tionis traditam ubi nondebet qui legit intelle
gat Tunc qui iniudea sunt fugeant inmontes
¹⁵ et qui super tectum nondescendet indomum
nec introeat ut tollat aliquid dedomu sua ¹⁶ et
qui inagro erit nonreuertatur retro tollere
uestimentum suum ¹⁷ Uae autem pregnantibus
et nutrientibus inillis diebus / uel sabbato
¹⁸ Orate uero ut hiemae nonfiet fuga uestra
¹⁹ Erunt enim dies illi tribulationes tales quales

7 +est after nondum *a b d n* her gat dur Q R.

8 exsurget for exurget   autem for enim.   super *affh i k l r₂* her dur gat R C codd for contra.

9 concilis *r₂* her R for conciliis.   —in before sinagogis dur X.   sinagogis *k* her gat *μ* dim ℙ Q R T codd for synagogis.

10 +autem *b dff* after primum. euauangelium for evangelium.

11 quiloquamini for quid loquamini. loquemini for loquimini.   eritis uos *d q* Q for v. estis.   + quiloquitur in uobis after scs *l* Q.

b is missing for verses 12 *to* 15.

12 adficient *a dffi n q r* her gat ℣O for afficient.

13 +usque before in finem *kff* her gat Q M̄.

14 auem for autem.   uideretis R for videritis. traditam (*a stare*) for stantem.
intellegat *a dffk n q r₂* her gat ℣O for intelligat.   iudea *ffn q* her gat D ℙ R codd for Iudaea.   fugeant for fugiant.

15 non *affk* her gat for ne.   descendet for descendat.   aliquid *a b n q* ℙmg Q R codd for quid.   dedomu *r₂* her D O Q V for de domo.

17 pregnantibus *b q* gat (her prignantib :) codd for praegnantibus.

18 hiemae (her ut non frafuga uestra hieme uel sabbato) for hieme.   fiet (dur fiat) for fiant.   +fuga uestra uel sabbato ℙ Q R (*k* aut).

nonfuerunt abinitio creaturae quam condidit d̄s
usque nunc neque fient / omnis caro sed prop
20 Et nisi breuiasset d̄ns dies nonfuisset salua
ter electos quos elegit breuiabit dies / ce illic
21 Et tunc siquis uobis dixerit ecce hic est xp̄sec
ne credideritis 22 Exsurgent enim seodoxp̄i et se
udo profetae et dabunt signa et portenta ad
seducendos sipot est fieri etiam electos 23 uos
ergo uidete ecce praedixi uobis omnia 24 Sed
illis diebus post tribulationem illam sol   201
contenebrabitur et luna nondabit splendo
rem suum 25 et erunt stellae caeli discenden
tes et uirtutes quae sunt inaelis mouebunt' ∴
26 Et tunc uidebunt filium hominis uenientem
innubibus caeli cum uirtute multa et gloria
27 et tunc mittet angelóssuos et congragabit ele
ctos suos aquatuor uentis assummo terrae
usque adsummum caeli 28 aficii autem arbore
discite parabulam cum iam ramus eius tener
fuerit et folia nata fuerint cognoscetis quia in
proximo sit aestas 29 sic et uos cum uideretis ha
ec omnia fieri scitote quod inproximo sit inos
tiis 30 amendicouobis quoniam nontransiet ge
neratio haec donec omnia ista fiant 31 calum
autem et terra transibunt uerba autem mea
nontransibunt / geli incaelo neque filius nisi
32 Dedie autem illo uel hora nemo scit neque an

20 breuiabit for breviavit.

22 seodoxp̄i for pseudochristi. The
top of the first *o* has been partly erased
in correction to seudo. VO gives ' sebdo
L* ', as though the top of a *b* had been
erased down to *o* instead of the *o* being
erased to *u*. The scribe writes *u* in the
next line. seudo profetae *r*₂ her for
pseudoprophetae. sipot est fieri Ord.
d ff h r VO for si fieri potest.

25 erunt stellae caeli *h* dim ℥P codd
for s. c. e. discendentes for decidentes.

quae sunt in caelis her gat: Ord.
h l m VO for q. i. c. s. aelis, slip for
caelis. mouebunt' for movebuntur.

26 + caeli *r*₂ her D.

27 congragabit (her congregabunt) for

congregabit. assummo *r*₂ for a summo.

28 aficii for a ficu. VO's fici is wrong
as ficii is clear enough. + arbore *a* Q.
parabulam her gat *r*₂ R for parabolam.
folia nata fuerint gat Q for nata
fuerint folia.

b is missing in verses 28 *to* 33.

cognoscetis her gat *d r*₂ Q codd for
cognoscitis.

29 uideretis *k* Q for videritis. + o-
mnia after haec *ff q* (*d* omnia haec) Q.

30 transiet *a d q r* dur her Q R ℥P C T
codd for transibit.

31 calum for caelum. + autem after
calum Aug.

32 VO is wrong here as our rendering
is uel not et.

pater ∴ [33] Uidete uigelate et orate nescitis enim qu
ando tempus sit [34] Sicut homo qui peregre pro
fectus relinquit domum suam et dedit seruis   202
suis potestatem cuius que operis et ianuatori
praecipit aut uigilet / utrum sero an media
[35] Uigilate ergo nescitis enim quando dn̄s ueniat
nocte angallicantu an mane [36] ne cum ueniretre
pente inueniat uos dormientes [37] quod autem uo
bis dico omnibus dico uigilate / querebant sum

XIV   [1] Erat autem pasca et azema post biduum Et
mi sacerdotes et scribae quomodo eum dolo
tenerent et occiderent [2] dicebant enim nonindie
festo neforte tumultus fieret populi ∴ / prosi
[3] Et cum esset bethaniae indomu simonis le
et recumberet ueniens mulier habens alabas
trum ungentinardi praetiosi et fracto alabas
tro effudit super capud eius [4] erant autem qui
dam indigne ferentes intrasemet ipsos dedisci
pulis et dicentes ut quid perditio haec ungenti
facta est [5] poterat enim ungentum istud uenun
dari plus quam tricentis denaris et dari pau
peribus et fremebant ineam [6] ih̄s autem dixit
illis sinite eam quid illi molesti estis bonumopus   203
operata est inme [7] semper enim pauperes habe
bitis uobis cum et cumuolueritis potestis illis
bene facere me autem non semper habebitis

---

f resumes after the break at xii. 4.

33 uigelate D for vigilate.

34 relinquit *f* for reliquit.   ianuatori
r_2 Q R (*a b d e f q r* ostario) for ianitori.
    praecipit *e* $r_{1\,2}$ Q ℘ V her for praece-
pit.   aut for ut.

35 —domus after dn̄s *e* F.   + utrum
before sero.

b is missing till xiv. 1, *and then for
only ten words.*

XIV 1 pasca *q* D T for pascha.   azema r_2 D ℘ (her azemorum) for Azyma.
    querebant *μ* gat *ff* D for quaerebant.

b is missing till verse 4.

2 enim for autem.   populi *a d ff h q*
gat mg Σ for inpopulo.

3 indomu D Q U for in domo.   ueniens for venit.   ungentinardi praetiosi for

unguenti nardi spicati pretiosi.   ungenti gat r_2 VO for unguenti.   praetiosi
a d f Q ℘ codd for pretiosi.   —spicati
a f.   δ has both spicati and pistici.
capud r_2 R W Σ for caput.

b resumes.

4 +dediscipulis Q before et dicentes.
    haec *ff* gat mg G T for ista.   un-
genti r_2 gat VO for unguenti.

5 ungentum r_2 gat VO for unguentum.
uenunundari for venumdari.

    tricentis her gat D ℘ codd for tre-
centis.   denaris her gat ℘ R for denariis.

6 +illis *a f q* Q after dixit.

Verses 6 and 7 are missing in b.

7 habebitis (twice) her gat *q* dur r_2
codd for habetis.

⁸ Quod habuit haec fecit praeuenit enim ungen
to ungere corpus meum insepultura ⁹ amen di
couobis ubi cumque praedicatum fuerit eua
ngelium istud inuniuersum mundum et quod
fecit haec narrabitur inmemoriam eius ∴ / ad
¹⁰ Et iudas scariothis unus dedudecim abiit
summos sacerdotes ut proderet eum illis ¹¹ qui
audientes gauisisunt et promisserunt ei peccu
niam se daturos et exeo querebat quomodo il
lum oportun traderet ¹² et primodie azemorum
quando pascha immolab dicunt discipuli quo
uis iamus et paremus tibi ut manduces pas
cha ¹³ et mittit duos exdiscipulis suis et dicit eis
ite inciuitatem et occurret uobis homo lagonā
aquae boiolans sequimini eum ¹⁴ et quo cumq:
introierit dicite dño domus quia magister di
cit ubi est refectiomea ubi pasca cum disci   204
pulis meis manducem ¹⁵ et ipse uobis demons
trabit cenaculum stratum et illic parate no
bis ¹⁶ et abierunt discipuli eius et uenerunt inci
uitatem et inuenerunt sicut dixerat illis et
praeparaunt pasca ∴ / ¹⁸ et discumbentibus eis
¹⁷ Uespere autem facto uenit cum duodecim
et manducantibus ait ihs̄ amen dicouobis quia
unus exuobis me tradet quimanducet mecum
¹⁹ At illi caeperunt contristari et dicere ei singula
tim numquid egosum dne / cum incatino ²¹ et fili
²⁰ Qui ait illis unus ex xii qui intinget manumme

8 +enim ungento before ungere.
insepultura *i r*₂ X Z for in sepulturam.
  9 inuniuersum mundum *d f q* her dur
Q R codd for in universo mundo.
  10 scariothis *r*₂ gat D Θ W (her scarioth) for Iscariotes.   dudecim for duodecim.
  11 promisserunt gat D for promiserunt.
    peccuniam *r*₂ (gat pretiū) for pecu-
niam.   + exeo Q after et.   querebat for
quaerebat.   oportun for opportune.
  12 azemorum for azymorum.   immolab for immolabant.   — ei after dicunt.
    iamus for eamus.
  b contains but fragments until verse 22.

  13 lagonam *r*₁ ₂ gat D (*ff* lagoenam :
d amphorae) for lagenam.   boiolans her
(*a d ff* portans) for baiulans.
  14 quo cumq: for quocumque.   pasca
k T for pascha.
  15 cenaculum *f r*₂ her VO for coena-
culum. —grande *r*₂.
  16 praeparaunt for paraverunt.   pasca
for pascha.
  18 me tradet *f h q r*₂ her gat VO for t. m.
    manducet *ff* D (*a* edet) for manducat.
  19 +sum dne F after ego.
  20 xii *a r* D R W for duodecim.   intinget *a* for intingit.   manum mecum *a c*
f ff q codd for mecum manum.

us hominis uadit sicut scriptum est deeo uae
autem homniilli perquem filius hominis tra
tur Bonum enim erat ei nonnasci ∴ / benedixit
²² Et manducantibus illis accipit ihs̄ panem et
fregit et dedit eis et ait simite hoc est corpus
meum ²³ Et accepto calice gratias agiens dedit
eis et biberunt exillo omnes ²⁴ et ait illis hic est
sanguis meus noui et aeterni testamenti qui
promultis effundetur ²⁵ amen dicouobis quia   205
nonbibam deginimine uitis usque indiem illū
cum illud bibam nouum eum inregno dī / eis
²⁶ Et imno dicto exierunt inmontem oliueti ²⁷ Et ait
ihs̄ omnes scandalum patiemini inmc inista
nocte ∴ Quia scriptum est percutiam pastorē
ot dispergentur oues gregis mei ²⁸ sed postea quā
surrexero praecedam uos ingalileam ∴ / rint
²⁹ petrus autem ait ei et si omnes scandalizati fue
sed non ego ³⁰ et ait illi ihs̄ amen dico tibi quia tu
hodie innocte hac prius quam gallus cantet
bis terme negaturus / me simul commori tibi
³¹ At ille amplius loquebatur et sioportuerit
nonte negabo similiter autem et omnes dixerunt
³² Et ueniunt inpredium cui nomen est getzemani
et ait discipulis suis ∴ sedite hic donec orem ³³ et ad

---

21 — quidem *f r₂* D after filius. homni
for homini. tratur (*a* traditur) for tradetur.   Bonum + enim. nonnasci (*k* non
nasceretur) for si non esset natus.
— homo ille after nasci.
    22 accipit her *r₂* ℔ Q R for accepit.
    benedixit *a b d k* Aug Q for benedi-
cens.   simite for sumite.
    23 agiens for agens.   See p. 7.
    24 noui et aeterni testamenti, with the
Canon of the Mass : (*k* testamenti only)
Q: (*d* qui est testamenti).
    25 —iam, gat.   deginimine for de
hoc genimine.   + eum after nouum.
    26 imno ℔ T (her ẏmno : gat ẏmno :
k heminum) for hymno.   oliueti *a b d f ff*
(*k* eleol) *r₂* G for olivarum.
    27 scandalum patiemini *a c i k l q* Q
(her scandalizemini) for scandalizabimini.
    inista nocte gat *r₂* Q for in nocte ista.

    + gregis mei after oues (*a* + graegis).
    28 postea quam *d f h i k q* VO for post-
quam.   surrexero *a d i k* VO for resurrexero.   galileam *b f ff q* her codd for
Galileam.
    29 ei for illi.   — in te after fuerint *f ff*
k r₂ gat.
    30 gallus cantet (*a b d f ff r*) bis terme
negaturus for gallus vocem bis dederit ter
me es negaturus.   VO follows Scrivener
in giving ' >gallus dederit bis (*om* uocem)
L ', which is wrong, for gallus cantet is
plain enough. (*k* gallus cantauerit: *r*
gallus cantet.)   The Welsh is much like
it: ' cyn canu o'r ceilog '.
    31 dixerunt *k q* Q for dicebant.
    32 predium *q* gat D (*f k* locum : *r*
agrum) for praedium.   + est *d f* B after
nomen.   getzemani for Gethsemani.
    sedite her *r₂* for sedete.

sumpsit petrum et iacobum et iohannem secum
et coepit pauere et cedere / sustinete hic et uigi
[34] Et ait illis tristis est anima mea usque admor
late .·. [35] Et cum processisset paululum procedit
infaciem super terram et orabat ut si fieri   206
posit transiret abeo hora [36] et dixit abba pa
ter omnia possibilia sunt tibi transfer cali
cem hunc ame sed non quod ego uolo sed quod
tu uis [37] et uenit et inuenit eos dormientes et ait
petro simon domis nonpotuistis una hora
uigilare [38] Uiglate et orate ut ne intretis intem
ptationem sp̄s quidem prumtus est caro ue
ro autem infirma [39] et iterum abiens orauit eun
dem sermonem dicens [40] et reuersus denouo inue
nit eos dormientes erant enim oculi eorum ingra
uati asumno et ignorabant quid respondere
nt ei [41] et uenit tertio et ait illis dormite iam et re
quiescite .·. Sufficit uenit hora ecce tradetur fi
lius hominis inmanus peccatorum [42] surgite ea
mus ecce quime tradet prope est .·. [43] Et adhuc eo
loquente uenit iudas scarioth unus ex xii et cum
illo turba cumgladis et fustibus asummis sa
cerdotibus et scribis et asenioribus / quemcum
[44] Dederat autem traditor eis signum eis dicens
quem cum que osculatus fuero ipse est tene   207

33 adsumpsit *b d kr₂* gat her D 𝔓 codd for assumit.   iohannem *h f ff r₁ ₂ q μ Σ* her gat VO for Ioannem.   cedere *r₂* (*a* cediari : *ff q* tediari : *d* taediari) for taedere.

34 admor for ad mortem.

35 procedit *μ r₂* her dim dur gat D R O 𝔓 for procidit.   + infaciem *a b d ff q r* gat.   posit (her possit) for posset.

36 possibilia sunt tibi *q r₂* her D 𝔓 T X for t. p. s.   + uis *a b f ff* (*d* tu bis) *q* after tu.

37 domis for dormis.   her has dorms with an *i* above *ms*.   potuistis *b d ff k r₂* for potuisti.

38 Uiglate for Vigilate.   ne *a b d ʃ* 𝔓mg Faustus of Riez gat for non.   temptationem *a b d r₂ Σ* her gat codd for tentationem.   prumtus *r₂* (her prumptus :

k libens) for promptus.   + autem after uero.

39 eundem for eumdem.

40 denouo *r₂* gat D 𝔓 R (δ has also iterum) for denuo.   ingrauati gat Σ VO (*a b* degrauati) for gravati.   + asumno *d* gat *q* (a somno).

41 tradetur filius hominis *a d f h k l* her VO for Filius hominis tradetur.

43 scarioth *a b f h q r* dur gat Σ VO for Iscariotes.   ex for de.   xii *a d r₁ ₂* gat R W Σ for duodecim.   illo *a b d f h r* W Σ VO for eo.   −multa.   gladis *r₂* her 𝔓 for gladiis.   fustibus *a b d f k q r* Q G X for lignis.   δ has both fustibus and lignis.   + a before senioribus.

44 eis for eius.   quem cum, with quem cum que on page 207, for Quemcumque.   tenere for tenete.

re eum et ducite cum monitione [45] et cumuenisset
statim accessit adeum aue rabbi et oscula
tus est eum [46] at illi manus iniecierunt ineum
et timuerunt eum ∴ [47] Unus autem quidam de
circum stantibus educens gladium percusit ser
uum summi sacerdotis et amputaui illi auri
culam [48] et respondens ihs̄ ait illis tamquamad
latronem existis cumgladis et fustibus conprae
hendere me [49] cotidie eram apud uos intemplo
docens et nonme tenuistis sed ut inplerentur
scripturae ∴ [50] Tunc discipuli eius relinquentes
eum omnes fugerunt [51] adolescens autem quidam
sequebatur illum amictus sindone super nudo
et tinuerunt eum [52] at ille reiecta sindone nudus
profugit abeis ∴ [53] Et adduxerunt ihm̄ adsummum
sacerdotem et conueniunt omnes sacerdotes et
scribae et seniores / que inatrium summi sacer
[54] Petrus autem alonge stans secutus est eum us
dotes et sedebat cum ministris et cale faciebat
se adignem ∴ [55] Summi uero sacerdotes et omne   208
concilium querebant aduersus ihm̄ testimo
nium [56] falsum dicebant aduersus eum et con
uenientia testimonia non erant ∴ [57] Et quidam
surgentes falsum testimonium ferebant ad
uersus eum dicentes [58] quoniam nos audiuimus
eum dicentem ego dissoluam templum hoc ma

44 cum monitione *a b d ff r* (*d* diligenter: *f* ducite firmissime: dur Q —caute:
her adducite et cum uenisset) for caute.

45 accessit *k a* for accedens.   —ait
before aue.

46 iniecierunt her for iniecerunt.   timuerunt for tenuerunt.   *m* has been
erased down to *n* making timuerunt into
tinuerunt.

47 percusit *r₂* for percussit.   amputaui
for amputavit as in *r₂*.   However, in *r₂*
amputaui is at the end of the line and the
t may have disappeared.

48 gladis *r₂* ℙ for gladiis.   fustibus
a b c d f ff k q D X for lignis.   conprae-
hendere her *l* ℙ R codd for comprehendere.

49 cotidie *h r₂* Σ her VO for Quotidie.

inplerentur for impleantur.

51 illum *b f h k* Aug gat dur ℙmg
R C T codd for eum.   tinuerunt (*a k*
detinuerunt) for tenuerunt.

f is missing in verses 53 *to* 62.

53 conueniunt *a h l r₂* her gat dim Σ
VO for convenerunt.

54 +stans after longe.   —intro after
usque.   sacerdotes *h* for sacerdotis.   et
cale faciebat se adignem *ff h r₂* Σ her
gat VO for ad ignem et calefaciebat se.

55 querebant *q* her gat for quaerebant.

55–56 —ut eum morti traderent nec
inveniebant.   Multi enim testimonium,
through homoeoteleuton.

r is missing in xiv. 57 *to* xv. 8 *and then
much is lost.*

nu factum et intriduum aliud manu factum
aedificabo [59] et non erat conueniens testimonium
illorum [60] et exsurgens summus sacerdos inme
dium interrogauit ihm̄ dicens non respondis
quicquam adea quae tibi obieiuntur abhis
[61] ille autem tacebat et nihil respondit rursū
summus sacerdos interrogabat eum et dicit
ei tuesxp̄s filius dī benedicti ∴ / hominis seden
[62] Ih̄s autem dixit illi egosum et uidebitis filium
adextris uirtutis et uenientem cumnubibus cae
li [63] Summus sacerdos scidit uestimenta sua
ait Quid adhuc desideramus testes [64] audistis
blasfemiam eius quid uobis uideturquiomnes
condempnauerunt eum esse reum mortis / re   209
[65] Et coeperunt quidam conspumere et inride
eum et uelare faciem eius colophis eum cede
re et dicere ei profetiza et ministri alaphis
eum cedebant ∴ [66] Et cum esset petrus inatrio de
orsum uenit una exancellis summi sacerdo
tis [67] et cum uidisset petrum cale facientemse
aspiciens illum ait et tu cum ihū nazareno
eras [68] at ille negauit dicens neque scio neque
noui quid dicas ∴ Et exiit foras ante atrium
et gallus cantauit [69] rursus autem cum uidisset
illum ancilla coepit dicere circum stantibus
quia hic exillis est [70] at ille iterum negauit et
post pussillum rursus qui adstabant dice
ba nt petro uere exillis es nam et gallileuses

58 intriduum for per triduum.   —non
before manu.

   60 exsurgens *d h q* gat VO for exurgens.
   respondis *h l q r₂* her Cerne dim codd
for respondes.   quicquam *h* her gat VO for
quidquam.   obieiuntur for obiiciuntur.
b has lost all the rest of St. Mark.
   61 dicit *h k q r₂* her gat VO for dixit.
   62 seden for sedentem.
f resumes from verse 53.
   —Dei after uirtutis *d f h q* her gat VO.
   63 —autem after summus *ff.*   scidit
d ff q Q (*a* conscidit) for scindens.
   64 blasfemiam   *q r₂* D ℙ M̄ for blasphemiam.   + eius *d q r₂* gat her ℙmg
M̄.   condempnauerunt gat codd for con-

demnaverunt.

   65 conspumere et inridere eum for
conspuere eum.   — et *k ff* after eius.
colophis D for colaphis.   cedere gat *r₂*
ℙ codd for caedere.   profetiza *ff q r₂*
D ℙ O for Prophetiza.   alaphis her for
alapis.   cedebant *ff q r₂* her gat ℙ codd
for caedebant.
   66 ancellis gat *r₂* D ℙ M̄ for ancillis.
   70 pussillum *r₂* her gat mg ℙ M̄ R Y
for pusillum.
   The rest of f is missing in St. Mark.
   dice⸰ba nt.   There is a stab in the
skin here with the hair of the deer showing after *ba.*   gallileus for Galilaeus.

[71] ille autem coepit anati mazare et iurare quia
nescio hominem istum quem dicis [72] et statim ite
rum gallus cantauit ∴ Et recordatus est pe
trus uerbi quoddixerat ei ihs prius quamgal
lus cantet bis termenegabis et coepit flere

XV   [1] Et confestim mane consilium facientes sum   210
mi sacerdotes cumsenioribus et scribis et
uni uersa concilio   Uincentes ihm duxierunt
Et tradiderunt pilato [2] et interrogauit eum
pilatus tues rex iudeorum at ille respon
diens ait illi tudicis [3] Et accussabant eum
summi sacerdotes inmultis ipse uero nihil
respondit [4] pilatus autem interrogabat cum
dicens nonrespondis quiquam uides inqua
ntio te accussant [5] ihs autem amplius nihil
respondit ita ut mirarentur pilatus ∴ / ex
[6] Perdiem festum solebat dimittere illis unū
uinctis quem cumque petissent / bas quicū
[7] Erat autem incarcere quidicebatur barab
seditiosis erat uinctus qui inseditione   fe
cerat homicidum [8] et cum ascendisset turba
coepit rogare sicut semper faciebat illis per
diem sollemnem ut dimitteret unum uinctum [9] pi
latus autem respondit eis et dixit uultis dim
ittam uobis regem iudeorum [10] sciebat enim
quod per inuidiam tradidissent eum summi   211

71 anati mazare (*a ff q* deuotare) for anathematizare.   dicis for dicitis.

72 iterum gallus cantauit *ff q r*$_2$ her VO*d* (secundo g. c.) for gallus iterum cantavit.   XV 1 Σ *continues from* xiv. 62.

uni uersa concilio for universo concilio.   *o* is written above the *a* as a correction to universo.   Uincentes dur Q for vincientes.   duxierunt for duxerunt. See p. 7.

2 iudeorum *ff q r*$_2$ her D ℘ W for Iudaeorum.   respondiens for respondens. See p. 7.

3 accussabant *r*$_2$ her D R for accusabant.   + ipse uero nihil respondit (*a c* autem) from Luke xxiii. 9, Mt. xxvii. 12.

4 —rursum.   interrogabat *a k* codd

for interrogavit.   respondis *d h l q* her dim Cerne codd for respondes.   quiquam *h* for quidquam.   uides *d q* D her (δ has ecce and uide) for vide.   accussant *q r*$_2$ her D ℘ R for accusant.

5 *q is missing till verse* 36.

mirarentur *r*$_2$ corrected to miraretur by a dot placed over the *n* for removal.

6 —autem after diem.

7 + incarcere *k* gat.   There is a stab in the parchment after seditione.   homicidum for homicidium.

8 illis + per diem sollemnem ut dimitteret unum uinctum gat Q T.

r resumes from xiv. 57.

9 iudeorum *r*$_2$ dim μ D ℘ codd for Iudaeorum.

sacerdotes [11] Pontifices autem concitauerunt
turbam ut magis baraban dimitteret eis ∴
[12] Pilatus autem iterum respondiens ait illis
quid ergo uultis ut faciam regi illi quem dici
tis iudeorum [13] at illi iterum clamauerunt di
centes crucifige eum ∴ [15] Pilatus autem uoliens po
pulo satis facere dimisit illis barabban et
tradidit ihm̄ flagillis cesum ut crucifigeretur ∴
[16] Milites autem duxerunt eum intro inatrium
praetorii et conuocant totam chartem [17] indu
unt eum purporam et inponunt ei plextan
tes spineam coronam [18] et coeperunt saluta
re eum aue rex iudeorum [19] et percutierunt ca
put eius arundine et conspuebant eum et po
nentes genua adorabant eum / purpora et
[20] Et postquam inlusserunt ei exuerunt illum
induerunt uestimentis eius et educunt illum
ut crucifigerent eum ∴ [21] Et angarizaunt prae
ter euntem quempiam simonem cirineum ue
nientem deuilla patrem alaxandri et ruffi   212
ut tolleret crucem eius [22] Et perducunt illum
ingolgotha locum quod inter praetatur cal
uariae locus ∴ [23] Et dabant ei maratum uinum

---

11 baraban gat for Barabbam.

12 respondiens for respondens. See
p. 7. +ut before faciam. regi + illi
quem dicitis. iudeorum r_1 $_2$ff her ℙ
W for Iudaeorum.

13 + dicentes a d ff her gat before crucifige.

14 —Pilatus vero dicebat illis: Quid
enim mali fecit? At illi magis clamabant: Crucifige eum. The whole of
this verse is omitted through homoeoteleuton as verse 13 ends with the same
words. It is also omitted in the first hand
of G. The original text of a ends in this
chapter with Pilatus autem of this verse.

15 voliens for volens, see p. 7. barabban h k r_2 Σ her for Barabbam. flagillis
D ℙ R for flagellis. cesum ff M̄ W for
caesum.

16 +intro before in atrium h (d intus)
Aug dur her gat dim ℙmg Q R C T W
B K M̄ V Z Σ. chartem (her chohortem)

for cohortem.

17 —et before induunt.
r_2 is missing in verses 17 to 41.
purporam for purpura. inponunt h
gat VO for imponunt. plextantes for
plectentes.

18 iudeorum ff D ℙ C W for Iudaeorum.

19 percutierunt for percutiebant.

20 inlusserunt D ℙ gat for illuserunt.
purpora for purpura. —eum after
induerunt. eius k for suis.

21 angarizaunt (gat angariszaverunt:
Q h angarizaverunt) for angariaverunt.
cirineum ℙ T for Cyrenaeum. alaxandri
her D ℙ for Alexandri. ruffi D for Rufi.

22 —est after quod. inter praetatur
for interpretatum.

23 maratum uinum bibere (d murram
cum uino: her mureatum uinum) for bibere myrrhatum uinum.

bibere et non accipit ∴ / ta eius mittentes sor
²⁴ Et crucifigentes eum diuisserunt uestimen
tem super ea quis quid tolleret / eum
²⁵ Erat autem hora tertia et crucifixerunt
²⁶ Et erat titulus causae eius inscriptus rex
iudeorum ∴ ²⁷ Et cumeo crucifigunt duos latro
nes unum adextris et alium asinistris eius ∴
²⁸ Et adinpleta est scriptura quae dicit
et cum iniquis ueritas deputata est ²⁹ et prae
ter euntes blasfemabant eum mouentes ca
pita sua et dicentes .ua. quidistrues templū
et intribus diebus aedificas ³⁰ saluum factem
et ipsum discendiens decruce / alter utrum
³¹ Similiter et summi sacerdotes inludentesad
cum scribis dicebant alios saluos facere
fecit se ipsum nonpot est saluum ³² xp͞s rex
israhel discendat nunc decruce ut uidiamus   213
et credamus ei ∴ Et qui cum eo crucifixerantcon
ficiabantur ei ∴ ³³ Et facta hora sexta tenebrae
factae sunt pertotam terram usque inho
ram nonam ³⁴ Et hora nona exclamauit dicens
ih͞s heli heli lamasabethani quod inter prae
tatum d͞s meus d͞s meus ut quiddirilinquisti
me ³⁵ et quidam decircum stantibus audientes di
cebant ecce heliam uocat iste ∴ ³⁶ Currens autē

23 accipit *k* D Q R ℸP for accepit.
24 diuisserunt D ℸP gat for diviserunt.
ea *d* gat for eis.
26 iudeorum *ff* her D ℸP W for Iudaeorum.
28 adinpleta her gat ℸPmg Σ codd for
impleta.   ueritas deputata est (dur Q
her deputatus) for reputatus est.
29 blasfemabant *d* for blasphemabant.
.ua. *ff n h* her gat Σ VO for Vah.
distrues (her destruxit) for destruis.
— Dei after templum *d ff k h n* VO.   aedificas *n* dim X for reaedificas.
30 discendiens for descendens (see
p. 7).
31 inludentes her dur D ℸPmg codd for
illudentes.   saluos facere fecit se ipsum
nonpot est saluum for salvos fecit seipsum
non potest salvum facere.

32 *r ends here.*
israhel her gat VO for Israel.   discendat D ℸP R M͞ gat for descendat.   uidiamus R for videamus.   + ei after credamus *d ff* gat ℸPmg Q.   crucifixerant her
gat D R Y for crucifixi erant.   conficia-
bantur for conviitabantur.
34 exclamauit dicens ih͞s for exclamavit
Iesus.   — uoce magna.   heli heli lama
(*n*) sabethani (her heloi heloi lama-
sabathani) for Eloi Eloi lamma sabacthani.
heli *c d ff i k n* dim X.   — est before
interpraetatum.   inter praetatum her
gat ℸP R C codd for interpratatum.
dirilinquisti for dereliquisti.
35 heliam *h d ff* her gat VO for Eliam.
+ iste *d ff* gat Q after uocat.

unus et inplens spungiam aceto circum po
nens calamo potum dabat ei dicens / nendum
Sinite uidiamus sihuc ueniet helias addepo
eum ³⁷ ihs̄ autem emisa uoce magna expirauit ∴
³⁸ Et ecce uelum templi scisum est induas par
tes asummo usque deorsum ∴ ³⁹ Uidiens autem
centorio et qui exaduerso stabant quia sic
clamans expirasset et ait uere homo hic fili
us dī erat ⁴⁰ Erant autem et mulieres alon
ge aspicientes inter quas erat et maria mag
dalenae et maria iacobi minoris et ioseph
mater et salome ⁴¹ et cumesset ingalilia seque   214
bantur eum et ministrabant ei et aliae mul
tae quae simul cumeo ascenderant hieru
solimam ⁴² Et cum iam sero esset factum
quia erat parasciue quod est ante sa
batum ⁴³ uenit ioseph abarimathia nobillis
decorio qui et ipse erat expectans regnum
dī et audaciter introit adpilatum et petit cor
pus ihū ⁴⁴ pilatus autem mirabantur se iam
cum obisset et arcesito centorione interroga
uit eum si iam mortuus esset ⁴⁵ et cum cognoui
sset centorione donauit corpus ioseph / ens
⁴⁶ Mercauit autem ioseph sindonem et depon
eum inuoluit sindonem et possuit eum inmo

36 inplens her 𝔓 μ Σ codd for implens.
spungiam (*k* spoliam) her 𝔓 Σ for
spongiam. —que after ponens *n* VO.
uidiamus for videamus. + huc after
si. ueniet for veniat. helias *d k h n*
her gat Σ VO for Elias.

37 emisa her R MT for emissa.

38 + ecce after et *n*. scisum her
𝔓 R G O gat for scissum. induas partes
d k n gat Q for in duo.

39 Uidiens for Videns. The second *i*
has the dot for correction. See p. 7.
centorio her D R for centurio. + et D 𝔓.
stabant 𝔓mg for stabat. + et before
ait D 𝔓. homo hic *h* her Σ VO for hic
homo.

40 alonge *d ff n* 𝔓 MT O for de longe.
+ et after erat. magdalenae *l q* her
gat codd for Magdalene

41 galilia for Galilaea. hierusolimam her for Ierosolymam.

42 parasciue for Parasceve. sabatum
for sabbatum.

43 arimathia *d ff h k n q r₂* her gat VO
for Arimathaea. nobillis decorio (*d k
ff q* diues decurio) for nobilis decurio.
audaciter *r₂* her gat D 𝔓mg codd for
audacter. introit for introivit. petit
d ff k n q r₂ her 𝔓 Σ codd for petiit.

44 mirabantur for mirabatur. se iam
cum obisset (*d* si iam mortuus esset) for
si iam obiisset. arcesito gat for accer-
sito. centorione (and 45) her gat *r₂* D
for centurione. 45 —a after cognouisset.

46 mercauit autem ioseph for Ioseph
autem mercatus. sindonem (second)
d ff Q MT O for sindone. possuit gat *r₂*
D 𝔓 R for posuit.

numentum quod erat excisum depetra et ad
uoluit lapidem adhostium monumenti / seph
[47] Abit autem maria magdalena et maria io
XVI   aspiciebant ubi poneretur [1] Et cum transis
et sabbatum mariae magdalenae et maria
iacobi et salome emerunt aromata ut ueni
entes ungerent eum [2] Et ualde mane una   215
sabbatorum ueniunt admonumentum hor
te iam sole [3] et dicebant adinuicem quis re
uoluit nobis lapidem abhostio monomenti
erat autem magnus nimis [4] et respicientes ui
dent reuolutum lapidem erat quippe magn
us ualde [5] et introeuntes inmonomento uident
iuuenem sedentem indextris co opertus stola
candida et obstupuerunt [6] quidicit illi noli
te expauescere ihm queritis nazarenum ciu
cifixum surrexit non est hic ecce locus ubi pos
suerunt eum [7] sed ite et dicite discipulis eius et
petro quia ecce praecidit uos ingaliliam ibieū
uidebitis sicut dixit uobis [8] At illae exeuntes
fugerunt demonumento inuasserat enim eas
tremor et pauor et nemini quicquam dixerunt
timebant enim [9] surgens autem mane prima sa
bati apparuit ihs̄ primo mariae magdalenae
dequa iecerat septem demonia [10] at illa uadens

46 inmonumentum G for in monumento.
adhostium D Ɔ̄P R C M̄ O for ad ostium.
47 Abit autem maria for Maria autem.
magdalena for Magdalene.
XVI 1 transiset r_2 Ɔ̄P for transisset.
VO gives 'mariae L with e erased for
maria' but there is no trace of an erasure
here.   magdalenae for Magdalene.
eum ff h k n q r_2 her gat Σ VO for Iesum.
2 horte for orto.
3 reuoluit d h l μ q r_2 her dur Ɔ̄PQR
codd for revolvet.   hostio gat mg r_2 D
Ɔ̄P M̄ O for ostio.
Σ ends here in St. Mark.
monomenti for monumenti.   + erat
autem magnus nimis.
4 uident her VO for viderunt.
5 inmonomento for in monumentum.
uident for viderunt.   co opertus (d

indutum) for coopertum.
6 illi for illis.   queritis ffq gat for
quaeritis.
The rest of St. Mark is missing in d.
possuerunt her gat Ɔ̄P R for posuerunt.
7 ite + et.   quia + ecce Q.   praecidit
for praecedit.   galiliam r_2 D for Galilaeam.
8 inuasserat r_2 gat D Ɔ̄P for invaserat.
quicquam her gat ff h VO for quidquam.   k ends here with timorem but
has the short alternative ending, with
some mistakes and peculiarities.
9 sa?bati for sabbati.   apparuit + ihs̄.
magdalenae c ff h l μ n her codd for
Magdalene.   iecerat D Ɔ̄P M̄ for eiece-
rat.   demonia ff μ r_2 her D Ɔ̄P R W Y
for daemonia.
10 + at before illa.

clericatum . et di ilu autem profecto pre...icer

...erant ubique domino cooperante ...

sequentibus signis ... fui

P ater noster qui es in cae
lis sanctificetur nomen tuum

adueniat regnum tuum fiat

uoluntas tua sicut in caelo

et in terra . panem nostrum

super substantialem da no

bis odie . et dimitte nobis

debita nostra sicut et nos

dimittimus debitoribus nos

tris . et ne nos inducas

in temptationem . sed libera

nos a malo .

† redun doumol † †

...

THE BOOK OF ST. CHAD

f. 109r

nuntiauit his qui cum eo fuerant loquentibus
et flentibus [11] et illi audientes quia uiuus et uisus 216
esset abea noncrediderunt / ostensus est ina
[12] Post haec autem duobus exhis ambulantib:
lia effigie eutibus illis inuillam [13] et illi euntes
enuntiauerunt caeteris sed nec illis credideru
nt [14] nouissime recumbentibus illis undecim
apparuit et exprobauit incredulitatem illo
rum et duritiam cordis illorum quia his
qui uiderant eum resurrexisse noncredide
runtnuntientibus [15] Et dixiteis euntes inmun
dum uniuersum praedicate euangelium om
ni creaturae [16] quicrediderit et babtizatus fue
rit salus erit qui uero non crediderit contem
pnabitur [17] signa autem eos qui crediderint ha
ec sequentur innomine meo demonia iecentlin
guiis loquentur nobis [18] serpentes stollent et si
mortiferum quidbiberunt noneos noce
bit superegrotos manus inponent et bene
habebant [19] et dn̄s quidem ihs̄ post quam lo
cutus est eis adsumptus est incaelum et se
det adext[ri]s dī [20] illi autem profecti pr[ae]dica 217
uerunt ubique dn̄o cooperante et [sermo]nē
sequentibus signis   finit

Pater noster qui es incae
lis sc̄ificetur nomen tuum

10 loquentibus for lugentibus.

11 uiuus for viveret.

12 eutibus for euntibus.   + illis gat before inuillam.

13 enuntiauerunt for nuntiauerunt. caeteris her gat r_2 D ℞ R for ceteris. + sed q Q.

14 exprobauit q M for exprobravit. illorum h Q Y gat for eorum.

The St. Gall fragment o contains verses 14 to the end.

14 + illorum after cordis *ff o q* Q.   his h gat her R W K (gat hiis) for iis. + nuntientibus Q B after crediderunt.

16 babtizatus gat (.sz.) r_2 R Y for baptizatus.   salus for saluus.

Five lines of ff are missing here.
contempnabitur D for condemnabitur.

17 demonia q r_2 her dim for daemonia. iecent for eiicient.   linguiis for linguis.   nobis h r_2 M O Z for novis.

18 serpentes stollent for serpentes tollent.   biberunt for biberint.   eos for eis.   egrotos her ℞ T A C for aegros. inponent for imponent.   habebant for habebunt.

19 adsumptus *l m* r_2 gat ℞ Q codd for assumptus.   *ri* in adextris for a dextris is obliterated.

20 − confirmante.   + finit after signis D.   The Hereford St. Mark ends here with the words : amen dō gratias finit.

M

et ueniat regnum tuum fiat
uoluntas tua sicut incaelo
et interra panem nostrum
super sub stantialem dano
bis odie et demitte nobis
debita nostra sicut et nos
dimissimus debitoribus nos
tris et ne nos inducas
intemptationem sed libera
nos   amalo ∴

ST. LUKE

I   ¹QUONIAM   221
QUIDIMM
ULTICONATI
SUNTORDINa

re narrationem quae innobis conpletae   222
sunt rerum ²sicut tradiderunt nobis quiab
initio ipsi uiderunt et ministri fuerunt ser
monis ³uisum est et mihi adsecuto aprincipio
omnibus diligenter exordine tibi scribere obti
me theofile ⁴ut cognoscas eorum uerborum
dequibus eruditus es ueritatem ∴ ⁵Fuit indieb:
herodis regis iudae sacerdos quidam nomine
zacharias defice abia et uxor illi defiliabus a
ron et nomen eius elizabeth ⁶Erant autem ius
ti ambo ante dm̄ incedentes inomnibus manda
tis et iustificationibus dn̄i sine quaerella ⁷et
non erat illis filius eo quod esset elizabeth
sterilis et ambo praecessisent indiebus suis
⁸factum est autem cum sacerdotio fungeretur
zacharias inordinem uicis suae ante dm̄ ⁹sae
cundum consuetudinem sacerdoti sorte exiit ut

Only about 6 lines of a remain in the first 12 verses of St. Luke.

I 1 QUIDIM for quidem. ORDIN with the *a* as a minute letter at the side. This *a* can hardly be seen in the photostat copies, but is plain enough in the photographs at the British Museum and the South Kensington Museum.   conpletae *f* D ℙ R C T codd for completae.

3 adsecuto *b h q r* D ℙ Q R C B G M̄ for assecuto.   aprincipio omnibus *b f h q* Q for omnia a principio.   obtime gat Q R T for optime.   theofile *df h* deer

dur ℙ R B M O A Z for Theophile.

5 iudae *e f* gat D F for Iudaeae.   defice R for de vice.   illi *d e ff q r* for illius.   aron *e* gat Y for Aaron.   elizabeth Q R M̄ for Elisabeth.

6 quaerella *b e f* μ R B codd for querela.

7 elizabeth dur Q R M̄ for Elisabeth.   praecessisent for processissent.

8 +zacharias *b c q* gat dim C T W codd.   inordinem *b* Aug T for in ordine.

9 saecundum for secundum.   sacerdoti *ff* R Y for sacerdotii.

incensum poneret ingressus intemplum dñi ∴

[10] Et omnis multitudo erat populi horans foris
hora incensi [11] apparuit autem illi angelus dñi
stans adextris altaris incensi ∴ [12] Et zacharias 223
turbatus est uidens et timor inruit super eum
[13] ait autem adillum angelus dicens netimeas za
charia Quoniam ecce audita est depraecatio
tua et uxor tua elizabeth pariet tibi filium
Et uocabis nomen eius iohannem [14] et erit tibi
gaudium et exsultio et multi innatiuitate eius
gaudebunt [15] Erit enim magnus coram dño et
uinum et sicera nonbibet et spũscõ replebi
tur replebitur adhuc exutero matris suae
[16] et multos filiorum israhel conuertet addñm
dm̃ ipsorum [17] et ipse praedet ante illum in
spũ et uirtute heliae ut conuertat corda pa
trum infilios et incredibiles adprudentiam iu
storum Parare dño plebem perfectam [18] et
dixit zacharias adangelum unde hoc sciamego
enim sum senex et uxor mea praecessit indieb:
suis [19] et respondit angelus dixit ei ego sum gabri
hel quiadsto ante dm̃ et missusum loqui ad
te et haec tibi euangelizare [20] et ecce eris tacens
et non poteris loqui usque indiem quo haec 224
fiant proeo quod noncredidisti uerbis meis
quae inplebuntur intempore suo [21] Et erat
plebs expectans zachariam et mirabantur
quod tardaret ipse intemplo [22] Egressus au
tem nonpoterat loqui adillos et cognouerunt

10 erat populi horans C (q erat populus horans) for populi erat orans.
12 inruit h for irruit.
13 + dicens b ff r Q M̃ after angelus.
ecce audita est gat r₂ for exaudita est.
r₂ begins in St. Luke at the 13th verse.
depraecatio ℈ R F G H M̃ Y codd for
depraecatio. elizabeth Aug r₂ deer dim
dur D R M̃ for Elisabeth. iohannem
a ff q r₁ ₂ gat VO for Ioannem.
14 tibi gaudium d e gat for g. t. exsultio (d laetitia) for exultatio.
15 sicera a b e f ff q A B F M X Y for
siceram. replebitur is repeated by

mistake.
16 israhel r₁ ₂ for Israel.
17 praedet for praecedet. heliae
a b d e f ff h q r₁ ₂ Iren μ her gat for Eliae.
The Hereford Gospels begin St. Luke
with this word, as there is a folio missing.
incredibiles a b q r₂ μ her for incredulos.
18 praecessit her r₂ Q ℈ for processit.
19 respondit e ff for respondens.
gabrihel f (ff grabiel) Aug gat Domnach
for Gabriel. adsto ff h q μ r₂ her gat
for asto. missusum for missus sum.
20 inplebuntur ff r her gat deer r₂ μ
D ℈ C G for implebuntur.

quod uissionem uidisset intemplo et ipse erat
innuens illis et permansit mutus [23] et factum
est ut inpletisunt dies officii eius abit indo
mum suam [24] post hos autem dies concepit elit
zabeth uxor eius et occultabat se mensibus
quinque dieens [25] quia sic mihi fecit dñs indie
bus quibus respexit auferre obprobrium meū
inter homines [26] inmense autem sexto mussus est
angelus gabrihel adō inciuitatem galilae / sa
Cui nomen natzareth [27] aduirginem dispon
tam uiro cui nomen erat ioseph dedomo da
uid et nomen uirginis maria [28] et ingresus ange
lus adeam benedixit aue gratia plena dñs
tecum benedicta tu intermulieres [29] Quae cum
audisset turbataest insermone eius et co   225
gitabat qualis esset ista locutio [30] et ait an
gelus ei netimeas maria ipsa autem cum ui
disset mirata est introitu eius et erat cogita
nt quid sic benedixisset eam et dixit ei angelus
dñi noli timere maria inuenisti enim gratiā
apuddm̄ [31] et ecce concipiens inutero et paries
filium et uocabis nomen eius ihm̄ [32] Haec erit
magnus et filius altissimi uocabitur et dabit
illi dñs dс̄ sedem dauid patris sui et regna

---

22 uissionem gat μ D R for visionem.

23 inpleti *ff μ r₂* dim D Ɖ R codd for impleti.   abit for abiit.

24 elitzabeth for Elisabeth.   dieens, slip for dicens.

25 mihi fecit *a e f* for f. m.   obprobrium *a b d e f ff h i q r₁₂* μ her gat deer D Ɖ codd for opprobrium.

26 mussus est for missus est.

a is almost obliterated in verses 26 *to* 32.

gabrihel *h* Aug gat (*ff* grabiel) for Gabriel.   galilae gat for Galilaeae.
natzareth for Nazareth.

27 disponsatam *d e q r₂* her gat codd for desponsatam.

28 ingresus her *r₂* gat for ingressus.

benedixit *e ff r* for dixit.   intermulieres *b c de ff l r* her gat mg codd for in mulieribus.

29 locutio for salutatio.

30 + ipsa autem cum uidisset mirata est introitu eius et erat cogitant quid sic benedixisset eam et dixit ei angelus dñi noli timere maria, after maria.   The interpolation occurs in several MSS. in a slightly different form :—*e* illa autem cum uidisset angelum admirata est ad introitum eius recogitans quia sic benedixit eam : *ff* ipsa autem ut uidit eum mota est in introitu eius et erat cogitans : *q* quod sic benedisisset eam,—the rest is the same as *ff* omitting eum after uidit.   *r* ipsa autem uidens eum expauit in introitu eius et erat cogitans quod ita eam benedixis(set).

31 + et before ecce *b d f ff q.* concipiens *d* Y for concipies.

32 Haec for hic.   sui *e* Iren Cyp her gat for eius.

bit indomo iacob inaeternum [33] et regni eius non
erit finis [34] Dixit autem maria adangelum quo
modo fiet istud quoniam uirum noncognosco
[35] et respondit angelus et dixit ei sp̄s sc̄s super
ueniet inte et uirtus altissimi obumbrabit
tibi ideoque et quod nascitur sc̄m uocabi
tur filius dī [36] et ecce elizabeth cognata tua
et ipsa concepit filium insenecta sua Et
hic mensis est sextus illi quae uocatur ste
relis [37] quia nonerit inpossibile apuddm̄
omne uerbum [38] dixit autem maria ecce an   226
cella dn̄i fiat mihi saecundum uerbumtuū
Et discessit abilla angelus [39] exsurgens autē
maria indiebus illis abiit inmontana cum
festinatione inciuitatem iuda [40] et intrauit in
domumzachariae et salutauit elizabeth / rlae
[41] Et factum est ut audiuit salutationem ma
elizabeth exsultauit infans inutero eius et
repleta est sp̄usc̄o elizabeth [42] et clamauit
uoce magna et dixit benedicta intermulieres
et benedictus fructus uentris tui [43] et unde hoc
mihi ut ueniat mater dn̄i mei adme [44] ecce ut
factaest uos salutationis tuae inauribus
meis exsultauit ingaudio infans inutero meo
[45] Et beata quae credidit quoniam perficientur
ea quae dicta sunt ei adn̄o [46] et ait maria / sp̄s
Magnificat anima mea dn̄m [47] et exsultauit

---

35 respondit _ff_ ℙ for respondens.
+ et after angelus _ff_ ℙ. nascitur for
nascetur. — ex te _a b f ff h l q_.

36 elizabeth (her elizafeth) r_2 μ dim
deer R Y for Elisabeth. senecta _a b c e
l_ $r_{1\,2}$ codd for senectute. est sextus
_b h_ μ _q_ $r_{1\,2}$ Aug her for s. e. sterelis for
sterilis.

37 inpossibile _b e h q_ μ her gat for impossibile.

38 ancella her μ gat deer dim codd for
ancilla. saecundum for secundum.

39 exsurgens _h q r_ her gat for exurgens.

40 elizabeth (her elizafeth) r_2 μ deer
dim D R Y for Elisabeth.

41 The same. her now changes to

elizabeth for this time and then goes back
again. (_b_ elisabel: _d_ elisabet: _ff_ elisa-
beht: _q_ helisabeth.) exsultauit _c h_ her
deer ℙ R M X for exultavit. elizabeth
r_2 μ deer dim D R Y for dim (her
elizafeth).

42 clamauit _e_ her μ D ℙmg for exclamavit. — tu after benedicta.

44 — enim after ecce. uos, slip for
uox. exsultauit _c h_ her R M X for exultavit.

45 credidit _d_ δ _h_ dim deer ℙmg codd
for credidisti. ei dim ℙmg R C T codd
for tibi.

47 exsultauit _c h_ her μ deer R for exultavit.

meus indō salutari meo [48] quia respexit humi
tatem ancellae suae ecce enim exhoc beatam
me dicent omnes generationes [49] quia fecit mihi
magna qui potens est et scm nomen eius [50] et   227
misericordia eius inprogenies et progenies
timentibus eum [51] fecit potentiam inbrachio
suo dispersit superbos mente cordis sui
[52] depossuit potentes desede et exaltauit hu
miles [53] essurientes inpleuit bonis et diuites
dimissit inanes [54] suscipit israhel puerum
suum memorari misericordiae suae [55] sicut
locutus est adpatres nostros abracham et
semini eius insaecula [56] Mansit autem ma
ria cum illa quassi mensibus tribus et re
uersa est indomum suam [57] elizabeth autē
inpletum est tempus pariendi et peperit
filium [58] et audierunt uicini et cognati eius
quia magnificauit dñs missericordiam suā
cum illa et congratulabantur ei [59] Et factum
est indie octauo uenerunt circum cidere pue
rum et uocabant eumzachariam nomine
patris sui [60] Et respondens mater eius dix
it naquaquam sed uocabitur iohannis
[61] Et dixerunt adillam nemo est incogna   228
tione quiuocetur hoc nomine [62] innuebant
patri eius quem uellet uocari eum [63] et pos
tulans pugillarem scripsit dicens iohan
nis est nomen eius et miratisunt uniuersi

48 humiℓtatem for humilitatem.
ancellae her gat μ dim D R ℙ for an-
cillae.

50 inprogenies et progenies *h* her
Hamilton r_2 for a progenie in progenies.

52 depossuit *r* μ dim deer gat ℙ R
(her dispossuit) for deposuit.

53 essurientes her r_2 μ dim deer D ℙ
for esurientes.   inpleuit for impleuit.
dimissit r_2 for dimisit.

54 suscipit her r_2 μ dim ℙ Q R for
suscepit.   israhel *d r* her r_2 gat for
Israel.   memorari *b* δ *f ff q* $r_{1\,2}$ μ her gat
for recordatus.

55 abracham her r_2 R for Abraham.

56 quassi gat R for quasi.

*Verses 56 to 74 are much obliterated
in a.*

57 elizabeth Aug r_2 μ dim deer D (her
elizafeth) for Elisabeth.   inpletum *b ff*
μ r_2 gat D ℙ C G V for impletum.

58 misericordiam $r_{1\,2}$ her gat D R for
misericordiam.

59 zachariam nomine patris sui her
D ℙ O for nomine patris sui Zachariam.

60 naquaquam for Nequaquam.
iohannis *a r* dim R for Ioannes.

61 —quia before nemo *a b d e ff q r*
D ℙ R G.   —tua F.

62 —autem.

63 iohannis *e h* $r_{1\,2}$ her gat μ dim for
Ioannes.

⁶⁴ Apertum est autem ilico os eius et lingua
eius et loquebatur benedicens dm ⁶⁵ et factū
est timor super omnes uicinos eorum et su
per omnia montana iudae deuulgabantur
omnia uerba haec ⁶⁶ et possuerunt omnes qui
audierunt incorde suo dicentes quidputas
puer iste erit et enim manus dn̄i erat cumil
lo ⁶⁷ Et zacharias pater eius inpletus est
sp̄u sc̄o et profetauit dicens ⁶⁸ Benedictus dn̄s
ds̄ israhel quia uissitauit et fecit redemptio
nem plebis suae ⁶⁹ et erexit cornu salutis nobis
indomu dauid pueri sui ⁷⁰ sicut locutus est p̄
os sc̄orum quia saeculo sunt profetarum
eius ⁷¹ salutem exinimicis nostris et demanuom
nium quinos oderunt ⁷² adfaciendam misseri
cordiam cum patribus nostris et memorari   229
testamenti sui sc̄i ⁷³ ius iurandum quod iura
uit adabrcham patrem nostrum daturum
se nobis ⁷⁴ ut sine timore demanibus inimico
rum nostrorum liberati seruiamus illi ⁷⁵ in
sc̄itate et iustitia coram ipso omnibus dieb:
nostris ⁷⁶ et tu puer profeta altissimi uocabe
ris praeibis enim ante faciem dn̄i parare
uias eius ⁷⁷ addandam scientiam salutis plebi
eius inremissionem peccatorum eorum ⁷⁸ per
uiscera missericordiae dī nī inquibus uissi
tauit nos oriens exalto ⁷⁹ et inluminare hiis

---

64 ilico *h* her *r₂ μ* Hamilton for illico.

65 factū R for factus.   iudae *f h μ* her
dim R C for Iudaeae.   deuulgabantur *μ r₂*
her gat deer dim D ℣ R for divulgabantur.

66 possuerunt her *r₂* gat *μ* deer dim
℣ R for posuerunt.   audierunt *d f r μ*
her dim gat for audierant.   quid *d f ff*
q r h μ her gat Hamilton for quis.

67 inpletus *d h r₂ μ* gat dim deer D ℣
codd for repletus.   profetauit for pro-
phetavit.

68 israhel *d r* gat Hamilton her for
Israel.   uissitauit gat D R for visitavit.

69 indomu her *r₂ μ* dim deer D ℣ Q
R V for in domo.

70 p̄ *r₂* for per.   quia for qui a.   pro-

fetarum *d r* her Q D ℣ R O for prophetarum.

71 nos oderunt *b e f q* her gat codd for
o. n.

72 missericordiam gat ℣ R for misericordiam.

73 abrcham for abraham.

74 demanibus *r₂* her gat *μ* dim deer
D ℣ codd for de manu.

76 profeta *e q r* her dim *μ* D ℣ R O
for propheta.

78 missericordiae gat her D for misericordiae.   uissitauit *μ* gat R for uisitauit.

79 + et.   inluminare *a b d f ff q* her
gat *μ* Hamilton for illuminare.   hiis gat
W for his.

qui intenebris et umbra mortis sedent ad
dirigendos pedes nostros inuiam pacis
[80] Puer autem crescebat et confortabatur
inspū et erat in desertis usque indiem os

II tensionis suae adisrahel [1] Factum est autē
indiebus illis exiit aedictum accesare agus
to ut discriberetur uniuersus orbis [2] haec dis
criptio prima facta est apraeside siriae
quirno nomine [3] et ibant omnes ut profete   230
rentur singuli insuam ciuitatem [4] ascendit autē
ioseph agaliliae deciuitate nazareth iniudeā
ciuitatem dauid quae uocatur bethlem / pro
Eo quod esset dedomo et familia dauid [5] ut
feteretur cum maria disponsata sibi uxore
praegnante despūscō [6] factum est autem cum
essent inpletisunt dies ut pariret [7] et peperit
filium suum primogenitum et pannis eum in
uoluit et reclinauit eum et possuit inpraesepio
quia non erat ei locus indiuersorio [8] et pas
tores erant inregione eadem uigilantes et cus
todientes uigilias noctis super gregem suum
[9] et ecce angelus dn̄i stetit iuxta illos et clari
tas dī circum fulsit illos et timuerunt timore
magno [10] et dixit illis angelus nolite timere ecce
enim aeuangelizo uobis gaudium magnum
quod erit omni populo [11] quia natus est uobis
hodie saluator qui est xp̄s dn̄i inciuitate

79 −in before umbra.
80 +in before spiritu *a b ff q μ r₂* her gat Iren dim deer codd.   israhel *f r₁ ₂* Aug *μ* Hamilton for Israel.
II 1 aedictum D C for edictum. accesare *r₂* (her acessare : Q accessare) for a Caesare.   agusto *q r₂* her *μ* dur dim deer Q R T Y for Augusto.   discriberetur her gat codd for describeretur.
2 discriptio her Æ℉mg Y for descriptio.
Verses 2 and 3 are wanting in e.
siriae her Æ℉ M̄ for Syriae.   quirno (her cirino) for Cyrino.   +nomine her *μ* dim Æ℉ Q R gat dur.
3 profeterentur her *r₂* D Æ℉ R for profiterentur.
4 −et before ioseph her *r₂* Θ R.

agaliliae for a Galilaea.   iudeā for Iudaeam.   −in before ciuitatem *a f* her *r₂* gat.   bethlem *a ff μ* her *r r₂* dim codd for Bethlehem.
5 profeteretur (her profetaretur) *μ r₂* deer diim D O for profiteretur.   disponsata *d* her gat codd for desponsata.   +despūscō gat (her despū scō) Q for de spiritu sancto.
6 −ibi after essent (her ibi essent). inpleti *a e ff μ* gat deer codd for impleti.   pariret *d* her *r₂ μ* dim deer codd for pareret.
7 +et possuit after eum *r*.   ei for eis.
10 aeuangelizo (*ff* euangeliio) for euangelizo.
11 dn̄i for Dominus.

dauid quae uocatur bethlem ¹² et hoc uobis
signum inueietis infantem pannis inuolu   231
tum et possitum inpraesepio ¹³ et subito fac
ta est cum angelo multitudo militiae exer
citus caelestis laudantium dm̄ et dicentium
¹⁴ gloria inexcelsis dō et interra pax homini
bus bonae uoluntatis ¹⁵ Et factum est ut
descesserunt abeis angeli ineaelum pas
tores loquebantur et inuicem dicentes
Trans eamus usque bethlem et uideam
us hoc uerbum quod fecit dn̄s et ostendit
nobis ¹⁶ et uenerunt festinantes et inuerunt
mariam et ioseph et infantem possitum in
praesepio ¹⁷ uidentes autem cognouerunt de
uerbo quoddictum erat illis depuero hoc
¹⁸ et omnes quiaudierunt miratisunt et dehis
quae dicta erant apastoribus adipsos ¹⁹ ma
ria autem conseruabat omnia haec uerba
conferens incorde suo ²⁰ Et reuersisunt pas
tores glorificantes et laudantes dm̄ inomni
bus quae audierant et uiderant sicut dic
tum est adillos ²¹ Et post quam consumma   232
tisunt dies octo ut circum cideretur puer et
uocatum est nomen eius ih̄s quoduocatum ÷
abangelo prius quam inutero conciperetur
²² et postquam inpletisuntdies purgationis
eius saecundum legem moysi tulerunt illum
inhierusalem ut adsisterent eum dn̄o ²³ sicut
scriptum est inlege dn̄i Quia omne mascu
linum adaperiens uuluam sc̄m dn̄o uocabi

11 + quae uocatur bethlem after dauid (her r_2 dicitur for uocatur).

12 inueietis for inuenietis possitum her gat $r_{1\,2}$ D ℞ R for positum.

13 + exercitus *b e ff q r* gat Iren Greg D.

14 inexcelsis *f l q r* Iren Aug Faustus her gat D codd Liturgical usage for in altissimis.

15 r_2 *is missing from this verse to* iii. 8. descesserunt for discesserunt. eaelum, slip for caelum. et for ad. + dicentes after inuicem her G. bethlem *a e q r* her

μ dim deer for Bethlehem.   quod fecit dn̄s et ostendit nobis her ℞ codd for quod factum est quod Dominus ostendit nobis.

16 inuerunt O for inuenerunt.   possitum *r* her gat ℞ R for positum.

19 haec uerba *r* her for v. h.

21 + et before uocatum *e q*.   ÷ for est.

22 inpleti *d ff* μ her gat deer codd for impleti.   saecundum for secundum. inhierusalem *a b q r* Iren gat for in Ierusalem.   adsisterent ℞ mg R for ut sisterent.

tur ²⁴ et ut darent hostiam secundum quod
dictum est inlege dñi par turturum aut
duos pullos columbarum ²⁵ Et ecce homo er
at inhierusalem cui nomen erat simeon et
homo iste iustus et timoratus expectans
consulationem israhel et sp̄s sc̄s erat ineo
²⁶ et responsum acciperat asp̄u sc̄o nonuisu
rum se mortem nisi prius uideret xp̄m dñi
²⁷ et uenit insp̄u intemplum et cum inducerent
puerum ihm̄ parentes eius ut facerent ea
quae saecundum consuetudinem legis pro
eo ²⁸ et ipse accipit eum inulnas suas et benedi   233
xit eum et dixit ²⁹ nunc dimitte seruum tuum
dñe saecundum uerbum tuum inpace ³⁰ quia
uiderunt oculi mei salutare tuum ³¹ quod prepa
rasti ante faciem omnium populorum ³² lumen
adreuelationem gentium et gloriam plebis tuae
israhel ³³ Et erat ioseph et mater eius mirantes
super quae dicebantur deillo ³⁴ et benedixit il
lis simeon et dixit admariam matrem eius ec
ce hic possitus est inruinam et resurrectionē
multorum inisrahel et insignum cui contra
dicitur ³⁵ et tuam ipsius animam pertransibit
gladius ut reuelentur exmultis cordibus cogi
tationes ³⁶ et erat anna profetiza filia phanu
el detribu aser Haec processerat indiebus
multis et uixerat cum uiro suo annis septē
auirginitate sua ³⁷ et haec uidua usque ad
annos octogenta quatuor quae non discen

25 hierusalem *a b d e f q r* µ gat Hamilton for Ierusalem.   + erat after nomen *b c l* her D ℘ R Domnach.   consulationem her µ deer dim D ℘ for consolationem.   israhel *r* her gat for Israel.

26 acciperat *q* µ her dim ℘ R for acceperat.

27 + ea quae µ, with the Greek. saecundum for secundum.

28 accipit her µ deer dim ℘ Q R for accepit.   eum *ff* for Deum.

29 dimitte *b e l r* µ dur gat Iren Hil (her dimite) D ℘mg Q R for dimittis. saecundum for secundum.

31 preparasti µ D T gat Domnach for parasti.

32 israhel *f r* her gat for Israel.

33 ioseph et mater eius *a b c e f ff l q r* (−eius) µ Hil G for pater eius et mater.   −his after super.

34 hic possitus est for positus e. h. israhel *a f r* gat for Israel.   −in before resurrectionem.   contradicitur *a* for contradicetur.

36 profetiza her D ℘ R for prophetissa.

37 octogenta ℘ for octoginta.   di-

debat detemplo ieiunis et obsecrationibus
seruiens dō nocte ac die [38] et haec ipsa hora
super ueniens confitebatur dño et loque   234
batur deillo omnibus qui exspectabant re
demptionem israhelem [39] et ut perfecerunt om
nia saecundum legem dñi reuersisunt ingali
leam inciuitatem suam nazareth [40] Puer autē
crescebat et confortebatur plenus sapientia
et gratia dī erat inillo [41] Et ibant parentes eius
per omnes annos inhierusalem indie sollem
pnis paschae [42] et cum factus fuisset ihs an
norum duodecim ascendentibus illis inhie
rusolimam saecundum consuetudinem di
ei festi [43] consummatis que diebus cum reuer
terentur remansit puer ihs in hierusalem
et noncognouerunt parentes eius [44] existiman
tes autem illum esse incomitatu Uenerunt
iter diei et requirebant eum intercognatos et
n]otos [45] et non inuenientes reuersisunt inhieru
salem requirentes eum [46] Et factum est post
triduum inuenerunt illum intemplo seden
tem inmedio doctorum audientem illos et in
terrogantem [47] stupebant autem omnes qu[ieū   235
audiebant super prudentia et responsis
eius [48] et uidentes admirati sunt et cum uidis
sent eum expauerunt et dixit mater eius ad
illum filii quid fecisti nobis ecce pater tuus
et ego dolentes et tristes quaerebamus te

scendebat *b f* her *µ* gat deer D ℙmg R
for discedebat.   ieiunis *q* her *µ* gat
dim ℙ R for ieiuniis.   + dō after seruiens (*e* dño) *µ* dim deer gat D R.
  38 exspectabant *q µ* dim ℙmg B K M̄
for expectabant.   israhelem (her hierusalem) for Israel.
  39 saecundum for secundum.   galileam *a f ff q r µ* her deer dim D ℙ C G W
O Hamilton for Galilaeam.
  40 confortebatur her gat for confortabatur.
  41 hierusalem *d e f h q r µ* for Ierusalem.   sollempnis for solemni.

  42 fuisset her ℙ F H Y for esset.
+ ihs after fuisset.
inhierusolimam gat *µ* D ℙ Y for Ierosolymam.   saecundum for secundum.
  43 reuerterentur *d* for redirent.   hierusalem *a b c d e f q h µ* gat for Ierusalem.
  45 reuersi *a d e f r* G Y her for regressi.
    hierusalem *a b q r* gat for Ierusalem.
  46 —eos *a* her after interrogantem.
  48 + et cum uidissent eum expauerunt
(*r* et uiso illo expauerunt).   filii her ℙ
gat Q A Y for Fili.   —sic after nobis
a r her ℙmg C T A M.   + et tristes
after dolentes *a d e ff l q r* gat G.

⁴⁹ et ait adillos quid est quodme quaereba
tis nescibatis quia inhiis quae patris mei
sunt oportet me esse ⁵⁰ et ipsi non intellexe
runt uerbum quod locutus est ad illos ⁵¹ et
discendit cum eis et uenit innazareth et erat
subditus illis et mater eius conseruab[at
omnia uerba haec incorde suo ⁵² et ihs pro
fiebat aetate et sapientia et gratia apud

III   et hominem ¹ Anno autem quinto decimo
imperii tiberi cessaris procurante pontio
pylato iniudea tethracha autem galilae
rode philippo autem fratre eius detharac
ha iturae et traconitidis regionis et lisania
abilianae tethracha ² sub principibus sacer
dotum anna et caipha factum est uerbum   236
dñi super iohannem zachariae filium inde
serto ³ et uenit inomnem regionem iordanis
praedicans babtimum penitentiae inremissi
onem peccatorum ⁴ Sicut scriptum est inlibro
sermonum issaieae profetae Uox clamantes
indeserto parate uiam dñi rectas facite sem
itas eius ⁵ omnis uallis inplebitur et omnis
mons et collis humiliabitur et erunt omnia
praua indirta et aspera inuias planas ⁶ et ui
debit omnis caro salutare dī ⁷ decebat ergo ad
turbas quae exiebant ut babtizarentur ab

49 nescibatis for nesciebatis.   inhiis W for in his.

50 illos *b f ff h q r* her gat codd for eos.

51 discendit her gat codd for descendit.   + in before nazareth *d q.*

52 profiebat Hamilton for proficiebat.   aetate et sapientia *a b c d e ff l q r μ* D for sapientia et aetate.   — Deum.   hominem for homines.

III 1 tiberi *a b d e q r* her *μ* dim B for Tiberii.   cessaris her *μ* gat deer dim D ꟼ R for caesaris.   pylato gat D R C for Pilato.   in iudea *r* ꟼmg for Iudaeam.   tethracha (her tetracha) for tetrarcha.   galilae F Q (her galiliae) for Galilaeae.   rode for Herode.   detharacha for tetrarcha.   iturae gat (her ituriae) ꟼ R F for Ituraeae.   traconitidis for Tra-

chonitidis.   lisania *μ* dur D ꟼ R M (her lisiania) for Lysania.   abilianae *a b ff* dim her D ꟼ R C T for Abilinae.   tethracha (her tetracha) for tetrarcha.

2 iohannem *a e ff q r* her *μ* gat Aug codd for Ioannem.

3 babtimum (her babtismum) for baptismum.   penitentiae *ff μ* her gat deer dim ꟼ for poenitentiae.

4 issaieae (her issaiae) for Isaiae.   profetae *e q r μ* her dim codd for prophetae.   clamantes for clamantis.

5 inplebitur for implebitur.   + omnia before praua *r.*   indirta with dots over the *r* and *ec* in the margin for in directa.

7 decebat for dicebat.   exiebant *b ff q r* her *μ* gat for exibant.   babtizarentur *r* her *μ* deer dim R for baptiza-

ipso generatio uiperarum quod ostendit uo
bis fugere afutraira ⁸facite ergo fructus dig
nus penitentiae et ne coeperitis dicere patrē
habemus abracham Dico autem uobis qu
ia potest d̄s̄ delapidibus istis suscitare fi
lios abracham ⁹iam enim securis adradi
ces arborum possita est omnis ergo arbor
quae nonfaciens fructum bonum exciditur

[*HEREFORD MS.*]

et inignem mittetur :
¹⁰ Et interrogabant eum turbae dicentes
quid ergo faciemus ¹¹ respondens autem
dicebat illis qui habet duas tonicas det
non habenti et aescas similiter faciet
¹² Uenerunt autem et puplicani utbabti
zarentur et dixerunt adillum magisī
quid faciemus ¹³ at ille dixit adillos nihil
amplius quam quod constitutum est
uobis faciatis ¹⁴ INterrogabant autem
illum et milites dicentes quid faciemus
et nos et ait illis neminem conculcatis ne
que calumniam faciatis et contenti esto
te stipendis uestris ¹⁵ existimante autem
populo et cogitantibus omnibus incor   64ᵛ

rentur.   generatio *b ff l q r* Aug G for
Genimina.   quod for quis.
  7 afutraira = a futura ira dur Q D R
Ҏmg for a uentura ira.
  8 dignus *ff h* Y for dignos.   penitentiae *ff* her gat Ҏmg R for poenitentiae.
  r₂ resumes here after the break at ii. 15.
  abracham her R for Abraham.   autem *b q r* gat G for enim.   potest *b* her
μ dim gat deer Hamilton for potens est.
  abracham for Ahrahae.

  9 adradices *c e f r* Aug her μ dim deer
codd for ad radicem.   possita *r* her μ
gat dim deer D Ҏ R for posita.   +quae
q her D gat.   exciditur *d h* A G M X Z
for excidetur.

  *The Llandaff and Lichfield Gospels
end here with the first volume, as the
second was lost.*

  The text from St. Luke iii. 9 *to the end of the Gospel is from the Hereford MS., and
the collation is with the text of the Clementine Vulgate. As the contractions are more
in number and of frequent recurrence in the Hereford text their explanations will not
be repeated.*

  III 11 tonicas μ dim gat D Ҏ R for
tunicas.   —qui habet after et.   aescas
μ dim D for escas.   faciet for faciat.
  12 puplicani *q r₂* dim D Ҏ R for publicani.   babtizarentur μ *r₂* D Ҏ R for ba-

ptizarentur.   magisī *r₂* for Magister.
  13 illos D for eos.
  14 illum *b e q* Ҏ K O V X Z for eum.
conculcatis for concutiatis.   stipendis μ *r₂* gat Ҏ for stipendiis.

dibus suis de iohanne ne forte ipse esset
xp̄s ¹⁶ respondit iohannis dicens omnib₃
Ego quidem aqua babtizo uos inpoeniten
tia uenit autem fortior me cuius n̄
sum dignus soluere corregiam calciamen
torum eius Ipse autem babtizabit in
sp̄u sc̄o et igni ¹⁷ Cuius uenti labrum inma
nu sua et purgabit aream suam et con
gregabit triticum inhorreum suum
paleas autem conburet igni inextingibi
li ¹⁸ multa quidem et alia exortans euange
lizabat populum ¹⁹ Hirodis autem tetra
cha cum corriperetur ab illo dehirodiade
uxore fratrissui et deomnibus malis quae
fecit hirodis ²⁰ adiecit et hoc super omnia
mala et inclussit iohannem incarcerē
²¹ Factum est autem cum babtizaretur
omnis populus et ihū babtizato et orante
eo apertum est caelum ²² et discendit sp̄s sc̄s
specie corporali sicut columba inipsum
et uox decaelo facta est tues filius meus di
lectus inte conplacui mihi ꞉· ²³ Et ipse ihs̄
erat incipiens quasi annorum xxx ut
putabatur filius ioseph :—
qui fuit heli   ²⁴ qui fuit leui
qui fuit matha   qui fuit melchi

15 iohanne *efffr*₁₂*μ* gat VO for Ioanne.

16 iohannis *μr*₂ dim gat O R for Ioannes.   babtizo *μr*₂ dim D R for baptizo.   +inpoenitentia *abcdfflqr* Aug
gat (-pen.) M̄ Q.   corregiam *dμr*₂ dim
D for corrigiam.   calciamentorum *efq*
*μr*₂ gat R for calceamentorum.   —uos
+autem after Ipse.   babtizabit D ℙ gat
(.sz.) for baptizabit.

17 sua for eius.   conburet *dffqμr*₂
gat for comburet.   inextingibili for in-
extinguibili.

18 exortans *r*₂ ℙ R C T G I Y Z for
exhortans.   populum *abcdffqμ* gat M̄
for populo.

19 Hirodis *r*₂ for Herodes.   tetracha

*μr*₂ D R (*d* quaterducatus) for tetrarcha.
hirodiade for Herodiade.   hirodis *μ*
dim for Herodes.

20 inclussit D for inclusit.   iohannem
*ffr*₁₂ gat VO for Ioannem.   incarcerem *aceffμr*₂ deer dim dur gat D Q R
codd for in carcere.

21 babtizaretur *μr*₂ deer dim gat (.sz.)
D R for baptizaretur.   babtizato *μr*₂
deer dim D for baptizato.

22 discendit *beμr*₂ deer dim gat D ℙ
R G I M̄ for descendit.   specie corporali
for c. s.   conplacui *fq* Aug Faustus *μ*
deer dim dur D K V for complacui.

23 xxx *abdffr*₁₂ gat D R M̄ T V W Z
for triginta.   matha *μr*₂ dim Q for
Mathat.

qui fuit iannae
qui fuit ioseph
²⁵ qui fuit matathiae
qui fuit amos
qui fuit naum
qui fuit esli
qui fuit naggae
²⁶ qui fuit maath
qui fuit matatiae
qui fuit simei
qui fuit ioseph
qui fuit iuda
65^r (col. 1) ²⁷ qui fuit iohanna
qui fuit ressa
qui fuit sorobabel
qui fuit salathiel
qui fuit neri
²⁸ qui fuit melchi
qui fuit addi
qui fuit chosam
qui fuit helmadā
qui fuit her
²⁹ qui fuit iesu
qui fuit helizer
qui fuit zorim
qui fuit mathat
qui fuit leui
³⁰ qui fuit simeon

qui fuit iuda
qui fuit ioseph
qui fuit iona
qui fuit heliachim
³¹ qui fuit melcha
qui fuit menna
qui fuit mathata
qui fuit natha
qui fuit dauid
³² qui fuit iesse
qui fuit hobed
qui fuit booz
qui fuit salmon
qui fuit naason
³³ qui fuit aminadab
qui fuit haram
qui fuit hesrom
qui fuit phares 65^r (col. 2)
qui fuit iudae
³⁴ qui fuit iacob
qui fuit isac
qui fuit abracham
qui fuit thare
qui fuit nachor
³⁵ qui fuit seruc
qui fuit raugu
qui fuit phallec
qui fuit heber

24 iannae *b ff r μ* D R A H I M X Y for Ianne.

25 matathiae for Mathathiae.   naum *a b q r* VO for Nahum.   esli *q* gat VO for Hesli.   naggae *b ff q* gat VO for Nagge.

26 maath *b c e ff q* VO for Mahath.   matatiae for Mathathiae.   simei dur for Semei.

27 iohanna *a f r₂* VO for Ioanna.   ressa *μ r₂* dim gat Q for Resa.   sorobabel Y for Zorobabel.

28 chosam gat ℙ C O Z for Cosan.   helmadam *μ* gat dim G I J M T for El-madan.

29 helizer (*r* elizir) for Eliezer.   zo-

rim dur Q for Iorim.

30 heliachim O Z for Eliakim.

31 melcha *μ r₂* deer dim dur ℙmg J Q R T for Melea.   mathata for Mathatha.   natha ℙmg for Nathan.

32 hobed for Obed.   naason *f* dim dur ℙ H O W Y for Naasson.

33 haram C for Aram.   hesrom (C hesron) for Esron.

34 isac *a b c d e r μ* deer dim ℙ R Z for Isaac.   abracham *r₂* Q R for Abrahae.

35 seruc *b d* R for Sarug.   raugu (R raugau) for Ragau.   phallec (*d* phalec) for Phaleg.

qui fuit sale
³⁶qui fuit channan
qui fuit arfaxad
qui fuit sem
qui fuit noe
qui fuit lamech
³⁷qui fuit mathusale
qui fuit enoc
qui fuit iareth
qui fuit malaliel
qui fuit cainan

³⁸ qui fuit enos
qui fuit seth
qui fuit adam
qui fuit dī :—

IV ¹ Ihs autem plenus
spu sco regresus
abiordane agebatur
inspu indeserto ² diebus
xl : et temptabatur
adiabulo ∴—

Et nihil manducauit indiebus illis et con   65^v
summatis esuriuit ³ Dixit autem illidia
bulus si filius dī es dic lapidi huic utpanis
fiat ⁴ et respondit adillum ihs scriptum ÷
quia non in pane solo uiuet homo sed inom
ni uerbo dī ⁵ Et duxit illum diabulus īmon
tem excelsum et ostendit illi omnia regna
orbis terrae inmomento temporis ⁶ et ait
ei tibi dabo potestatem hanc uniuersam
et gloriam eorum quia mihi tradita sunt
et cui uoluero do illa ⁷ tu uero si adoraue
ris coram me erunt tua omnia ⁸ Et res
pondens ihs dx illi scriptum ÷ dnm dm tuū
adorabis et illi soli seruies ⁹ et duxit illum in
hirusalem et statuit eum super pinnam
templi et dx illi sifilius dī es mitte te hinc
deorsum ¹⁰ scriptum ÷ enim mandauit

36 channan for Cainan.   arfaxad *a b f*
D B I for Arphaxad.

37 enoc *a f* dur Q R F Y for Henoch.
iareth *b c r μ r₂* gat C ℙ R G for Iared.
malaliel dim for Malaleel.

38 enos *b f μ r₂ h* gat for Henos.

IV 1 regresus gat ℙ R for regressus est.
abiordane *f q* gat VO for a Iordane.
—et.   inspu *d e f ff q r₁₂ μ* for a Spiritu.
indeserto   *a b d ff q r μ* gat ℙmg C G
H Θ I Mᵀ O T X for in desertum.

2 xl *b ff r* gat D O R V W Z for quadraginta.   temptabatur *b ff q r₁₂ μ h* D ℙ
Q R codd for tentabatur.   adiabulo *a b ff r*
dur gat D ℙ R B C I R Y (*r₂* sabulo, *μ*

zabulo, *d* satana) for a diabolo.   esuriuit
for esuriit.

3 and 5 diabulus for diabolus.

4 ÷ for est.   pane solo *a b d e f q r h*
gat VO for solo pane.   uiuet *a b c d f ff*
q r₁₂ dim codd for vivit.

5 ī for in.

6 ei *f μ* VO for illi.   eorum *d e* Θ for
illorum.   uoluero   *b* Iren *r₂ μ* dur gat
ℙmg Q R for volo.

7 uero *ff* Q *r₂* (ů) for ergo.

9 hirusalem *μ r₂* for Ierusalem.   dī
for dei.

10 —quod Angelis suis *r*.

N

de te ut conseruent te [11] et quia inmanibus
tollent te ne forte offendas adlapidem
pedem tuum [12] Et respondens ihs̄ ait illi
dictum est non temptabis dn̄m dm̄ tuum
[13] Et consummata omni temptatione dia
bulus recesit abillo usque ad tempus :—
[14] Et egresus ÷ ihs̄ inuirtute sp̄s ingalileā
et fama exiit per uniuersam regio
nem deillo [15] et ipse docebat insinagogis eor̄
et magnificabatur abomnibus. [16] Et uenit
nazareth ubi erat nutritus et intrauit
secundum consuetudinem suam die saba
ti insinagogam et surrexit legere [17] et tradi
tus ÷ illi liber profetae essaiae et utreuoluit
librum inuenit locum ubi scriptum erat
[18] sp̄s dn̄i super me propter quod unxit me
euangelizare pauperibus missit me
[19] predicare captiuis remisionem et caecis
uisum dimitere confractos inremisio
nem praedicare annum dn̄i aceptum et
diem retributionis [20] et cum conplicuisset
librum reddidit ministro et sedit et omniū
insinagoga oculi erant intendentes īeū.
[21] Coepit autem dicere adillos quia hodie
inpleta est haec scriptura inauribus uestris
[22] Et omnes testimonium illi dabant et mi
rabantur inuerbis gratiae quae proce
debant deore illius et dicebant non ne hic
÷ filius ioseph [23] et ait illis utique dicitis mihi
hanc similitudinem medicae curate ipsum

66ʳ

12 temptabis *a b* (*d* temptauis) *ff q μ r*₂
h gat for tentabis.

13 temptatione *a h μ r*₁ ₂ gat for tenta-
tione.   diabulus for diabolus.   recesit
for recessit.

14 egresus *b* Aug gat for regressus.
galileā *f ff l q μ* dim D ℙ R C G H
O W for Galilaeam.

15 sinagogis *μ* gat ℙ R for synagogis.

16 sabati for sabbati.   sinagogam *μ*
*r*₂ gat ℙ R for synagogam.

17 profetae essaiae Ord. gat VO: profetae *e r μ* D ℙ R O : essaiae R for Isaiae

prophetae.

18 missit *r*₂ gat for misit.   —sanare
contritos corde *a b d e ff q r* Hil *h* gat VO.

19 remisionem (twice) *μ* ℙ for remissionem.   dimitere Hamilton fpr dimittere.   aceptum *r*₂ for acceptum.

20 conplicuisset D Q *r*₂ for plicuisset.
sinagoga *μ r*₂ ℙ R for synagoga.

21 inpleta *a b ff μ* gat D ℙ R C G O for
impleta.   22 illius *a* O for ipsius.

23 dicitis *e r*₂ *μ h* gat dim dur D ℙ Q
R H K X for dicetis.   medicae curate
ipsum *r*₂ (*d r* medice cura te ipsum : gat

prius quanta audiuimus facta incafar
nauum fac et hic inpatria tua. [24] Ait h·
amen dico uobis quia nemo profeta ac
ceptus est inpatria sua [25] IN ueritate dico †
uobis multae uiduae erant indiebus heliae
inisrahael quando clausum ÷ caelum annis
tribus et mensibus sex cum facta esset fa
mis magna inomni terra [26] ad nullam ea
rum misus est helias nisi inserepta sido
niae admulierem uiduam et [27] multi leprosi
erant in israhael sub heleseo profeta et
nemo eorum mundatus est nisi neman
sirus [28] et repletisunt omnes ira insinagoga
haec audientes [29] et surrexerunt et iecerunt
illum extra ciuitatem et duxerunt illum
usque adsupercilium montis super quem
erat ciuitas illorum aedificata utpraecipi
tarent eum [30] Ipse autem transiens perme
dium eorum ibat [31] Et discendit cafarnaum̄
ciuitatem galileae ibique docebat il 66v
los sabatis [32] Et stupebant indoctrina
eius qùia inpotestate erat sermo eius
[33] Et insinagoga erat homo habens demo
nium inmundum et exclamauit uoce
magna [34] dicens sine quid nobis et tibi ihū
nazarenae uenisti perdere nos scio qui sis

medice curateipsū) for Medice cura te-ipsum. + prius. cafarnauum *r μ* R for Capharnaum.

24 profeta *q r μ* ƎP R O for propheta.

25 heliae *a d e f ff q* $r_{1\,2}$ *μ h* gat VO for Eliae. israhael gat for Israel. famis for fames.

26 —et before ad. earum *a* gat Z for illarum. misus R Y for missus. helias *a d f ff q* r_2 gat VO for Elias. serepta *μ* r_2 G for Sarepta.

27 israhael (gat hierusalem) for Israel. heleseo *μ* for Elisaeo. profeta *d q r μ* D ƎP R O for propheta. neman *b e ff μ* r_2 gat VO for Naaman. sirus r_2 dim ƎP T Y for Syrus.

28 ira insinagoga Ord. *r* g_2 *μ* (*d* furore) for in synagoga ira.

29 iecerunt *μ* R for eiecerunt. erat ciuitas illorum for c. i. e.

30 eorum for illorum.

31 discendit *b e μ* r_2 gat dim D ƎP I O Y for descendit. —in. cafarnaūm *r μ* for Capharnaum. galileae *b e f ff q r μ* dur gat codd for Galilaeae. sabatis for sabbatis.

32 eius for ipsius.

33 sinagoga *μ* r_2 gat dim ƎP H W for synagoga. demonium *ff* r_2 D ƎP W for daemonium. inmundum *a b d f ff q h* $r_{1\,2}$ gat VO for immundum.

34 nazarenae *d* C Y (gat .sz. It seems to be a rule with gat that where there is a *z* there is an *s* before it) for Nazarene. —te after scio *r μ h* dim D O Z. qui sis *a b c f* Aug *l* $r_{1\,2}$ gat VO for quis sis.

scs dī ³⁵ et increpauit illi ihs dicens obmutesce
et exii abillo et cum proiecisset illum demo
nium inmundum exiit ab illo nihil que
illum nocuit ³⁶ Et factus est pauor inom
nibus et conloquebantur adinuicem dicen
tes quod ÷ hoc uerbum quia inpotestate
et uirtute imperat inmundis spiritibus
et exierunt ³⁷ et deuulgabatur fama de illo
✝ in omnem locum regionis :· ³⁸ Surgens autē
desinagoga introiit indomum simonis
socrus autem simonis tenebatur febrib₃
magnis et rogauerunt illum pro ea ³⁹ et stans
super illam imperauit febri et dimissit
illam et continuo surgens ministrabat
illis ⁴⁰ Cum autem sol occubuiset omnes qui
habebant infirmos uaris langoribus
ducebant illos adeum atillis singulis
manus inponens curabat eos ⁴¹ Et exie
bant autem etiam demonia amultis
clamantia et dicentia quia tues filius dī
et increpans nonsinebat ea loqui quia
sciebant ēē ipsum xpm ⁴² Facta autem
die egresus ibat indesertum locum et tur
bae requirebant eum et uenerunt usque
adipsum et detinebant illum ne discenderet
abeis ⁴³ Quibus ille dixit quia et alis ciuitatibus
oportet me euangelizare regnum dī   67ʳ
quia ideo misussum ⁴⁴ et erat praedicans

---

35 illi $d r_2 h$ VO for illum.   exii gat
r_2 for exi.   abillo $a b e f ff q \mu r_2$ gat mg
VO for abeo.   demonium $ff \mu r_2$ D ℘ W
for daemonium.   inmundum for in medium.
  36 conloquebantur $a b d f ff q r_{1\,2} \mu h$
gat for colloquebantur.   inmundis $a d ff$
$q \mu h$ gat Q VO for immundis.   exierunt
for exeunt.
  37 deuulgabatur $r_{1\,2} \mu$ gat D ℘ H for
divulgabatur.
  38 —Iesus.   sinagoga μr_2 gat ℘ Y
for synagoga.   introiit ℘mg for introiuit.
  febribus magnis for m. f.
  39 dimissit μ gat D for dimisit.

40 occubuiset (gat has cum occubuisset
sol in Mc. i. 32) for occidisset.   uaris
μ Y (d bariis) for uariis.   langoribus $b \mu$
gat ℘ T X for languoribus.   illis for
ille.   inponens $e ff l q r \mu h$ gat Aug
codd VO for imponens.
  41 +et before exiebant.   exiebant $b d$
$e f q r$ Aug gat h codd for exibant.   autem
+etiam Aug r gat codd.   demonia $ff r_2$
μ dim D ℘ W for daemonia.   ēē ipsum
(r_2 eē) for ipsum esse.
  42 egresus ff gat ℘ for egressus.   discenderet for discederet.
  43 dixit $a e$ ℘mg for ait.   alis ℘ for
aliis.   misus μr_2 for missus.

V   insinagogis galileae.   ¹ Factum est
autem cum turbae inruerunt ineum ut
audirent uerbum dī ipse stabat secus
stagnum genezar ² et uidit duas naues
stantes secus stagnum piscatores autē
discenderant et leuabant retia ³ ascen
dens autem inunam nauem quae erat
simonis rogauit eum aterra reduce
re pussillum et sedens docebat denauicu
la turbas :· ⁴ Ut cessauit autem loqui dx   ✝
adsimonem duc in altum et laxate retia
uestra incapturam ⁵ et respondens
simon dixit illi praeceptor per totam
noctem laborantes nihil coepimus in
uerbo autem tuo laxabo rete ⁶ et cum hoc
fecissent concluserunt piscium multi
tudinem cupiosam Rumpiebatur autē
rete eorum ⁷ et annuerunt socis qui erant
inalia naui utuenirent et adiuuarent
eos et uenerunt et impleuerunt ambas
nauiculas ita utmergerentur ⁸ Quod
cum uideret simon petrus procedit ad
genua ihū dicens exii ame quia peccator
sum homo dñe ⁹ stupor enim circumdede
rat eum et omnes qui cum illo erant in
captura piscium quam coeparant ¹⁰ simi
liter h· iacobum et iohannem filios zebedei
qui erant socii simonis Et ait adsimonem
ihs noli timere exhoc iam eris homines

44 sinagogis μ r₂ gat dim ℞ T W for synagogis.   galileae b ef ff q r μ gat codd for Galilaeae.

V 1 inruerunt r μ VO for irruerent.   — et before ipse.   genezar (gat genesar) for Genesareth.

2 discenderant μ r₂ gat codd for descenderant.   leuabant b q r gat D ℞mg for lavabant.

3 nauem b d e ff q r₁₂ μ h VO for navim.   pussillum r₂ dim ℞ (gat poss.) for pusillum.

5 coepimus b r μ gat D ℞ C F H for cepimus.

6 cupiosam for copiosam.   Rumpiebatur for rumpebatur.

7 socis μ gat ℞ for sociis.   — pene after ut.

8 procedit μ dur gat r₂ h D ℞ Q B F for procidit.   exii r₂ gat for exi. p. s. h. for h. p. s.

9 coeparant b r μ B C ℞ G I M̄ O P X for ceperant.

10 iohannem f r₁₂ μ gat VO for Ioannem.   zebedei a e f ff l q r μ h dim gat codd for Zebedaei.   eris homines capiens ℞ (q e. h. captans) for h. e. c.

capiens [11] et subductis adterram nauibus re
lictis omnibus secuti sunt eum :—

† [12] Et factum ÷ cum esset in una ciuitatū   67[v]
et ecce uir plenus lepra et uidens ihm̄
et procedens infaciem rogauit eum
dicens dn̄e si uis potes me mundare
[13] et extendens manum tetigit eum dicens
uolo mundare et confestim lepra abeo
discessit [14] et ipse praecipit illi utnemini
diceret sed uade ostende te sacerdoti et o
fer pro emundatione tua sicut praeci
pit moises intestimonium illis [15] Per
ambulabat autem sermo magis
deillo et conuenerunt turbae multae ut
audirent et curarentur abinfirmita
tibus suis [16] Ipse autem recedebat Inde
serto et orabat [17] Et factum est inuna
dierum et ipse sedebat docens et erant
farisei sedentes et legis doctores qui uener̄t
ex omni castello galiliae et iudae et hirusa
lem et uirtus erat dn̄i adsanandos eos

† [18] Et ecce uiri portantes hominem inlecto
qui erat] paraliticus et querebant
eum inferr]e et ponere ante eum [19] et non
inueniente]s qua parte eum inferent
prae turb]a ascender̄t supra tectum
et per tegulas su]mmiserunt cum lecto ante
ihm̄ [20] quorum fi]dem utuidit dixit homo
re[mittuntur tibi] peccata tua [21] et coeper̄t

12 procedens $\mu\,r_2$ D ꟼ H O for procidens.

13 abeo discessit for discessit ab illo.

14 praecipit (twice) $r_{1\ 2}$ dur ꟼ Q μ
(1st) for praecepit.   ofer for offer.
moises T W for Moyses.

15 sermo magis D for m. s.   conuenerunt for conueniebant.

16 recedebat for secedebat.   inde-
serto $b\,c\,f\,ff\,q\,r_{1\ 2}$ gat dur codd (d in desertis) for in desertum.

17 farisei ꟼ for Pharisaei.   uener̄t r_2
for venerant.   galiliae r_2 for Galilaeae.
iudae μ C for Iudaeae.   hirusalem r_2

for Ierusalem.   erat dn̄i $a\,b\,f\,ff\,q\,r_{1\,2}\,\mu$
VO for Domini erat.   adsanandos ff Aug
$\mu\,r_2$ D ꟼmg M for ad sanandum.

18 hominem inlecto μ for i. l. h.   paraliticus $\mu\,r_2$ gat D ꟼ W Y for paralyticus.
querebant ff gat D F W for quaerebant.

19 eum $d\,e\,f\,ff\,l\,q\,r_2\,h\,\mu$ ꟼmg F K O Z
for illum.   inferent r_2 for inferrent.
ascender̄t r_2 for ascenderunt.   sum-
misserunt ꟼmg for summiserunt.   —eum
before cum.   —in medium after lecto.

21 coeper̄t r_2 for coeperunt.

scri[bae et farissei co]gitare dicentes quis ÷
hic qui [loquitur bl]asfemiam quis pot ÷
dimitter[e pecc]ata nisi dš solus ²² utcogno
uit autem ihš cogitationes eorum respon
dens dixit adillos quid cogitatis incordi
bus uestris ²³ quid facilius dicire dimittunt'
tibi peccata andicere surge et ambula
²⁴ Ut autem sciatis quia filius hominis po
testatem habet interra dimittere pecca
ta ait paralitico tibi dico surge tolle
lectum tuum et uade indomum tuam
²⁵ et confestim surgens coram illis tullit
inquo iacebat et habiit indomum suam
et magnificans dm̄ ²⁶ et stupor adpraechen
dit omnes et magnificant dm̄ et repleti
sunt timore dicentes quia uidimus mi
rabilia hodie ∴ † ²⁷ Et post haec exiit et uidit
puplicanum nomine leui sedentem adthe
loneum et ait illi sequere me ²⁸ et relictis
omnibus surgens secutus est eum ∴ ²⁹ Et fe
cit ei conuiuium magnum leui indomu
sua et erat turba multa puplicanorum
et aliorum qui cum illis erant discumben
tes ³⁰ et mormurabant farissei et scribae
eorum dicentes addiscipulos eius quare
cum puplicanis et peccatoribu[s mandu
catis et bibitis ³¹ Et responden[s ihš dixit ad
illos non egent qui sani sunt [medico sed
qui male habent ³² Non ueni [uocare ius]tos
sed peccatores inpoenitentiam ³³ [at illi

68ʳ

21 s. e. farissei c. for c. S. e. Pharisaei.
(b)lasfemiam μ (G blasphemiam) for
blasphemias. dš solus r₂ for solus Deus.

23 —est after quid μ. dicire r₂ for
dicere.

24 potestatem habet a b d e f q μ r₂ h VO
for h. p. dimittere b d gat VO for dimittendi. paralitico μ r₂ gat D ℙ G M
W for paralitico.

25 surgens a b df ff q r μ gat VO for
consurgens. tullit r₂ gat for tulit.
—lectum ff q μ r₂ gat VO. habiit M for
abiit. + et after suam.

26 adpraechendit r₂ ℙ G H ☉ I M̄ for
apprehendit. magnificant r for magnificabant.

27 puplicanum b q μ r₂ D ℙ for publi-
canum. theloneum ff X for telonium.

29 indomu μ r₂ Q V for in domo. puplicanorum b q μ r₂ D ℙ for publicanorum.

30 mormurabant gat D for murmurabant. farissei r₂ D ℙ for Pharisaei.
puplicanis b q μ r₂ D ℙ for publicanis.

32 inpoenitentiam f r D ℙ I P W for
ad poenitentiam.

dixerunt ad eum quare disc[puli iohan
nis ieiunant frequenter et [obsecratio
nes faciunt similiter et faris[aeorum
tui autem edunt et bibunt [34] quibus ipse
ait num quid potestis filios sponsi dum
cum illis est sponsus facire ieiunare [35] Ue
nient autem dies cum ablatus fuerit ab
illis sponsus tunc ieiunabunt in illis diebȝ
[36] Dicebat autem et similitudinem ad illos
Quia nemo commisuram auestimento   68ᵛ
nouo inmitit inuestimentum uctus
Alioquin et nouum rumpit et ueteri non
conuenit commissura anouo [37] Et nemo
mittit uinum nouum inutres ueteres
alioquin rumpet uinum nouum utres
et ipsum effundetur et utres peribunt
[38] sed uinum nouum in utres nouos miten
dum est et utraque conseruabuntur
[39] Et nemo bibens uetus statim uult nouū

VI ✝   dicit enim uetus melius est ∴ [1] Factum ÷
autem insabbato secundo primo cum
transiret ihs persata uellebant discipu
li eius spicas et manducabant confrin
gentes manibus [2] Quidam autem faris
seorum dicebant illis quid facitis ꝙ
non licet insabbatis [3] Et respondens ihs
ad eos dixit ne hoc legistis quod fecit da
uid cum essuriret ipse et qui cum eo erant
[4] quomodo intrauit indomum dī et panes
praepossitionis sumpsit et dedit his qui
cum ipso erant quos nolicebat mandu
care nisi tantum sacerdotibus [5] et dice

---

33 iohannis for Ioannis.   farisaeorum
q r μ T for Pharisaeorum.

34 facire for facere.

36 commisuram for commisuram. a
uestimento nouo Ord. b c f ff q μ h gat VO
for a novo vestimento.   inmitit for im-
mittit.

38 mitendum dim for mittendum.
conseruabuntur ℞mg G for conser-
vantur.

VI 1   +ihs after transiret r₁ ₂ μ gat ℞
F Q.   confringentes r₂ μ for confricantes.

2 farisseorum r₂ for Pharisaeorum.

3 ne for nec.   essuriret μ D Q for
esurisset.   eo a b d e ff q Aug μ r₂ (gat
ipso) VO for illo.

4 praepossitionis r₂ for propositionis.
—et manducauit.   nolicebat gat for
non licet.   licebat b c d e f l q r Aug P
μ dur codd.

bat illis quia dñs est et filius hominis etiā
sabbati ⁶ Factum est autem et inalio sab
bato utintraret insinagogam et docebat
Et erat ibi homo et manus eius dextera
erat arida ⁷ Obseruabant autem eum
scribae et farissei si sabbato curaret ut in
uenirent accussare illum ⁸ IPse autem
sciebat cogitationes eorum et ait homi
ni qui habebat manum aridam surge
et sta inmedium et surgens stetit :—
⁹Ait autem ad illos ihs interrogo uos   †   69ʳ
si licet insabbato benefacere an male
animam saluam facere an perdere
¹⁰ Et circum spectis omnibus dixit homini
extende manum tuam et extendit et res
tituta est manus eius ¹¹ ipsi autem repleti
sunt insipientia et conloquebantur ad in
uicem quid[nam fa]cerent deihū.   ¹² Factū
est autem [in illis d]iebus exiit inmontem
solus orare et erat per noctans inoratio
ne dī ¹³ et c]um factus esset uocauit dis
cip[ulos s]uos et elegit xii exipsis quos et a
post[olos] nominauit ¹⁴ simonem quem cog
nominauit petrum et andream fratrem
eius iacobum et iohannem philippum et
bartholomeum ¹⁵ matheum et thomam
iacobum alfei et simonem qui uocatur
zelotis ¹⁶ iudam iacobi et iudam scarioth
qui fuit proditor :· ¹⁷ Et discendens cum

5 +et after est.
6 sinagogam *r₂* ℱ W for synagogam.
docebat ℱ O for doceret.   dextera *c l*
r₂ gat codd for dextra.
7 +eum after autem.
7 farissei *r₂* dim for Pharisaei.   —in
before sabbato *b d e q r* VO.   —unde.
accussare *μ h r₂* gat D ℱ for accusarent.
illum *e f ff q h r₂* gat VO for eum.
8 autem *b d e q r* D G for vero.
9 insabbato *b d e ff q* Aug gat VO for
sabbatis.
11 conloquebantur *a b f q r₁ ₂ μ h* gat
VO for colloquebantur.   +de before ihū

b c ff l q r dim dur D ℱmg Q F G P.
12 +solus before orare.
13 —dies after cum.
14 iohannem *b ff q r₁ ₂ h μ* gat VO for
Ioannem.   bartholomeum *b d f ff q r₁ ₂*
h gat VO for Bartholomaeum.
15 matheum *r₂* μdim gat VO for Matthaeum. alfei *ff q r₁ ₂ μ* D M M̄ T for Alphaei. zelotis *r₂ μ* gat D G X for Zelotes.
16 —et before iudam *b f ff q r₁ ₂ μ* D
W. scarioth *d e f ff l q r₂* gat *h* dim VO
for Iscariotem.
17 discendens D ℱ G gat for descendens.

illis stetit inloco campistri et turba
discipulorum eius et multitudo cupiosa
plebis abomni iudea et hirusalem et ma
ritima et tiri et sidonis [18] qui uenerant ut
audirent eum et sanarentur alangori
bus suis et qui uexabantur aspiritibus
inmundis curabantur [19] et omnis turba
querebat eum tangere quia uirtus de illo
exiebat et sanabat omnes.   [20] Et ipse eleua
tis oculis indiscipulos suos dicebat Beati
pauperes spū quia uestrum est regnum dī
[21] Beati qui nunc essuritis quia saturabe
mini.   Beati qui nunc fletis quia ride
bitis ∴· [22] Beati eritis cum uos hodierint

homines et cum separauerunt uos et   69[v]
exprobrauerunt et iecirint nomen
uestrū tamquam malum propt[er
filium hominis [23] gaudete in illa die et ex
ultate ecce enim merces uestra multa
incaelo saecundum haec omnia faciebant
profetis patres eorum [24] uerum tamen
Uae uobis diuitibus qu[ia hab]etis consula
tionem uestram.   [25] Uae uobis qui satu
rati estis quia essurietis.   Uae uobis qui
riditis nunc quia lugebitis et flebitis
[26] Uae cum benedixerint uobis omnes
homines secundum haec faciebant

---

17 campistri (*a* campense, r_2 camfistri :
δ has also pedestri) D for campestre.
iudea for Iudaea.   cupiosa for copiosa.
iudea *a e q r* μ dim D ℘ C W for Iudaea.
hirusalem r_2 for Ierusalem.   tiri ℘ T
W μ dim for Tyri.

18 langoribus   *e l* r_2 μ gat ℘ G H T X
for languoribus.   inmundis *d f ff q* $r_{1\,2}$
gat VO for immundis.

19 querebat *a c d ff q* Aug r_2 gat D Q C
T W for quaerebat.   exiebat *b d f ff q r*
μ dim gat VO for exibat.

20 +spū after pauperes *a c f* $r_{1\,2}$ μ gat
(fr. St. Matt.).

21 essuritis gat r_2 D for esuritis.   sa-
turabemini r_2 μ D ℘ for saturabimini.

22 hodierint for oderint.   separauerunt corrected to separauerint.   exprobrauerunt corrected to exprobrauerint.
iecirint for eicerint.

23 multa—est.   saecundum for secundum.   + omnia—enim after haec.   profetis *a q* $r_{1\,2}$ μ D ℘ O for prophetis.

24 consulationem   *b ff* $r_{1\,2}$ μ D ℘ for
consolationem.

25 qui   *b f ff q* $r_{1\,2}$ Iren μ *h* dim gat D
℘ Q M W VO for quia.   essurietis μ r_2
gat D for esurietis.   riditis μ B O for
ridetis.

26 + omnes before homines *a b e f* (*ff*
omnis) *q* Iren *h* r_2 gat.   —enim after
haec *a b d e f ff q* Tert *h* μ gat VO.

seodo profetis patres eorum [27] sed dico uo
bis qui auditis Dilegite inimicos uestros
benefacite his qui uos hoderunt [28] benedi
cite maledicentibus uobis orate proca
lumnientibus [29] Ei qui te percutit in max
illam praebe et alteram et abeo qui aufert
tibi uestimentum etiam tonicam nolii
pro hibere [30] Omni autem petenti te tri
bue et qui aufert quae tua sunt ne repetas
[31] Et prout uultis utfaciant uobis homines
et uos facite illis similiter [32] Et sidilegitis
eos qui uos dilegunt quae uobis ÷ gratia
Nam et peccatores diligentes se dilegunt [33] Et
si beneficeritis his qui uobis benefaciunt
quae uobis est gratia si quidem et peccato
res hoc faciunt [34] Et si motum dederitis acci
pere quae uobis est gratia nam et peccato
res peccatoribus fenerantur utrecipiant

† aequalia. [35] Uerum tamen dilegite inimicos
uestros et benefacite et motum date nihil
sperantes et erit mercis uestra multa   70[r]
et eritis filii altissimi quia ipse benignus
est super ingratos et malos [36] Estote ergo
misericordes sicut pater uester misseri
cors est. [37] Nolite iudicare utnon iudica
bemini nolite condempnare utnoncon
dempnabemini dimittite et dimittemini
[38] Datae et dabitur uobis mensuram bonam

26 seodo profetis Q for pseudoprophetis.

27 d. u. for v. d.   Dilegite μ r_2 D ₱ for Diligite.   uos hoderunt Ord. r_2 VO for oderunt vos.

28 —et before orate $a\,b\,d\,e\,f\,ff\,q\,\mu$ gat VO.   calumnientibus r_2 for calumniantibus.   —vos.

29 tonicam $r_2\,\mu$ gat D for tunicam. nolii r_2 for noli.

32 dilegitis μ D for diligitis.   dilegunt (twice) $\mu\,r_2$ D ₱ for diligunt.

33 beneficeritis μ for benefeceritis.

34 motum r_2 for mutuum. —his a quibus speratis. accipere for recipere. quae uobis est gratia for quae gratia est vobis.

fenerantur $c\,f$ ₱mg Θ I K M' O T W X Z for foenerantur.

35 dilegite r_2 D for diligite.   uestros +et.   motum for mutuum. —inde before sperantes r_2.   mercis for merces.

36 —et after sicut d gat D ₱.   missericors (d beniuolus) D r_2 for misericors.

37 ut $a\,d\,ff\,r_2$ D ₱mg Q for et. iudicabemini ₱ for iudicabimini.   condempnare for condemnare.   utnon condempnabemini ₱ μ for et non condemnabimini.

38 Datae for date. —et after bonam $a\,f\,ff\,q\,r\,\mu$ gat VO.

confersam et coagitatam et super fluen
tem dabunt insinum uestrum eadem
quippe mensura qua mensi fueritis re
mitietur uobis :· ³⁹ Dicebat autem illis et
similitudinem numquid pot÷caecus caecū
ducere non ne ambo infoueam cadent
⁴⁰ Non est discipulus super magistrum
Perfectus autem omnis erit sicut ma
gister eius :· ⁴¹ Quid autem uides fistu
cam inocculo fratris tui Tu autem
trabem quae inocculo tuo nonconsideras
⁴² Et quomodo potes dicere fratri tuo frat̄
sine ieciam fistucam deoculo tuo ipse in
occulo tuo trabem non uides Hipochrita
iece primum trabem deoculo tuo et tunc
respicies uteducas fistucam deoculo fra
tris tui :· ⁴³ Non est enim arbor bona quae
facit fructus malos neque arbor mala
faciens fructum bonum ⁴⁴ Una quae que
enim arbor defructu suo agnoscitur Neq;
╫ despinis colligunt ficos neque derubo
uendemiant uuam ⁴⁵ Bonus enim homo
debono thessauro cordis sui profert bonū
et malus homo demalo thesauro profert
malum exhabundantia ╫ cordis os loquit’
⁴⁶ Quid autem uocatis me dn̄e dn̄e et non   70ᵛ
facitis quaedico ⁴⁷ Omnis qui uenit adme
audit sermones meos et facit eos osten
dam uobis cui similis ÷ ⁴⁸ similis ÷ homini

38 confersam *b ff l q* C G I K M T Z
dur (*r₂ μ* conuersam) for confertam.
super fluentem *a* F G P for superefluen-
tem.   remitietur *d r* gat for remetietur.
r₂ is wanting till vii. 11.
39 cadent *ff q h μ* gat VO for cadunt.
40 —si sit before sicut *d* VO.
41 fistucam *μ* gat D ℞ G X for festucam.   inocculo (twice) for in oculo.
+ Tu before trabem ℞.   autem trabem
℞ for t. a.   —est after tuo *d e f μ* D.
42 et *h* gat VO for aut.   frat̄ for frater.
ieciam *μ* D for eiiciam.   fistucam
(twice) *r μ* gat D ℞ for festucam.   occulo

(second) for oculo.   uides *μ* B C D G Θ
K M O T V W Z for videns.   Hipochrita
W for Hypocrita.   iece D for eiice.
respicies *b q* D ℞ A M P Y for perspicies.
44 agnoscitur for cognoscitur.   Neq;
gat for Neque.   ╫ gat for enim.   ficos
℞ G O for ficus.   uendemiant gat for
vindemiant.
45 +enim *a b c f l r* D G after bonus.
thessauro for thesauro.   habundantia
μ D ℞ C T M̄ Y for abundantia.
47 —et before audit.   ÷ = est *ff q* gat
for sit.
48 ÷ for est.

aedificanti domum qui fudit inaltum
et possuit fundamenta super petram
INundatione ħ facta inlisum ÷ flumen
domui illi et non potuit eam mouere fun
data enim erat super petram ⁴⁹ Qui ħ
audit et n̄ facit similis est homini aedifi
canti domum suam super terram sine
fundamento inquam inlisus ÷ fluius
et continuo cicidit et facta ruina domus

VII †   illius magna :—¹ Cum autem inpleuiset
omnia uerba sua inaures plebis intra
uit incafarnauum ² Centorionis autē
cuiusdam seruus male habens erat mo
riturus qui illi erat praetiosus ³ et cum au
disset de ihū missit adeum seniores iudeo
rum rogans eum utueniret et saluaret
seruum eius ⁴ Atilli cum uenissent ad
ihm̄ rogabant eum sollicite dicentes ei
quia dignus est uthoc ei prestes ⁵ quia dile
git gentem nostram et sinagogam ipse
aedificauit nobis ⁶ IHS autem ibat cum
illis et cum iam n̄ longe esset adomu missit
adeum centorio amicos dicens dn̄e nolii
uexari non enim dignus sum utsub tectū
meum intres ⁷ propter quod et me ipsum
nonsum dignum arbitratus utuenirem
adte sed dic uerbo et sanabitur puer m̄s
⁸ Nam et ego homo sum sub potestate con
stitus habens sub me milites et dico huic

---

48 fudit for fodit.   possuit *r* gat ℙ for posuit.   fundamenta *a b ff q r* μ gat VO for fundamentum.   inlisum ÷ *f* μ dim VO for illisum est.

49 n̄ for non.

49 inlisus ÷ *f h* VO for illisus est. fluius ℙ for fluvius.   cicidit gat for cecidit.   —est after facta.

VII 1 inpleuiset for implesset.   incafarnauum μ for Capharnaum.

2 Centorionis μ gat D ℙ for Centurionis.   praetiosus *b f ff r* (*e* carus) μ VO for pretiosus.

3 missit gat for misit.   iudeorum *ff q* μ D ℙ W for Iudaeorum.

4 sollicite for solicite.   ei for illi. prestes *ff q* gat D B M O for praestes.

5 +quia before dilegit *f*.   dilegit μ D ℙ for diligit.   —enim after dilegit.   sinagogam μ dim gat ℙ T W for synagogam.

6 adomu μ D V for a domo.   missit μ gat D ℙ for misit.   centorio μ gat D for centurio.   nolii for noli.   dignus sum *b ff l q r* gat *h* μ VO for s. d.

8 constitus *e* μ for constitutus.

uade et uadit et alio ueni et uenit et seruo   71ʳ
meo fac hoc et facit ⁹ Quo audito ihs̄ mi
ratus est et conuersus sequentibus se tur
bis dixit   Amen dico uobis nec inisrahel
tantam fidem inueni ⫶· ¹⁰ Et reuersi qui
misi fuerant domum inuenerunt seruū
qui languerat sanum. ¹¹ Et factum est
deinceps ibat inciuitatem quae uocatur
naim et ibant cum illo discipuli eius et
turba cupiosa ¹² Cum autem adpropin
quaret portae ciuitatis ecce defunctus
efferebatur filius unicus matri suae et
haec uidua erat et turba ciuitatis multa
cum illa ¹³ quam cum uidisset dn̄s miseri
cordia motus ÷ super eam et dx̄ nolii fle
re ¹⁴ et accessit et titigit loculum Hii autē
qui portabant steterunt et ait adolis
centi adoliscens tibi dico surge ¹⁵ et resedit
qui erat mortuus et coepit loqui et dedit
illum matri suae ¹⁶ Accipit autem omnes
timor et magnificabant dm̄ dicentes quia
profeta magnus surrexit innobis et
quia ds̄ uissitauit plebem suam †¹⁷ Et exiit
hic sermo inuniuersam iudeam de eo et
omnem circa regionem ¹⁸ Et nuntiauer̄t   †
iohanni discipuli eius de omnibus his ¹⁹ et con
uocauit duos dediscipulis suis iohannis et
missit addn̄m dicens tues qui uenturus es
an alium exspectamus ²⁰ Cum autem ue

---

8 alio *a b f ff r μ h* gat VO for alii.
9 israhel *μ* gat Hamilton for Israel.
10 misi ℙ *μ* for missi.
11 illo *a b e ff q h μ* gat VO for eo.
cupiosa for copiosa.
r₂ resumes from vi. 39.
12 adpropinquaret *a b e μ* gat dim VO
for appropinquaret.   matri *c d f* Iren *r₂*
dim VO for matris.
13 + ÷ *b e r₂* for est.   + et after eam
b e q.   —illi after dx̄.   nolii *r₂* for Noli.
14 titigit *μ* for tetigit.   Hii *r₁ ₂ h* gat
C D ℙ G I O T W Z for Hi.   + adoli-
scenti gat D.   adoliscens for adolescens.

16 Accipit ℙ Q *r₂* for Accepit.   profeta *d e ff q μ* D ℙ O for propheta.   uissitauit D *r₂* gat for visitavit.
17 iudeam   *q r μ* dim D ℙ C M̄ O W
for Iudaeam.   —in before omnem *r₂* gat
VO.
18 nuntiauer̄t *r₂* for nuntiaverunt.   iohanni *a b f ff q r₁ ₂ μ* gat VO for Ioanni.
19 iohannis *e r₂* gat for Ioannes.
missit *r₂* gat D ℙ for misit.   addn̄m *a ff*
h dim VO for ad Iesum.   exspectamus ℙ
K *μ* for expectamus.
20 uenisent for venissent.
This verse is missing in r₂.

nisent adeum uiri dixerunt iohannes
babtiza missit nos ad te dicens tu es qui
uenturus es an alium exspectamus ²¹ inipsa
autem hora multos curauit alangoribus
et plagis et spiritibus malis et caecis multis
donauit uisum ²² et respondens dx̄ illis
Euntes renuntiate iohanni quae uidistis
et audistis caeci uident claudi ambulant
leprosi mundantur sordi audiunt mor
tui resurgunt pauperes euangelizan
tur ²³ et beatus ÷ quicumque nonfuerit
scandalizatus inme ²⁴ et cum discessisent
nuntii iohannis coepit dicere de iohanne
adturbas Quid existis indesertum uide
re harundinem uento moueri ²⁵ sed quid
existis uidere hominem mollibus uestimen
tis indutū Ecce qui inueste praetiosa sunt
et dilicis indomibus regum sunt ²⁶ sed quid
existis uidere profetam utique dico uobis
plus quam profeta.   ²⁷ Hic est dequo scrip
tum est ecce mitto angelum meum ante
faciem tuam qui praeparabit uiam tuā
ante te ²⁸ Dico enim uobis maior īterna
tos mulierum profeta iohanne babti
za nemo est qui autem minor ÷ īregno
dī maior est illo ²⁹ Et omnis populus audiens
et puplicani iustificauerunt dm̄ babtizati
babtismo iohannis ³⁰ pharissei autem et legis
periti consilium dī spreuerunt insemet

71ᵛ

iohannes babtiza for Ioannes Baptista. missit gat for misit.

21 langoribus   *e* $r_{1\,2}$ *μ* dim ℙ T for languoribus.

22 iohanni   *a b e f ff q* $r_{1\,2}$ *μ* gat *h* VO for Ioanni. uidistis et audistis *b f ff q r μ h* gat VO for audistis et vidistis.   —quia *a b c ff l q* r_2 *μ* D.   sordi *μ* D for surdi.

24 discessisent r_2 ℙ for discessissent.

iohannis *a f ff r* $_{1\,2}$ *μ* gat VO for Ioannis.   d. de i. for de I. d.   iohanne *b f q r* $_{1\,2}$ *μ* gat VO for Ioanne.   harundinem *a d e f q r μ* gat VO for arundinem.

moueri *a b d f ff r* $_{1\,2}$ *μ h* gat E VO for agi-

tatam.

25 praetiosa *a b l r μ h* ℙ C B F (*e* clara) for pretiosa.   dilicis r_2 Q ℙ for deliciis.

26 profetam *d e q r μ* D ℙ F for prophetam.   —et before plus *μ* r_2 D G M.   profeta *d q* D for Prophetam.

28 profeta   *d q* D ℙ O for propheta.   iohanne *q r h* r_2 gat VO for Ioanne.   babtiza r_2 for Baptista.

29 puplicani *q μ* r_2 D ℙ for publicani.   babtizati *μ* r_2 D C for baptizati.   babtismo *μ* r_2 gat D ℙ for baptismo.   iohannis *a b f ff q r* $_{1\,2}$ *μ* gat VO for Ioannis.

30 pharissei for Pharisaei.

ipsis nonbabtizati abeo [31] Cui ergo similes
dicam homines generationes huius et cui
similes sunt [32] similes sunt pueris sedentib3
inforo et loquentibus adinuicem et dicenti
bus cantauimus uobis tibis et nonsaltastis
lamentauimus et n̄ plorastis [33] Uenit enim
iohannis babtiza neque manducans panē
neque bibens uinum et dicitis demonium ha
bet

[34] Uenit filius hominis mand ucans et   72[r]
bibens et dicitis ecce homo deuorator et
bibens uinum amicus puplicanorum et
peccatorum [35] et iustificata est sapientia
abomnibus filis suis[36] Rogabat h̵ illum   †
quidam depharisseis utmanducaret
cum illo et ingresus domum pharıssel d̄l̄s
cubuit [37] et ecce mulier quae erat inciuitate
peccatrix utcognouit quod occubuisset in
domu farissei attulit alauastrum ungen
ti [38] et stans retro secus pedes lacrimis coepit
rigare pedes eius et capillis capitis sui ter
gebat et osculabatur pedes eius et ungento
ungebat [39] Uidens autem farisseus qui
uocauerat eum ait intrase dicens hic si
esset profeta sciret utique quae et qualis mu
lier esset quae tangit eum quia peccatrix
est [40] Et respondens ih̄s dixit adillum Simon
habeo tibi aliquid dicire at ille ait magister

30 ipsis gat D E W for ipsos.   babtizati $\mu\, r_2$ D gat (.sz.) for baptizati.

31 —ait autem Dominus $b\, f\, q\, r_{1\,2}$ gat
VO.   generationes corrected to generationis.

32 tibis r_2 ℥P for tibiis.   n̄ r_2 for non.

33 iohannis $a\, b\, ff\, r_2\, \mu$ gat D ℥P O for
Ioannes.   babtiza for Baptista.

33 demonium $ff\, r_2$ for daemonium.

34 There is a stab between mand and
ucans in manducans.   puplicanorum $q\, \mu$
r_2 D ℥P for publicanorum.

35 filis d for filiis.

36 pharisseis for Pharisaeis.   ingresus
gat for ingressus.   pharissei for Pharisaei.

37 occubuisset ℥Pmg for accubuisset.

in domu $\mu\, r_2$ V for in domo.   farissei
$\mu\, r_2$ D for Pharisaei.   alauastrum r_2 for
alabastrum.

All of Σ *in St. Luke is missing before
this.*

ungenti $l\, h\, \mu$ dim r_2 gat codd for unguenti.

38 —eius after pedes r_2.   lacrimis $a\, b$
$d\, e\, f\, ff\, q\, r_{1\,2}\, h$ gat Σ VO for lacrymis.

ungento $\mu\, r_2\, h$ dim A ℥P H M X Y VO
for unguento.

39 farisseus r_2 for Pharisaeus.   profeta $e\, ff\, q\, r\, \mu$ D ℥P O Σ for propheta.

mulier esset Hamilton A ℥P F G I M
O P Q Y for est mulier.

40 dicire for dicere.

dic ⁴¹ Duo debitores erant cuidam fenera
tori Unus debebat denarios quincentos
alios quinquagenta ⁴² et non habentibus illis
unde redderent donauit utrisque. Quis ergo
eum plus dilegit ⁴³ Respondens simon dixit esti
mo quia is cui plus donauit at ille dixit ei
recte iudicasti ⁴⁴ et conuersus admulierem dx̄
simoni uides hanc mulierem intraui indomū
tuam aquam pedibus no dedisti Haec autem
lacrimis rigauit pedes meos et capillis suis
tersit ⁴⁵ osculum mihi nondedisti haec exquo in
traui non cessauit osculari pedes meos ⁴⁶ Oleo
caput meum non unxisti Haec autem ungento
unxit pedes meos. ⁴⁷ Propter quod dico tibi
Remitten tur illi peccata multa quia   72ᵛ
dilexit multum Cui autem minus dimit
titur minus dilegit ⁴⁸ Dx̄ autem ad illam ihs̄
remittentur tibi peccata ⁴⁹ et qui simul accū
bebant intra se dicire coeperunt quis est
hic qui etiam peccata dimittit ⁵⁰ Dixit autē
admulierem fides tua te saluam fecit uade

VIII   in pace ¹ † Et factum est deinceps et ipse iter
faciebat perciuitates et castella predicans
et euangelizans regnum dī et xii cum illo ² Et mu
lieres aliquae quae erant curate aspiritibus
malignis et infirmitatibus maria quae uoca
batur magdalenae dequa demonia .uii. exierant

---

41 feneratori *a e f ff l q r₂ μ* dim Σ codd
for foeneratori.   quincentos μ for quin-
gentos.   —et.   alios (*r₂* alii) corrected
to alius.   quinquaginta gat ℙ Y for
quinquaginta.

42 + et before non.   dilegit *r₂* D ℙ Q
for diligit.

43 estimo *r₂* W (*d* suspicor) for Aesti-
mo.

44 —meis after pedibus.   no for non.
lacrimis *a b d e f ff q r₁₂ μ h* gat Σ W
for lacrymis.

45 —autem after haec μ.   intraui *b f*
q r μ gat D W B Y Σ for intravit.

46 ungento μ *r₂* dim gat A ℙmg F H
M K Y Z W for unguento.

47 Remitten(stab)tur *e μ h* Σ codd W
for Remittuntur.   illi for ei.   quia for
quoniam.   dilegit *r₂* ℙ D for diligit.

48 illam + ihs̄.   remittentur for Remittuntur.

49 et qui simul accūbebant intra se
dicire coeperunt (intra se dicire for dicere
intra se ℙ) for et coeperunt qui simul
accumbebant dicire intra se.

VIII 1 predicans *q* gat D W for praedicans.   xii *b d μ r₂* gat E T W for duodecim.

2 curate *ff r₂* E O W for curatae.
uocabatur for vocatur.   magdalenae *ff*
μ gat codd for Magdalene.   demonia
.uii. *μ r₂* codd for septem daemonia.

O

✝ ³ et iohanna uxor cuzāe procuratoris hirodis
susanna et aliae multae quae ministrabant eis
defacultatibus suis. ⁴ Cum autem turba plu
rima conueniret et deciuitatibus pro perarent
eum dx̄ persimilitudinem ad illos ⁵ ecce exiit
quiseminat seminare semen suum et dum
seminat aliud cicidit secus uiam et concul
catum est et uolucres caeli comederunt illud
⁶ et aliud cicidit super petram et natum aruit
quia non habebat humorem ⁷ Et aliud cicidit
interspinas et simul exortae spinae suffucaue
runt illud ⁸ Et aliud cicidit interram bonam
et exortum μ est et fecit fructum centuplum
Haec dicens clamabat Qui habet aures audiendi
audiat. ⁹ INterrogabant autem discipuli
eius quae esset haec parabula ¹⁰quibus dx̄ uobis
datum est nosse misterium regni dī. Caeteris
autem inparabulis utuidentes non uideant
et audientes non intellegant ¹¹ Est autem
haec parabula semen est uerbum dī ¹² qui autē
secus uiam sunt qui audiunt deinde
uenit diabulus et tollet uerbum decorde eo
rum ne credentes salui fiant ¹³ Nam qui
super petram qui cum gaudio audierunt
cum gaudio suscipiunt uerbum et hii ra
dices non habent qui adtempus credunt
et intempore temptationes recidunt ¹⁴ quod

73ʳ

3 iohanna *a b e f f q h μ r*₁₂ gat VO for
Ioanna.   cuzae *f* dim for Chusae.   hirodis for Herodis.   eis *c e f h μ r₂* gat Σ VO
for ei.
4 conueniret *r₂ h* gat Σ VO for conveni-
rent.   —ad before eum.   dx̄ *r₂* for dixit.
+ad illos *b r*.
5 +ecce *a b c e f f l q r μ* gat D E G.
Luke viii. 5-35 *is missing in* Σ.
5, 6, 7, 8 cicidit gat D for cecidit.
6 super *a c d f f r μ* gat codd for supra.
7 suffucauerunt for suffocaverunt.
8 exortum *f f l q r* D G for ortum.
+ est et.
9 —eum after autem gat J T Z.   parabula *r₂* gat D G O for parabola.

10 —ipse after quibus.   dx̄ *r₂* for dixit.
misterium *r*₁₂ *μ* D ℈ P C G T W dim
(*e* sacramentum) for mysterium.   Caeteris *μ r₂* ℈ G (*d* reliquis) for ceteris.
parabulis *r₂* gat D for parabolis.   intellegant *a b e f f q r*₁₂ gat *μ* for intelligant.
11 parabula *r₂* gat D G for parabola.
12 —hi before sunt VO.   diabulus gat
C ℈ P (*r₂* dur D Q zabulus : *μ* zabolus) for
diabolus.   tollet *a q* ℈ P G O for tollit.
13 super *a e d f f r₂* for supra.   +gaudio
after cum *a b d e f f f q r*₁₂ *μ* gat.   hii *r₂*
gat D E ℈ P C T W for hi.   temptationes
b codd (*a μ* gat temptationis) for tenta-
tionis.   recidunt for recedunt.

autem cicidit inspinis hii sunt qui audiēt
et asollicitudinibus et diuitis et uoluntatib₃
uitae euntes suffucantur et non referunt
fructum ¹⁵ Quod autem interram bonam
hii sunt qui in corde bono et obtimo audién
tes uerbum retinent et fructum adferunt
perpatientiam :- † ¹⁶ Nemo autem lucernā
accendens operit eam uasso aut subtus
lectum ponit sed supra candellabrum po
nit utintrantes uideant lumen ¹⁷ Non ⊹ ÷
occultum quod non manifestetur nec abscon
ditum quod non cognoscatur et inpalam ueniat
¹⁸ Uidete ergo quomodo audistis qui enim habet
dabitur ei et qui cum que non habet etiam q̣
putat se habere auferetur ab illo ∴ ¹⁹Uenēt
autem adillum mater et fratres et nonpote
rant adire illum praeturba ²⁰ et nuntiatum ÷
illi quia mater tua et fratres tui stant foris
uolentes te uidere ²¹ Qui respondens dx̄ adeos
mater mea et fratres mei hii sunt qui uerbū
audiunt et faciunt ²² Factum ÷ autem inu †
na dierum et ipse ascendit innauicula et dis
cipuli eius et ait ad illos transfretemus trans
tagnum et ascenderunt ²³ nauigantibus autē
illis obdormiuit et discendit pro cella uenti
in stagnum et conplebatur fluctibus nauicula

14 cicidit inspinis for in spinas cecidit.
hii *b e ff* gat *r₂* codd for hi.   audiēt
for audierunt.   diuitis for divitiis.   uoluntatib₃ *r₂* D ℙ for voluptatibus.   suffucantur *r₂* for suffocantur.

15 interram bonam *a d f ff r* μ for in
bonam terram.   hii *b ff* μ *r₂* gat codd for
hi.   obtimo μ T for optimo.   adferunt
f l q μ *h* dim gat Z for afferunt.   per *b e f*
ff l q r μ D G for in.   patientiam *b e ff q*
r₁ ₂ gat μ codd for patientia.

16 uasso *d f ff l r₁ ₂* μ dim gat *h* D for
vase.   candellabrum gat D ℙ for candelabrum.

17 ⊹ ÷ =enim est *r₂ h* gat VO for est
enim.

18 audistis *e* H O for audiatis.   ei *d*

μ *r₂* G for illi.   q̣ *r₂* for quod.

19 —eius *r* μ after fratres.   illum for
eum.

20 +quia *b d e ff q* μ G before mater.

21 dx̄ *r₂* for dixit.   hii *b e ff r₁ ₂* gat
D E ℙ C T W for hi.   —Dei after uerbum ℙ.

22 innauicula *r₂* gat codd for in navicu-
lam.   trans∥tagnum M̄ W for trans stagnum.

23 nauigantibus autem illis *b d f ff q r* μ
gat VO for et navigantibus illis.   discendit *b* μ *r₂* gat D ℙ O for descendit.   conplebatur *a d ff* dur gat μ codd for comple-
bantur.   + fluctibus nauicula *ff l q* D E
ℙmg gat (n. f.) *r* (f. nauis) (*b ff* fructibus.
See Mt. viii. 24 L* fructibus).

et periclitabantur [24] accedentes autem sus   73[v]
citauerunt eum dicentes praeceptor peri
mus At ille surgens increpauit uentum
et tempestatem aquae et cessauit et facta est
trancillitas [25] Dx̄ autem illis ubi ÷ fides ues
tra qui timentes mirati sunt dicentes ad
inuicem quis putas hic ÷ quia et uentis im
perat et mari et obediunt ei [26] et nauigauer̄t
adregionem gerasinorum quae est contra
galileam [27] et cum egresus ēēt ad terram oc
currit illi uir quidam qui habebat demo
nium iam temporibus multis et uestimento
noninduebatur et indomu non manebat
sed inmonomentis [28] is utuidit ihm̄ procedit
ante illum et exclamans uoce magna dixit
quid mihi et tibi est ihū filii dauid altissimi
Obsecro te ne me torqueas [29] praecipiebat ⊣⊢
sp̄ui inmundo utexiret abhomine Multis
enim temporibus arripiebat illum et uince
batur catenis et conpedibus custoditus et rup
tis uinculis agebatur ademonio indeserto
[30] INterrogauit illum ihs̄ dicens quod tibi no
men est at ille dixit legio quia intraue
runt demonia multa ineum :— [31] Et rogabant
eum ne imperaret illis utinabissum irent
[32] Erat autem ibi grex porcorum multorū
pascentium inmonte et rogabant eum
utpermiteret eis in illos ingredi et permissit

24 trancillitas r_2 for tranquillitas.

25 Dx̄ r_2 for Dixit.   dicentes ad inuicem $df\mu r_2$ gat VO for ad invicem dicentes.   uentis imperat et mari $f q r_1 {}_2 \mu$
gat VO for ventis et mari imperat.

26 gerasinorum μr_2 D for Geraseno-
rum.   galileam $fff q r \mu$ dim codd for
Galilaeam.

27 egresus (gat) ēēt for egressus esset.
demonium $ff q r_2 \mu$ D ℙ W for daemonium.   et indomu non manebat for neque
in domo manebat.   monomentis r_2 (d
monimentis) for monumentis.

28 procedit $r_2 \mu$ gat dim dur h D E ℙ Q
for procidit.   filii gat r_2 codd for Fili.

dauid for dei.

29 inmundo $a d f ff l q h$ dim r_2 gat μ
VO for immundo.   uincebatur r_2 gat ℙ X
for vinciebatur.   conpedibus for com . .
deserto for deserta.   demonio $q r$ dim
D ℙ r_2 W for daemonio.

30 —autem before illum gat.   demonia $q r_2$ dim D ℙ W for daemonia.
intrauerunt for intraverant.

Verses 30 to 49 are wanting in e.

31 eum for illum.   abissum b D ℙ
Hamilton Θ T W Y for abyssum.

32 permiteret gat for permitteret.   permissit r_2 gat D ℙ for permisit.

illis ³³ exierunt ergo demonia abhomine et in
trauerunt inporcos et impetu habiit grex
perpreceps instagnum et sufucatus est
³⁴ quod utuiderunt factum qui pascebant
fugerunt et nuntiauerunt inciuitatem
et inuillas ³⁵ Exierunt autem uidere quod
factum est et uenerunt ad ihm̄ et in ue
nerunt hominem sedentem aquo demo
nia exierant uestitum ac sana mente
ad pedes eius et timuerunt ³⁶ Nuntiauerunt
autem illis et qui uiderant quomodo sanus
factus esset alegione ³⁷ Et rogauerunt illum
omnis multitudo regionis gerasinorum ut
discederet abipsis quia timore magno tene
bantur IPse autem ascendens nauem re
uersus est ³⁸ et rogabat illum uir aquo demo
nia exierant utcum eo esset ∴ Dimissit autē
eum ihs̄ dicens ³⁹ redi indomum tuam et nar
ra quanta tibi fecit ds̄ Et habiit per uniuer
sam ciuitatem praedicans quanta illi fecisset
ihs̄.   ⁴⁰ Factum est autem cum redisset ihs̄ exci
pit illum turba Erant enim omnes expec
tantes eum ⁴¹ et ecce uenit uir cui nomen erat
iarus et ipse erat princeps sinagogae et cici
dit adpedes ihū rogans eum utintraret
indomum eius ⁴² quia filia unica erat illi
fere annorum .xii. et haec moriebatur et con
tigit dum iret conprimebatur aturbis sic
utsufucarent eum.   ⁴³ Et mulier quaedam e   †
rat influxu sanguinis abannis .xii. quae in

74^r

33 demonia *ff q r₂* D ℙ W for daemonia.   habiit C for abiit.   preceps *q*
gat D W for praeceps.   sufucatus for
suffocatus.

35 demonia *ff q μ* dim D ℙ W for daemonia.

37 gerasinorum *μ r₂* D for Geraseno-
rum.   timore magno *a b f ff q r₁ ₂ h* gat
Σ VO for m. t.   nauem *b f q r₂* gat VO
for navim.

38 demonia *ff q r₂ μ* D ℙ R W for daemonia.   Dimissit *r₂* gat D ℙ for dimisit.

39 habiit *μ* R for abiit.

40 redisset for rediisset.   excipit ℙ
for excepit.

41 nomen + erat.   ipse + erat.   iarus
ff r₂ (*μ* zarius) for Iairus.   sinagogae *μ*
gat ℙ for synagogae.   —erat.   cicidit
r₂ gat D R for cecidit.

42 filia unica *a b f ff q r₁ ₂* gat VO for
u. f.   illi *a b d f q r₁ ₂* Σ gat VO for ei.
xii (and in 43) *b d r₁ ₂ μ* gat codd for duodecim.   conprimebatur aturbis for a. t.
com.   + sic utsufucarent eum.

medicis erogauerat omnem substantiam
suam nec obullo potuit curari ⁴⁴ Accessit re
tro et titigit fimbriam uestimenti eius et con
festim stetit fluxus sanguinis eius ⁴⁵ et ait ihs̄
quis est qui me titigit negantibus autem om
nibus dixit petrus et qui cum illo erant prae
ceptor turbae te conpraemunt et adfligunt et
dicis quis me titigit ⁴⁶ dx̄ ihs̄ tetigit me aliquis
Nam et ego cognoui uirtutem deme exisse   74ᵛ
⁴⁷ Uidens autem mulier quia nonlatuit illū
tremens uenit et procedit ante pedes illius
et ob quam causam titigerit eum indica
uit coram omni populo et quem admodū
sanata sit confestim ⁴⁸ atipse dixit illi filia
fides tua te saluam fecit uade inpace, ⁴⁹ Ad
huc illo loquente uenit quidam adprinci
pem sinagogae dicens ei quia mortua est
filia tua nolii uexare illum ∴ ⁵⁰ IHS autem
audito hoc uerbo respondit patri puellae nolii
timere crede tantum et salua erit ⁵¹ Et cum
uenisset domum non permissit intrare secū
quem quam nisi petrum et iohannem et ia
cobum et patrem et matrem puellae ⁵² Flebant
autem omnes et plangebant illam At ille
dx̄ nolite flere non mortua sed dormit
⁵³ et diridebant eum scientes quia mortua esset
⁵⁴ IPSE autem tenens manum eius clamauit
dicens puella surge ⁵⁵ et reuersus est sp̄s eius
et surrexit continuo et iusit illi dari man

---

43 in medicis *a f r* gat codd for in
medicos. obullo for ab ullo.

44, 45 titigit for tetigit.

45 conpraemunt for comprimunt.
adfligunt gat codd for affligunt.

 46 —et. dx̄ *r₂* for dixit. Nam + et.
cognoui *a ff l q r₁ ₂* ℈P G for novi.
exisse for exiisse.

 47 + illum after latuit *b ff l q* D.
procedit *μ h r₂* codd for procidit.
illius *a b q h* codd for eius. titigerit for
tetigerit. sanata sit confestim for c. s. s.

 48 illi *b d q h r₂* gat Σ VO for ei. te
saluam for s. t.

 49 sinagogae gat *r₂ μ* dim codd for
synagogae. nolii *r₂* R for noli.

 50 nolii *r₂* R for noli.

 51 permissit *r₂ μ* gat D ℈P R for permisit. et iohannem et iacobum gat : Ord.
a b c d e f ff l q r₁ ₂ h dur Σ codd for et
Iacobum et Ioannem.

 52 Σ *is missing till* x. 7.
 dx̄ *r₂* for dixit. —est after non.
—puella after mortua *b d e f ff q r₁ ₂ h* gat
codd.

 53 diridebant *μ r₂* gat D E ℈P R for deridebant. quia *h* gat E VO for quod.

 55 iusit *μ* ℈P for iussit.

ducare ⁵⁶ Et stupuerunt parentes quibus p̄

cipit ne alicui dicerent quod factum esset

IX   ¹Conuocatis .xii. apostolis dedit illis uirtu

tem et potestatem super omnia demonia

et utlangores curarent ² Et missit illos p̄

dicare regnum dī et sanare infirmos :—

³ Et ait adillos nihil tolleritis inuia neque

uirgam neque peram neque panem

neque pecuniam neque duas tonicas ha

beatis ⁴ et inquam cum que domum intraue

ritis ibi manete et inde ne exeatis ⁵ Et quicū

que non reciperit uos exeuntes deciuitate

illa

etiam puluerem pedum uestrorum excu   75ʳ

tite intestimonium super illos ⁶ Egressi

autem circum ibant per castella euan

gelizantes et curantes ubique ⁷ Audiuit ✝

autem hirodis tetracha omnia quae fiebant

abeo et hessitabat eo quod diceretur ⁸ aqui

busdam quia iohannes resurrexit amor

tuis A quibusdam uero helias apparuit

abalis autem quia profeta unus deanti

quis resurrexit ⁹ et ait hirodis iohannem

ego decolaui quis est iste dequo audio ego

talia et querebat uidere eum ∴ ¹⁰ Et reuersi

apostoli nuntiauerunt illi quaecumque fecer̄t

Et adsumptis illis accessit seorsum inlocum

---

56 −eius dur D ℞ Y after parentes.
p̄cipit μ r₂ codd for praecepit.   esset ℞
for erat.

IX 1 −autem after Conuocatis.   .xii.
b d r₁ ₂ μ gat D E R W for duodecim.
demonia ff q μ r₂ dim D R W for daemonia.
    langores r₂ ℞ R K T X for languores.

2 missit μ r₂ gat D ℞ R for misit.
p̄dicare μ r₂ for praedicare.

3 tolleritis r₂ for tuleritis.   tonicas μ
gat r₂ D E for tunicas.

5 reciperit μ r₂ h codd for receperint.
super for supra.

6 circum ibant f ff μ r₂ gat VO for cir-
cuibant.

7 hirodis for Herodes.   tetracha μ r₂

D R (e quattuoruir) for tetrarcha.   hessitabat r₂ dim gat D for haesitabat.

8 iohannes a d f VO for Ioannes.
resurrexit (twice) for surrexit.   −Quia
before helias q.   helias a b d f ff q r₂ μ gat
VO for Elias.   alis r₂ ℞ R for aliis.
profeta d e q r D ℞ R H O for propheta.

9 hirodis r₂ for Herodes.   iohannem
f ff q r₁ ₂ μ gat VO for Ioannem.   decolaui
for decollavi.   −autem before iste r₂
gat.   audio ego talia a c q r₂ VO for e. t.
a.   querebat ff q gat codd for quaerebat.

10 nuntiauerunt ℞ for narraverunt.
fecer̄t r₂ for fecerunt.   adsumptis b ff l
r₁ ₂ s h μ codd for assumptis.   accessit
or secessit.

desertum qui est bethzaida ¹¹ quod cum cog
nouissent turbae saecutae sunt illum et excoe
pit illos et loquebatur eis deregno dī et eos
qui cura indigebant sanabat :— ¹² Dies autē
coeperat declinare et accedentes .xii. dixeīt
ei dimitte turbas uteuntes incastella uil
lasque quae circa sunt diuertant et īueniant
escas quia in loco deserto sumus ¹³ Ait adillos
uos date illis manducare Atilli dixerunt
nonsunt nobis plus quam quinque panes
et duos pisces nisi forte nos eamus et ema
mus inomnem hanc turbam escas ¹⁴ Erant
autem fere uiri quinque milia ait autē
ad discipulos suos facite illos discumbere p˙
conuiuia quinquagenos ¹⁵ et ita fecerunt et
discumbere feceīt omnes ¹⁶ acceptis quinq:
panibus et duobus et duobus piscibus respexit
incaelum et benedixit illis et fregit distribuit
dedit discipulis suis utponerent ante t'bas
¹⁷ et manducauerunt omnes et saturati
sunt et sublatum est quod super fuit illis
fragmentorum .xii. cofini ¹⁸ Et factum est
cum solus esset orans erant cum illo et dis
cipuli et interrogauit illos dicens quem me
dicunt esse turbae ¹⁹ atilli responderunt et
dixerunt iohannem babtizam Alii autē
heliam Alii quia profeta unus depriorib₃
surrexit ²⁰ dixit autem illis uos autem quē
me esse dicitis respondens simon petrus dixit
xp̄m dī filium ²¹ At ille increpans illos p̄ci

75ᵛ

10 bethzaida μr₂ D E for Bethsaidae.
11 sæcutae μ r₂ E for secutae. excoepit μ R for excepit. illos b q r₁₂ gat VO
for eos. eis e r₁₂ μ gat ℲPmg for illis.
12 xii b r μ gat D R W for duodecim.
ei r₂ μ for illi. īueniant for inveniant.
—hic after quia.
13 —autem. duos for duo.
14 milia a b d e ff q r₁₂ μ VO for millia.
p˙ r₂ for per.
16 acceptis quinq: for Acceptis autem
quinque. et duobus is repeated. —et

after fregit. + dedit c f r. t'bas for
turbas.
17 .xii. cofini Ord. B M̄ V W for co-
phini duodecim.
19 iohannem a ff q r₁₂ μ gat VO for
Ioannem. babtizam ℲP for Baptistam.
heliam a f q r μ h gat VO for Eliam.
—vero after alii b f h r₂ dim gat. profeta unus Ord. gat h VO for u. P. priorib₃
gat for prioribus.
20 + filium r.
21 p̄cipit r₂ dur codd for praecepit.

pit ne cui dicirent hoc [22] dicens quia oportet
filium hominis multa pati et reprobari a
senioribus sacerdotum et principibus et scri
bis et occidi et tertia die resurgere [23] Dicebat
autem adomnes siquis uult post me ueni
re abneget se ipsum et tollat crucem suā
cotidie et sequatur me [24] qui enim uoluerit
animam suam saluam facere perdet
illam Nam qui perdiderit animā suā
propter me saluam faciet illam [25] quid enī
proficit homini silucretur uniuersum mun
dum se ipsum perdat et detrimentū sui
faciat :— [26] Nam qui me erubuerit et meos
sermones hunc filius hominis erubescet
cum uenerit in maiestate sua et patris
et scōrum angelorum [27] Dico autem uobis
uere sunt aliqui hic stantes qui nongusta
bunt mortem donec uideant regnum dī
[28] Factum est autem post haec uerba fere
dies uiii. et adsumpsit petrum et iohannem
et iacobum et ascendit in montem utoraret
[29] Et factum est dum oraret species uultus eius
Altera et uestitus eius albus refulgens   76[r]
[30] et ecce duo uiri loquebantur cum illo Erant
autem moyses et helias [31] uisi īmaiestate di
cebant excessum eius quem conpleturus
et erat inhirusalem [32] petrus uero et qui cum
illo erant grauati somno et euigelantes
uiderunt maiestatem eius et duos uiros
qui stabant cum illo [33] Et factum est cum

21 dicirent for dicerent.
22 sacerdotum et principibus for e. p. s.
23 se ipsum $a\,b\,ff\,q\,r_{1\,2}\,\mu\,h$ gat VO for
semet ipsum. cotidie $r_2\,h$ VO for quotidie.
25 homini $a\,b\,c\,d\,e\,f\,l$ Aug Cyp $r_2\,\mu$ dim
D E ℑPmg R X for homo. —autem after
se.
28 uiii. D E R W for octo.   adsum-
psit $b\,e\,f\,ff\,l\,r_{1\,2}\,\mu\,h$ gat codd for assumpsit. et iohannem et iacobum : Ord. $a\,b$
$c\,e\,ff\,q\,\mu$ gat h codd VO for et Iacobum
et Ioannem.

29 factum est $d\,r_2$ dur gat codd for facta
est.   —et after albus $b\,f\,ff\,r_{1\,2}$ gat VO.
30 helias $a\,b\,d\,f\,ff\,q\,r_{1\,2}$ gat μ VO for
Elias.
31 —et after maiestate $a\,ff\,r_2$ E. conpleturus $b\,ff\,q\,r_{1\,2}\,h$ gat dim μ for com-
pleturus.   + et before erat.   hirusalem
$\mu\,r_2$ R for Ierusalem.
32 erant grauati somno $d\,l\,q$ gat (su.)
M̄ for g. e. s.   euigelantes μ for euigi-
lantes.

discederent abillo ait petrus adihm praecep

tor bonum est nobis hic esse et faciamus

trea tabernacula unum tibi et unum moi

si et unum heliae nesciens quid diciret ³⁴ Haec h·

illo loquente facta ÷ nubs et obumbrauit

eos et timuerunt intrantibus illis in nubē

³⁵ et uox facta est denube dicens hic est filius

meus dilectus ipsum audite ³⁶ et dum fier et

uox inuentus est ihs solus et ipsi tacuerunt

et nemini dixerunt in illis diebus quic quam

ex his quae uiderant :— ³⁷ Factum ÷ autem ī

sequenti die discendentibus illis demonte cu

currit illis turba multa ³⁸ et ecce uir detur

ba multa exclamauit dicens Magister

obsecro te respice infilium meum quia

unicus est mihi ³⁹ et ecce sps adpraechendit illn

et subito clamat et elidit et disipat eū cum

spuma et uix discendit ab eo dilaniens eum

⁴⁰ et rogaui discipulos tuos utiecirent illum et

nonpotuerunt ⁴¹ Respondens autem ihs

dx o generatio infidelis et peruersa usque

quo ero aput uos et patiar uos Adduc huc

filium tuum ⁴² et cum accederet elisit illum

demonium et dissipauit ⁴³ et increpauit ihs

spm inmundum et sanauit puerum et red

didit illum patri ꝫ

⁴⁴ Stupebant autem omnes inmagnitudi   76ᵛ

ne dī. Omnibus que mirantibus ī om

nibus quae faciebat dixit addiscipulos

ponite uos incordibus uestris sermones

istos Filius enim hominis futurum ÷

33 nobis *c l r*₁₂ *μ* gat D R T for nos.
  trea *r*₂ R G for tria.   moisi E T W
for Moysi.   heliae *a b d e ff f q r*₁₂ VO
for Eliae.   diciret for diceret.
  34 nubs *a b c d ff l μ* gat D E T G for
nubes.
  36 quic quam *e f μ h* gat VO for quidquam.
  37 ī for in.   discendentibus *e μ r*₂ gat
D ℘ for descendentibus.   cucurrit for
occurrit.
  38 + multa after turba *q r μ.*

39 adpraechendit Z for apprehendit.
illū for eum.   disipat *μ* R for dissipat.
  discendit *r*₂ gat dim D E R for discedit.
  + ab eo   dilaniens for dilanians.
40 iecirent for eiicerent.
41 dx *μ* for dixit.   aput for apud.
42 demonium *ff q r*₂ *μ* D ℘R W for daemonium.
43 inmundum *ff f q r*₂ *h μ* VO for immundum.   ꝫ for eius.
44 —suos after discipulos.

ut tradetur inmanus hominum [45] At illi
ignorabant uerbum istud et erat uela
tum ante eos utnonsentirent illud et time
bant interrogare eum dehoc uerbo :—
[46] INtrauit autem cogitatio in eos quis eoɍ
maior esset [47] at ihs̄ uidens cogitationes
cordis illorum puerum adpraechendens sta
tuit eum secus se [48] et ait illis quicumque
susciperit puerum istum innomine meo
me recipit et quicumque me recipit reci
pit eum qui me misit Nam qui minor
est interomnes uos hic maior est :—
[49] Respondens autem iohannis dixit praecep
tor uidimus quendam innomine tuo
iecientem demonia et prohibuimus illum
quia nonsequitur nobiscum [50] et ait adillū
ihs̄ nolite prohibere qui enim non est ad
uersum uos pro uobis est ∴ [51] Factum est
autem dum conplerentur dies adsump
tionis eius et ipse faciem suam firmauit
utiret inhirusalem [52] et misit nuntios ante
conspectum suum et euntes intrauerunt
inciuitatem samaritanorum utpararent
illi [53] et nonreciperunt eum quia facies eius
erat euntes inhirusalem [54] Cum uidissent h̔
discipuli eius iacobus et iohannis dixerunt
dn̄e uis dicimus utignis discendat decaelo etcon
sumat illos [55] Et conuersus increpauit illos

44 tradetur *b ff q r₁ ₂ μ* Q for tradatur.

45 interrogare eum *f r₁ ₂ μ* gat VO for
e. i.

47 puerum adpraechendens for apprehendit p.   —et before statuit *a d ff q r₁ ₂*
gat VO.   eum for illum.

48 susciperit *r₂* gat D E ℙ J for susceperit.   recipit *a e ff q r₁ ₂ μ* dur gat
codd for receperit.   interomnes uos *b q*
gat VO for i. v. o.

*Two leaves of ff are lost here.   Its text
resumes at* x. 20.

49 iohannis *μ* gat for Ioannes.   iecientem *r₂* D for eiicientem.   demonia *r₂ μ*
gat D ℙ R W for daemonia.   illum for

eum.

51 conplerentur *f q r₂* gat for comple-
rentur.   adsumptionis *b d e f r μ* gat E ℙ
for assumptionis.   hirusalem for Ierusalem.

53 reciperunt *r₂* gat *μ* D E ℙ O R
for receperunt.   euntes *r₂* G O Q R corrected to euntis.   hirusalem *r₂* for Ierusalem.

54 iohannis *r₂ μ* gat D E ℙ O R for
Ioannes.   discendat *b e r₂ μ* gat for descendat.

55 —dicens: Nescitis cuius spiritus
estis (56) Filius hominis non venit animas perdere sed salvare *d μ* dim dur gat.

⁵⁶ Et habierunt inaliud castellum ⁵⁷ Factum   77^r
est autem ambulantibus illis inuia dx̄
quidam adillum sequar te quo cum que
ieris ⁵⁸ et ait illi ihs̄ uulpes foueas habent
et uolucres caeli nidos filius hominis non ha
bet ubi caput reclinet ⁵⁹ Ait autem adalte
rum sequere me ille autem dixit dn̄e per
mitte mihi primum ire et sepelire patrē
meum ⁶⁰ Dixit que ihs̄ sine utmortui sepe
liant mortuos suos tu autem uade et ad
nuntia regnum dī ⁶¹ Et ait alter sequar
te dn̄e sed primum permitte mihi ire
nuntiare his quidomi sunt ⁶² Ait adillum
ihs̄ nemo mitens manum suam super⁄dī
aratrum aspiciens retro aptus erit regno
X   ¹ Post haec autem designault dn̄s et alius lxx
duos et missit illos binos ante faciem
suam inomnem ciuitatem et locum quo
erat ipse uenturus ² et dicebat illis Mesis
quidem multa operari autem pauci
rogate ergo dn̄m mesis utmitat opera
rios in messem : .;. ³ Ite ecce ego mitto uos   †
sicut agnos interlupos ⁴ Nolite portare
sacculum neque peram neque calciamen
ta et neminem salutaueritis inuia :—
⁵ INquam cumque domum intraueritis
primum dicite pax huic domui ⁶ et si ibi
fuerit filius pacis requiescet illum pax
uestra sin autem ad uos reuertetur :—

---

56 habierunt *b* for abierunt.
57 dx̄ for dixit.
58 et ait *b f q r*₂ *μ h* gat VO for Dixit.
—autem after filius *q*.
60 —ei before Iesus *r*₂ *h*.   adnuntia
for annuntia.
61 primum permitte mihi *a b e f m q r*₁ ₂
μ dim gat G R VO for permitte mihi primum.   ire nuntiare dim dur R G for re-
nuntiare.   qui *b e f m q r*₂ *h* VO for quae.
62 mitens for mittens.   super *a c e f m*
*r*₁ ₂ Iren Cyp Aug for ad.   aspiciens
d m μ h gat E VO for et respiciens.

erit ℙ for est.   dī is in the line above.
X 1 lxx duos R T F for septuaginta
duos.   missit for misit.
2 mesis (twice) ℙ gat for messis.
operari *e r*₁ ₂ gat E ℙ R Y for operarii.
mitat *b* for mittat.   —suam after messem D ℙmg R C G I J K M M̄ T V Z.
4 calciamenta *b d e f q r*₁ ₂ Tert *h μ* gat
VO for calceamenta.   salutaueritis inuia
for per viam salutaveritis.
*r*₂ *is missing till verse* 12.
6 —super before illum.

⁷ IN eadem autem domu manete aedentes
et bibentes quae aput illos sunt dignus
est enim operarius mercede sua nolite
transire dedomu indomum ⁸ Et inquam
cum que ciuitatem intraueritis et susci   77ᵛ
perunt uos manducate quae adponen
tur uobis ⁹ et curate infirmos qui in illa
sunt et dicite illis adpropinquauit ī uos
regnum dī :— ¹⁰ INquamcumque ciuitatem
intraueritis et non reciperint uos ex
euntes inplateas eius dicite ¹¹ etiam pulue
rem qui adhessit innobis deciuitate ues
tra extergimus in uos Tamen hoc scitote
quia adpropinquauit regnum dī uobis
¹² dico quia sodomis remisius erit indie illa
quam illi ciuitati.   ¹³ Uae tibi corozain
Uae tibi bethzaida quia si intiro et sidone
factae fuissent uirtutes quae in uobis fac
tae sunt olim incilicio et cinere sedentes
peniterent ¹⁴ Uerum tamen tiro et sidoni
remisius erit iniudicio quam uobis ¹⁵ et tu
cafarnauum num quid usque incaelum
exaltata es usque adinfernum dimerge
ris ∴. ¹⁶ Qui uos audit me audit et qui uos
spernit me spernit Qui autem me sper
nit spernit eum qui me misit ¹⁷ Reuersi
sunt autem .lxx. ii. cum gaudio dicentes

---

7 domu (twice) dim μ D H M̄ V for
domo.   aedentes q E G for edentes.
aput b f G R Σ for apud.

8 susciperunt for susceperint.   adpo-
nentur μ Q R for apponuntur.

9 adpropinquauit ī a e f gat codd for
appropinquavit in.

10 —autem after quamcumque r h gat
Σ WO.   reciperint μ dim gat B ℙ G for
susceperint.

11 adhessit gat D for adhaesit.   + in
before nobis dur D Q.   adpropinquauit
d e r h gat dur codd for appropinquauit.

11 and 12 regnum dī uobis dico quia
sodomis remisius erit indie illa for regnum
Dei.   Dico vobis quia Sodomis in die illa

remisius erit.

r₂ resumes from verse 5.

13 bethzaida D ℙ for Bethsaida.   tiro
(and 14) ℙ R T for Tyro.   quae in uobis
factae sunt b i q μ r₂ Σ for q. f. s. i. v.
peniterent gat G W for poeniterent.

14 remisius dim gat μ E ℙ R for remissius.

15 cafarnauum r D Q R T for Capharnaum.   + num quid. in for ad.   + es
after exaltata e f i q gat.   dimergeris D ℱ
Hamilton for demergeris.

16 qui me misit a b d e f r₂ Cyp Iren h
WO for qui misit me.

17 .lxx. ii. b d e gat μ D E X for septuaginta duo.

dñe etiam demonia subiecientur nobis
innomine tuo [18] et ait illis uidebam sata
nan sicut fulgor decaelo cadentem [19] ecce
dedi uobis potestatem calcandi super ser
pentes et scorpiones et super omnem uirtu
tem inimici et nihil uobis nocebit [20] uerum
tamen inhoc nolite gaudire quia sp̄s
uobis subieciuntur gaudite autem quod
nōa uestra scripta sunt incaelis ∴ [21] IN
ipsa hora exsultauit ihs̄ insp̄u scō et dixit
confeteor tibi pater dñe caeli et terrae
quod abscondisti haec asapientibus et
reuelasti ea paruulis etiam pater
quia sic placuit ante te [22] Omnia mihi
trndita cunt apatre et nemo scit qui sit
filius nisi pater et qui sit pater nisi filius
et cui uoluerit filius reuelare [23] Et conuer ✝
sus addiscipulos suos dixit beati oculi
qui uident quae uos uidetis [24] dico enim uobis
quod multi profetae et reges uoluerunt
uidere quae uos uidetis et nonuiderunt et
audire quae audistis et non audierunt
[25] Et ecce quidam peritus legis temptans
illum surrexit et dicens Magister quid
faciendo uitam aeternam possidebo [26] At
ille dixit adeum inlege quid scriptum ÷
quomodo legis [27] ille respondens dixit Dile
ges dñm dm̄ tuum extoto corde tuo et ex
tota anima tua et exomnibus uiribus

78[r]

---

17 demonia μ r_2 D ℈ R W for daemonia.　subiecientur r_2 for subiiciuntur.

18 satanan $bfiq$ Hil r_2 μ gat h Σ VO
for satanam.　fulgor $er_{1\,2}$ μ dim gat h
codd for fulgur.

19 super $acdefiq$ Iren Hil Eucherius
h r_2 dim dur codd for supra.

20 gaudire r^2 for gaudere.　subieciuntur for subiiciuntur.　gaudite r_2 for gaudete.　nōa for nomina.

ff resumes here after the break at ix.
48.

21 exsultauit E X Σ for exultauit.

+ ihs̄ $ceffqr_2$ D ℈ H Θ.　+ in.　confeteor r_2 for Confiteor.　— et prudentibus
er.　quia $abfffqr_2$ μ gat F Σ for quoniam.

22 — meo after patre $acdlh$ gat codd.
qui (twice) df μ dim gat r_2 E Σ for quis.

24 profetae $deffqr$ μ D ℈ Σ for prophetae.　audistis for auditis.

25 peritus legis for Legisperitus.
Σ *is missing till* xi. 18.
temptans illum surrexit for surrexit
tentans illum.

27 Dileges r_2 μ dim D ℈ for Diliges.

tuis et exomni mente tua et proximum
tuum sicut te ipsum ²⁸ dixit que illi recte
respondisti hoc fac et uiues ²⁹ Ille uolens
iustificare se ipsum dixit ad ihm quis
est meus proximus ³⁰ suscipiens autem ihs
dixit Homo quidam discendit abhiru
salem inhericho et incidit inlatrones qui
etiam dispoliauerunt eum et plagis inpos
sitis abierunt relicto semiuiuo. ³¹Accidit
autem utsacerdos quidam discenderat eadē
uia et uiso illo preterit ³² similiter et leuita
cum esset secus locum et uidere eum tran
sit ³³ samaritanus autem quidam iter
faciens uenit secus eum et uidens eum
misseicordia motus est ³⁴ et adpropians
alligauit uulnera eius infundens oleū
et uinum et inponens illum iniumentū
suum duxit instabulum suum et curā
eius egit ³⁵ et altera die pro tulit duos de
narios et dedit stabulario et ait curam
illius habe et quod cum que super erogaue
ris ego cum rediero reddam tibi ³⁶Quis hor
trium uidetur tibi proximus fuisse illi
qui incidit in latrones ³⁷ atille dixit qui fecit
misseicordiam ineum et ait illi ihs uade
✝ et tu fac similiter .·, ³⁸ Factum est autem
dum iret et ipse intrauit inquodam castel
lum et mulier quaedam martha nomine
excoepit illum indomum suam ³⁹ et huic soror
erat maria nomine quae etiam sedens
secus pedes dni audiebat uerbum illius

78ᵛ

29 —et before quis *r₂*.
30 discendit (*e* ascendebat) for descen-
debat.   hirusalem *r₂* for Ierusalem.
hericho *r₂* μ dim D for Iericho.   dispoliauerunt *ff i q r₂* gat *h* dim μ D ℞ O for
despoliaverunt.   inpossitis dim gat *r₂* D ℞
for impositis.   relicto semiuiuo for s. r.
31 discenderat *r₂* for descenderet.
preterit *r* ℞ (prae.) for praeterivit.
32 uidere for videret.   transit for per-
transiit.
33 misseicordia for misericordia.

34 adpropians *r₁ h r₂* gat B C E ℞ Z for
appropians.   inponens *dff q r₂ h* gat VO
for imponens.   stabulum + suum.
36 hor for horum.
37 misseicordiam D *r₂* gat for misericordiam.   ineum *b* D (*d* cum eo) for in
illum.
38 iret *r₂* μ dur gat D E ℞ Q for irent.
quodam for quoddam.
   excoepit R for excepit.
39 soror erat maria nomine for e. s. n. M.

⁴⁰ martha satagabat circa frequens mi
nisterium quae stetit et ait dñe non est
tibi cura quod soror mea reliquit me
solam ministrare Dic ergo illi utme
adiuuet ⁴¹ et respondens dx̅ illi ihs̅ Mar
tha martha sollicita es et turbaris circa
plurima ⁴² porro unum est necessarium
maria obtimam partem elegit quae n̅

XI   auferetur abea :— ¹ Et factum est cum
esset inloco quodam orans utcessauit
dixit unus exdiscipulis eius adeum dñe
doce nos orare sicut iohannis docuit dis
cipulos suos ² et ait illis cum oratis dicite :—
Pater sc̅ificetur nomen tuum adueniat
regnum tuum fiat uoluntas tua sicut
incaelo et interra ³ panem nm cotidianum
da nobis hodie ⁴ et demitte nobis peccata   79ʳ
nostra si quidem et ipsi dimitimusom
ni debenti nobis et ne nos inducas intem
ptationem ,·. ⁵ Et ait adillos quis uestrū   †
habet amī et ibat adillum media noc
te et dicet illi amice commoda mihi .iii.
panes ⁶ quoniam amicus meus uenit
deuia adme et non habeo quod ponam
ante illum ⁷ et ille de intus dicat nolii mihi
molestus esse iam hostium clausum ÷
et pueri mei mecum sunt incubili nonpos
sum surgere et dare tibi ⁸ Dico autem uo
bis si non dabit illi surgens eo quod amicus

---

40 —autem after martha.   satagabat
E gat for satagebat.   cura *b d f f f q r₁₂*
gat codd for curae.

41 dx̅ illi ihs̅ *b c d e q r₂* R for dixit illi
Dominus.   circa *r₂* VO for erga.

42 obtimam *μ* gat R T (δ bonam too)
for optimam.   n̅ *r₂* for non.

XI 1 in loco quodam for i. q. l.   iohannis docuit gat: Ord. *b f f f i q r₁₂* dim
VO for docuit et Ioannes.

2 +fiat uoluntas tua sicut incaelo et
interra *c d* (caelis) *e* (−sicut) *f f f i q r* dur
codd.

3 n̅m *r₂* for nostrum.   cotidianum *a i*

q r VO for quotidianum.

4 demitte *e* for dimitte.
e is missing till verse 24.
dimitimus for dimittimus.   temptationem *f f μ r₁₂* gat *h* for tentationem.
‘ *a* ’ *is missing in verses* 4 *to* 26.

5 habet for habebit.   amī for ami-
cum.   ibat for ibit.   .iii. for tres.

7 —respondens before dicat ℈Pmg A
F Y.   nolii *r₂* for noli.   hostium *r₂* for
ostium.

8 —et si ille perseuerauerit pulsans *d f*
q h dur B F G J M P Y.   +autem after
dico.   —et after uobis.

eius sit propter tamen inoportunita
tem eius surget et dabit illi quot quot
habet necessarios ⁹ Et dico uobis petite et
dabitur uobis querite et inuenietis pul
sate et aperietur uobis ¹⁰ omnis enim qui
petit accipit et qui querit inuenit et pul
santi aperietur ¹¹ Quis autem exuobis pe
tit panem patrem numquid lapidem
dabit illi aut sipiscem petierit numquid
propisce serpentem dabit illi ¹² aut si
petierit ouum num quid porreget illi scor
pionem ¹³ si ergo uos cum sitis mali nostis
bona dare filiis uestris quanto magis
pater uester decaelo dabit spm bonum
petentibus se † ¹⁴ Et erat ieciens demonium   †
et illud erat mutum et cum iecisset demo
nium locutus ÷ mutus et admiratae st
turbae ¹⁵ Quidam autem dixerunt in
belzebub principe demoniorum iecit de
monia ¹⁶ Et alii temptantes signu decelo
querebant abeo ·:· ¹⁷ IPse autem utuidit   79ᵛ
cogitationes eorum dixit illis omne reg
num inse ipso diuisum desolabitur et do
mus supra domum cadet ¹⁸ Si autem sa
tanas inse ipsum satanan iecit diuisus
est quomodo stabit regnum ipsius quia
dicitis inbelzebub iecere me ¹⁹ Si autem

8 propter tamen inoportunitatem eius
ℙ for p. improbitatem t. e.

9 −ego before dico.   querite $q \mu r_2$
gat R for quaerite.

10 querit $d ff q \mu$ gat D R ℮ for quaerit.
Verse 10 *is missing in* r_2.

11 petit panem patrem for patrem petit
panem.

a_2 *contains only Luke* xi. 11 *to* 29, *and*
xiii. 16 *to* 34.

aut si piscem petierit $f r$ for aut piscem.

12 porreget D for porriget.

13 −data D ℙ R ℮ before dare.

14 ieciens r_2 D Q for eiiciens. demonium $ff r_2$ D ℙ R W for daemonium.
iecisset demonium r_2 for eiecisset daemonium.   st r_2 for sunt.

15 −ex eis before dixerunt ff.   belzebub gat D A C H ℮ Mͭ O T for Beelzebub.
demoniorum $ff r_2$ D ℙ R W for daemoniorum.   iecit D Q R for eiicit.   demonia r_2 D ℙ R W for daemonia.

16 temptantes $a_2 b d f ff \mu r_2$ gat for ten-
antes.   decelo $ff q r_2$ gat for de caelo.
querebant $ff q \mu$ gat D R for quaerebant.

17 illis d for eis.   inse ipso ℙA H℮M
MͭOY for in seipsum.

18 −et before satanas dur r_2 D ℙ Mͭ Q.
+ satanan iecit before diuisus $f ff l q$
D Q R from Mt. xii. 26.   ipsius $ff \mu h$ V℮
for eius.

18 belzebub (and in 19) r gat D Q R A
H ℮ Mͭ O T for Beelzebub.   iecere me
Ord. $a_2 h$ for me eiicere daemonia.

ego inbelzebub iecio demonia filii uestri
inquo ieciunt ideo ipsi iudices uestri erunt
20 porrosi indigito dī iecio demonia profec
to praeuenit inuos regnum dī 21 Cum for
tis armatus custodit atrium suum īpa
ce sunt ea quae possidet 22 Si autem fortior
illo super ueniens uincerit eum uniuersa
arma eius auferet inquibus confidebat
et spolia distribuet 23 Quinon est mecum con
tra me est et qui non collegit mecum dis
pergit 24Cum inmundus sp̄s exierit deho
mine perambulabat per loca inaquosa
querens requiem et non in ueniens dicit
reuertar indomum meam unde exiui
25 Et cum uenerit inuenit scopis mundatā
et ornatam 26 Et tunc uadit et sumet .uii.
alios sp̄s nequitiores se INgressi habi
tant ibi et sunt nouissima hominis il
lius peiora prioribus .·. 27 Factum est h·
cum haec diciret extollens uocem quaedā
mulier deturba dixit illi Beatus uenter
qui te portauit et ubera quae suxisti
28 at ille dixit quippeni beati qui audiunt et
custodiunt uerbum dī 29 Turbis autem con
currentibus coepit dicere generatio haec
generatio nequam est et signum querit
et signum nondabitur ei nisi signum io   80r

19 iecio (and in 20) D for eiicio.   demonia μ r₂ D ℙ J W for daemonia.
ieciunt r₂ D for eiiciunt.

20 porro.   This word is not used at all
in O. L. sed is used instead in b ffr (i sed si).

demonia ff r₂ D ℙ W for daemonia.
praeuenit b f q r E ℙ Q R A B C H T Y Z Σ h
for pervenit.

21 īpace for in pace.

22 illo b f ff q r₂ μ h Σ gat VO for eo.
uincerit for vicerit.

23 collegit μ dim D E G M᾽ (d δ congregat) for colligit.

e resumes from verse 4.

24 inmundus f ff q Aug gat Σ VO for
immundus.   perambulabat μ r₂ R T V X

(gat par.: d uadit) for ambulat.   querens
gat Hamilton for quaerens.

25 —eam a₂ d f h r₂ gat VO.

26 + Et before tunc b ff i r₂ μ h gat Σ.
sumet ℙ for assumit.   .uii. gat D E
R T W for septem.   —secum after sp̄s
a₂ b f ff i r₂ Σ VO.   nequitiores f B R X*
for nequiores.   —et before ingressi i.
sunt gat h Σ Hamilton VO for fiunt.

27 diciret for diceret.

28 quippeni M᾽ (h quippini) for Quin-
imo.   qui audiunt et custodiunt uerbum
dī for q. a. v. D. e. c. illud.

29 querit μ r₂ gat D R for quaerit.
a₂ ends with this verse and resumes at
xiii. 16.

nae [30] Nam sicut fuit ionas insignum
ninuetis ita erit et filius hominis gene
rationi isti [31] Regina austri surget in iudi
cio cum uiris generationis huius et con
dempnabit illos quia uenit afinibus
terrae audire sapientiam salamonis
et ecce plus salamon et hic [32] uiri ninuite
surgent iniudicio cum generatione hac
et condempnabunt illam quia poeniten
tiam aegerunt adpraedicationem ionae
et ecce plus iona hic .·. [33] Nemo lucernam
accendit et in abscondito ponit neque sub
modio sed supra candellabrum utqui
ingredientur lumen uideant [34] Lucerna
corporis tui est occulus tuus si occulus
tuus simplex fuerit totum corpus tuū
lucidum erit Si autem nequam etiam
corpus tuum tenebrosum erit [35] Uide ergo
ne lumen quod inte est tenebrae sint [36] si
ergo totum corpus tuum lucidum fuerit
non habens aliquam partem tenebrar̄
erit lucidum totum erit et sicut lucerna
fulgoris inluminabit te [37] Et cum haec lo
queretur rogauit eum quidam farisseus
utpranderet aput se et ingresus recubuit
[38] Pharisseus autem coepit intra se repu
tans dicire quare nonprimum babti

29 —prophetae *adffi* gat VO after
ionae.

30 insignum r_2 for signum.   ninuetis
D R for Ninivitis.

31 condempnabit μ E Θ V W for condemnabit.   salamonis μ r_2 dim gat DR
for Salomonis.   —quam after plus (and
in 32).   salamon μ D R H for Salomon.
+ et before hic.

32 ninuite for Ninivitae.   condempnabunt μ E ℞ Θ for condemnabunt.
aegerunt D E C for egerunt.   iona for
Ionas.

33 candellabrum μ gat ℞ for candelabrum.   ingredientur for ingrediuntur.

34 occulus (twice) r_2 (first) for oculus.

simplex fuerit *a* Aug gat D for f. s.
— fuerit after nequam.

36 totum corpus tuum r_2 ℞ T W for c.
tuum totum.   tenebrar̄ for tenebrarum.
Σ *is missing till* xii. 56.
+ erit before et sicut.   inluminabit
f h μ r_2 VO for illuminabit.

37 + haec after cum G.   eum *a c d f*
Aug E for illum.   farisseus r_2 for Pharisaeus.   aput for apud.   ingresus gat
μ ℞ R for ingressus.

38 Pharisseus gat for Pharisaeus.
dicire for dicere.   + primum after non
b d i l q r (.us).   babtizatus r_2 μ gat (.sz.)
D R T dim for babtizatus.

zatus esset ante prandium [39] Et ait dñs ad
illum Nunc uos farissei quod deforis est
calicis et catini mundatis quod autem in
tus est uestrum plenum est rapina et in
iquitate [40] Stulti nonne qui fecit quod
deforis est etiam id quod deintus est
fecit [41] uerum tamen quod super est
date aelimoisinam et ecce omnia munda
sunt uobis [42] Sed uaeuobis pharissei qui
decimatis mentam et rutam et omne
holus et praeteritis iudicium et caritatē
dī haec autem oportuit facere et illa non
amittere ∴ [43] Uae uobis pharissei qui diligi
tis primas cathedras insinagogis et sa
lutationes inforo ∴ [44] Uae uobis qui estis
utmonumenta quae non parent et ho
mines ambulantes supra illa nesciunt
[45] Respondens autem quidam exlegis peri
tis ait illi magister haec dicens etiam
nobis contumiliam facis [46] at ille ait et
uobis legis peritis uae qui oneratis homi
nes oneribus quae portari non possunt
et ipsi uno digito uestro non tangitis sar
cinas [47] Uae uobis quia aedificatis monumen
ta profetarum patres autem uestri
occiderunt illos [48] Profecto testificamini
quod consentitis operibus patrum uestro
rum quoniam quidem ipsieos occiderunt
Uos autem aedificatis eorum sepulchra
[49] Propter ea sapientia dixit dī mittam

80^v

39 farissei r_2 D for Pharisaei.

41 aelimoisinam for eleemosynam.

42 pharissei for Pharisaeis. qui $b c f\!f$ $i l q r$ Aug $r_2 \mu$ dim D E M T V W for quia.
 mentam $a b e f f\!f q r_{1\,2} \mu h$ gat VO for mentham. holus $d f q \mu r_{1\,2} h$ gat VO for olus. caritatem $a d f f\!f q r_{1\,2} \mu h$ gat VO for charitatem. amittere for omittere.

43 pharissei gat R for Pharisaeis. sinagogis μ gat dim r_2 E Ꝺ P W for synagogis.

44 qui r_2 D E K R W Z for quia. parent $b e f f\!f l r$ gat VO for apparent.

+ illa after supra $b e f\!f i l \mu$ D R.
 $f\!f$ has lost a leaf here and is missing till xii. 6.

45 nobis contumiliam facis Ord. $a b f i r$ gat VO for contumeliam n. f.

46 qui for quia. portari $d f i$ gat h E for portare.

47 quia for qui. profetarum $d e q r \mu$ D Ꝺ O R for Prophetarum.

48 quidem ipsi μ gat VO for i. q.

49 —et before sapientia. dixit dī for Dei dixit.

ad illos profetas et apostulos et exillis oc
cident et persequentur ⁵⁰ utinquiratur
sanguis omnium profetarum qui effus
sus est aconstitutione mundi ageneratio
ne ista ⁵¹ asanguine abel usque adsangui
nem zachariae qui perit inter altare
et aedem ita dico uobis requiretur abhac
generatione ⁵² Uae uobis legis peritis quia
tulistis clauem sapientiae ipsi non ītro   81ʳ
istis et eos quiintroibant prohibuistis:—
⁵³ Cum haec ad illos diceret ceperunt pharis
sei et legis periti graviter insistere et os
eius opprimere demultis ⁵⁴ insidientes ei et
querentes capere aliquid exore eius:—

XII   ¹ Multis autem turbis circum stantibus
ita utse inuicem conculcarent coepit
dicere adiscipulos suos Adtendite a fer   †
mento farisseorum quod est hipochri
sis ² Nihil autem opertum ÷ quod non
reueletur neque absconditum quod ñsciat'
³ quoniam quae intenebris audistis inlumine
dicentur et quod īaure audistis et locuti
estis incubilibus praedicabitur intechtis
et inplateis ⁴ dico autem uobis amicis meis
ne terreamini abhis qui occidunt corpus
et pot haec non habent amplius quod fa
ciant ⁵ Ostendam uobis quem timeatis
timete eum qui post quam occiderit ha
bet potestatem mittere ingechenam ita

---

49 profetas *d e q r* μ dim D ℙ O R W
for Prophetas.   apostulos for Apostolos.

50 profetarum *d e q r* μ dim D ℙ O R
for Prophetarum.   effusⳗsus for effusus.

51 perit *b i r* μ dim for periit.

52 sapientiae for scientiae.   ītroistis
for introistis.

53 —autem after cum *b f h* gat.   ceperunt for coeperunt.   pharissei gat R for
Pharisaei.

r₂ is missing till xii. 45.

54 insidientes R for Insidiantes.
querentes μ dim R H for quaerentes.
capere aliquid *f* μ *h* VO for a. c.

—ut accusarent eum.

XII 1 a for ad.   Adtendite *d e f l q* gat
dim μ codd for Attendite.   farisseorum
D for Pharisaeorum.   hipochrisis (*e*
fictio) for hypocrisis.

2 ñsciat' for non sciatur.

3 audistis μ D Q R for dixistis.   īaure
b c e i l q r codd for in aurem.   + audistis et.   cubilibus Z (*r* cellariis) for cubi-
culis.   techtis for tectis.   + et inplateis.

4 pot for post.   quod *a b f* Aug μ *h*
gat VO for quid.

5 —autem after Ostendam dur.   gechenam for gehennam.

dico uobis hunc timete ⁶ Non ne quinque
passeres ueniunt dipondio et unus exillis
non est inobliuione coram dō ⁷ sed et capilli
capitis uestri omnes numerati sunt :—
Nolite ego timere multis passeribus plu
res estis ⁸ Dico autem uobis omnis quicū
que confessus fuerit inme coram homi
nibus et filius hominis confitebitur in illo
coram angelis dī ⁹ Qui autem negaverit
me coram hominibus denegabitur corā
angelis dī ¹⁰ Et omnis qui dicit uerbum infi
lium hominis dimitetur ei ei h· qui ī sp̄m sc̄m
baslfemauerit nonremitetur. ¹¹ Cum   81ᵛ
autem ducent uos insinagogas et adma
giotratuc et potestates Nolite solliciti
esse qualiter aut quid respondeatis ¹² sp̄s
enim sc̄s docebit uos inipsa hora quae opor
teat dicere ¹³ Ait autem quidam ei detur
ba magister dic fratri meo utdiuidat
mecum hereditatem ¹⁴ At ille dixit ei homo
quis me constituit iudicem aut diuisorē
super uos ¹⁵ Dixit que ad illos uidete et ca
uete abomni auaritia quia non inha
bundantia cuius quam uita ipsius est
exhis quae possidet ¹⁶ Dixit autem simili
tudinem adillos dicens hominis cuiusdā
diuitis uberes fructus ager attulit ¹⁷ et cogi
tabat intrase dicens quid faciam quod
non habeo quo congregem fructus meos
¹⁸ et dixit hoc faciam distruam horrea

6 ueniunt *a b d e i l* E codd for veneunt.

7 *ff resumes here from the break at* xi. 45.

ego for ergo.   plures *b c e l r* gat *h μ* codd for pluris.   —uos after estis *b ff μ h* VO.

8 +in before me *d i q* gat *μ* VO.
in illo *ff i q* gat *h μ* (*d* in eo) VO for illum.

9 denegabitur *ff l* Tert *h* dim VO for negabitur.

10 dimitetur ei ei h· qui ī sp̄m sc̄m blasfemauerit nonremitetur for remittetur illi : ei autem, qui in Spiritum Sanctum blasphemaverit, non remittetur.

11 ducent *b q* for inducent.   sinagogas *μ* for synagogas.   —aut quid dicatis after respondeatis Y.

12 quae *b d e f i q* VO for quid.   —uos after oporteat *b e ff q μ* gat VO.

13 quidam ei *μ h* gat VO for e. q.

14 ei *a ff i q r* gat *h μ* E VO for illi.

15 habundantia *m* gat D E ℙ R C Ṁ T V for abundantia.   ipsius *a* for eius.

17 quod *b i* gat *μ* VO for quia.

18 distruam *m μ h* dim D ℙ R Ṁ Z for destruam.

mea et maiora faciam et illuc congrega
bo omnia quaenata sunt mihi et bona
mea fruar ¹⁹ et dicam animae meae anima
mea habes multa bona possita ī annos
plurimos requiesce comede epulare ²⁰ Dx̄
autem illi d̄s stulte hac nocte animam
tuam repetunt ate quae autem praepa
rasti cuius erunt ²¹ hic est qui sibi tessauri
zat et non est indm̄ diues ²² Dixit que dis
cipulis suis ideo dico uobis nolite solliciti
esse animae quid manducetis neque corpo
ri quid uestiamini ²³ anima plus est quā
esca et corpus quam uestimentum ²⁴ Consi
derate coruos quia nonseminant neque
metunt quibus non est cellarium neque
horreum et d̄s pascit illos quanto ma
gis plures estis illis ²⁵ Quis autem uestr̄
cogitando potest adiecire ad staturam
suam cubitum unum ²⁶ si ergo neque quod
minimum est potestis quid decaeteris sol
liciti sitis ²⁷ Considerate lilia agri quomo
do crescunt nonlaborant neque neunt
Dico autem uobis nec salamon inomni
gloria sua uestiaebatur sicut unum exis
tis ²⁸ si autem foenum quod hodie inagro
est et cras inclibanum mititur d̄s sic ues
tit quanto magis uos pussillae fidei ²⁹ et uos
nolite querere quid manducetis aut quid
bibetis et nolite insublime tolli ³⁰ haec enim

82ʳ

18 +fruar after bona mea.

19 +mea after anima.   possita gat
D E ⁝ P R for posita.   ī for in.   —bibe
after comede *i l r*.

20 Dx̄ for Dixit.   praeparasti *m* Iren
Aug *μ* ⁝P for parasti.

21 hic for sic.   tessaurizat D R for
thesaurizat.

22 discipulis suis for ad discipulos suos.
—uestrae after animae *b d ff q* VO.
uestiamini *e ff r* gat *h* E VO for induamini.

23 —plus after corpus.

24 —vos after magis E.   plures for
⸰pluris.

25 uestr̄ for vestrum.   adiecire R for
adiicere.

26 caeteris D ⁝P M for ceteris.   sitis
for estis.

27 +agri after lilia *a b c e i r μ* D Q K
W.   neunt *a b d e f ff i q r μ* gat dur codd
for nent.   salamon *μ* gat D R X for Salomon.   uestiaebatur for vestiebatur.

28 inagro est *b f i q h* VO for e. i. a.
mititur for mittitur.   pussillae for pusil-
lae.

29 querere *ff μ* R for quaerere.   bibetis
d R M̄ for bibatis.

omnia gentes mundi querunt pater hr
uester scit quoniam his indigetis ³¹uerum
tamen querite regnum dī et haec omnia
adiecentur uobis ³²Nolite timere pussil
lus grex quia conplacuit patri uestro
dare uobis regnum ³³Uendite quae possi
detis et date elimoisinam Facite uobis
sacculos qui non ueterescunt thessaūr
nondificientem incaelis quo fur ñadpro
piat neque tenea corrumpit ³⁴Ubi enim
thessaurus uester est ibi et cor uestrū erit

✝   ³⁵Sint lumbi praecincti et lucernae ardentes
³⁶et uos similes hominibus exspectantib₃
dñm suum quando reuertatur anuptis
utoum uenerit et pulsauerit statim ape
riant ei. ³⁷Beati sunt serui illi quos cum
uenerit dominus inueniet uigilantes
Amen dico uobis quod praecinget se et faciet
illos discumbere et transiens ministrabit
                                          illis
³⁸et si uenerit insecunda uigilia et si in   82ᵛ
tertia uigilia uenerit et ita inuene
rit beati serui illi ³⁹Hoc autem scito
te quia si sciret pater familias qua
hora fur ueniret et uigilaret utique et
non sineret perfodiri domum suam
⁴⁰et uos estote parati quia qua hora ñ
putatis filius hominis uenit ⁴¹Ait au

30 querunt *q* R for quaerunt.
31 querite *ffq* μ D R W for quaerite.
—primum before regnum dī *abefffq* gat
h VO. —et iustitiam eius *abefffiq* gat
h VO. adiecentur D for adiicientur.
32 pussillus μ dim ℈ R (gat poss.) for
pusillus. conplacuit *bfffqr* μ gat codd
for complacuit.
33 elimoisinam ℈ for eleemosynam.
ueterescunt for veterascunt. thessaūr
for thesaurum. dificientem gat R for
deficientem. ñadpropiat *h* for non ap-
propiat. tenea R for tinea.
34 thessaurus D for thesaurus.
35 —uestri after lumbi. —in mani-

bus uestris after ardentes *b defq* Hil μ *h*
gat VO.
36 exspectantib₃ *c* μ dim E ℈ K Ɱ Z
for expectantibus. nuptis μ gat ℈ R Y
for nuptiis. statim D for confestim.
37 +sunt after Beati. inueniet *dq* D
Ɱ Q Iren for invenerit.
a is missing till the end of the chapter.
38 —sunt after beati *b diqr* gat VO.
39 quia *bdfffiq* μ *h* dur codd for quoniam. +et after ueniret. perfodiri *b e*
f i gat codd for perfodi.
40 ñ for non. uenit *c de* gat *h* codd
for veniet.
41 autem—ei.

tem petrus dñe adnosdicis hanc pa
rabulam an adomnes ⁴² Dixit autem
dñs quis putas est fidelis dispensator
et prudens quem constituet dñs super
familiam suam utdet illis intempore
tritici mensuram ⁴³ Beatus ille seruus
quem cum uenerit dñs inuenerit ita
facientem ⁴⁴ Uere dico uobis quia supra
omnia quae possidet constituet illum
⁴⁵ Quod si dixerit seruus ille incorde suo
moram facit dñs meus uenire et coe
perit percutere pueros et ancellas et edere
et bibere et inebriari ⁴⁶ ueniet dñs serui illius
indie qua non sperat et hora qua nescit
et diuidet eum partem que eius cum infi
delibus ponet ⁴⁷ Ille autem seruus qui cog
nouit uoluntatem dñi sui et non p̄para
uit et non fecit secundum uoluntatem
eius uapulabit multas ⁴⁸ Qui autem ñ
cognouit et fecit digna plagis uapulabit
paucis Omni autem cui multum est
multum queretur abeo et cui commen
dauerint multum plus petent ab eo :—
⁴⁹ IGnem ueni mittere interram et quid
uolo sic accendatur ⁵⁰ babtisma autem
habeo babtizari et quomodo choarthor
usque dum perficiatur ⁵¹ putatis quia pa
cem ueni dare interram ⁵² erunt enim
exhoc quinque indomu una diuisi tres
induos et duo intres ⁵³ diuidentur pater in

83ʳ

41 parabulam D G R (gat similitudinem text parabulam interlined : *d* paravo-
lam) for parabolam.　—et after an *q* gat.
　42 constituet *ff i r* VO for constituit.
　super for supra.
　44 quia *d f q μ h* VO for quoniam.
r₂ resumes from xi. 54.
　45 pueros for servos.　ancellas *r₂*
dim gat　*μ* D ℑ R　(*d e* puellas) for
ancillas.
　47 p̄parauit *ff r₂ μ* D dim for praepara-
vit.　multas *b d i l* Iren Cyp *μ* dim dur

h codd for multis.
　48 ñ *r₂* for non.　—datum *d* after multum.　queretur W for quaeretur.　com-
mendauerint for .erunt.
　49 sic *r₂* R D ℑPmg for nisi ut.
　50 babtisma *r₂* C D for Baptismo.
babtizari *r₂* for baptizari.　choarthor for
coarctor.
　51 —non, dico vobis, sed separationem
after terram.
　52 indomu *μ r₂* dim D M̄ R V for in
domo.

filium et filius inpatrem suum mater
infiliam suam et filia inmatrem socrus
innurum suam et nurus insocrum suā
[54] Dicebat autem adturbas cum uideritis
nubem aboriente et aboccassu statim
dicitis nimbus uenit et fit [55] et cum austr̄
flantem dicitis quia aestus erit et fit [56] hipo
chritae faciem caeli et terrae nostis probare
hoc autem tempus quoniam deprobatis
[57] quid autem et uobis ipsis non iudicatis φ
iustum est [58] Cum autem uadis cum ad
uersario tuo adprincipem inuia da o
peram liberari ab illo Ne forte tradet
te apud iudicem et iudex tradat te
exactori et exactor mittat te incarcerē
[59] Dico tibi non exies inde donec nouissimum

XIII   etiam minutum Reddas [1] Aderant h·
quidam inipso tempore nuntiantes illi
degalileis quorum sanguinem philatus
miscuit cum sacrificis eorum [2] et respondens
dixit illis putatis quod hii praeomnibus ga
lileis peccatores fuerunt qui talia pas
si sunt [3] nondico uobis sed nisi penitentiam
habueritis omnes similiter peribitis [4] sicut
illi .x. et .uiii. super quos cicidit turris ī silo
iam et occidit eos putatis quia et ipsi debito
res fuerunt praeter omnes homines habi

53 + suam after filiam.
54 aboriente *i q r* dim *μ* D ℈Pmg Q R
for orientem.   + et.   occassu *r₂* gat
dim dur ℈P Q R for occasu.   — ita after
et *d* ℈P.
55 austr̄ for austrum.   + et fit *r₂* after
erit.
56 hipochritae for Hypocritae.   quoniam for quomodo.
Σ *resumes from* xi. 36.
deprobatis for non probatis.
57 — a before uobis *f h x*.   φ *r₂* for
quod.
58 tradet *d* (*r₂* gat tradat) for trahat.
apud gat for ad.
59 nouissimum etiam for e. n.

XIII 1 *a resumes from* xii. 37.
inipso tempore for ipso in tempore.
galileis *q r₂* gat codd for Galilaeis.
philatus for Pilatus.   sacrificis *r₂* ℈P R
for sacrificiis.
2 hii *b μ* gat codd for hi.   — Galilaei.
galileis *ff r₁ ₂* gat for Galilaeis.
fuerunt *b d e f ff q μ* dim gat VO for fuerint.
qui *b i q r₂ μ* dim B V W for quia.
3 penitentiam *ff q μ* dim for poenitentiam.
4 .x. et uiii gat for decem et octo.
super *a b d e q* gat E Θ M̄ for supra.   cicidit *r₂ μ* dim gat D ℈P for cecidit.   ī si-
loiam *μ* dim R (gat insyloam) for in Siloe.
fuerunt for fuerint.

tantes inhirusalem ⁵ nondico uobis sed nisi
penitentiam egeritis omnes similiter per   83ᵛ
ibitis ∴. ⁶ Dicebat autem hanc similitudi
nem arborem fici habebat quidam plan
tatam inuia sua et uenit querens fructū
in illa et non inuenit ⁷ Dixit autem adcul
torem uiniae ecce anni tris sunt ex quo ue
nio querens fructum inficulnea hac et n̄
inuenio succide ergo illam utquid etiam
terram occupat ⁸ atille respondens dixit
illi dn̄e dimite illam et hoc anno usque dum
fodeam circa illam et mitam cofinum
stercoris ⁹ et siquidem fecerit fructum sin ḥ
infuturum succides eam ¹⁰ Erat autem do
cens insinagoga eorum sabbatis ¹¹ et ecce
mulier quae habebat sp̄m infirmitatis
annis .x. et octo et erat inclinata nec pote
rat omnino sursum respicere ¹² Quam
cum uidisset ih̄s uocauit eam adse et ait
illi mulier dimisa es abinfirmitate tua
¹³ et inpossuit illi manus et confestim erecta
est et glori[ficabat] dm̄ ¹⁴ Respondens autem
archisinagogus indignans quia sabbato
curasset ih̄s dicebat turbae sexdies sunt in
quibus oportet operari IN his ergo ue
nite et curamini et nondie sabbati
¹⁵ Respond[it autem] ad illum dn̄s et dixit hi
pochritae unus quis que uestrum sabba
to nonsoluit bouem suum aut assinum

---

4 hirusalem *r*₂ for Ierusalem.

5 nisi *a e f q* E gat for si.   penitentiam
q for poenitentiam.   —non *ef* gat VO
before egeritis.

6 —et before hanc *d f ff q r*₂ gat VO.
inuia for in vinea. R* has the same
curious reading in Mt. xxi. 28 'uade
operare in uiam meam'.   querens *ff q*
gat D for quaerens.

7 uiniae *r*₂ D R for vineae.   tris for
tres.   querens *ff* D Y for quaerens.
n̄ *r*₂ for non.

8 dixit for dicit.   dimite Hamilton
for dimitte.   fodeam *μ r*₂ D for fodiam.

mitam for mittam.   cofinum stercoris
*a b c f ff i q r*₂ *μ* Greg for stercora.

10 sinagoga *r*₂ ℗mg W Y for synagoga.

11 .x. *r*₁ ₂ D E F W for decem.   nec
poterat omnino for n. o. p.

12 uidisset *a e q r*₂ gat VO for videret.
dimisa R M̄ for dimissa.

13 inpossuit *μ* dim gat ℗ for imposuit.

14 archisinagogus gat *r*₂ *μ* dim E ℗ R
W for archisynagogus.   —in before die
a d e ff gat *r*₂ codd.

15 Respond[it] for Respondens.   +et
before dixit.   hipochritae for Hypocritae.
assinum *r*₂ *μ* D for asinum.

apresepio et ducat adaquare [16] hanc autē
filiam abrachae quam alligauit sata
nas ecce .x. et .uiii. annos non oportuit solui
auinculo isto die sabbati [17] Et cum haec dix
isset erubescebant omnes aduersarii eius
et omnis populus gaudebat inuniuer   84[r]
sis quae gloriosae fiebant abeo. [18] Dicebat   †
ergo cuisimile est regnum dī et cui simile
esse existimabo illud [19] simile grano sinapis
quod acceptum homo misit inhortum
suum et creuit et factum est inarborem
magnam et uolucres caeli habitabant in
ramis eius ∴ [20] Et iterum dixit cuisimile
aestimabo regnum dī [21] simile est fermento
quod acceptum mulier abscondit infari
na sata tria donec fermentatum est
totum [22] Et ibat perciuitates et castella
docens et iter faciens inhirusalem. [23] Ait
autem quidam illi dñe si pauci sunt qui
saluantur Ipse autem dixit ad illos [24] con
tendite intrare per angustam portam
quia multi dico uobis querunt intrare et
nonpotuerunt [25] Cum autem intrauerit
pater familias et clauserit hostium
incipietis foris stare et pulsare hostium
dicentes dñe aperii nobis et respondens dicet
uobis nescio unde estis [26] Tunc incipietis dici
re manducauimus coram te et bibimus
et inplateis nostris docuisti [27] et dicet uobis

15 presepio *ff* dim C D for praesepio.
ducat for ducit.

16 abrachae dim for Abrahae.
a₂ is extant again for xiii. 16 *to* 34.
.x. et .uiii. *b* gat for decem et octo.
annos for annis.

17 dixisset for diceret.   gloriosae C O
Y for gloriose.

18 +esse after simile *f r* gat VO.
existimabo *b f r₂* Σ Hamilton VO for aestimabo.

19 —est after simile.   habitabant *e*
for requieuerunt.

21 farina *a a₂ b q r₂ μ* gat M̄ for farinae.
fermentatum est *b c d f ff i l q* E for fer-
mentaretur.

22 hirusalem *r₂* for Ierusalem.

23 quidam illi *a₂ e q* for i. q.

24 querunt *ff q* D for quaerent.   potuerunt *c q r₂* dim dur codd for poterunt.

25 hostium (first) D ΦP R C *r₂* (second)
D ΦP C *r₂* for ostium.   aperii *r₂* for aperi.
—uos after nescio *c* Tert *μ* ΦP T.
estis *d l q r₂* D G for sitis.

26 dicire for dicere.

nescio uos unde estis discedite ame omnes
operari iniquitatis ²⁸ ubi [erit] fletus et stri
dordentium:—Cum autem uideritis ab
racham et isac et iacob et omnes profetas
inregno dī uos autem expelli foras ²⁹ et ueni
ent aboriente et occidente et aquilone et
austro et accumbent inregno dī ∴ ³⁰ Et ecce
sunt nouissimi qui erant primi et sunt
primi qui erant nouissimi :—

³¹ INipsa autem die accesserunt quidam   84ᵛ
farisseorum dicentes illi ex.ii. et uade
inde quia hirodis uult te occidere ³² et ait
illis ite dicite uulpi illi ecce iecio demonia
et sanitates perficio hodie et cras et ter
tia die consumor ³³ Uerum tamen opor
tet me hodie et cras et sequenti ambulare
quia non capit profetam perire extra
hirusalem.   ³⁴ Hirusalem hirusalem quae
occidis profetas et lapidas eos qui mittun
tur adte quoties uolui congregare filios
tuos quem admodum auis nidum suum
sub pennis et noluisti ³⁵ Ecce relinquetur
uobis domus uestra deserta Dico autem
uobis quia non uidebitis me donec ueniet
cum dicetis benedictus qui uenit ī nōe dñi
XIV ✝ ¹ Et factum est cum intrasset indomum
cuiusdam principis farisseorum sab
bato manducare panem et ipsi obseruaba

---

27 estis *b c l q* D ℙ J *r₂* Aug for sitis.
operari *e ff* Y for operarii.

28 ubi D E gat *r₂* for ibi.   + autem
after cum VO.   abracham gat for Abraham.   isac *a a₂ b d e ff i r μ* dim Σ ℙ R
for Isaac.   profetas *e ff q r* D ℙ R O for
Prophetas.

30 erant (twice) *e r* gat dim dur codd
for erunt.

31 ipsa + autem.   farisseorum D
for Pharisaeorum.   ex.ii. ℙ Q *r₂* for
Exi.   inde for hinc.   hirodis for Herodes.

32 —et after ite.   iecio D for eiicio.
demonia *ff q r₂ μ* dim D ℙ R W for

daemonia.   consumor M̄ dim Hamilton
for consummor.

33 —die after sequenti.   profetam *q*
D ℙ R *μ* dim for prophetam.

33 and 34 hirusalem (3 times) *r₂* for
Ierusalem.

34 profetas *e q μ* dim D ℙ O for Prophetas.

a₂ ends with this verse.

35 ueniet *r₂* for veniat.   ī nōe dñi *r₂*
(in) for in nomine Domini.

XIV 1 intrasset *a r₁ ₂* ℙ Σ for intraret.
—Iesus *a b d e ff q r₂* gat *h* VO.   farisseorum D *r₂* for Pharisaeorum.

nt eum ² Et ecce homo quidam hidropi
cus erat ante illum ∴ ³ Et respondens ihs̄
dixit ad legis peritos et ad farisseos si licet
sabbato curare an non ⁴ at illi tacuei̅t
IPse uero adp̄chensum sanauit eum ac
dimissit ⁵ et respondens adipsos dixit cuius
uestrum assinus aut bos inputeum cadet
et non continuo extrachit illum die sabbati
⁶ et nonpoterant ad haec respondere illi ⁷ Di
cebat autem et adinuitatos parabulam
intendens qm̄o primos accubitos elegerent
✝   dicens ad illos ⁸ Cum inuitatus fueris adnup
tias nondiscumbas inprimo loco ne forte
honoratior te sit inuitatus abeo ⁹ et ueniens
iʀ qui te et illum uocauit dicat tibi da   85r
huic locum et tunc incipias cum rubore
nouissimum locum tenere ¹⁰ sed cum uoca
tus fueris uade recumbe innouissimo
loco utcum uenerit qui te iuitauit dicat
tibi amice ascende superius tunc erit tibi
gloria coram simul discumbentibus :—
¹¹ Quia omnis qui se exaltat humiliabitur
et qui se humiliat exaltabitur ✝ ¹² Dicebat
autem et ei quise inuitauerat cum facis
prandium aut coenam nolii uocare ami
cos tuos neque fratres tuos neque cogna
tos neque uicinos neque diuites ne forte
et ipsi reinuitent te ne fiat tibi retributio
¹³ sed cum facis conuiuium uoca pauperes
debiles claudos caecos ¹⁴ et beatus eris quia n̄

2 hidropicus μ ℈P for hydropicus.

3 et (sec.) + ad.   farisseos r_2 for Phari-
saeos.   — dicens.   + an non after curare
b d D r_2 $μ$ f (aut non).

4 tacuei̅t r_2 for tacuerunt.   adp̄chen-
sum r_2 for apprehensum.   dimissit r_2 gat
D for dimisit.

5 ipsos for illos.   assinus D R r_2 for
asinus.   extrachit D for extrahet.

7 parabulam r_2 $μ$ gat dim D G R for
parabolam.   qm̄o for quomodo.   accubitos gat codd for accubitus.   elegerent

r_2 gat codd for eligerent.

8 abeo f h r_2 $μ$ dim gat VO for ab
illo.

10 iuitauit for invitavit.   There is no
mark over the i.   Cf. ilau for yn llaw,
p. xiii.   See also p. liv.

12 nolii r_2 for noli.   + neque before
diuites a b c d e f f i l Cyp r_2.   —te after
forte.   te ne fiat for et fiat.

13 —et after claudos.

14 n̄ r_2 for non.

habent retribuere tibi retribuetur enim
tibi inresurrectione iustorum ∴ ¹⁵ Haec cū
audisset quidam desimul discumbentibus
dixit illi beatus qui manducabit panem
inregno dī ¹⁶ at ipse dx̄ ei ∴ Homo quidam ✝
fecit cenam magnam et uocauit mul
tos ¹⁷ et misit seruum suum hora coene dicire
inuitatis utuenirent quia iam parata
sunt omnia ¹⁸ et coeperunt simul omnes
excussare Primus dixit ei uillam emi
et necesse habeo exire et uidere illam rogo
te habe me excussatum ¹⁹ Et alter dixit iuga
bouum emi et eo probare illa ideo uenire
nonpossum rogo te habe me excussatum
²⁰ Et alius dx̄ uxorem duxi et ideo nonpossum
uenire ²¹ et reuersus ille seruus nuntiauit
haec domino suo Tunc iratus pater
familias dixit seruo suo exii cito inpla
teas et uicos ciuitatis et pauperes ac debi
les et caecos et cludos introduc huc ²² et ait ser
uus domine factum est utimperasti
et adhuc locutus est ²³ et ait seruo exii in
uias et sepes et conpelle intrare quoscūcʒ
inueneris utinpleatur domus mea :—
²⁴ Dico autem uobis quod nemo uirorum
illorum qui inuitati sunt gustabit
coenam meam ²⁵ IBant autem turbae mul
tae cumeo et conuersus dixit adillos ²⁶ si quis
uenit adme etnon odit patrem suum et
matrem et uxorem et filios et fratres et so

85ᵛ

---

16 dx̄ *r₂* for dixit. cenam *a b d e f ffi*
r₁₂ h gat codd for coenam.

17 coene for coenae. dicire for dicere.

18 *r₂ is missing from verse* 18 *to* xv.
25, *dim is missing till* xv. 18.

excussare D ℈ R *μ* dim for excusare.
excussatum (also in 19) *q μ* gat D E ℈
for excusatum.

19 bouum *q r* D E R for boum.
—quinque after emi. + ideo uenire nonpossum after illa *b c ff i m q r μ* D Q.

20 dx̄ for dixit.

21 Σ *is missing till verse* 30.
+ ille before seruus. exii R for exi.
cludos *μ* R gat for claudos.

22 locutus *a b e ff l r* gat *h* dur E ℈ P F G
R Y for locus.

23 —dominus after ait. exii Q R for
exi. conpelle *b q* (*d* coge) *μ* codd for
compelle. + quoscūqʒ (for quoscum-
que) inueneris *a r μ* gat D Q R E from
Mt. xxii. 9. inpleatur *d ff q* D E ℈ C J
for impleatur.

24 inuitati *d* for vocati.

rores adhuc autem et animam suam ñ
potest meus esse discipulus [27] et qui non baio
lat crucem suam et uenit post me non pot
est meus esse discipulus [28] Quis enim exuo
bis uolens turrem edificare nonprius se
dens conputat sumptus qui necessarii st
Si habeat adperficiendum [29] ne post ea
quam possuerit fundamentum et nonpo
terit perficere omnes qui uident incipi
ent inludere ei [30] dicentes quia hic homo coe
pit aedificare et nonpotuit consummare
[31] Aut quis rex iturus committere bellum
aduersus alium regem non sedens prius
cogitat si possit cum .x. milibus occurrere
ei qui cum uienti milib3 uenit adse [32] Alio
quin adhuc illo longe agente legationem
mittens rogat ea quae pacis sunt [33] Sic ergo
omnis exuobis qui nonrenuntiat omni
bus quae possidet non pot est meus esse dis
cipulus [34] Bonum est sal siautem sal quoq3
euanuerit inquo condietur [35] neque in
terra neque insterColinium utile est
sed foras mittetur Qui habet auresau
diendi audiat [1] Erant autem adpropin   †
quantes ei puplicani et peccatores utau
dirent illum [2] et mormurabant farissei
et scribae dicentes quia hic peccatores reci
pit et manducat cum illis [3] Et ait ad illos
parabulam istam dicens [4] Quis exuobis

XV

86r

---

26 ñ for non.

27 baiolat μ gat D E R M̄ for baiulat.

28 turrem *a d e f f f l q r* gat μ *h* J for turrim.   edificare W for aedificare.   conputat *d e f r μ h* gat codd for computat.
st gat for sunt.

29 possuerit gat *r* E ℥ R for posuerit.
poterit A H Θ Y for potuerit.   incipient *d e μ* E for incipiant.   inludere
gat μ Hamilton for illudere.

31 .x. *b e r μ* gat D E R W for decem.
milibus *a b f q r μ* gat Σ VO for millibus.
uienti for uiginti.

34 +quoq3 (for quoque) after sal *d e f*
μ *h* gat E M̄.

35 terra *a c f f q r* C T for terram.   ster-
colinium D for sterquilinium.

Σ *is missing till* xvii. 32.

XV 1 adpropinquantes *e f* gat μ *h* VO
for appropinquantes.   puplicani D ℥ G
for publicani.

2 mormurabant μ D for murmurabant.
farissei μ D for Pharisaei.

3 parabulam μ gat D G R for parabolam.

homo qui habet .c. oues et si perdiderit
unam exillis non ne dimitit xcta. uiiii
indeserto et uadit ad illam quae perit donec
inueniet illam [5] et cum inuenerit illam
inponet inhumeros suos gaudens [6] et ueniens
domum conuocat amicos et uicinos dicens
illis congratulamini mihi quia inueni
ouem meam quae perierat [7] Dico uobis ꝗ
ita gaudium erit incaelo super uno pec
catore poenitentiam habentem quam
super .xcta. uiiii. qui non indigent peni
tentiam [8]Aut quae mulier habens
dragmas .x. si perdiderit dragmam
unam nonne accendet lucernam et auer
tit domum et querit dilegenter donec
inueniet [9] Et cum inuenerit conuocat a
micas et uicinas dicens congratulamini
mihi quia inueni dragmam quam pˑ
dideram [10] Ita dico uobis gaudium erit co
ram angelis dī super uno peccatore poe
nitentiam agente [11] Ait autem homo   ✝
quidam habuit duos filios [12] et dixit ad
oliscentior exillis patri pater da mihi
portionem sub stantiae quae me continget
et diuisit illis sub stantiam [13] et nonpost
multos dies congregatis omnibus adolis
centior filius pergere profectus est inre
gionem lonquinquam et ibi dissipauit sub
stantiam suam uiuendo luxoriosae [14] Et post
quam omnia consummasset facta est

86ᵛ

---

4 .c. μ D E R for centum.   dimitit for
dimittit.   xcta. uiiii for nonaginta novem.
perit *a* for perierat.   inueniet for inveniat.

4 and 5 illam *a e* gat *h* A M̄ Y for eam.

5 inponet *e f r μ h* C Z ℱ for imponit.

7 ꝗ for quod.   habentem *ff q* dur D H
O Q Y for agente.   .xcta. uiiii. (*r* lxluiiii)
for nonaginta novem.   —iustis.   penitentiam *ff q* μ Q T for poenitentia.

8 dragmas for drachmas.   .x. gat D E
R W Z for decem.   dragmam *fr* gat
Hamilton for drachmam.   accendet *c ff*

l M̄ for accendit.   auertit for everrit.
querit *ff* D R Y for quaerit.   dilegenter
q D for diligenter.   inueniet for inveniat.

9 dragmam *fff q* μ gat (*i* draghman) E
Hamilton (*e* denarium) for drachmam.
pˑ dideram for perdideram.

12 adoliscentior gat D E R V (*e* iunior)
for adolescentior.   continget ℱP O R for
contingit.

13 adoliscentior gat for adolescentior.
pergere for peregre.   lonquinquam
D Q for longinquam.   luxoriosae *q*
ℱPmg I K for luxoriose.

famis ualida et ipse coepit egere [15] et habiit
et adhessit uniciuium regionis illius et mis
sit illum inuillam suam utpasceret por
cos [16] et cupiebat inplere uentrem suum
desilicis quas porci manducabant et nemo
illi dabat [17] INse autem reuersus dixit
quanti mercinarii patris mei habun
dant panibus hic ego fame pereo [18] sur
gam et ibo adpatrem meum et dicam
pater peccaui incaelum et coram te [19] etiā
non sum dignus uocari filius tuus fac
me sicut unum demercinaris tuis [20] et
surgens uenit ad patrem suum cum ad
huclonge esset uidit illum pater suus
et misscricordia motus cst ct occurrcns
cicidit super collum eius et osculatus ÷ illū
[21] Dixitque ei filius pater peccaui in caelū
et coram te iam nonsum dignus uoca
ri filius tuus [22] dixit autem pater ad ser
uos suos cito profertae stolam primam
et induite illum et date anulum in manū
eius et calciamenta inpedes [23] et adducite
uitulum saginatum et occidite et mandu
cabimus et epulemur [24] quia hic filius meus
mortuus erat et reuixit et perierat et in
uentus est et coeperunt epulari [25] Erat
autem filius eius senior inagro et cum
ueniret et adpropinquaret domui   87[r]

14 famis *a d e ff l q r* μ gat ℱ Hamilton
D E ℘ C G O T for fames.   —in regione
illa D after ualida.

15 habiit *ff* E M̄ for abiit.   adhessit
μ gat(mg) D ℘ for adhaesit.   missit μ
gat D for misit.

16 inplere *ff* μ gat codd for implere.
silicis D for siliquis.

17 mercinarii μ gat mg D ℘ for mer-
cenarii.   —in domo *b d f q* μ *h* gat.
habundant *b* μ D E C O T for abundant.
hic ego for e. autem h.

18 —ei after dicam T.
dim resumes from xiv. 18.

19 etiam for iam.   mercinaris μ dim

℘ gat (.nn.) for mercenariis.

20 —autem *a* C D T.   suus *r* D for
ipsius.   missericordia D gat for misericordia.   occurrens μ gat D E ℘ M̄ for
accurrens.   cicidit gat dim D for cecidit.
illum *a b c f ff q h* VO for eum.

22 profertae for proferte.   anulum *a b d*
e ff q h μ gat VO for annulum.   calciamenta
a b f ff q r μ gat *h* Hamilton M̄ for calceamenta.   —eius after pedes *c q* Aug *h* VO.

23 manducabimus for manducemus.

24 +et after reuixit.

25 adpropinquaret *f h* dim gat VO for
appropinquaret.

audiuit simfoniam et chorum [26] et uoca
uit unum deseruis suis et interrogauit
quae haec essent [27] isque dixit illi frater tuus
uenit et occidit pater tuus uitulum sa
ginatum quia saluum illum recipit
[28] INdignatus est autem et nolebat intro
ire pater ergo illius egresus coepit ro
gare illum [29] at ille respondens dixit pa
tri suo Ecce tot annis seruio tibi et nū
quam mandatum tuum praeteriui et
numquam dedisti mihi edum ut cum a
micis meis epularer [30] sed post quam filius
hic qui deuorauit substantiam tuam
cum meritricibus uenit occidisti illiuitu
lum saginatum [31] et ipse dixit illi filii tu
semper mecum es et omnia mea tua sunt
[32] epulari autem et gaudere oportebat quia
frater tuus hic mortuus erat et reuixit

XVI   perierat et inuentus est [1] Dicebat ħ
addiscipulos suos Homo quidam erat   †
diues qui habebat uilicum et hic defa
matus est ap̄ illum quasi dissipasset bo
na ipsius [2] et uocauit illum et ait illi quid
hoc audio dete redde rationem uillicatio
nis tuae iam enim non poteris uilicare
[3] Ait autem uilicus intra se quid faciam
quia dn̄s meus auferet ame uilicationē
fodere non ualeo mendicare erubesco
[4] scio quid faciam utcum amotus fuero
auilicatione recipiant me indomus suas

25 simfoniam for symphoniam.
r₂ resumes from xiv. 18. *The ends of
the lines are worn off till* xvi. 4 *and the
beginnings from* xvi. 4 *to* 15.
26 +suis after seruis.   quae *ff* Aug *μ*
h VO for quid.
27 recipit *r₁₂* dim dur gat Q for recepit.
28 egresus for egressus.
29 edum *μ* dim T for hoedum.
30 —tuus after filius.   tuam *c ff i q μ*
E Q gat for suam.   meritricibus *μ r₂*
dim D for meretricibus.
31 et for At.   filii *i μ* dim *r₂* ℔ M᾽ A for

Fili.
XVI 1 —et after ħ.   uilicum *a b d f*
ff q gat *h μ* VO for villicum.   defamatus
D E ℔ gat *r₂ μ* dim for diffamatus.   ap̄
for apud.
2 uilicare *d f ff q h* gat VO for villicare.
3 uilicus *a d f ff q h* gat VO for villi-
cus.   auferet *a b c ff i* gat codd for aufert.
uilicationem   *a b d f ff q h* gat Q   for
villicationem.
4 uilicatione *a d f ff q* gat VO for villi-
catione.   indomus *a d r₁₂* gat dim D E
℔ F H V for in domos.

⁵ conuocatis itaque singulis debitoribus
dñi sui dicebat primo quantum debes dño meo
⁶ At ille dx̄ .c. bathos olei dixit que illi   87ᵛ
accipe cautionem tuam sede cito scribe
lta ⁷ de inde alio dicit Tu uero quantum
debes qui ait .c. choros tritici ait illi accipe
literas tuas et scribae .lxxxta ⁸ et laudauit
dñs uilicum iniquitatis quia prudenter
fecisset dx̄ autem addiscipulos suos quia fi
lii huius saeculi prudentiores filiis lucis ī
generatione sua sunt ⁹ et ego dico uobis fa
cite uobis amicos demammona iniquita
tis utcum defeceritis recipiant uos in aet̄

✝ na tabernacula ✝ ¹⁰ qui fidilis est inminimo
et inmaiori fidilis est Et qui inmodico ini
quus est inmaiori iniquus est ¹¹ Si ergo ī
iniquo mammone fideles nonfuistis quod
uerum est quis credet uobis ¹² Et si inalieno
fideles non fuistis quod uerum ÷ quis da
bit uobis ∴ ¹³ Nemo seruus pot est duobus
dominis seruire aut enim unum hodiet
et alterum dileget aut uni adherebit et
alterum contempnet nonpotestis dō ser
uire et mammone ¹⁴ Audiebant autē
omnia haec farissei qui erant auari et
diridebant eum ¹⁵ Et ait illis uos estis qui
iustificatis uos coram hominibus Dŝ h·
nouit corda uestra quia quod inhomini

6 dx̄ r₂ for dixit.   .c. bathos b r₂ (a
uatos: gat batos) for Centum cados.
tuam —et.   lta, abbreviation of quinquaginta, as in gat.

7 alio f μ gat VO for alii.   dicit for
dixit.   .c. r₂ gat for Centum.   choros
b eff q r₁₂ μ dim and 18 of VO's MSS.
for coros.   literas q D dim gat Hamilton (e cirografum) for litteras.   scribae for scribe.   .lxxxta E T gat for octoginta.

8 uilicum a b d f ff q μ gat VO for villicum.   + dx̄ autem addiscipulos suos b c
e l μ r₂ gat E M Q.   ī for in.

9 dico uobis a c d ff r₁₂ codd for v. d.

aet̄≥na for aeterna.

10 fidilis (twice) for fidelis.   — et
before the last in.

11 ī for in.   mammone μ gat ℘ for
mammona.

12 uerum for vestrum.

13 hodiet r₂ for odiet.   dileget r₂ ℘
for diliget.   adherebit e f μ gat codd for
adhaerebit.   contempnet b r₂ μ codd for
contemnet.   mammone μ gat ℘ W for
mammonae.

14 farissei D for Pharisaei.   diridebant for deridebant.   eum for illum.

15 + in d e r m before hominibus.

bus altum est abhominatio aput dm
[16] Lex et profetae usque adiohannem exeo reg
num dī euangelizatur et omnis inillud
uim facit [17] Facilius ÷ autem caelum et ter
ram p̄terirae quam alege unum apicem
cadere [18] Omnis qui dimittit uxorem suam
et deducit alteram mechatur et qui dimi
             sam auiro ducit mechatur :—

† [19] Homo quidam erat diues et induebat'   88ʳ
porpura et bisso et epulabatur cotidie
splendide [20] Et erat quidam mendicus nomi
ne lazarus qui ieciebat adianuam eius
ulceribus plenus [21] cupiens saturari demicis
quae cadebant demensa diuitis nemo illi
dabat sed et canes ueniebant et lingebant
ulcera eius [22] Factum est autem utmori
retur mendicus et portaretur abangelis
insinu abrachae mortuus est autem et di
ues et sepultus est in inferno [23] Eliuans autē
occulos suos cum esset intormentis uidit
abracham alonge et lazarum insinu ǝ
[24] et ipse clamans dixit pater abracham
misserere mei et mitte lazarum utintin
guat extrimum degiti sui inaquam utre
frigeret linguam meam quia crucior in
hac flamma [25] et dixit illi abracham filii
recordare quia recipisti bona īuita tua
et lazarus similiter mala Nunc autē

15 abhominatio *ff q r*₂ gat D E ℙ K V f or abominatio. —est. aput (for apud D E ℙ M̄ gat. Not 'apud' here for the Hereford Gospels as given in Haddan and Stubbs, i. 177) for ante.
*r*₂ *is wanting till* xvii. 7.
16 profetae *e q r µ* dim D ℙ O for prophetae. iohannem *e ff q r* gat VO for Ioannem.
17 p̄terirae *ff* for praeterire. alege for de lege.
18 deduci t alteram mechatur Ord. *q* gat VO for a. ducit moechatur. dimisam for dimissam. mechatur ℙmg T W for moechatur.
19 porpura *µ* D for purpura. bisso gat

T W for bysso. cotidie *i* gat *µ* for quotidie.
20 ieciebat for iacebat.
21 —et before nemo *d*.
22 moriretur *m* dim gat D E ℙ K V Hamilton for moreretur. sinu *m r* BC E T X Z for sinum. abrachae for Abrahae.
23 Eliuans for Elevans. occulos for oculos. abracha (and 24) dim gat for Abraham. ǝ for eius.
24 misserere *r* gat D for miserere. intinguat *f l m q* gat Hamilton for intingat. extrimum degiti (*e* summum digiti) for extremum digiti.
25 abracham gat for Abraham. filii ℙ A for fili. recipisti *r h µ* dim gat D E ℙ M for recepisti. ī for in.

hic consulatur tu uero cruciaris [26] et inhis
omnibus inter nos et uos chaus firmatū
est ut qui uolunt hinc transire aduos n̄
possint neque inde huc transmeare [27] et ait
rogo pater utmitas eum indomumpa
tris mei [28] habeo enim .u. fratres ut testet'
illis ne et ipsi uenient inlocum tormentoῑ
[29] et ait illi abracham habent moisen et pro
fetas audient illos [30] At ille dixit non pater
abracham sed siquis exmortuis ierit ad eos
poenitentiam egent [31] Ait autem illi si moẏ
sen et profetas non audiunt neque siquis
ex mortuis resurrexerit credent

XVII   [1] Et addiscipulos suos ait inpossibilae est   88ᵛ
utnon uenient scandala uerum tamen
Uae autem illi perquem ueniunt [2] utilius
est illi utnon nasceretur aut si lapis mo
laris inponatur circa collum eius et pro
iecatur in mare quam utscandalizat
unum depussillis istis [3] Adtendite uobis
si peccauerit frater tuus increpa illū
et si penitentiam egerit dimite illi [4] Et si sep
ties indie peccauerit inte et septies indie
conuersus fuerit adte dicens penitet me
dimite illi [5] Et dixerunt apostoli dn̄o adau

25 consulatur μ dim D R for consolatur.
26 chaus *de* dim D ℗ H O R V for
chaos. −magnum. ut −hi. n̄ for non.
27 −ergo after rogo *e f l r*. mitas
for mittas.
28 .u. μ D R for quinque. uenient μ
for ueniant. −hunc after in. tormentoῑ for tormentorum.
29 abracham gat R for Abraham.
moisen T W for Moysen. profetas *e*
ff q r μ dim D ℗ O for prophetas. audient for audiant.
30 abracham gat for Abraham. egent
for agent.
31 profetas *e q r* μ dim D ℗ O for prophetas. resurrexerit μ dim gat VO for
surrexerit.
XVII 1 addiscipulos suos ait *c ff* μ *h*
gat Hamilton VO (*e* discentes) for ait ad

d. s.   inpossibilae for impossibile.   uenient for ueniant.   + uerum tamen before
Uae *a b c ff i q*.
2 + utnon nasceretur aut after illi, *l r*.
inponatur *ff q h* gat μ VO for impona-
tur.   proiecatur μ dim D ℗ for proiicia-
tur.   scandalizat R for scandalizet.
pussillis *r* μ D R (gat po.) for pusillis.
3 Adtendite *d e f m q r* μ gat dim B H
Θ I J O for Attendite.
The fragment s (*St. Luke* xvii. 3 *to* 29,
xviii. 39 *to* xix. 47, xx. 46 *to* xxi. 22) *be-*
gins here.
−in te after peccauerit *a ff m h* μ VO.
penitentiam *ff q* gat μ for poenitentiam.   dimite for dimitte.
4 penitet *q* gat E ℗ C W for Poenitet.
dimite for dimitte.

ge nobis fidem ⁶dixit autem dñs sihabue
ritis fidem sicut granum sinapis dicere
tis huic arbori moro eradicare et trans
plantare inmare et obediret uobis ⁷Quis
autem uestrum habet seruum arantē
aut oues pascentem qui regresso deagro
dicet illi statim transi recumbe ⁸et ñ dicet
ei para quod caenem et p̄cinge te et minis
tra mihi donec manducem et bibam et
post haec manducabis et bibes ⁹num quid
gratiam habet seruo illi quia fecit quae
sibi imperauerat ¹⁰nonputo sic et uos cum
feceritis omnia quae praecepta sunt dicite
serui inutiles sumus quod debuimus face

† re fecimus ¹¹Et factum est dum iret inhi
rusalem transiebat permediam sama
riam et galileam ¹²et cum ingrederetur ꝙ
dam castellum occurrerunt ei .x. leprosi
uiri qui steterunt alonge ¹³et leuauerunt
uocem dicentes ihū p̄ceptor misserere nostri
¹⁴quos utuidit dx̄ ite ostendite uos sacerdotib꜀
Et factum est dum irent mundati st̄   89ʳ
¹⁵Unus autem exipsis utuidit quia mun
datus est regresus est cum magna uoce
magnificans dm̄ ¹⁶et cicidit infaciem an
te pedes eius gratias agens et hic erat
samaritanus ¹⁷Respondens autem ihs̄ dx̄
non ne x. mundati sunt et uiiii ubi sunt
¹⁸Non est inuentus qui redderet et daret glo
riam dō nisi hic alienigena ¹⁹et ait illi surge

6 diceretis *b c f q s* Aug gat *μ h* VO for
dicetis.   obediret *μ* Y for obediet.
7 habet for habens.   + oues.
r₂ resumes here from xvi. 15.
7 and 8 dicet *a b ff q s* VO for dicat.
8 ñ *r₂* for non.   p̄cinge *ff q μ* M dim
for praecinge.
9 sibi for ei.
10 sunt −vobis.
11 hirusalem *r₂ μ* R for Ierusalem.
transiebat *a q r s* Hamilton for transibat.
galileam *e f q r μ* gat codd for Galilaeam.

12 ꝙdam *μ* for quoddam.   .x. *r s μ*
dim gat D E F R W for decem.   leprosi
uiri for v. l.
13 misserere *r₂* gat D for miserere.
14 dx̄ *r₂* for dixit.   st̄ *r₂* gat for sunt.
15 ipsis for illis.   regresus Ƌ R *μ* gat
for regressus.
16 cicidit D R *μ* dim gat for cecidit.
17 dx̄ *r₂* for dixit.   x. *b s* gat *r₂ μ* dim
E R W for decem.   uiiii *s* gat D E R
for novem.
18 redderet dur for rediret.

uade quia fides tua te saluum fecit:—
²⁰ INterrogatus autem afarisseis quando
uenit regnum dī respondit et dixit non
uenit regnum dī cum obseruatione ²¹ neque
dicent ecce hic aut illic ecce enim regnū
dī intra uos ²² Et ait addiscipulos suos ue
nient dies quando desideretis uidere unū
diem filii hominis et non uidebitis ²³ Et dicent
uobis ecce hic ecce illic nolite ire neque sec
tamini:— ²⁴ Nam sicut fulgor curruscans †
desub caelo inea quae sub caelo sunt fulget
ita erit filius hominis indie sua ²⁵ Pri
mum autem oportet illum multa pati
et reprobari ageneratione hac ²⁶ Et sicut fac
tum ÷ indiebus noe ita erit et indiebus fi
lii hominis ²⁷ edebant et bibebant et uxores
ducebant et dabantur adnuptias usque
indiem qua intrauit noe inarcam et ue
nit diluium et perdidit omnes ²⁸ Similiter
sicut factum est indiebus loth edebant
et bibebant emebant et uendebant plan
tabant edificabant ²⁹ qua die ƕ exiit loth
a sodomis pluit ignem et sulphor decaelo
et omnes perdidit ³⁰ secundum haec erit qua
die filius hominis reuelabitur:— ³¹ INilla   89ᵛ
hora qui fuerit et uassa eius indomu
nondiscendat tollere illa Et qui inagro
similiter non redeat retro ³² Memores
estote uxores loth ³³ Qui cum que quessi
uerit suam saluam facere perdet illā

---

20 farisseis μ dim D for Pharisaeis.
respondit d e gat for respondens eis.
+ et before dixit d f r₁₂ gat VO.
21 —ecce before illic e ff i l s.   —est
after uos.
23 —et after hic d e q Tert gat μ h r₂
VO.   sectamini for sectemini.
24 fulgor r₁₂ μ gat for fulgur. curruscans (gat chorruscans) for coruscans.
27 + et after bibebant r₂ gat VO.
diluium for diluuium.
28 loth (and in 29) b q r₁₂ Iren μ h gat

VO for Lot.   edificabant μ dim r₂ W for
et aedificabant.
29 sulphor G R μ for sulphur.
31 —in tecto after fuerit. uassa D ℙ
R r₂ μ dim for vasa.   indomu D R r₂ μ
dim for in domo.   nondiscendat for ne
descendat.
32 Σ resumes from xiv. 35.
uxores (corrected to uxoris) loth for
uxoris Lot.
33 quessiuerit for quaesierit.   —animam.

et quicumque perdiderit illam uiuifica
bit eam ³⁴ Dico uobis in illanocte erunt
duo inlecto uno unus adsumetur et alter
relinquetur ³⁵ Duae erunt molentes inunū
una adsumetur et altera relinquetur
Duo inagro unus adsumetur et alter re
linquetur :—³⁶ Respondentes dicunt illi
ubi dñe ³⁷ qui dixit eis ubi cum que fuerit
corpus illuc congregabuntur aquilae :—

XVIII   ¹ Dicebat autem et parbulam ad illos
quoniam oportet semper orare et
nondificere ² dicens Iudex quidam erat
inquadam ciuitate qui dm̄ nontimebat
et hominem non uerebatur ³ Uidua hr
quaedam erat inciuitate illa et ueniebat
ad eum dicens uindica me deaduersario
meo ⁴ et nolebat per multum tempus
Post haec autem dixit intra se etsi dm̄
non timeo nec hominem uereor ⁵ Tamen
quia molesta mihi est uidua uindica
bo illam ne innouissimo sugillet me
⁶ ait autem dñs audite quid iudex īiqui
tatis dicit ⁷ Ds̄ autem nonfaciet uin
dictam electorum suorum clamantiū
adse die ac nocte et patientiam habebit
in illis ⁸ Dico uobis quia cito faciet uindic
tam illorum   Uerum tamen filius
hominis ueniens putas inueniet fidē   90ʳ
interra ⁹ Dixit autem et ad quosdam
qui inse confidebant tamquam iusti
et aspernebantur caeteros parabulam
✝   istam ¹⁰ Duo homines ascenderunt intē
plum utorarent unus pharisseus et

34 adsumetur (and in 35 twice) *a b d e*
*f ff q r*₁₂ dim gat *h μ* Σ codd for assumetur.
37 eis for illis.   —et before aquilae
*a b e f ff q r*₂ *μ* Σ VO.
XVIII 1 parbulam   for   parabolam.
dificere gat for deficere.
2 uerebatur *a r μ* dim dur D ℞ Q R F
H M Z Σ for reuerebatur.
4 uereor *r* E R B C Σ for reuereor.

5 mihi est *c* ℞ K O for e. m.   —haec
before uidua.   —ueniens before sugillet.
6 īiquitatis for iniquitatis.
9 aspernebantur ℞ J X for aspernaban-
tur.   caeteros *i* (*d* reliquos) VO for ce-
teros.   parabulam D R *μ* dim for parabolam.
10 pharisseus for Pharisaeus.

alter puplicanus [11] pharisseus stans haec
aput se orabat dō gratias ago tibi q̄
nonsum sic utcaeteri homines raptores
iniusti adulteri uelud etiam hic puplica
nus [12] Ieiuno bis insabbato decimas do om
nium quae possedeo [13] et puplicanus alonge
stans nolebat nec oculos adcaelum leuare
percutiebat pectus suum dicens dš pro
pitius esto mihi peccatori [14] Dico itaque
uobis discendit hic iustificatus indomū
suam ab illo Quia omnis qui se exal
tat humiliabitur et qui se humiliaue
rit exaltabitur [15] Adferebant autem
adillum infantes uteos tangeret quos
cum uiderent discipuli increpabant eos
[16] IHS autem conuocans illos dixit senite
paruulos uenire adme et nolite eos
uetare talium enim est regnum dī
[17] Amen dico uobis qui cum que non recipe
rit regnum dī sicut puer non intro
ibit in illud :—[18] Et interrogauit eum qui
dam princeps dicens magister bonae
quid faciens uitam aeternam possidebo
[19] Dixit autem ei ihš quid me dicis bonum
nemo bonus   si dš solus [20] Ait illi ihš
mandata nosti non occides non mecha

10 puplicanus $q\ r_{1\,2}\,\mu$ dim D ℙ for publicanus.

11 pharisseus D for Pharisaeus. aput B G Σ for apud. dō Y for Deus. q̄ r_2 for quia. sic utcaeteri for sicut ceteri.

homines $b\,c\,e\,f\,l\,r$ Aug Hil gat D E M̃ T X Σ for hominum. uelud r_2 R W for velut. puplicanus D ℙ r_2 for publicanus.

12 possedeo D ℙ R O μ dim for possideo.

13 puplicanus $b\,q$ D ℙ $r_2\,h$ for publicanus. —sed after leuare $b\,r_2$.

14 + itaque after Dico $b\,cf\,l$ D Q r_2. discendit $b\,d\,e\,r_2\,\mu$ dim gat codd for descendit. humiliauerit $c\,\mu$ for humiliat.

15 Adferebant $b\,ff\,q\,r_2\,\mu$ dim h gat ℱ

Hamilton D E ℙ R B G I J O for Afferebant.

The text of Σ *is very broken here.*

—et before infantes $a\,b\,d\,l\,\mu\,r_2$ gat. quos $c\,r_2$ D B K M̃ T W Z for quod. eos $a\,b\,d\,e\,f\,q$ gat r_2 E for illos.

16 senite for sinite. paruulos D K R T W ($a\,d\,r$ infantes: μ parauulos) for pueros. eos uetare $b\,i\,q\,r$ Ambr gat h VO for v. e. enim est $d\,e\,i$ gat h codd for est enim.

17 reciperit gat $r_2\,\mu$ dim for acceperit. introibit $e\,r$ for intrabit.

18 bonae $ff\,q\,r_2$ E for bone.

19 dš solus for solus Deus.

20 + Ait illi ihš $c\,r_2\,\mu$ dim. mechaberis D W $r_2\,\mu$ dim for moechaberis.

beris non furtum facies non falsum

testimonium dices honora patrem   90^v

tuum et matrem ²¹ qui ait omnia haec

custodiui aiuuentute mea ²² Quo audito

ihs ait ei adhuc unum tibi de ÷ omnia

quae habes uende et da pauperibus et ha

bebis tessaurum ī caelo et ueni sequere me :—

²³ His ille auditis contristatus est quia diues

erat ualde ²⁴ Uidens autem illum ihs tris

tem factum dx̄ quam dificile qui pecu

nias habent inregnum dī intrare ²⁵ Fa

cilius enim est camellus perforamen

acus transire quam diuitem intrare in

regnum dī ²⁶ et dixerunt qui audiebant quis

pot est saluus fieri ²⁷ ait illis ihs quae inpos

sibilia sunt ap̄ homines possibilia sunt

aput dm̄ ²⁸ Ait autem petrus ecce relinqui

mus nos omnia et sequti sumus te ²⁹ Qui

dixit eis amen dico uobis nemo est qui re

linquet domum aut parentes aut fra

tres aut uxorem aut filios propter reg

num dī ³⁰ et non recipiat multa plura in

hoc tempore et insaeculo uenturo uitam

aeternam possidebit ³¹ Adsumpsit autē

ihs .xii. et ait illis ecce ascendimus hiru

solimam et consūmabuntur omnia quae

scripta sunt perprofetas defilio homi

nis ³² tradetur enim gentibus et inludetur

et flagillabitur et conspuetur ³³ et post quam

21 omnia haec for h. o.

22 de ÷ r_2 for deest.   quae for quaecumque.   tessaurum D μ (corrected to
thessaurum) for thesaurum.   ī for in.

24 illum ihs fq gat h VO for Iesus illum.   dx̄ r_2 for dixit.   dificile 𝔓 R μ
for difficile.   intrare D μ dim for intra-
bunt.

25 enim est Z for est enim.   camellus
for camelum.

26 —et before quis G.

27 +ihs.   inpossibilia $a\,b\,d\,e\,f\,ff\,q$
$r_{1\,2}\,\mu\,h$ Σ VO for impossibilia.   ap̄ $r_2\,\mu$
dim for apud.   aput $a\,b\,e\,ff\,h$ for apud.

28 relinquimus nos for nos dimisimus.
sequti gat μ for secuti.

29 relinquet $e\,i\,\mu$ for reliquit.

30 multa dim for multo.   +possidebit
$a\,b\,c\,ff\,i\,l\,r$ Aug D Q.

31 Adsumpsit $b\,ff\,r_{1\,2}\,\mu\,h$ codd for as-
sumpsit.   .xii. $b\,d\,i\,r_{1\,2}\,\mu$ dim gat D E
R W for duodecim.   hirusolimam $r_2\,\mu$ for
Ierosolymam.   profetas $d\,e\,q\,r\,\mu$ dim D
𝔓 O for prophetas.

32 inludetur $a\,b\,f\,ff\,q\,\mu\,h$ gat VO   for
illudetur.   flagillabitur $r_2\,\mu$ dim gat D
𝔓 R Y for flagellabitur.

flagillauerint occident eum et indie tertio
resurget [34] IPsi nihil horum intellexerunt
et erat uerbum istud absconsum ab eis
et non intellegebant quae dicebantur :—
[35] Factum ÷ autem cum adpropinquaret
hericho caecus quidam sedebat secus uiā   91[r]
mendicans [36] et cum audiret turbam prae
teriuntem interrogabat quid hoc esset
[37] dixerunt autem ei quod ihs̄ nazarenus
transiret [38] clamauit dicens ihū filii dauid
misserere mei [39] et qui preibant incre
pabant ei uttaceret ipse uero multo
magis clamabat filii dauid misserere
mei [40] Stans autem ihs̄ iusit illum ad
duci adse et cum adpropinquasset inter
rogauit illum [41] dicens quid tibi uis facia
at ille dixit dn̄e utuideam [42] ihs̄ dixit illi
respice fides tua te saluum fecit [43] confes
tim uidit et sequebatur illum magni
ficans dm̄ et omnis plebs utuidit dedit
XIX † laudem dō [1]Et ingresus perambulat he
richo [2] et ecce uir nomine zacheus et hic
erat princeps puplicanorum et ipse
diues [3] et querebat uidere ihm̄ quis esset
et nonpoterat praeturba quia statura
pussillus erat [4] et praecurrens ascendit

---

33 flagillauerint gat D ℙ dim for
flagellauerint.   indie tertio for tertia
die.

34 —et before ipsi *b c f ff q r₂* gat VO.
absconsum *a b d e r₁₂* gat E J R *μ* for
absconditum.   intellegebant *r₂ h* R gat
for intellegebant.

35 adpropinquaret *a b e f l q r₁₂ h μ*
dim gat Σ VO for appropinquaret.   hericho D *r₂* dim *μ* for Ierichо.

Σ *is missing till* xx. 7.

36 praeteriuntem *μ* for praetereun-
tem.

38 —et before clamauit *b ff q r₂* gat
VO.   filii ℙ R A C *r₂* for fili.   misserere
r₁₂ D gat for miserere.

39 preibant *ff q r₂ μ* gat D for praei-

bant.   ei *r₂ μ* dim R T for eum.   filii
ℙ R A *r₂* for fili.   misserere *r₁₂* R gat
for miserere.

40 iusit ℙ R for iussit.   adpropinquasset *b f r μ* VO gat for appropinquasset.

42 —et before ihs̄ *a b ff s r₂*.

43 —et before confestim.

XIX **1** ingresus *r μ* gat R for ingressus.
perambulat for perambulabat.   hericho
r₂ μ dim for Ierichо.

2 zacheus *r₂* codd for Zachaeus.   erat
princeps for p. e.   puplicanorum *q r₂ μ*
dim D ℙ for publicanorum.

3 querebat *ff q μ r₂* D for quaerebat.
pussillus *r₁₂ μ* D ℙ R Y for pusillus.

inarborem fici utuideret illum quia in
de erat transiturus ⁵ et cum uenisset
adlocum suspiciens ihs̄ uidit illum et dx̄
ad illum zache festinans discende quia
hodie indomu tua oportet me manere
⁶ et discendit festinans et excipit illum
gaudens ⁷ et cum uiderent mormorabant
dicentes quod ad hominem peccatorem
diuertisset ⁸ Stans autem zacheus dixit
addn̄m ecce demedium bonorum meōr
dn̄e do pauperibus et si quid aliquem de
fraudaui reddo quadruplum ⁹ ait ihs̄
ad eum quia hodie salus domui huic   91ᵛ
facta est eo quod ipse filius est abra
chae ¹⁰ Uenit enim filius hominis que
rere et saluum facere quod perierat
¹¹ Haec illis audientibus adieciens dixit
parabulam eo quod prope esset hiru
salem et quia existi marent quod confes
tim regnum dī manifestaretur ∴ ¹² Dixit
ergo homo quidam nobilis habiit in
regionem lonquinquam accipere sibi
regnum et reuerti ¹³ Uocatis autem .x.
seruis suis dedit illis .x. mans et ait ad
illos negotiamini dum uenio ¹⁴ Ciues autē
eius hoderant illum et miserunt lega
tionem post illum dicentes nolumus
hunc regnare super nos ¹⁵ Et factum

---

4 fici r_2 (d morum) for sycomorum.
    illum a b f ff q r_{12} μ gat VO for
eum.
    5 dx̄ r_2 for dixit.   illum for eum.
zache r_2 dim E ℈P for Zachaee.   discende
b r_2 μ dim D E ℈P R for descende.   indomu μ dim D Q R V for in domo.
    6 discendit festinans for f. descendit.
    excipit Q R for excepit.
    7 — omnes after uiderent.   mormora-
bant for murmurabant.
    8 zacheus μ dim codd for Zachaeus.
    demedium r_2 μ dim for dimidium.
    meōr r_2 for meorum.
    9 — et after quod b r_2.   est for sit.

abrachae gat R for Abrahae.
    10 querere ff μ r_2 D for quaerere.
    r_2 is wanting till xix. 38.
    11 adieciens for adiiciens.   parabulam
μ gat D G R for parabolam.   prope esset
for e. p.   hirusalem for Ierusalem.
    12 habiit ff C for abiit.   lonquinquam
D for longinquam.
    13 illis for eis.   .x. (twice) s dim
gat μ codd for decem.   mans C (b
talenta: e r minas: gat imnas) for
mnas.
    14 hoderant C T for oderant.   illum
b d f ff i q s μ h VO for eum.

est dum rediret accepto regno iusit
uocari seruos quibus dedit pecuniam
utsciret quantum quisque negotiatus
esset [16] Uenit autem primus dicens dñe
mna tua .x. mnas adquessiuit [17] et ait
ille euge bonae serue quia inmodico fuisti
fidelis eris potestatem habens supra .x.
ciuitates [18] et alter uenit dicens dñe mna
tua fecit quinque mnas [19] et huic ait
et tu esto supra quinque ciuitates [20] et al
ter uenit dicens dñe ecce mna tua quā
habui insudario [21] timui enim te quia homo
austeris es tolles quod non possuisti et metis
quod nonseminasti [22] dicit ei deore tuo te
iudico seruae nequam sciebas quod ego aus
teris homo sum tollens quod non possui et
metens quod nonseminaui [23] et quare ñdedisti
peccuniam meam ad mensam et ego   92[r]
ueniens cum ussuris utique exigissem
illam [24] Et adstantibus dixit auferte ab
illo mnam et date illi qui .x. mnas habet
[25] et dixerunt ei dñe habet .x. mnas [26] dico autē
uobis quia omni habenti dabitur abeo
autem qui non habet et quod habet aufe
retur abeo [27] Uerum tamen inimicos
meos illos qui noluerunt me regnare
super se adducite huc et interficite
ante me [28] Et his dictis praecidebat ascen

15 dum *ff i* F T for ut.   —et.   iusit ℈ G R for iussit.

16 .x. *b* gat *μ* dim codd for decem.   adquessiuit dim D R for acquisivit.

17 bonae M (*d* uone) for bone.   supra *b f ff q s* dim gat VO for super.   .x. gat for decem.

19 supra *a b f ff q r s μ* gat *h* VO for super.

20 —repositam after habui.

21 austeris *a b d f ff l q r* dim dur codd (δ mg asper) for austerus.   tolles *d q* gat for tollis.   possuisti *r* dim gat *μ* E ℈ R for posuisti.

22 seruae for serve.   austeris homo *f*

D *μ h* VO for h. austerus.   possui *μ* dim gat ℈ R R Y for posui.

23 ñ for non.   peccuniam D R (gat paeconiam) for pecuniam.   et *b d ff s μ h* gat VO for ut.   ussuris D ℈ R *μ* dim gat for usuris.   exigissem *e ff q s* gat VO for exegissem.

24 adstantibus *b f ff q r s μ h* VO for astantibus.

25 habet .x. mnas *c ff i q* gat E R for decem m. h.

Two leaves of b are lost from xix. 26 *to* xxi. 30.

26 —et abundabit after dabitur *q r h* VO.

28 praecidebat for praecedebat.

dens inhirusolima :—²⁹ Et factum est
cum adpropinquasset bethfage et betha
nia admontem qui uocatur oliueti mi
sit duos discipulos suos ³⁰ dicens ite incas
tellum quod contra est in quod intro
euntes inuenietis assinae pullum alli
gatum cui nemo umquam hominum
sedit soluite illum et adducite ³¹ et si quis
uos interrogauerit quare soluitis sic
dicetis ei quod dñs operam eius desiderat
³² Abierunt autem qui misi erant et in
uenerunt sicut dixit illis pullum stan
tem ³³ soluentibus autem illis pullum dix
erunt domini eius ad illos quid soluitis
pullum ³⁴ atilli dixerunt quia dñs eum ne
cessarium habet ³⁵ et eduxerunt illum ad
ihm̄ et iactantes uestimenta sua supra
pullum inpossuerunt ihm̄ ³⁶ eunte autē
illo substernabant uestimenta sua in
uia ³⁷ et cum adpropinquaret iam addiscen
sum montis oliueti coeperunt omnes
turbae discumbentium gaudientes lauda

re

dm̄ uoce magna super omnibus quas   92ᵛ
uiderant uirtutibus ³⁸ dicentes benedic
tus qui uenit innomine dī pax in caelo
et gloria in excelsis ³⁹ Et quidam pharis
seorum deturbis dixerunt adillum ma
gister increpa discipulos tuos ⁴⁰ quibus
ipse ait dico uobis quia si tacuerint
lapides clamabunt ⁴¹ Et utpropinqua

28 inhirusolima μ for Ierosolymam.

29 adpropinquasset *a f r* μ *h* VO for
appropinquasset. —ad. bethfage *q* μ
dur W for Bethphage. bethania *d e f s* μ *h*
codd for Bethaniam.

30 assinae pullum *e r* μ D 𝔓 Y for p.
asinae.

31 quod for Quia.

32 misi *r* E 𝔓 R T μ dim for missi.
pullum stantem for s. p.

35 eduxerunt for duxerunt. inpossuerunt μ dim *h* gat for imposuerunt.

36 substernabant for .ebant.

37 adpropinquaret μ gat VO for appropinquaret. discensum *a d e s* μ gat D E
𝔓 G R for descensum. discumbentium
for discipulorum. gaudientes for gau-
dentes.

3⁸ *r₂ resumes from* xix. 10.

—rex after uenit *a ff r*₁₂ *s* D E R.
dī = dei for Domini.

39 pharisseorum for Pharisaeorum.

40 —hi after si *d s* μ *r₂*.

41 propinqua for appropinquavit.

uidens ciuitatem fleuit super illam
dicens [42] quia si cognouises tu et quidem
in hac die tua quae adpacem sunt tibi
Nunc autem abscondita sunt aboculis
tuis [43] quia uenient inte dies et circum
dabunt te inimici tui uallo et coangus
tabunt te undique [44] et adterram pro
sternent te et filios tuos qui inte sunt
Et non relinquent inte lapidem super
lapidem et uenient haec inte uniuersa
eo quod non cognoueris tempus uissita
tionis tuae [45] Et ingresus intemplum coe
pit iecire ucndentes in illo et ementes et
mensas nummulariorum effudit et
cathedras uendentium columbas [46] dicens
illis scriptum est quia domus mea do
mus orationis est uos autem fecistis
eam speloncam latronum [47] Et erat do
cens cotidie intemplo   Principes autē
sacerdotum et scribae et principes plebis
querebant illum perdere [48] et non inuenie
bant quid facerent illi omnis enim po
pulus suspensus erat audiens illum

XX   [1] Et factum est inuna dierum docente illo
populum in templo et euangelizante
conuenerunt principes sacerdotum   93[r]
et scribae cum senioribus [2] et aiunt dicentes
ad illum dic nobis in qua potestate haec
facis aut quis est qui dedit tibi hanc
potestatem [3] Respondens autem dixit
adillos interrogabo uos et ego unum ser

---

42 cognouises for cognovisses.   —et
before tu *a e f f i l r₁ ₂ s* dur D R.   +sunt
f Iren after pacem.

43 in te dies E R gat for d. i. t.   —et
circumdabunt (second)*f r μ* dim dur D ℘
B O Q.

44 +et uenient haec inte uniuersa *a d*
f f f q gat.   uissitationis *r₂* gat for visita-
tionis.

45 ingresus *μ* gat for ingressus.   iecire *μ* for eiicere.   + et mensas nummu-

lariorum effudit et cathedras uendentium
columbas *c d ff l* (*a q r* euertit) *s* Q *r₂*.

46 eam *f q r s* gat E G for illam.   speloncam D ℘ gat *r₂ μ* dim for speluncam.

47 cotidie *s* (cott.) *r₂ μ h* gat VO   for
quotidie.   querebant *ff μ r₂* gat D C for
quaerebant.

XX 3 —Iesus after autem *a d e f ff i l*
r₂ μ gat *h* dim VO.   sermonem *f* for ver-
bum.

monem respondite mihi [4] babtismum iohan
nis decaelo erat an exhominibus [5] At illi
cogitabant intra se dicentes quia si
dixerimus decaelo dicet nobis quare ergo
non credidistis illi [6] si autem dixerimus ex
hominibus plebs uniuersa lapidabit nos
Certi sunt enim iohannem profetam fuis
se [7] et responderunt se nescire unde esset
[8] Et ait illis ihs neque ego dico uobis inqua
potestate haec facio [9] coepit autem dicere
ad plebem parabulam hanc Homo qui †
dam plantauit uineam et locauit
eam colonis et ipse peregre fuit multis
temporibus [10] et intempore quodam mis
sit ad cultores seruum utdefructu uiniae
darent illi qui cessum dimisserunt in
anem eum [11] addidit alterum seruum
mitere illi autem et hunc quoque ceden
tes et adficientes contumilia dimisert
inanem [12] et adducit tertium mitere qui
et illum uulnerantes iecierunt [13] dixit
autem dns uiniae quid faciam mitam
filium meum dilectum forsitan cum
hunc uiderint uerebuntur [14] Quem cum
uidisent coloni cogitauerunt intra se
dicentes hic est heres occidamus illum ut
nostra fiat hereditas [15] et iectum illum
extra uiniam occiderunt quid ergo   93[v]
faciet illis dns uiniae [16] ueniet et perdet

---

3 respondite *aff l r*$_{1\,2}$ gat μ E R C O for
respondete.

4 babtismum *r*$_2$ μ for Baptismus.   iohannis *eff* gat codd for Ioannis.

5 +nobis after dicet *a r*$_{1\,2}$ gat.

6 iohannem profetam fuisse *e ff q r* for
Iohannem prophetam esse.

8 ait illis ihs for I. a. i.

9 parabulam D Ꝑ G R gat *r*$_2$ μ dim for
parabolam.   +quidam G Θ r after Homo.

10 +quodam *a ff i q* D.   missit D Ꝑ
gat for misit.   uiniae D R for uineae.
    cessum for caesum.   dimisserunt ina-
nem eum for dimiserunt e. i.

11 —et   mitere μ dim for mittere.
+et before hunc *df ff i r.*   cedentes et
adficientes *r*$_2$ for caedentes et afficientes.
    contumilia D Ꝑ *r*$_2$ μ dim for contu-
melia.   dimisert μ for dimiserunt.

12 adducit for addidit.   mitere for
mittere.   iecierunt for eiecerunt.

13 uiniae D R *r*$_2$ μ dim for vineae.
    mitam for mittam.

14 uidisent for vidissent.

15 iectum D R *r*$_2$ for eiectum.   uiniam *r*$_2$ for vineam.   uiniae D R for vineae.

R

colonos istos et dabit uinieam alis :—

✝ Quo audito dixerunt illi absit [17] ille h̄
aspiciens eos ait illis quid est ergo hoc
quod scriptum est lapidem quem repro
bauerunt aedificantes hic factus est
incaput anguli [18] Omnis qui ciciderit
supra illum lapidem conquassabitur
supra autem quem ciciderit comminuet
illum [19] Et querebant principes sacerdo
tum et scribae mittere in illum manus
in illa hora et timuerunt populum cogno
uerunt enim quod adipsos dixerat simi
litudinem istam [20] Et obseruantes misert
insidiatores qui se esse iustos similarent
utcaperent eum insermone et trade
rent eum principatui et potestati prae
sidis [21] et interrogauerunt illum dicentes
magister scimus quia recte dicis et doces
et non accipis personam sed inueritate
uiam dī doces [22] Licet nobis dare tributū
cessari an non [23] considerans autem dolū
illorum dixit adeos quid me temptatis
[24] ostendite mihi denarium cuius habet ima-
ginem et inscriptionem Respondentes
dixerunt cessaris [25] et ait illis reddite ergo
quae sunt cessaris cessari et quae dī sunt dō
[26] et non potuerunt uerbum eius reprechen
dere coram plebe et mirati inresponso
eius tacuerunt [27] Acesserunt autem
quidam saduceorum qui negant resur

16 uinieam for vineam. alis for aliis.
17 + illis *e ffi l r* D after ait.
18 ciciderit D ℈P *r₂ μ* gat dim for ceciderit.   supra *ff q* gat *h* VO for super.
supra autem quem *r₂* for super q. a.
ciciderit *r₂* D ℈P *μ* gat dim for ceciderit.
19 querebant *ff q r₂* gat D for quaerebant.
+ in before illa *r₂* gat VO.   dixerat for
dixerit.   istam *f ff q r₁ ₂ Σ μ h* gat Σ for hanc.
20 + esse after se *d effi r* D gat.   similarent D E R Σ gat for simularent.
et for ut.   eum *d f r₁ ₂ Σ* VO for illum.
21 illum *e f ff q r μ h* gat VO for eum.

inueritate uiam dī *r₂ μ* gat VO for v. D. i. v.
22 dare tributū for t. d.   cessari D ℈P
R *r₂ μ* dim for Caesari.
23 temptatis *a d ffi r₂ μ h* gat for tentatis.
24 —ei after dixerunt *a d e q r₂ Σ* gat
VO.   cessaris D *r₂ μ* dim for Caesaris.
25 cessaris cessari *r₂ μ* D ℈P *h* for Caesaris Caesari.   quae dī sunt *a d f ffi q*
Aug gat VO for quae sunt Dei.
26 reprechendere *r₂ μ* for reprehendere.
27 Acesserunt for Accesserunt.   saduceorum D W *r² μ* dim for Sadducaeorum.
—esse after negant.

rectionem et interrogauerunt eum
[28] dicentes magister moises scripsit nobis   94[r]
si frater alicuius mortuus fuerit hab
ens uxorem et hic sine filis fuerit ut ac
cipiat eam frater eius uxorem et susci
tet semen fratri suo [29] fratres ergo .uii.
erant et primus accipit uxorem et mor
tuus est sine filiis [30] et sequens accipit eam
et ipse mortuus est sine filio [31] et tertius ac
cipit illam similiter omnes uno concu
bitu et non relinquerunt semen et mortui
sunt [32] nouissima omnium mortua est
et mulier [33] inresurrectione ergo eorum
cuius erit uxor siquidem uii. habuerunt
eam uxorem [34] Et ait illis ihs filii huius sae
culi nubunt et nubuntur et tradentur
ad nuptias [35] illi uero qui digni habentur
saeculo illo et resurrectione exmortuis ne
que nubunt neque ducunt uxores [36] neque
enim ultra mori poterint A Equales
enim angelis sicut et filii sunt dī dum sint
filii resurrectionis [37] Quia uero resurgent
mortui moisis ostendit secus rubum si
cut dicit dūm dm abracham et dm isac
et dm iacob [38] ds autem non est mortuoꝵ
sed uiuorum omnes enim uiuunt ei
[39] Respondentes autem quidam dixerunt
scribarum magister benedixisti [40] Etam

28 moises T W for Moyses.   filis E μ
for liberis.

29 fratres ergo .uii. for septem ergo
fratres.

29, 30 accipit Ꝑ Q R O r₂ μ dur gat dim
for accepit.

30 eam a C G T X for illam.

31 accipit E Ꝑ Q G O r₂ gat μ dim for
accepit.   —et before omnes.   —septem
after omnes.   +uno concubitu after
omnes.   relinquerunt for reliquerunt.

32 nouissima f dim r₂ μ gat VO for
Novissime.

33 eorum cuius for c. e.   uii. i gat μ
D R W T for septem.

34 +et nubuntur after nubunt a d r₁ ₂
Q.   tradentur for traduntur.

35 habentur c ff i l q Θ O X Z for habe-
buntur.   nubunt for nubent.   ducunt
ff i h VO for ducent.

36 poterint A H Θ M Y for poterunt.
sicut for sunt.   dum for cum.

37 resurgent r μ D E R for resurgant.
—et after mortui a d ff q gat.   moisis for Moyses.   abracham r₂ R for
Abracham.   isac a d e ff i r Ꝑ μ Σ for
Isaac.

39 quidam dixerunt scribarum for q. s.
d. ei.

plius non audebant eum quic quam in
terrogare ∴ ⁴¹ Dixit autem adillos ihs quo
modo dicunt xp̄m filium dauid esse
⁴² et dauid dicit inlibro psalmorum. Dixit
dn̄s dn̄o meo sede adextris meis ⁴³ donec ponā
inimicos tuos scabillum pedum tuorum
⁴⁴ dauid ergo dn̄m illum uocat et quomo
do filius eius est ⁴⁵ audiente autem omni
populo dixit discipulis suis ⁴⁶ adtendite a
scribis qui uolunt amulare instolis et
amant salutationes inforo et primas
cathedras insinagogis et primos discu
bitos in conuiuis ⁴⁷ qui deuorant domus
uiduarum simulantes longuam ora
tionem hii accipient dampnationem

XXI † maiorem ∴ ¹ Respiciens autem uidit eos
qui mitebant munera sua ingazophi
lacium diuites ² uidit autem et quandam
uiduam pauperculam mitentem aera
duo minuta ³ Et dixit uere uobis quia
uidua haec paupercula plus quam omnes
misit ⁴ nam omnes hii exhabundante sibi
miserunt munera dī Haec autem exeo
quod de est illi omnem uictum suum quē
habuit misit ⁵ Et quibusdam dicentibus
detemplo quod lapidibus bonis et donis
ornatum esset dixit ⁶ ħ quae uidetis uenient
dies inquibus non relinquetur lapis su

94ᵛ

40 quic quam *a e ff i r* gat *h* Σ VO for
quidquam.
41 +ihs after illos *cfffil* D.   dauid
esse *af i q r*₁ ₂ VO for e. D.
42 —ipse *e f* before dauid.
43 scabillum E H M O Σ codd (*d* has
suppedaneum) for scabellum.
46 adtendite *dfffq r*₂ μ gat codd for
Attendite. amulare for ambulare. sinagogis ℙ R W *r*₂ μ dim for synagogis.
   discubitos *a e ff q r*₂ μ dim codd for
discubitus. conuiuis ℙ gat *r*₂ dim μ (δ
has also in caenis with *d*) for conviviis.
47 domus *e r*₂ dim dur gat Hamilton D
E ℙ G K Q R for domos. longuam D
for longam. hii gat *r*₂ Σ codd for Hi.

dampnationem gat D E ℙ R Θ W (*d*
iudicium) for damnationem.
XXI 1 mitebant for mittebant. gazophilacium *d e f m s* Iren codd for gazophylacium.
2 quandam *a d f ff i m s r*₂ Σ gat VO for
quamdam. mitentem μ dim for mitten-
tem. duo minuta D for m. d.
3 —dico after uere. paupercula *c ff*
*i l m q r*₁ ₂ dim gat mg D ℙ mg for pauper.
4 hii gat D E ℙ R G I T W Σ for hi.
habundante (gat habundantia) for
abundanti. —in. de est *r*₂ for deest.
5 lapidibus bonis *d e f ff i q* gat *r*₂ μ Σ
VO for b. l.
6 ħ *r*₂ for haec.

per lapidem hic inpariete qui non dis
truatur ⁷ INterrogauerunt autem
illum dicentes praeceptor quando haec
erunt et quod signum cum fieri incipient
⁸ qui dixit uidete ne seducamini multi
enim uenient innomine meo dicentes
quia ego sum xp̄s et tempus adpropin
quauit nolite ergo ire pillos ⁹ cum au
tem audieritis praelia et seditiones nolite
terriri oportet primum haec fieri sed
non statim finis ¹⁰ Tunc dicebat illis
in illis diebus surget gens contra gentē
et regnum aduersus regnum ¹¹ terraemo
tus magnierunt perloca et pestilentiae
et fameserunt et terrores decaelo signa
magna erunt et tempestates ¹² Sed ante
haec omnia iniecient uobis manus
suas et persequentur tradentes insina
gogis et custodias tradentes adreges et p̄
sides propter nomen meum ¹³ continget
autem uobis intestimonium ¹⁴ Ponite
ergo incordibus uestris non praemedita
ri quem admodum respondeatis ¹⁵ ego ✠
dabo uobis os et sapientiam cui nonpo
terint resistere et contradicere omnes
aduersarii uestri ¹⁶ Trademini autem
aparentibus et fratribus et cognatis
et amicis et morte adficient exuobis ¹⁷ et
eritis hodio omnibus hominibus prop

95ʳ

---

6 lapidem + hic inpariete *c ffi q r* D Q distruatur E ℈P gat *r₂* for destruatur.
8 + xp̄s after sum *c effi l q r₁₂* gat Q R Tert Ambr. adpropinquauit *a ef μ r₂* gat Σ VO for appropinquauit. pillos = post illos *a d e q r₂ μ h* Σ gat for post eos.
9 terriri E gat for terreri. non *μ h* gat VO for nondum.
10 + in illis diebus *r₂* D.
11 —et *d e ffq μ* dim VO. + erunt after fames *a d ffi q r₁ ₂ s* VO. et terrores for terroresque. —et before signa. + et tempestates after erunt *c ffi l q r₁₂ s* D Q.

12 iniecient D gat for iniicient. sinagogis R T E *r₂ μ* dim for synagogas. tradentes *ff* (δ has also ducentes) *r₂ μ* gat D E ℈P R A C G H M O X Y dim dur for trahentes. psides *ffi q μ* dim D T for praesides.
15 ✠ gat for enim. poterint *d* A B C G X Y for poterunt.
16 adficient *a ff q r₁₂ s μ* dim Σ codd for afficient.
17 hodio *r₂ μ* dim C for odio. + hominibus after omnibus *c f i q r₁₂* gat μ dim Greg.

ter nomen meum [18] et capillus decapite
uestro nonperiet [19] inpatientia uestra
possidebitis animas :—[20] Cum autem
uideritis circumdari abexercitu hiru
salem tunc scitote quia adpropinqua
uit desolatio eius [21] Tunc qui iniudea sunt
fugient inmontes et qui inmedio eius
nondiscendent et qui inregionibus non
intrent ineam [22] quia dies uultionis hii
sunt ut inpleantur omnia quae scripta
sunt [23] Uae autem prignantibus et nutri
entibus in illis diebus Erit enim prae
sura magna super terram et ira populo
huic [24] Et cadent inore gladii et captiui ducen
tur inomnes gentes et hirusalem calcabi
tur

agentibus donec inpleantur tem   95ᵛ
pora nationum [25] Et erunt signa insole
et luna et stellis et interris praesura gen
tium prae confussione sonitus maris
et fluctuum [26] arescentibus hominibus prae
timore et exspectatione quae super ueni
ent uniuerso orbi nam uirtutes caelor
commouebuntur [27] Et tunc uidebunt
filium hominis uenientem in nubae cum
potestate magna et maiestate [28] his h·
fieri incipientibus respirabitis et leua
bitis capita uestra quoniam adpropin

18 periet *a d* for peribit.
19 —uestras after animas.
20 hirusalem $r_2 \mu$ for Ierusalem.   adpropinquauit *a d f* gat $r_2 \mu h$ E Σ VO for appropinquauit.
21 iudea *effirs* μ dim gat codd for Iudaea. fugient D for fugiant. inmontes *e q* $r_{1\,2} \mu$ gat E Σ for ad montes. nondiscendent for discedant.
22 uultionis (*d e* uindictae) for ultionis. *s ends here.*
hii *ffr*$_{1\,2}$ gat Σ for hi. inpleantur *a d ff* μ gat Σ for impleantur.
23 prignantibus D $r_2 \mu$ dim (*e* in uentre habent et quae mammant: gat quiinute≈ro

habent) for praegnantibus.   praesura E ℈P R H Y for pressura.
24 hirusalem r_2 for Ierusalem. inpleantur *d ff r₂* gat Σ codd for impleantur.
25 praesura gat E ℈P R H for pressura. confussione r_2 gat μ D E R Y for confusione.
26 exspectatione *q* gat μ E ℈P R C K M· V X for expectatione. commouebuntur *r* ℈Pmg Q R for movebuntur.
27 nubae for nube.
28 respirabitis *c ff i l m q* for respicite. leuabitis *effi m q* for levate. adpropinquat *a b d e f* Σ gat codd VO for appropinquat.

quat redemptio uestra [29] et dicebat illis
similitudinem Uidete ficulneam et
omnes arbores [30] cum producunt exse
iam fructum scitis quoniam prope
est aestas [31] ita et uos cum uideritis haec
fieri scitote quoniam prope est regnū
dī [32] Amen dico uobis quia non praeteri
bit generatio haec donec omnia fiant
[33] caelum et terra transibunt [34] Adtendite
autem uobis ne forte grauentur corda
uestra in crapula et ebriaetate et curis
huius uitae et super ueniat inuos repenti
nus dies illa [35] tamquam laqueum enim
super ueniet inomnes qui sedent super
faciem orbis terrae [36] Uigilate itaque
omni tempore orantes utdigni habea
mini efugere ista omnia quae uentura
sunt et stare ante filium hominis :—
[37] Erat autem docens diebus intemplo
noctibus uero exiens morabatur in
monte qui uocatur oliueti [38] et omnis populus
manicabat adeum intemplo au   96^r
XXII   dire eum [1] Adpropinquabat autē
dies festus azemorum qui dicitur pas
cha. [2] Et querebant principes sacerdotū
et scribae quomodo eum interficerent
timebant uero plebem :—[3] INtrauit
autem satanas iniudam qui cogno
minabatur scariotha unum deduo
decim [4] Et habiit et locutus est cum prin
cipibus sacerdotum et magistratibus
quem admodum illum traderet eis [5] et ga

---

29 dicebat for dixit.

30 b *resumes from* xxi. 30.
exse iam for i. e. s.

33 —uerba autem mea non transibunt
by homoeoteleuton

34 Adtendite *d f ff l q* Iren r_2 μ dim gat
codd for Attendite.   ebriaetate E for
ebrietate.   repentinus for repentina.

35 laqueum for laqueus.   orbis Aug
r_2 μ dim dur Q for omnis.

36 efugere r_2 for fugere.   uentura ℈Pmg
for futura.

37 docens diebus for diebus docens.

XXII 1 Adpropinquabat *a f* μ gat dim
h Σ VO for Appropinquabat.   azemorum
D E ℈P R gat r_2 μ dim for Azymorum.

2 querebant *ff q* r_2 D for quaerebant.
eum *b d e ff q* r_2 μ gat VO for Iesum.

3 scariotha Hil for Iscariotes.

4 habiit for abiit.

uisi sunt et pacti sunt pecuniam illi
dare [6] et spopondit et querebat oportu
nitatem ut traderet illum sine turbis
[7] Uenit autem dies azemorum inqua
necesse erat occidi pascha [8] et misit pe
trum et iohannem dicens euntes parate
nobis pascha utmanducemus [9] At illi
dixerunt ubi uis praeparemus [10] et dixit
ad eos ecce intro euntibus uobis inciui
tatem occurret uobis homo anforam
aquae portans et sequemini eum indomū
inquam intrat [11] et dicetis patri familias
domus dicit tibi magister ubi ÷ diuersoriū
ubi pascha cum discipulis meis manducē
[12] et ipse uobis ostendet caenaculum magnū
stratum et ibi parate [13] Euntes autem in
uenerunt sicut dixit illis et parauerunt
pascha [14] Et cum facta esset hora discum
buit et xii. apostoli cum eo [15] Et ait illis
ihs̄ desiderio desideraui hoc pascha man
ducare uobiscum ante quam patiar
[16] Dico enim uobis quia exhoc n̄ manducabo
illud donec inpleatur inregno dī :—   96ᵛ
[17] Et acepto calice gratias egit et dixit
accipite et diuidite interuos [18] dico enim
uobis quod nonbibam generatione uitis
donec regnum dī ueniat [19] et accepto pane
gratias egit et fregit et dedit eis dicens
hoc est corpus meum quod pro uobis da
tur hoc facite in meam commemoratio
nem [20] Similiter et calicem post quam

6 querebat *q* gat *μ* D R for quaerebat.
oportunitatem *dff μ r₂* Σ gat VO for
opportunitatem.

7 azemorum D E ℈ R gat *r₂ μ* dim for
Azymorum.

8 iohannem *a e ff q r μ* dim gat VO
for Ioannem.

9 praeparemus for paremus.

⁴10 —quidam after homo *a b d e ff q*
r₁ ₂ gat *μ* Σ VO.   anforam D T gat (ph)
(*d* bascellum) for amphoram.   et seque-

mini *r₁ ₂ μ* dim E ℈ P Q R K V for sequimini.

12 uobis ostendet *a b d f ff* (v. ostendit)
i q μ h Σ VO for o. v.

14 discumbuit for discubuit.   xii. D
E R W *r₂ μ* dim gat for duodecim.

15 +ihs̄ *r₂* after illis.

16 n̄ *r₂* for non.   inpleatur *a ff μ r₂* Σ
gat codd for impleatur.

17 acepto for accepto.

18 —de before generatione.

caenauit dicens hic est calix nouum testa
mentum insanguine meo quod pro uobis
effundetur ²¹ Uerum tamen ecce manus
tradentis me cum est inmensa ²² et quidē
filius hominis secundum quod difinitū ÷ ua
dit uerū tamen uae illi homini perquem
tradetur ²³ Et ipsi coeperunt querere quis
esset exeis qui hoc facturus esset ∴ ²⁴ Facta
est autem contentio inter eos quis eorum
uideretur esse maior ²⁵ Dixit eis reges gen
tium dominantur eorum et qui potesta
tem habent super eos benefici uocantur
²⁶ Uos autem non sic sed qui maior est in
uobis fiat sicut iunior et qui praecessor
est sicut ministrator ²⁷ Nam quis maior
÷ qui recumbuit an qui ministrat in
gentibus nonne qui recumbit ego autē
in medio uestrum sum sicut qui minis
trat ²⁸ Uos autem estis qui permansis
tis mecum intemptationibus meis ²⁹ et ego
quidem dispono uobis sicut dispossuit
mihi pater meus regnum ³⁰ utedatis et bi
batis super mensam meam in regno
Et sedeatis super tronos iudicantes
.xii. tribus israhael insaecula saeculorū   97^r
³¹ Ait autem dñs simon ecce satanas
expetiuit uos utcrebraret sicut triti
cum ³² ego autem oraui pro te utnondefi
ciat fides tua Et tu aliquando conuersus
confirma fratres tuos et rogate ne in

20 quod for qui.   effundetur *c f q r* D
Q G for fundetur.

21 —me before me cum.

22 illi homini *ff i q r*₂ μ dim VO for h. i.

23 querere D μ gat *h* for quaerere.
—inter se VO.

24 —et after autem *a b c ff i l q r*₁ ₂
Aug μ gat dur D Q R T C.

25 —autem after Dixit *a b d q* Aug.

26 iunior *e f r*₂ μ gat E *h* dim VO for
minor.

27 recumbuit for recumbit.   +in
gentibus *e ff i r*₂ Q O.

28 intemptationibus *a b d e f ff i r*₁ ₂ gat
μ *h* for in tentationibus

Σ *is missing to verse* 38.

29 + quidem. dispossuit for disposuit.

30 —meo after regno *d e l* Aug *r*₂ μ *h*
dim dur gat codd.   tronos C E T (*d*
sedes) *ff* for thronos.   .xii. *a b d f μ r*₂
gat D R W for duodecim.   israhael for
Israel.   + insaecula saeculorum *c e*.

31 —simon (second) *c* gat E.   crebra-
ret D E ℈P μ dim gat for cribraret.

32 oraui syr. pesh. Gwill (so Hoskier)
for rogavi.   + et rogate ne intretis in-

tretis intemptationem [33] Qui dixit ei dñe
tecum paratussum incarcerem et in mor
tem ire [34] et dixit ei dico tibi petrae ñ canta
bit gallus donec ter abneges nosse me
Et dixit eis [35] quando misi uos sine sacello
et peram et calciamentis numquid ali
quid defuit uobis [36] atilli dixerunt nihil
dixit ergo eis sed nunc qui habet saccel
lum tollat similiter et peram et qui ñ
habet gladium uendat tonicam suam
et emat gladium [37] Dico enim uobis qm̄
adhuc hoc quod scriptum est oportet im
pleri in me et ꝓ cum in iustis deputatus ÷
Et enim ea quae sunt deme finem habent
[38] atilli dixerunt dñe ecce gladii duo hic
      at ille dixit eis satis est :—
[39] Et egresus ibat secundum consuetudliiᵽ
suam inmontem oliueti ∴ Secuti sunt
ƕ illum et discipuli [40] et dixit orate ne intretis
intemptationem [41] Et ipse auulsus ÷ ab eis
quantum iactus ÷ lapis et possitis genib₃
orabat [42] dicens pater si uis transfer cali
cem istum a me uerum tamen non mea
uoluntas sed tua fiat [43] Apparuit autē
illi angelus decaelo confortans eum et factus
÷ inagonia prolixius orabat [44] et factus
est sudor eius sicut guttae sanguinis decurren
      tis īterram :—
[45] Et cum surrexisset aboratione et uenisset   97ᵛ

temptationem after tuos *a b c e f i l q* ᴣPmg
Q R.
  33 —et after sum.
  34 et dixit ei μ for At ille dixit.
petrae *q* Y for Petre.   ñ for non.
—hodie after cantabit.
  35 sacello et peram for sacculo et pera.
  calciamentis *a b d f ff q r₂* gat VO for
calceamentis.
  r₂ is wanting till verse 60.
  36 saccellum *b c d ff* for sacculum.   ñ
for non.   + gladium *b ff q* gat D E Q R.
  tonicam D E ᴣP R gat μ dim for tunicam.

  37 qm̄ gat for quoniam.   + for quod.
  in iustis for iniquis.
  38 gladii duo hic (gat gladi duo hiic)
a ef h i VO for duo gladii hic.
  ᴣ *resumes from verse* 30.
  39 egresus μ gat for egressus.   + suam.
  oliueti *a b d e f ff i l q* for Olivarum.
  40 —cum peruenisset ad locum.
  —illis after dixit.   temptationem *a b d f ff*
i μ gat ᴣ for tentationem.
  41 lapis gat for lapidis.   possitis *r* D
E ᴣP R μ dim gat for positis.
  43 factus + ÷ for est.
  44 ī for in.

addiscipulos suos inuenit illos dormien
tes praetristitia ⁴⁶ et ait illis quid dormi
tis orate ne intretis intemptationem
⁴⁷ Adhuc eo loquente ecce turba et qui uoca
batur iudas unus deduodecim ante
cedebat eos et adpropinquauit ihū utos
cularetur eum. ⁴⁸ Osculatus autem dixit
ei iuda osculo tradis filium hominis ⁴⁹ ui
dentes autem hii qui circum ipsum erant
ꝙ futurum erat dixerunt ei dñe si per
cutiemus eos ingladio ⁵⁰ et percussit unus
exillis seruum principis sacerdotum et am
putauit ariculam ꝫ dexteram ⁵¹ respon
dens autem ihs̄ ait sinite usque adhuc
Et cum titigisset auriculam eius sanauit
eum ⁵² Dixit autem ihs̄ adeos qui uene
rant adse principes sacerdotum et ma
gistratus templi et seniores quasi adla
tronem existis cum gladis et fustibus ⁵³ cum
cotidie fuerim uobiscum intemplo non
extendistis manus inme sed haec est hora
uestra et potestas tenebrarum ⁵⁴ conprae
chendentes autem eum duxerunt addomū
principis sacerdotum petrus uero seque
batur eum alonge ⁵⁵ accenso autem igne
in medio atrio et circum sedentibus illis
erat petrus inmedio eorum ⁵⁶ quem cum
uidisset ancella quaedam sedentem adlu
men et eum fuisset intuita dixit et hic de
eis est qui cum illo erant semper ⁵⁷ at ille

45 illos for eos.

46 —surgite before orate. temptationem *adefffiμh* gat Σ for tentationem.

47 adpropinquauit *f* gat *μh* Σ VO for
appropinquauit.

48 Osculatus for Iesus. ei for illi.
tradis filium hominis for V. h. t.

49 hii *μh* gat codd for hi. circum for
circa. ꝙ for quod. percutiemus *abe*
ffiq gat D E for percutimus. + eos.

50 ariculam for auriculam. ꝫ for eius.

51 adhuc D Ꝗmg R for huc. titigisset for tetigisset.

52 gladis Ꝗ R *μ* for gladiis.

53 cotidie *μ* gat VO for quotidie.
fuerim uobiscum for v. f.

54 conpraechendentes for comprehen-
dentes. + eum after sequebatur *dfilq*
Q gat mg.

55 atrio *abdefffqμh* gat dur Σ VO
for atrii.

56 ancella D E Ꝗ *μ* gat dim (*a* puella)
for ancella. + de eis est qui *ffq* after
hic. erant *biq* for erat. + semper
biq (*ff* senper).

negauit eum dicens non noui eum [58] et post
pussillum alius uidens eum dixit et tu de illis es
Petrus uero ait O homo nonsum ego   98[r]
[59] et interuallo facta quasi honorae unius
alius quidam adfirmabat dicens uere
et hic cum illo erat nam et galileus est [60] et
ait petrus homo nescio quid dicis et conti
nuo adhuc illo loquente cantauit gallus
[61] Et conuersus dn̄s respexit petrum et recor
datus est petrus uerbi dn̄i sicut dixit q̄
prius quam gallus cantet ter me negabis
[62] et egresus foras fleuit amarissime [63] Et
uiri qui tenebant illum inludebant ei
cedentes [64] uelauerunt eum et percutiebant
faciem eius interrogabant faciem eius
dicentes profẽtiza quis te percussit [65] et
alia multa blasfemantes dicebant ieū
[66] Et utfactus ÷ dies conuenerunt seniores
plebis et principes sacerdotum et scribae
et eduxerunt illum inconcilium suum et in
terrogabant eum dicentes si tu es xp̄s dic
nobis [67] Et ait si uobis dixero noncredetis
mihi [68] si autem interrogauero non respon
detis mihi neque dimitetis [69] Exhoc autem
erit filius hominis sedens adextris uirtu
tis dī [70] dixerunt autem omnes tu ergo es fi
lius dī qui ait uos dicitis quia ego sum [71] At
illi dixerunt quid adhuc desideramus testi
monium ipsi enim audiuimus deore eius

---

57 —mulier *d* after dicens.   eum *a*
gat E Ᵽmg R for illum.
   58 pussillum D Ᵽ R Y for pusillum.
+ ego *ffi q* after non sum.
   59 facta for facto.   honorae for horae.
adfirmabat *d f r μ* dim *h* Σ codd for
affirmabat.   galileus *ff i q r μ* dim codd
for Galilaeus.
   61 dixit *a e i* gat *μ* dim gat VO for
dixerat.   q̄ for quia.
   62 egresus *μ* gat for egressus.   —Petrus
d dim gat codd after foras.   amarissime *μ*
dim dur (*q* amarissimae) for amare.
   63 inludebant *b d e f ff q* Aug *h* Σ gat

VO for illudebant.   cedentes *μ* Ᵽ C V
W Z for caedentes.
   64 —et *b* R.   —et R after eius.
faciem eius *f q* gat Σ for eum.   profetiza
for Prophetiza.   —est qui after quis.
   65 blasfemantes *a d q r* dim *μ* D T for
blasphemantes.   ieū for ineum.
   66 eduxerunt for duxerunt.   + et interrogabant eum *a b e f ff i l q* after suum.
   67 —illis after ait.
   68 —et dur after autem.   respondetis
d f ff q Aug *μ* dur gat codd for responde-
bitis.   dimitetis H for dimittetis.

XXIII   ¹ Et surgens omnis multitudo eorum duxe
runt illum adphilatum ² Coeperunt
autem accussare illum dicentes hunc in
uenimus sub uertentem gentem nostram
et soluentem legem nostram et profetas
pro hibentem tri buta dari cessari.
et dicentem se xp̄m esse ³ Pilatus autē   98ᵛ
audiens interrogauit eum dicens tu es
rex iudeorum at ille respondens ait tu
dicis ⁴ Ait autem pilatus adprincipes sa
cerdotum et turbas nihil inueni causae
in hoc homine ⁵ At illi inualescebant
dicentes commouet populum docens per
uniuersam iudeam et incipiens agalilea
usque nunc ⁶ philatus autem audiens
galileam interrogauit si homo galileus
esset ⁷ et ut cognouit quod dehirodis potes
tate esset remissit eum adhirodem qui
et ipse hirusolimis erat in illis diebus :—
⁸ Hirodis autem uiso ihū gauisus est ualde
erat enim cupiens exmulto tempore ui
dere eum eo quod audiret multa de illo et
sperabat signum aliquod uidere fieri
abeo ⁹ interrogabat autem illum multis
sermonibus at ipse nihil respondebat
¹⁰ Stabant etiam principes sacerdotum
et scribae constanter accussantes eum
¹¹ Spreuit autem illum hirodis cum exer

XXIII 1 adphilatum for ad Pilatum.
2 accussare illum *μ h* dim dur D ℙ Q R
for i. accusare.   + et soluentem legem
nostram *b c e ff i l q r₂* D.   + profetas *q*
gat (.ph.) Q.   cessari D ℙ R *μ* dim for
Caesari.   −regem after xp̄m.
3 autē + audiens.   iudeorum *ff q* D ℙ
W *μ* gat dim Σ for Iudaeorum.
4 inueni for invenio.
5 iudeam *a e l q* gat dim codd for
Iudaeam.   + et.   galilea *f ff i q r* gat
codd for Galilaea.   nunc for huc.
6 philatus for Pilatus.   galileam *ff i*
q r gat codd for Galilaeam.   galileus *c μ*
D E ℙ O R W gat dim for Galilaeus.

7 hirodis gat for Herodis.   remissit
D ℙ R gat for remisit.   hirodem for
Herodem.   hirusolimis *r₂ μ* for Ierosolymis.   erat + in.
8 Hirodis for Herodes.   audiret *a b d*
f ff i r₁₂ μ h gat Σ VO for audierat.   illo
a b e f ff i q r₂ μ h Σ VO for eo.   fieri ab eo
C (hab.) T for a. e. f.
9 illum *a e f ff i h μ* dim VO for eum.
−illi.
10 etiam for autem.   accussantes D E
ℙ R *r₂* for accusantes.
The rest of i is missing in St. Luke.
11 hirodis for Herodes.

citu suo et inlusit indutum ueste alba et re
misit adphilatum ¹² et facti sunt amici hi
rodis et philatus in illa die nam ante in
imici erant ad inuicem ¹³ Philatus autē
conuocatis principibus sacerdotum et
magistratibus et plebe ¹⁴ dixit adillos ob
tulistis mihi hunc hominem quasi auer
tentem populum et ecce ego coram uobis
interrogans nullam causam inuenio in
homine isto exhis quibus eum accussatis
¹⁵ Sed neque hirodis in illo sic remisit eum
ad nos nam remisi uos ad illum ecce ni
hil dignum morte actus ÷ ei ¹⁶ Emendatū
ergo illum demitam ¹⁷ necesse ħ habebat
demittere eis perdiem festum unum :—
¹⁸ Exclamauit autem simul uniuersa turba
dicens tolle hunc et dimite nobis bara
ban ¹⁹ qui erat propter seditionem quandā
factam inciuitate et homicidium misus
incarcerem ²⁰ Iterum autem philatus lo
cutus est adillos uolens dimitere ihm̄ ²¹ at
illi succlamabant dicentes crucifige cruci
fige eum ²² Ille autem tertio dixit adillos
quid enim mali fecit nullam causam
mortis inueni ineo corripiam ergo illum
et dimitam ²³ At illi instabant uocibus
magnis postulantes utcrucifigeretur et
inualescebant uoces eorum ²⁴ Et philatus
adiudicauit fieri petitionem eorum.
²⁵ Dimisit autem illis eum qui propter homi

99ʳ

11 inlusit *b e ff q r* gat *h* VO for illusit.
adphilatum for ad Pilatum.

12 hirodis et philatus (gat he. py.) for
Herodes et Pilatus.   illa for ipsa.
ante for antea.

13 Philatus for Pilatus.

r₂ ends with coram in verse 14. *The
rest of St. Luke is missing.*

14 inuenio *b c e ff l q r* gat ℱ Hamilton
D E G M R W X for inveni.   his—in.
accussatis D E ℱ R for accusatis.

15 hirodis dim for Herodes.   +in
illo sic remisit eum ad nos.   —et after

illum.   actus ÷ for actum est.

16 demitam for dimittam.

17 demittere for dimittere.

18 dimite for dimitte.   baraban *a μ*
gat dim for Barabbam.

19 quandam *b d e q* gat dim VO for
quamdam.   misus for missus.

20 philatus for Pilatus.   illos *b e ff q μ Σ*
gat VO for eos.   dimitere *μ* for dimittere.

22 —iste ℱ after fecit.   inueni *a* gat A B
G Θ Y for invenio.   dimitam for dimittam.

23 *q is missing in verses* 23 *to* 36.

24 philatus for Pilatus.

cidium et seditionem misus fuerat incar
cerem quem petebant ihm uero tradidit
uoluntati eorum ²⁶ Susciperunt ergo ihm
et portans crucem ducebatur et cum du
cerent eum adpraechenderunt simonem
quendam cirinensem uenientem deuilla
et inposuerunt illi crucem portare post
ihm ²⁷ sequebatur autem illum multa turba
populi et mulierum quae plangebant et la
mentabant eum ²⁸ Conuersus autem ad illas
ihs dixit Filiae hirusalem nolite fler sup˙
me sed super uos ipsos flete et super filios
uestros ²⁹ quem ecce uenient dies inquibus
dicent beatae steriles et uentres quae n̄ genuer̄t
et ubera quae nonlactauerunt ³⁰ Tunc in   99ᵛ
cipient dicire montibus cadete super
nos et collibus operite nos ³¹ quia si inuiridilig
no haec faciunt inarido quid fiet ³² Duce
bantur autem et alii duo nequam cum eo
ut interficerentur ³³ Et post quam uener̄t
adlocum qui uocatur caluariae ibi eum
crucifixerunt et latrones unum adextris
et alterum asinistris :—³⁴ IHS autem dice
bat pater dimite illis non enim sciunt
quid faciunt Diuidentes autem uestimen
ta eius miser̄t sortes ³⁵ et stabat populus
exspectans et diridebat eum principes
sacerdotum dicentes alios saluos fecit se
ipsum saluum faciat si hic ÷ xp̄s dı̄ elec
tus ³⁶ inludebant autem ei et milites acceden

25 misus E gat for missus.

26 + susciperunt ergo ihm et portans crucem ducebatur cffl r D Q.   adpraechenderunt for apprehenderunt.   cirinensem Ӿ for Cyrenensem.   inposuerunt a d e f ff Σ h VO for imposuerunt.

27 lamentabant a b c f ff l Σ codd for lamentabantur.

28 hirusalem μ for Ierusalem.   fler for flere.   sup˙ gat for super.   ipsos for ipsas.

29 quem for quoniam.   quae n̄ genuer̄t for qui non genuerunt.

30 dicire for dicere.   cadete e codd for cadite.

33 uener̄t adlocum G for venerunt in locum.   eum crucifixerunt f for c. e.

34 dimite for dimitte.   miser̄t for miserunt.

35 exspectans a Aug h Σ dim codd for spectans.   diridebat D E Ӿ M̄ R dim μ Hamilton corrected to deridebant.   + sacerdotum l D E gat after principes.   — cum eis b e ff gat.   + ipsum f gat B D M̄ after se.

36 q resumes from verse 23.   inludebant h μ gat Σ VO for Illudebant.

tes et acetum offerebant illi [37] dicentes si
tu es rex iudeorum saluum te fac [38] Erat
autem et super scriptio inscripta super
illum literis grecis et latinis et hebreicis
hic rex iudeorum [39] Unus autem dehis qui
pendebant latronib3 blasfemabat eum
dicens si tu es xp̄s saluum fac temet ipsum
et nos [40] Respondens autem alter increpa
bat illū dicens neque tu times dm̄ quod ī
eadem dampnatione es [41] et nos quidem iuste
Nam digna factis recipimus hic uero
nihil mali gessit [42] Et dicebat ad ihm̄ dn̄e
memento mei cum ueneris inregnum tuū
[43] et dixit illi ihs amendico tibi hodie mecum
eris inparadiso [44] Erat autem fere hora
ɔoxt⁊ ꝺꞁ tᴄnobrɑꞃ factae sunt inuniuersa ꞇra
usque inhoram nonam [45] et ubscuratus ⸗ ꞃol
et uelum templi scisum est medium [46] Et ex   100ʳ
clamans uoce magna ihs̄ ait pater inma
nus tuas commendo sp̄m meum et haec dicens
exspirauit [47] Uidens autem centorio quod
factum fuerat glorificauit dm̄ dicens
uere hic homo iustus erat [48] Et omnis tur
ba eorum quiaderant adspectaculum
istud et uidebant quae faciebant percutien
tes pectora sua et reuertebantur [49] Sta
bant autem noti eius alonge et mulieres
quae secutae erant eum agalilea ħ uidentes
[50] Et ecce uir nomine ioseph qui erat decurio

---

36 offerebant *b d e ff l q r* D ꝥ O for offerentes.   illi *b ff q* Σ VO for ei.

37 —et *b e ff* gat VO.   iudeorum *ff q* D ꝥ W dim *μ* for Iudaeorum.

38 inscripta *b q μ* dim gat VO for scripta.   illum *b ff q* gat for eum.   literis R *μ* dim for litteris.   grecis *ff l q* gat dim *h* codd for Graecis.   hebreicis *ff f q* A E K for Hebraicis.   —est after hic.   iudeorum *ff q* gat *μ* dim D ꝥ H O W for Iudaeorum.

39 blasfemabat for blasphemabat.

40 illum *e ff h μ* dim for eum.   ī for in.   dampnatione gat D E ꝥ ⊖ W (*d* iudicio) for damnatione.

44 inuniuersa ꞇra *b e ff f q r* Σ gat *h μ* dim VO for in universam terram.

45 scisum E ꝥ G R gat for scissum.

46 exclamans *a* Q for clamans.   exspirauit *c d* Tert (Marcion) gat *μ* dim Σ codd for expirauit.

47 centorio D R *μ* dim for Centurio.

48 —simul after qui.   faciebant for fiebant.   + et.

49 —omnes after autem.   erant eum *f* gat *μ h* VO for eum erant.   galilea *f ff q r* gat codd for Galilaea.   ħ for haec.

uir bonus et iustus [51] hic nonconsenserat
concilio et actibus eorum Erat autem
abarimathia ciuitate iudae qui exspecta
bat et ipse regnumdī [52] hic accessit adphila
tum et petit corpus ihū [53] et possitum īuoluit
insindone et possuit eum inmonomento
exciso inquo nondum quisquam possitus
erat [54] Et dies erat parascuae et sabbatum
inluciescebat [55] Subsecutae autem duae mu
lieres quaecum ipso uenerant de galilia
uiderunt monomentum et quem admodum
possitum erat corpus eius [56] et reuertentes pa
rauerunt aromata et ungenta et sabbato
siluerunt secundum mandatum :—

XXIV   [1] UNA autem sabbati ualde deluculo uene
runt admonomentum portantes
quae paraueīt aromata [2] et inuenerunt
lapidem reuolutum amonomento [3] et ingressae
non inuenerunt corpusdñi ihū [4] Et factum ÷
dum mente consternate essent deisto ecce
duo uiri steterunt secus illas īueste fulgenti ∴
[5] Cum timerent autem et declinarent   100ᵛ
uultum interram dixerunt adillas q̣d
queritis uiuentem cum mortuis [6] non est
hic sed surrexit Recordamini autem qua
liter locutus est uobis cum adhuc esset in
galilea [7] dicens quia oportet filium hominis

51 concilio *b e ff l* codd for consilio.
  + Erat autem *f r* Q after eorum.
  arimathia *a d e q* gat Σ VO for Arimathaea.   iudae *ff μ* dim dur E Q R V
for Iudaeae.   exspectabat *q* E ℈ R K M̄
V X Z μ dim Σ for expectabat.
  52 adphilatum for ad Pilatum.   petit
a b f ff q r gat Σ codd for petiit.
  53 possitum īuoluit for depositum in-
volvit.   + in.   possuit for posuit.
monomento E O μ dim for monumento.
possitus gat for positus.   erat for fuerat.
  54 parascuae (*b* cena purae : *d* dies
antesabbatum : *ff* cena pura) for para-
sceves.   inluciescebat for illucescebat.
  55 + duae *a b d e ff q r* Q before

mulieres.   ipso for eo.   galilia μ for
Galilaea.   monomentum E for monumentum.   possitum *r* D ℈ R μ dim gat
for positum.
  56 ungenta *l* μ dim *h* codd VO for
unguenta.   — quidem after sabbato.
  XXIV 1 deluculo *ff μ* dim D R B O
for diluculo.   monomentum E dim for
monumentum.   paraueīt (= parauerunt)
VO for paraverant.
  2 monomento E μ *r* for monumento.
  4 consternate for consternatae.   ī for in.
  5 q̣d for quid.   queritis *ff q* gat μ E
for quaeritis.
  6 + autem.   esset in galilea for in
Galilaea esset.

tradi inmanus hominum peccatorum et
crucifigi ettertiadie resurgere [8] et recordatae
sunt horum uerborum [9] Et regresse amo
nomento nuntiauerunt h̄ omnia illis un
decim et caeteris omnibus [10] Erat autem maria
magdalenae et ohanna et maria iacobi et caete
rae quaecum eis erant quae dicebant adapos
tulos haec [11] et uisa sunt ante illos sicut delera
menta uerba ista et noncredebant illis [12] pe
trus autem surgens cucurrit admonomen
tum et procumbens uidit lintiamina sola
possita et habiit secum mirans quod factū
fuerat [13] Et ecce duo exillis ibant ipsadie incas
tellum quod erat inspatio stadiorum .lx. ab
hirusalem nomine ammaus [14] et ipsi loque
bantur adinuicem deliis omnibus quae acci
derant [15] Et factum ÷ dum fabularentur et
secum quererent et ipse ih̄s adpropinquans
ibat cum illis [16] Oculi autem illorum tene
bantur ne agnoscerent eum [17] et ait adillos
qui sunt hii sermones quos confertis ad in
uicem ambulantes et estis tristes [18] Respon
dens unus cui nomen erat cleopas dixit ei
tu solus perigrinus es inhirusalem et non
cognouisti quae facta sunt in illa ī his dieb₃
[19] quibus ille dx̄ quae et dixerunt deihū nazare
no qui fuit uir profeta potens in opere

---

7 tertia die gat for d. t.

8 + horum *a b e ff l r* gat dur. —eius
b ff gat after verborum.

9 regresse *q* W for regressae. monomento E for monumento. h̄ for haec.
caeteris gat D ℱP R O Y for ceteris.

10 magdalenae *ff q µ h* gat for Magdalene. ohanna for Ioanna. caeterae
for ceterae. apostulos G for Apostolos.

11 deleramenta ℱP Y D E R dim (gat
derisus) for deliramantum. credebant
a b d e f ff r µ gat *h* for crediderunt.

q is missing in verses 11 *to* 39.

12 monomentum E for monumentum.
lintiamina D ℱP µ dim for linteamina.
possita ℱP µ D Q R dim dur gat for
posita. habiit C for abiit.

13 .lx. *a f µ* dim gat codd for sexaginta.
hirusalem µ for Ierusalem. ammaus
a b e ff r (*d* ulammaus : gat amauus) D E
ℱP R dim for Emmaus.

15 quererent for quaererent. adpropinquans *f h* Σ gat VO for appropinquans.

16 agnoscerent eum *a d r* E R for e. a.

17 hii gat codd for hi.

18 —et before Respondens. + erat
c e l r D ℱPmg R µ dim gat after nomen.
cleopas *d e r µ h* Σ gat Hamilton for
Cleophas. perigrinus µ W (*d* aduena :
δ incola) for peregrinus. hirusalem for
Ierusalem. + ī for in *a b c d f ff r* E after
illa.

19 dx̄ for dixit. profeta *e r* D ℱP O
µ Σ dim for propheta.

et sermone coram dō et omni populo [20] et qm̄o   101[r]
tradiderunt eum summi sacerdotū et prin
cipes nostri indampnationem mortis et cru
cifixerunt eum [21] Nosautem sperabamus
quia ipse esset redempturus israhael et nunc
super ħ omnia tertia dies hodie est quo ħ
omnia facta sunt [22] sed et mulieres quaedā
exnostris terruerunt nos quae ante lucem
fuerunt admonomentū [23] et n̄ inuento corpore
eius uener̄t dicentes se etiam uisionem an
gelorum uidisse qui dicunt eum uiuire [24] et ha
bier̄t quidā ex nostris admonumentū et ita
ī uenerunt sicut mulieres dixer̄t ipsū uero
n̄uider̄t [25] et ipse dixit adeos o stulti et tardi
corde adcredendum īomnibus quae loquti s̄t
ᵱfetae [26] n̄ ne oportet pati xp̄m et ita ītrare in
gloriam suam [27] et erat īcipiens amoise et om
nib₃ ᵱfetis ītp̄tabat' illis īomnib₃ scripturis
quae deipso erant [28] et adpropinquauer̄t castello
quo ibant et ipse finxit longius ire [29] et cognuer̄t
illum dicentes mane nobiscum qm̄ aduesperescit
et īclinata ÷ dies iam et ītrauit cum illis [30] Et
factum ÷ dum recumberet cum illis accipit
panē et benedixit ac fregit et porregebat
illis [31] et aperti sunt oculi eorum et cognouer̄t
eum īfractione panis et ipse euanuit exocu
lis eor̄ [32] et dixer̄t adīuicē n̄ ne cor nostr̄ ardens

20 qm̄o for quomodo.   tradiderunt
eum D ℈ Q R C T B ϴ J K O V W X Z
dur for e. t.   sacerdotum b d ff l r Aug
gat Σ codd (a pontifices) for sacerdotes.
dampnationem E ℈ ϴ R W μ (a iudicium) for damnationem.
    21 israhael for Israel.   ħ for haec.
hodie est quo ħ for est hodie quod haec.
+ omnia f.
    22 monomentum E μ for monumentum.
    23 n̄ for non.   uiuire for vivere.
    24 habier̄t for abierunt.   uider̄t a b c
ff l r gat h dur Σ codd for invenerunt.
    25 loquti for locuti.   ᵱfetae e r D ℈
O for Prophetae.
    26 —haec after n̄ ne.   oportet for

oportuit.
    27 + erat b ff gat after et.   amoise T
W for a Moyse.   omnib₃ ᵱfetis ītp̄tabat̄
for omnibus Prophetis interpretabatur.
    28 adpropinquauer̄t a μ VO for appro-
pinquaverunt.   — se f μ dim dur gat D
E ℈ R F G M M̄ VO.
    29 cognuer̄t for coegerunt.   qm̄ gat
for quoniam.   aduesperescit gat ℈ R for
advesperascit.   dies iam for i. d.
    30 illis for eis.   accipit r ℈ Q R Y μ
dim gat for accepit.   porregebat (d dabat :
δ dedit) D for porrigebat.
    31 + ī fractione panis l.
    32 dixer̄t adīuicē n̄ ne cor nostr̄ for
dixerunt ad invicem nonne cor nostrum.

erat ī nobis dum loquerentur inuia et aperiret
nobis scripturas [33] Et surgentes eadem hora
regressi sunt ī hirusalem et inuenerunt con
gregatos .xi. et eos quicum ipsis erant [34] dicentes
qm̄ surrexit dn̄s uere et apparuit simoni [35] et
ipsi narrabant quae gesta erant īuia et qm̄o
cognouerunt eum in fractione panis   101ᵛ
[36] Dum ħ ħ loquntur ihs stetit in medio eoī
et dx̄ eis pax uobiscum ego sū nolite timere
[37] conturbati uero et conterriti existimabant se
spm̄ uidere [38] et dx̄ quid turbati estis et quare cogita
tiones ascendunt īcorda uestra [39] uidete manus
meas et pedes meos quia ipse ego sum palpate
et uidete quia sps carnem et ossa n̄habet sicut
me uidetis habere [40] et cum hoc dixisset ostendit
eis manus ᵆⁱ pedes [41] Adhuc ħ illis n̄ credentibȝ
et mirantibus p̄ gaudio dixit habetis hic ali
quid quod manducetur [42] At illi obtuluerunt
ei partem piscis assi et fauum mellis [43] et cum
hoc manducasset coram eis sumens reliquias
dedit eis [44] Et dx̄ adeos ħ s̄t uerba mea quae locu
tus sum aduos cum adhuc essem uobiscum qm̄
necesse ÷ omnia impleri quae scripta s̄t ī lege
moisi et profetis et psalmis deme [45] aperuit illis
sensum utītellegerent scripturas [46] et dx̄ eis
qm̄ scriptum ÷ sic oportebat xp̄m pati et
resurgere amortuis die tertia [47] et p̄dicari ī

---

32 loquerentur for loqueretur.

33 hirusalem μ for Ierusalem.   .xi. *a d*
D F R W for undecim.   ipsis μ gat Σ VO
for illis.

34 qm̄ = quoniam *a* D E gat for quod.

35 qm̄o for quomodo.

36 ħ ħ loquntur for haec autem lo-
quuntur.   ihs stetit *f* μ dim gat VO for
stetit Iesus.   eoī et dx̄ for eorum et
dixit.   uobiscum *c* Aug D ꟼPmg R gat
for vobis.

38 dx̄ for dixit.   —eis.   + quare *a b*
c e f ff l gat D E Q before cogitationes.

39 +meos *a b d ff l r* Hil gat μ D E
ꟼPmg R W after pedes.   ipse ego *a b f ff*
Hil gat μ Σ for ego ipse.

q resumes from verse 11.

41 p̄ *d e ff* μ dim D W for prae.

42 obtuluerunt for obtulerunt.

43 +hoc after cum.

44 dx̄ adeos ħ s̄t for dixit ad eos Haec
sunt.   +mea *r* Hil E ꟼPmg R gat μ
after uerba.   qm̄ gat for quoniam.
omnia impleri for i. o.   moisi T W
for Moysi.   profetis *e q* D ꟼP O for
prophetis.

45 —tunc.   ītellegerent for intellige-
rent.

46 et dx̄ eis qm̄ scriptum ÷ sic for Et
dixit eis Quoniam sic scriptum est et sic.
die tertia *d f h* gat VO for t. d.

47 p̄dicari ī for praedicari in.

nomine eius poenitentiam et remisionem
peccatorum inomnes gentes incipientibus
abhirusolima [48] Uos autem estis testes [49] ego
mitto promisum patris mei inuos uos h̅
sedite in ciuitate quo usque induamini uir
tutem exalto [50] Eduxit autem eos foras in
bethaniam et eliuans manus suas benedx̅
eos [51] et factum ÷ dum benediceret illis reces
sit ab eis et ferebatur in caelum [52] et ipsi ado
rantes regressi sunt inhirusalem cum
gaudio magno [53] et erant semper intemplo
laudantes et benedicentes dm̅ ∴ finit amen :—

47 remisionem for remissionem.
hirusolima for Ierosolyma.

48 estis testes *a c e f q* Σ VO for t. e.
—horum.

49 —et *a b d e ff* Σ VO before ego.
promisum ℞ R for promissum.
sedite *r* μ E for sedete.   quo usque

μ E for quoadusque.   uirtutem *a d f ff q*
Aug *h* gat Σ VO for virtute.

50 eliuans manus suas benedx̅ eos for
elevatis manibus suis benedixit eis.

52 hirusalem for Ierusalem.   + finit
D before amen.

APPENDIX

COLLATION OF THE TEXT OF 𝕃

(See pp. lviii–lxx.)

THIS collation does not purport to be complete.

Interlinear readings.

The reading of the text of 𝕃 is given first, then a colon, followed by the interlinear or marginal reading.

Mt. iii. 7. futura: ventura *f* W vulg. This correction is an example of a scholastic reading, or rather of an Alcuinian text with an admixture of scholastic variants (*V. E.* 168). It is a reading of Lanfranc's reform (*V. E.* 186) and was part of Peter Lombard's text (*V. E.* 233, 234).

iv. 13 +civitate. This scholastic variant appears in Queen's Coll. Oxf. MS. 317 (Matthaeus et Marcus glosati) of the thirteenth century (*V. E.* 264) and is printed in 𝕾. It occurs also in the corrected notes of the B.M. Add. MS. 37487 which belonged to a Dominican convent. It is given thus '*in civitate capharnaum.* G(raecus).' (*V. E.* 288). This also is the text of 𝕾.

18. autem + Iesus B D E 𝔓 R. This was brought in with Lanfranc's revision and is printed in vulg. (*V. E.* 194).

v. 11. +homines D Lᶜ (hominis L*) M R W 𝕗 𝕾. It appears in a MS. described by Glunz in such a way that it could apply equally to 𝕃: 'The radical innovation which the text of the Lombard represented in the non-scholastic textual tradition is shown by the Bodl. MS. Rawlinson G. 169, containing the Gospel of Matthew and written in England about 1160 or 1170. Afterwards another scribe writing with a dry-point in a hurriedly cursive hand added the Glossa in the narrow margins of the book and between the lines " (*V. E.* 233).

vi. 11. supersubstantialem: quotidianum C D E 𝔓mg L T W. Bodl. MS. Auct. D. 3. 1 contains in the 'correctiones biblie' of the Dominican Hugh of St. Cher: 'vel *panem nostrum supersubstantialem.* in greco epiusion.' It was taken from Jerome's commentary. Hugh's text must have read quotidianum (*V. E.* 287).

15. dimittet + vobis (interlined) D E 𝔓mg L Q R vulg. This Celtic reading brought in by the early scholastic interpreters formed part of the Lombard's text.

34. sufficit + enim D Eᶜ 𝔓 K Q R. Included in the Alcuinian recension and supported by Jerome, Hilary, and Augustine (*V. E.* 120).

vii. 1. iudicemini + nolite condemnare ne condemnimini (+ n.c. et non condemnabimini 𝕗 𝕾, *e Luca* vi. 37, *etiam* L *graecus* in Wordsworth's apparatus).

12. homines + ita B D E J Q. See p. 21 above.

viii. 9. By the side of potestate but in the mg. +constitutus D E Θ Q R T vg. Lombard's text.

18. iussit + discipulos 𝕊 O* B. Alcuinian.

25. accesserunt + ad eum discipuli D E ℨPmg R 𝕊. Occurs in the *Correctiones Bibliorum*, 'a[ntiqui], J[eronymus], O[rigenes ?]' (*V. E.* 288).

31. nos + hinc B ৎ 𝕊. Lombard.

33. nuntiaverunt + hec E 𝕊. An early scholastic reading derived from the Fathers and required by the sense as expounded by St. Jerome: 'nuntiaverunt haec omnia ... Salvator dixit *ite*, ut per interfectionem porcorum hominibus salutis occasio praeberetur. Pastores enim *ista* cernentes statim nuntiant civitati' (*V. E.* 90).

34. rogabant + eum C E R ৎ 𝕊. Lombard's text.

ix. 18. manum + tuam B D E ℨP L Q R X* 𝕊. Alcuinian.

x. 13. domus + illa vett B E K Mᵀ O Q W X Z* vulg. Alcuinian.

Enough has been shown to indicate how the corrections were made in accordance with the development of the Catholic text. There are, however, a number of corrections in addition to these, and I doubt whether I have recorded all of them.

i. 24. accepit coniugem + maria interlined after accepit.

ii. 22. 'in' before galilee has been erased.

iv. 21. iacobum + zebedei (interlined) C ℨP L O Q R W.

v. 19. celorum + (in mg.) qui autem fecerit et docuerit magnus vocabitur in regno caelorum. This addition is also missing in D and a MS. at St. John's College, Oxford.

30. gehennam + ignis (interlined). I know of no support for ignis.

vi. 4. pater + tuus (interlined).

7. iurantes corrected to oratis. ethnici + faciunt (interlined) *h* R Yᵍˡৎ.

vii. 6. conversi + canes above di in dirumpant Oᶜ W for disrumpant. Wordsworth has the interesting note 'Cf. Erasmum ad loc. "Canes *apud graecos non additur, nec attingitur ab interprete Chrysostomo, neque in emendatioribus Latinorum exempl., ac ne in aureo quidem*". . . . *Glossa est* (*cf. corr. uat.*) *ab interpretatione S. Aug. de Serm. Dom. I. 68. 69 forsan derivata*.'

25. suam after domum has been erased and illam substituted (interlined).

viii. 10. autem + hec (interlined).

27. homines + videntes (interlined). Celt.

ix. 30. oculi + eorum (interlined and substituted for illorum).

x. 8. In suscitatem the *m* has three dots for deletion.

10. suo + sed (interlined) vett.

13. pax + vestra super illam.

41. iusti + mercedem iusti.

In what follows the text of WO is placed first, then the colon, and next the variant of ⅠⅬ. The variants of ⅠⅬ which agree with the

Clementine Vulgate, and the corrections shown in the foregoing, have been excluded.

Ch. i. 2. +autem D L R.   5. rachab : raab Lombardian ᛕ. Obed : obeth A D ℈ P L Q T U X Y.   8. Iosaphat: iosaphath RV.   11. Babylonis : babilonis ℳ.   14. sadoc : sadoch W.   17. Babylonis : babilonis ℈P T W. 20. somnis : sompnis Q W.   24. somno : sompno D W.

ii. 1. Iudaeae : iude W.   2. Iudaeorum : iudeorum C D ℈P R T W. oriente : orientem J.   3. Hierosolyma : ierosolima W.   5. iudaeae : iude W.   11. obtulerunt : optulerunt H ℳ V X Z.   murram : mirram E L R.   12, 13. somnis : sompnis Q W.   13, 14. Aegyptum : egyptum. 15. Aegypto : egypto.   19, 22. somnis : sompnis W.   19. aegypto : egypto.

iii. 2. adpropinquauit :   appropinquabit Alcuinian K ℳ V W ℥ ℥. 3. Esaiam : ysaiam.   5. hierosolyma : ierosolima W.

iv. 3. temtator : temptator B C D E H J K L M ℳ R V W Z*.   7. ait : At H(att).   temtabis : temptabis B C D E ℈P H ϴ J K L M ℳ R V W Z*. 10. dicit : dixit C T W.   satanas : sathana W.   14. esaiam : ẏsaiam O^gl.   17. adpropinquauit : appropinquabit K ℳ ℥ ℥.   18. rete : rethe.   23. languorem : langorem ℈P H L Q T X*.   24. obtulerunt : optulerunt.   paralyticos : paraliticos D E ℈P L ℳ Q R T.   25. hiero- solymis : ierosolimis W.

v. 13. nihilum : nichilum O^gl W.   15. super : supra D E ℈Pmg L Q R. 20. abundaverit : habundaverit D E ℈P ℳ R Y.   27. moechaberis : mecha- beris DL Q R W.   28. moechatus : mechatus D L R W.   32. moechari : mechari D L R W.   35. hierosolymam : ierosolimam W.   est magni regis : regis est magni.   36. potes : potest.   37. his : hiis E* W. 42. mutuari : mutari R.   auertaris : avertaveris.   44. his : hiis B E*. 45. sitis : scitis.   47. facitis : facietis H ϴ K ℳ O^gl R V W X* Y Paris text. 48. ethnici : ethennici.

vi. 2. elemosynam : elemosinam H O T W.   4. elemosyna : elemosina B H T W.   6. ostio : hostio C D ℈P R W.   7. ethnici : ethennici. 13. temtationem : temptationem C D E ℈P H ϴ J K M ℳ O R W.   17. ieiunas : ieunias.   17. unge : ungue.   24. mamonae : mammone L R W. 26. uos magis : magis vos ℈P J O*.   pluris : plures vett A B D E ℈P F L M O* Q T X Y Z.   29. Salomon : salamon D Q R Z.   32. his : hiis E W. 34. +enim vett Celt Jerome Hil Aug Alcuinian.   malitia : malicia W.

vii. 2. metietur : remicietur.   4. +frater Celt W Lombardian vulg. 12. +ita gr B D E J Q W.   13. angustam : angustiam.   14. angusta : angustia.   +est (interlined) Aug Lanfranc.

viii. 3. −Jesus after eum gr vett Celt Gregorian O* X*.   4. +tibi. 6. paralyticus : paraliticus Celt.   11. Isaac : ysaac W.   16. +inmun- dos vett.   17. esaiam : ẏsaiam W.   27. mare : mari.   29. +Jesus Celt Z X* O* Alcuinian vulg.   fili : filii A C F J Q R T V.   33. his : hiis E ℈P R W.

ix. 2. paralyticum : paraliticum E H D ℈P L R T W.   2, 6. paralytico :

paralitico Y.   9. teloneo : tholoneo (C H Θ R W theloneo).   30. illis :
eis E R.   dicens : dicentes.   33. miratae : admirate.

x. 2. simon : symeon.   3. thaddaeus : thaddeus O.   4. simon : Sẏmon
C D.   cananaeus : Chananeus C Θ M O Z.   scariotes : scariothis D E.
5. in uiam : in via F.   7. adpropinquauit : appropinquabit K V ꝰ.   10.
enim est : est enim C E ℬ H J K T Y.   22. +hominibus.   26. nihil :
nichil W.   27. aure : audire.   29. ueneunt : veniunt A C D E ℬ Q R T
Y Z* codd.

xi. 14. helias : helẏas.   18. +baptista (interlined).   21. sidone :
sẏdone D E O V.   22, 24. uerum tamen : verumptamen C W.   29. tollite :
tolle.

xii. 7. misericordiam : mīam is the contraction for it here.   conde-
mnassetis : condempnassetis D E ℬ[1].   9. synagogam : sinagogam C ℬ R T.
17. Esaiam : ẏsaiam W.   19. audiet : audiat.   41. nineuitae : ninivitae.   42. condemnabit : condempnabit E Θ R W.

xiii. 4. ea : eam H.   6. aruerunt : arruerunt.   8. centesimum aliud
scxagesimum aliud tricesimum : sexagesimum aliud centesimum aliud tricesimum.   12. abundabit : habundabit C L W.   14. et : ut vett Celt
Alcuinian Z A Y vulg.   ooolue ; voaine.   dicens : dicentes d V.   audietis :
audetis.   20. accipit : accepit J O.   22. est seminatus in spinis : est in
spinis seminatus O.   23. centum : centessimum.   triginta : triceismum
C Q.   35. eructabo : eructuabo B F H J M Mꞇ V.   42. mittent :
mitent.   46. uendidit : vendit.   congreganti : congregandi.   54. synagogis : sinagogis ℬ L Mꞇ O* R W.

xiv. 5. illum : eum K L Mꞇ Q R V Z.   22. statim : satim.   26. phantasma : fantasma D E ℬ J K L Mꞇ O R T V W Z.   36. quicumque : quicunque ꝰ ℞.

xv. 1. hierosolymis : ierosolimis W.   2. panem : pane.   13. respondens :
respons.   21. −inde.   36. +Jesus Θ L Q W.   39. +et discipuli eius
cum eo. Lanfrancian.

xvi. 1. temtantes : temptantes.   2. at : et V.   7. accepimus : accipimus ℬ H L Q R.   9. milium : milia vett J B Alcuinian vulg.   10. quattuor : IIII^or.   milium : milia vett Alcuinian.   13. esse : éè.   19. −et
quodcumque solueris super terram erit solutum in caelis.   21. hierosolymam : ierosolimam.   23. Satana : satanas B E ℬ F Θ K L Q R X*.   26.
commutationem : comutationem.

xvii. 1. adsumsit : assumpsit E K Mꞇ W ꝰ ℞.   12. eo : eum X*.   quaecumque : quaecunque ꝰ ℞.   17. +autem gr Jerome E R vulg.   eum :
illum.   20. nihil : nichil.   25. Iesus dicens : dicens iesus.   tributum
uel censum : vel censum tributum.

xviii. 4. quicumque : quicunque.   6. pusillis : pulsis.   7. uerum
tamen : verumptamen W.   18. ligata : soluta.   quaecumque : quaecunque.   19. quamcumque : quamcunque ℞.   26. orabat : rogabat
vett Celt Alcuinian M B codd.   30. abiit : habit.   et misit eum in
carcerem : e. m. i. c. e.

xix. 1. consummasset : consumasset.   3. temtantes : temptantes.
6. separet : separaret H*.   9. quicumque : quicunque ꝰ ℞.   moechatur :

mechatur L R W. 21. + omnia E ℱmg L Q W ᵴ ℥ Lombardian ' Correctiones Bibliorum'. 26. possibilia : possibila. 29. − aut uxorem.

xx. 2. ex denario diurno, misit eos in uineam suam : inueneam suum ex denario diurno misit eos. 12. diei : dei. 17. hierosolymam : ierosolimam W. 26. quicumque : quicunque. 29. secuta est : secutae sunt vett Celt O R T X* W. turba multa : turbae multae vett R O T W X*.

xxi. 1. hierosolymis : ierosolimis W. 10. hierosolymam : ierosolimam W. 12. numulariorum : nummulariorum. 19 nihil : nichil. 27. dico uobis : vobis dico Mᵀ Z. qua : quo. 28. accedens : acedens. in uinea mea : in vineam meam D E H J K M O Q T V Z*. 31. praecedunt : precendent. 32. enim : autem W. crederetis : crederis.

xxii. 10. malos et bonos : b. e. m. Greg E ℱ O R X*. 12. obmutuit : ommutuit H K M Mᵀ V W. 13. mittite : mitite. 18. temtatis : temptatis B C D E ℱ F Θ J K L M Mᵀ O R V W Y Z*. 19. nomisma : nummisma E ℱ L R. 23. Sadducaei : saducaei Y. 34. sadducaeis : saducaeis. 40. his : hiis E* I W.

xxiii. 2. cathedram : chathedram. 3. quaecumque : quaecunque 劉. 5. phylacteria : philacteria A F H Θ X Y Z*. 6. synagogis : sinagogis ℱ H L W. 13. uos enim : vos autem vett D E ℱ F L Q R. 14. + vae vobis scribae et pharisaei hypochritae qui comeditis domos viduarum oratione longa orantes propter hoc amplius accipientis iudicium. A scholastic reading from Jerome's commentary. 15. proselytum : proselitum F W X*. 16, 18. quicumque : quicunque ᵴ 劉. nihil : nichil W. 16, 18. debet : debitor est vett D E L Mᵀ O Q R X* Z*. 18. nihil : nichil. 20. in altari : in altare A B D E ℱ F H* J K L M Mᵀ Q R V X Y Z. 21. qui : quicunque ᵴ 劉. 23. anethum : anetum E ℱ F H Θ I K Mᵀ O T V W X*. cyminum : ciminum T W Zᶜ. 27. hypocritae : ẏpochritae. 28. hypocrisi : ypochrisi. 29. hypocritae : ẏpochritae. 34. synagogis : sinagogis ℱ L T. 39. uidebitis : videbis.

xxiv. 3. + eius gr vett B D E Θ O Q R X Z. consummationis : consumationis. 15. abominationem : abhominationem D E ℱ K M Mᵀ R V W. 29. lumen suum : s. l. 30. + magna E. 31. + cum coeperint autem haec fieri respicite et levate capita vestra quoniam appropinquabit redemptio vestra h. 38. intravit : introivit B C ℱ F J O* W X* Z*. arcam : archam C T. 42. + duo in lecto unus assumetur et alter relinquetur gr vett Z X* O B vulg. 44. qua nescitis hora : n. q. h. Celt. 52. hypocritis : ẏpochritis.

xxv. 21. serue bone : b. s. vett A B ℱ Θ J K M Mᵀ T V X Y Z. 32. separabit : seperabit D. 33. − oues. 38. − hospitem et collegimus te : aut nudum, et cooperuimus, aut quando te uidimus.

xxvi. 3. caiaphas : chaiphas I. 7. pretiosi : preciosi W. 21. edentibus : endenbus for endentibus. 23. me tradet : tradet me. 25. eum : illum. 29. genimine : gemine Z*. 30. hymno : ẏmno. 33. numquam : nunquam ᵴ 劉. 39. Pater : mipater C D E Θ I M T W. 57. at : et. 67. ceciderunt : ciciderunt. 71. his : iis. 72. noui : novisset Alcuinian.

xxvii. 3. triginta : xxxᵗᵃ E T. 6, 9. pretium : precium W. 9. adpretiati : appreciati W. apretiauerunt : apreciaverunt W. 16. barabbas: barabas.　　17, 20, 21. barabbam: baraban L.　　19, 24. nihil: nichil.　　25. uniuersus: universis.　　28. clamydem: clamidem E ℈ F H* M̅ T V W Y.　　31. clamyde: clamidem E ℈ F Q.　　32. Simonem: sẏmonem C D E T W X*.　　43. −eum.　　46. −Iesus.　　lema: lama D ℈ R K M̅.　　sabacthani: zaptani K M̅.　　55. erant: fuerant C D E Q R W X.　　60. monumento: monumenta (the *a* here is marked for correction). 62. est: ÷.　　64. tertium: terciam.

　　xxviii. 18. accedens: accedentes.　　mihi: michi.

INDEX

SELECTED VARIANTS

aeterni Mt. v. 47.
aetinici Mc. xiv. 24.
agusto Lc. ii. 1.
amarissime fleuit Mt. xxvi. 75.
anati mazare Mt. xiv. 71.
angarizaunt Mc. xv. 21.
arcadgabuthc Mt. xxvii. 5.
aueuit Mt. ix. 7.
autem autem xxiii, Mt. xxii. 25.

barnarches Mc. iii. 17.
bellum Mt. v. 31.
bona ita xxx, Mt. vii. 12.
bonum erat nonnas hominem Mt. xxvi. 24.

cataver Mt. xiv. 12.
catulli Mc. vii. 28.
centorio Mc. xv. 39.
cessaris cessari Mc. xii. 17.
chartem Mc. xv. 16.
chippocritis Mc. vii. 6, xii. 15.
clarificent xxxii.
cludem Mc. ix. 45.
co incinant Mt. xv. 20.
comonicant coinent Mc. vii. 15.
condemnabunt Mt. xii. 42.
cotidianum Mt. vi. 11.
cuius modi Mc. ix. 37.

demuliuntur exterminant xlv, Mt. vi. 16.
deputata est Mc. xv. 28.
destum Mt. xiv. 13.
detrama Mt. xviii. 24.
deuotare Mc. xiv. 71.
dodcens Mc. vi. 6.
domum uidbarum Mt. xxiii. 14.
ducite cum monitione Mc. xiv. 44.
duo in lecto Mt. xxiv. 42.
duuitasti Mt. xiv. 31.

elitzabeth Lc. i. 24.
elizafeth liii.
erat enim uentus contrarius Mt. viii. 24.
et erat autem magnus nimis Mc. xvi. 3.
ethieiulantes Mc. v. 38.
et ueniet Mt. vi. 10.
excelsis Lc ii. 14.
exercitus Lc. ii. 13.
extuauit Mc. iv. 6.

fatum Mc. ix. 50.
Finit Mt. xxviii. 20, Mc. xvi. 20.
firmissime Mc. xiv. 44.
fonsanguinis Mc. v. 29.
frindones Mt. xx. 28.
fructibus Mt. viii. 24.
frutus Mc. iv. 29.

gais filacium Mc. xii. 43.
gallus cantet Mc. xiv. 30.
gechenam Mc. ix. 45.
gezamini Mt. xxvi. 36.

horans Lc. i. 12.

-iens (termination) as in uidiens Mt. iii. 7, Mc. v. 12, xv. 39; demittiens viii. 13; respondiens xii. 35, xv. 2, 12 ; discendiens xv. 30 ; mittiens Mt. xxvi. 12.
imno Mc. xiv. 26.
in agnum Mt. xxvi. 36.
iniuriose tractaverunt Mc. xii. 4.
iunuchauerunt Mt. xix. 12.

lamasabatha Mt. xxvii. 46.
locutio Lc. i. 29.
loquentibus Mc. xvi. 9.
lucent Mt. v. 5.
lumen uestrum xxxii.

malignus Mt. xiii. 19.
maratum Mc. xv. 23.
merens Mc. x. 22.
mīam Mt. ix. 13.
milites Mt. xxvii. 65.

natzereth Lc. i. 27.
nidos tabernacula Mt. viii. 20.

obtime Lc. i. 3.
oculatus Mt. xxvi. 48.
offocauerunt Mc. iv. 7.
opera sua Mt. xx. 15.
os anna Mc. xi. 9.

parabulum Mt. xviii. 2, 5.
parauulos Mt. xviii. 2.
parentes Mt. xx. 29.
Paternoster xxix, xxxv, lvii, Mt. vi. 9-14.
patres lv.
paupercula Mc. xii. 42.

persingulas arias Mc. vi. 40.
philatus liii.
plextantes Mc. xii. 17.
pluus Mt. v. 19.
primus et nouissimus xlv, Mt. xxi. 31.
progentes Mt. xii. 34.
proherondepatre Mt. ii. 22.
pylato Lc. iii. 1.

quid uestiemur Mt. vi. 31.
quo inquinat Mt. xv. 11.
quomo Mt. xxvi. 54.

radcem Mt. xiii. 6.
redatus Mc. xi. 21.
regi illi quem dicitis Mc. xv. 12.
regna iusti Mt. xii. 42.
regnauit Mt. xxvi. 72.
rusticis Mt. xii. 1.

salbabor Mc. v. 28.
salba sit et uibet Mc. v. 23.
salem Mo. ix. 511.
saluabor Mt. ix. 21.

saluaro Mc. v. 28.
saluauerit Mt. v. 15.
saluauero Mt. x. 21.
seodo Mc. xiii. 22.
sero poecisa Mc. vii. 26.
si fieri potest Mt. xxvi. 39.
simulatoribus Mc. vii. 6.
soffocauerunt Mt. xiii. 7.
speretus lv.

tabernacula Mt. viii. 20.
thensauris Mt. ii. 11.
theofile Lc. i. 3.
tiberi Lc. iii. 1.
triduum Mc. xv. 32.

uentre Mt. xii. 40.
ueritas deputata est Mc. xv. 28.
uermis eorum Mc ix. 33.
uinitoribus Mc. xii. 1.
una pars membrorum Mt. v. 29.
uolax Mt. xi. 19.
uxores Mt. xx. 29 ; Lc. xvi. 32.

uabulus Mt. iv. 11, xiii. 38.

Error

quaeritis de pusillo crescere should replace ' Friend go up higher ' (Amice, ascende superius) in the note on Mt. xx. 28 (p. 68).   Cf. Lc. xiv. 7–11.

OTHER TITLES IN THIS HARDBACK REPRINT PROGRAMME FROM SANDPIPER BOOKS LTD (LONDON) AND POWELLS BOOKS (CHICAGO)

ISBN 0–19–	Author	Title
8143567	ALFÖLDI A.	The Conversion of Constantine and Pagan Rome
9241775	ALLEN T.W	Homeri Ilias (3 volumes)
6286409	ANDERSON George K.	The Literature of the Anglo-Saxons
8219601	ARNOLD Benjamin	German Knighthood
8208618	ARNOLD T.W.	The Caliphate
8228813	BARTLETT & MacKAY	Medieval Frontier Societies
8219733	BARTLETT Robert	Trial by Fire and Water
8118856	BENTLEY G.E.	William Blake's Writings (2 volumes)
8111010	BETHURUM Dorothy	Homilies of Wulfstan
8142765	BOLLING G. M.	External Evidence for Interpolation in Homer
814332X	BOLTON J.D.P.	Aristeas of Proconnesus
9240132	BOYLAN Patrick	Thoth, the Hermes of Egypt
8114222	BROOKS Kenneth R.	Andreas and the Fates of the Apostles
8214715	BUCKLER Georgina	Anna Comnena
8203543	BULL Marcus	Knightly Piety & Lay Response to the First Crusade
8216785	BUTLER Alfred J.	Arab Conquest of Egypt
8148046	CAMERON Alan	Circus Factions
8148054	CAMERON Alan	Porphyrius the Charioteer
8148348	CAMPBELL J.B.	The Emperor and the Roman Army 31 BC to 235
826643X	CHADWICK Henry	Priscillian of Avila
826447X	CHADWICK Henry	Boethius
8222025	COLGRAVE B. & MYNORS R.A.B.	Bede's Ecclesiastical History of the English People
8131658	COOK J.M.	The Troad
8219393	COWDREY H.E.J.	The Age of Abbot Desiderius
8644043	CRUM W.E.	Coptic Dictionary
8148992	DAVIES M.	Sophocles: Trachiniae
825301X	DOWNER L.	Leges Henrici Primi
814346X	DRONKE Peter	Medieval Latin and the Rise of European Love-Lyric
8142749	DUNBABIN T.J.	The Western Greeks
8154372	FAULKNER R.O.	The Ancient Egyptian Pyramid Texts
8221541	FLANAGAN Marie Therese	Irish Society, Anglo-Norman Settlers, Angevin Kingship
8143109	FRAENKEL Edward	Horace
8201540	GOLDBERG P.J.P.	Women, Work and Life Cycle in a Medieval Economy
8140215	GOTTSCHALK H.B.	Heraclides of Pontus
8266162	HANSON R.P.C.	Saint Patrick
8224354	HARRISS G.L.	King, Parliament and Public Finance in Medieval England to 1369
8581114	HEATH Sir Thomas	Aristarchus of Samos
8140444	HOLLIS A.S.	Callimachus: Hecale
8212968	HOLLISTER C. Warren	Anglo-Saxon Military Institutions
9244944	HOPKIN-JAMES L.J	The Celtic Gospels
8226470	HOULDING J.A.	Fit for Service
2115480	HENRY Blanche	British Botanical and Horticultural Literature before 1800
8219523	HOUSLEY Norman	The Italian Crusades
8223129	HURNARD Naomi	The King's Pardon for Homicide – before AD 1307
9241783	HURRY Jamieson B.	Imhotep
8140401	HUTCHINSON G.O.	Hellenistic Poetry
9240140	JOACHIM H.H.	Aristotle: On Coming-to-be and Passing-away
9240094	JONES A.H.M	Cities of the Eastern Roman Provinces
8142560	JONES A.H.M.	The Greek City
8218354	JONES Michael	Ducal Brittany 1364–1399
8271484	KNOX & PELCZYNSKI	Hegel's Political Writings
8212755	LAWRENCE C.H.	St Edmund of Abingdon
8225253	LE PATOUREL John	The Norman Empire
8212720	LENNARD Reginald	Rural England 1086–1135
8212321	LEVISON W.	England and the Continent in the 8th century
8148224	LIEBESCHUETZ J.H.W.G.	Continuity and Change in Roman Religion
8143486	LINDSAY W.M.	Early Latin Verse
8141378	LOBEL Edgar & PAGE Sir Denys	Poetarum Lesbiorum Fragmenta
9240159	LOEW E.A.	The Beneventan Script
8241445	LUKASIEWICZ, Jan	Aristotle's Syllogistic
8152442	MAAS P. & TRYPANIS C.A .	Sancti Romani Melodi Cantica
8113692	MANDEVILLE Bernard	The Fable of the Bees (2 volumes)
8142684	MARSDEN E.W.	Greek and Roman Artillery—Historical
8142692	MARSDEN E.W.	Greek and Roman Artillery—Technical
8148178	MATTHEWS John	Western Aristocracies and Imperial Court AD 364–425
9240205	MAVROGORDATO John	Digenes Akrites

8223447	McFARLANE K.B.	Lancastrian Kings and Lollard Knights
8226578	McFARLANE K.B.	The Nobility of Later Medieval England
814296X	MEIGGS Russell	The Athenian Empire
8148100	MEIGGS Russell	Roman Ostia
8148402	MEIGGS Russell	Trees and Timber in the Ancient Mediterranean World
8141718	MERKELBACH R. & WEST M.L.	Fragmenta Hesiodea
8143362	MILLAR F.G.B.	Casssius Dio
8142641	MILLER J. Innes	The Spice Trade of the Roman Empire
8147813	MOORHEAD John	Theoderic in Italy
8264259	MOORMAN John	A History of the Franciscan Order
8181469	MORISON Stanley	Politics and Script
9240582	MUSURILLO H.	Acts of the Pagan Martyrs & Christian Martyrs (2 vols)
9240213	MYRES J.L.	Herodotus The Father of History
9241791	NEWMAN W.L.	The Politics of Aristotle (4 volumes)
8219512	OBOLENSKY Dimitri	Six Byzantine Portraits
8270259	O'DONNELL J.J.	Augustine: Confessions (3 vols)
263268X	OSLER Sir William	Bibliotheca Osleriana
8116020	OWEN A.L.	The Famous Druids
8131445	PALMER, L.R.	The Interpretation of Mycenaean Greek Texts
8143427	PFEIFFER R.	History of Classical Scholarship (vol 1)
8143648	PFEIFFER Rudolf	History of Classical Scholarship 1300–1850
8111649	PHEIFER J.D.	Old English Glosses in the Epinal-Erfurt Glossary
8142277	PICKARD–CAMBRIDGE A.W.	Dithyramb Tragedy and Comedy
8269765	PLATER & WHITE	Grammar of the Vulgate
8213891	PLUMMER Charles	Lives of Irish Saints (2 vols)
820695X	POWICKE Michael	Military Obligation in Medieval England
8269681	POWICKE Sir Maurice	Stephen Langton
821460X	POWICKE Sir Maurice	The Christian Life in the Middle Ages
8225369	PRAWER Joshua	Crusader Institutions
8225571	PRAWER Joshua	The History of the Jews in the Latin Kingdom of Jerusalem
8143249	RABY F.J.E.	A History of Christian Latin Poetry
8143257	RABY F.J.E.	A History of Secular Latin Poetry in the Middle Ages (2 vols)
8214316	RASHDALL & POWICKE	The Universities of Europe in the Middle Ages (3 vols)
8154488	REYMOND E.A.E & BARNS J.W.B.	Four Martyrdoms from the Pierpont Morgan Coptic Codices
8148380	RICKMAN Geoffrey	The Corn Supply of Ancient Rome
8141556	ROSS Sir David	Aristotle: De Anima
8141076	ROSS Sir David	Aristotle: Metaphysics (2 vols)
8141092	ROSS Sir David	Aristotle: Physics
9244952	ROSS Sir David	Aristotle: Prior and Posterior Analytics
8142307	ROSTOVTZEFF M.	Social and Economic History of the Hellenistic World, 3 vols.
8142315	ROSTOVTZEFF M.	Social and Economic History of the Roman Empire, 2 vols.
8264178	RUNCIMAN Sir Steven	The Eastern Schism
814833X	SALMON J.B.	Wealthy Corinth
8171587	SALZMAN L.F.	Building in England Down to 1540
8218362	SAYERS Jane E.	Papal Judges Delegate in the Province of Canterbury 1198–1254
8221657	SCHEIN Sylvia	Fideles Crucis
8148135	SHERWIN WHITE A.N.	The Roman Citizenship
825153X	SHERWIN WHITE A.N.	Roman Society and Roman Law in the New Testament
9240167	SINGER Charles	Galen: On Anatomical Procedures
8113927	SISAM, Kenneth	Studies in the History of Old English Literature
8642040	SOUTER Alexander	A Glossary of Later Latin to 600 AD
8270011	SOUTER Alexander	Earliest Latin Commentaries on the Epistles of St Paul
8222254	SOUTHERN R.W.	Eadmer: Life of St. Anselm
8251408	SQUIBB G.	The High Court of Chivalry
8212011	STEVENSON & WHITELOCK	Asser's Life of King Alfred
8212011	SWEET Henry	A Second Anglo-Saxon Reader—Archaic and Dialectical
8148259	SYME Sir Ronald	History in Ovid
8143273	SYME Sir Ronald	Tacitus (2 vols)
8142714	THOMPSON E.A.	The Goths in Spain
8200951	THOMPSON Sally	Women Religious
924023X	WALBANK F.W.	Historical Commentary on Polybius (3 vols)
8201745	WALKER Simon	The Lancastrian Affinity 1361–1399
8161115	WELLESZ Egon	A History of Byzantine Music and Hymnography
8140185	WEST M.L.	Greek Metre
8141696	WEST M.L.	Hesiod: Theogony
8148542	WEST M.L.	The Orphic Poems
8140053	WEST M.L.	Hesiod: Works & Days
8152663	WEST M.L.	Iambi et Elegi Graeci
9240221	WHEELWRIGHT Philip	Heraclitus
822799X	WHITBY M. & M.	The History of Theophylact Simocatta
8206186	WILLIAMSON, E.W.	Letters of Osbert of Clare
8208103	WILSON F.P.	Plague in Shakespeare's London
8247672	WOODHOUSE C.M.	Gemistos Plethon